经通中外 · 管汇知行

思成用谨 · 想集致新

# 序言

公司治理既是一门理性的科学，又是一门感性的艺术，它是保障企业稳定发展的基石。治理公司并不是管理公司，而是通过一系列机制设计，保证公司的科学化决策，将公司各利益相关者紧密结合，形成利益共同体。

从古罗马时代的“包税商”“船夫行会”到工业革命时代的“垄断组织”与跨国公司，再到当今数字经济下的“平台企业”，公司的组织形式与治理模式受社会、经济、技术与政治发展等因素的影响而不断演进与迭代。随着数字化、信息化、全球化的加速推进，企业面临的商业环境日益复杂多变。在这样的背景下，公司治理的内涵和外延也在不断演变。传统的公司治理理念侧重于“约束”，强调的是如何规范和监督管理者，以确保股东和其他利益相关者的权益。然而，在新的商业生态下，我们需要的不仅仅是“约束”，更需要的是“赋能”。“赋能”是一种更为积极、主动的公司治理方式。它不再仅仅局限于监督和规范，而是更加注重激发企业的内在潜力，提高其适应变革和持续创新的能力。对于企业而言，从“约束”到“赋能”，不仅是治理理念的转变，更是应对未来挑战的重要战略。

本书分为上下两篇。上篇分为四章。第一章、第二章从人类经济史的角度，回顾了公司制度和资本市场演进的历史进程，描绘了它们现在的发展状况，展望了它们未来的发展趋势，并探索了其演进背后的驱动因素。第三章特别探讨了中国公司和资本市场演进的特有问题。第四章从公司的“委托代理”问题出发，引出对公司治理及治理模式的探究，并对当前世界各国治理模式进行比较研究，也逐一分析了公司治理模式演进的驱动因素，在此基础上探讨了公司治理的未来发展趋势及实现路径。

通过上篇对公司制度、资本市场及公司治理的历史演进、当前发展以及未来趋势的梳理，可以看到，公司制度从古罗马、中世纪的萌芽阶段，发展至资本形成阶段的特许公司，更是随着人类社会四次工业革命的展开，经历了从大型公司、垄断组织、现代公司到平台公司的演进历程。在公司规模从小到大、从简至繁的发展中，技术变革和发展使公司的边界获得极大的拓展，从农业、手工业、工厂、商品贸易等实体经济发展至金融、数字乃至数据等虚拟经济；地理知识、航海、航天以及勘探技术的进步，使公司在地理边界上，从地表拓展到深海再延伸至浩瀚宇宙，突破了山川、河流、江湖、陆地、海洋、天空甚至宇宙的限制；交通、通信技术的发展使公司在政治区域边界上，从村庄（庄园）、城镇、国家、区域走向全球化。这一演进历程正是公司内部组织结构网络化和复杂化、外部边界扩大化和虚拟化发展的过程。在数字经济时代背景下，如何使公司治理适应经济全球化、数字化、绿色化发展趋势，实现从“约束”到“赋能”的转变，已经成为当前公司制度、资本市场乃至人类经济发展难以回避的课题。

下篇着重剖析公司治理的现状和未来发展。第五章主要讨论了金融危机与公司治理的关系，强调了金融危机中公司治理的重要性，并提出了加强公司治理、防范金融风险的措施。第六章、第七章、第八章及第九章分别从股权与控制权结构的变化趋势、投资者关系管理及新发展、未来的激励机制、再造董事会切入，探讨如何重塑公司内部治理机制。第十章是对公司外部治理机制作用的阐述。在探讨了公司内外部治理机制的多维度内容基础上，第十一章则从高管的社交网络关系和企业文化两方面讨论了软性治理机制潜移默化的重要作用。第十二章主要探讨了 ESG（环境、社会和公司治理）理念在公司治理中的应用及其对企业内外部治理机制的影响。ESG 理念强调企业在追求经济效益的同时，也应关注环境保护、社会责任和良好的公司治理，以实现可持续发展。企业需要顺应 ESG 和可持续发展理念，摒弃传统的股东利益观，选择考虑更多利益相关者的治理观念，制定符合自身特点的 ESG 推进策略与实施方案，进而快速高效地实现转型升级发展。第十三章主要探讨了数智经济时代背景下公司治理的新变化和新趋势。数智经济的发展降低了资本的稀缺性，提高了技术人才的重要性，改变了信息不对称的模式，使得公司治理的重点从防止经理人代理问题转化为保护创始团队控制权、激励其长期投入。更重要的是数字时代洪流带来人类社会政治、经济、生活、理念等各方面全方位、颠覆性变革，要求公司治理机制从传统的“股东利益中心”桎梏中解放出来，需要从外部治理、内部治理、软性治理等方面进行系统梳理，重塑一套能够满足各方利益需求的治理机制，方能从容应对。

从人类经济史的角度来看，公司治理的未来发展是一个复杂而多维的话题，它深受历史背景、技术创新、经济全球化以及制度竞争等多种因素的影响。公司治理的未来发展离不开其历史背景和经济发展因素的演变。历史上的公司治理模式多样，从早期的家族企业到现代的职业经理人制度，每一种模式都反映了当时社会经济条件的需求和制约的状况。各国现代公司法的颁布更是推动了公司治理的规范化和制度化。历史经验表明，公司治理的未来发展将继续沿着规范化、专业化的道路前进。技术创新是推动公司治理变革的重要力量。从蒸汽机到人工智能，每一次技术革命都深刻改变了公司治理的方式。经济全球化使得公司治理面临着更加复杂的国际环境和更严格的监管要求。制度竞争是推动公司治理发展的重要动力之一。在全球化背景下，各国之间的制度竞争日益激烈，低效率的治理模式将面临被淘汰的风险。

因此，各国政府和企业将不得不加强对公司治理的重视，不断优化和完善公司治理机制，以提高自身的竞争力和吸引力。同时，未来的公司治理将更加注重利益相关者的共同参与和利益平衡。企业将通过建立更加完善的治理机制来确保各方利益的平衡和最大化。这种趋势将推动公司治理向更加民主化、透明化和可持续化的方向发展。

“究天人之际，通古今之变”，对于任何一种现今存在的制度，只有透彻研究其历史发展的政治、经济、技术、法律制度乃至文明特性等影响因素，参透其历史演变，才能理解其“从何处来，向何处去”这一看似“出世”的哲学命题，实则是“入世”的现实问题。对于“公司治理”制度，我们一样可以从其历史发展脉络入手，抽丝剥茧地解析其所依存的公司制度和资本市场制度的演变历程，探索其背后的各种影响因素，进而能掌握其发展的历史规律，明了为何形成现今的模样，在历史反思和现状分析的基础上，期望对未来有所启示，最终目的在于探索公司治理未来的发展趋势。“鉴古而知今，彰往而察来”是本书的主题思想和主要特色。

在数字时代，公司需要更加开放、包容和创新的治理机制，以适应日益复杂的商业环境。我们相信，赋能型公司治理，将为企业创造更多的价值，为社会带来更多的福祉。希望读者能从本书中获得启发，共同推动公司治理理论进步和实践发展。

作者感谢清华大学文科建设“双高”计划创新方向建设专项《中国特色科技金融发展之路》项目，教育部人文社会科学重点研究基地重大项目，《数智时代资本市场变革与发展趋势研究》项目以及清华大学经济管理学院“影响力”提升计划项目，《数智时代下的资本市场投融资与风险管理》的支持。

# 目录

## 上篇　公司治理的前世

**第一章　公司的历史演进　003**

第一节　公司的历史　004

第二节　数智经济时代下的公司　016

第三节　公司制度演进的驱动因素　031

**第二章　资本市场的演进及驱动因素　059**

第一节　资本市场的历史演进　059

第二节　数智经济时代下的资本市场变革　070

第三节　资本市场演进的驱动因素　081

**第三章　中国公司和资本市场的发展　104**

第一节　中国公司的历史发展　105

第二节　中国资本市场发展　112

**第四章　公司治理及重塑　135**

第一节　公司的委托代理问题　135

第二节　公司治理及其历史演进　142
第三节　公司治理的国际比较　153
第四节　公司治理模式演进的驱动因素　170
第五节　公司治理的未来发展趋势及实现路径　179

## 下篇　公司治理的今生与未来

**第五章　金融危机与公司治理　191**
第一节　1997 年亚洲金融危机与公司治理　192
第二节　美国次贷危机与金融机构公司治理　198
第三节　金融机构的公司治理　206

**第六章　股权与控制权结构的变化趋势　248**
第一节　股权结构　248
第二节　控制权分配的设计与决定因素　264
第三节　股东之间的控制权争夺：反收购策略　277
第四节　经理人如何与股东之间争夺控制权？　290
第五节　股权与控制权结构的新变化　293

**第七章　投资者关系管理及新发展　302**
第一节　投资者关系管理的界定　302
第二节　投资者关系管理的新发展　310

**第八章　未来的激励机制　315**
第一节　薪酬激励机制　315
第二节　非薪酬激励　328
第三节　未来的激励机制　336

**第九章　再造董事会　346**
第一节　董事会的构成与职责　346
第二节　独立董事的作用、选拔及激励　352
第三节　如何提高董事会的运作效率　361
第四节　董事会控制权的争夺与分配　362
第五节　董事会未来发展趋势　367

**第十章　外部治理机制　372**
第一节　有效资本市场倒逼企业提升治理水平　373
第二节　数字技术作为外部治理机制的双重影响　374
第三节　产品市场竞争：更依赖信息、技术和人才　376
第四节　银行贷款的外部监督作用　380
第五节　政府法规监管　384
第六节　劳动力市场的外部激励　388
第七节　媒体舆论的监督　389
第八节　从资本控制权到技术控制权　394

**第十一章　从“制度治理”到“软性治理”　400**
第一节　高管的社交网络关系　401
第二节　企业文化的力量　409

**第十二章　ESG 与公司治理　420**
第一节　ESG 理念：从企业社会责任到绿色治理　421
第二节　ESG 的含义及其与公司的关系　424
第三节　ESG 和公司治理结构特征的关联　430
第四节　ESG 与企业内外部、软性治理机制　442
第五节　ESG 对企业融资的影响　463

**第十三章　数智经济下的公司治理**　473
第一节　数智技术对公司治理的影响　473
第二节　数智经济时代的公司治理变革　482
第三节　AI 技术与公司治理　501

**后记**　517

# 上　篇

# 公司治理的前世

# 第一章　公司的历史演进

公司制度从2 000多年前的萌芽到100多年前的广泛发展，历经了15世纪末罗马帝国时期的原始公司形态、16世纪到19世纪下半叶的近代公司形态以及19世纪下半叶至今的现代公司形态。原始公司以家族企业、康曼达（Commenda）、索塞特（Societas）及“海上协会”为主要形式①，其中，“海上协会”是一种真正的股份公司雏形。原始公司没有明确的公司法律规范，组织上多为合伙，因而极不稳定，且往往具有投资的短期性、责任的无限性和规模的有限性等特征。航海贸易的发展是原始公司产生的主要条件。

近代公司以特许股份公司为主，集中在近代金融和运输业。所有权和经营权进一步分离，股份公司逐步占据主导地位，有关法律规范也逐步建立。近代贸易的巨大发展、信用制度的出现是现代公司产生的前提，而市场经济意识为公司的产生提供了适合的文化土壤。

现代公司产生于19世纪末从自由竞争到垄断的过渡时期。这一时期，科学新发现和技术新发明在工业上得到广泛应用，市场竞争空前激烈。经济迅猛增长促进了公司的大发展，公司组织逐渐成为人类经

① 在十字军时期的意大利，热那亚组织了真正的商业公司。这种公司发售股票、分配利润，并由投资人分担风险。每只商船上会带着一个管货员或代理人，来代表投资人的利益。这种公司被称为“海上协会”，以区别于经营内地城市贸易的类似商行。它是一个真正的股份公司，其组织形式是热那亚在商业史上的重要贡献。

济的中心。公司股权分散化、公司经营多样化和内部管理科学化成为现代公司的主要特征，公司立法日趋完善。

公司作为一种现代企业组织形式，在漫长的历史发展过程中，其形式、特征和内部组织结构也经历了巨大的变化。从具有合伙性质的萌芽形态逐渐发展至极具筹资能力的股份公司，这一过程推动了资本从最初的农业资本演进到21世纪的产业资本、金融资本、全球资本乃至当前数字网络时代的创新资本。可以说，公司制度的不断发展对资本形态的演变起到了促进作用。同时，数千年的资本发展历史以及资本经由资本市场转化为生产性投资的过程，也对不同阶段的生产活动的组织形态（以公司为主）提出了不同的需求。公司制度的内部组织架构和治理模式的不断革新，表明公司这一经济社会的基本“细胞”能够适应经济、社会、法律等外部环境的发展，进行自我更新，具有强大的生命力。总体而言，公司和资本市场的发展，是一个相伴相生、相互促进的历史过程。

## 第一节　公司的历史

早在公元前3000年，美索不达米亚就出现了超越简单易货贸易的商业活动。苏美尔人在幼发拉底河和底格里斯河沿岸进行贸易，发展出试图使财产所有权合理化的合同雏形。当时的神庙同时充当了银行和政府监管人的角色。亚述人（公元前2000年至公元前1800年）——这一《圣经》上常与野蛮一词联系在一起的族群——则走得更远。亚述统治者正式与长老、商人分享权力，还出现了合伙协议。如投资者将黄金投入由商人运营的基金，商人也投入黄金并由其持续运营，运营者收取一定比例的利润。这与现代风险投资基金的组织形态别无二致，本质上是一种以合同形式体现的公司雏形。

腓尼基人和后来的雅典人把这种模式带到了海上，使地中海地区遍布类似的组织。海上贸易活动耗时费钱，这使得某种形式的正式安排比陆上贸易更为必要。对于投资者和债权人来说，风险永远都是一样的，比如一个出海的船长可能再也回不来。雅典模式之所以脱颖而出，是因为它依赖于法治而非国王的一时兴起，也因为雅典对外界不同寻常的开放程度。正是因为海上贸易对资金的需求巨大，使得投资者和冒险家以合同形式联结成了一种共同投资并分担风险的商业组织形态。

在公元前3000年至公元1500年这一漫长的历史长河中，人类在生产、交换、贸易（尤其是海上贸易）的实践中形成了合伙人制度、互助和保证等各类初期商业组织，产生了对资金的需求，资本市场开始萌芽。但这种萌芽形态始终处在宗教、王权、战争的阴影中，难以在经济生活中发挥较大的作用。资本无论投向原始农业、商业、贸易、征服战争还是王权（皇权）或官僚体系，总是会经历从初期萌芽、短暂繁荣、漫长萧条到最终沉寂，而后重新起步的过程。从美索不达米亚、古希腊、古罗马，到中世纪的欧洲、古代中国的封建王朝，世界各地、各个角落，宗教、国家、文明、货币、公司和资本在共存共荣和激烈竞争之间缓慢发展。但总体而言，经济总是会在后期出现崩溃，人类社会大多数时候陷在无数的内卷之中，始终没有实质性的演进和上升。不过，农业、贸易以及商业资本仍然在螺旋式地缓慢积累，为公司制度的进一步发展提供了物质土壤，促进公司制度不断完善并走向成熟。在此意义上，公司制度的萌生和资本市场的萌芽是相互交融而又相互促成的。

## 一、公司制度的萌芽

现代公司在19世纪中叶成形之前，曾经历一段漫长得令人难以置信的成长期。在公司制度萌芽时期，主宰商业活动的时而是生意人和劫掠者，时而是帝国主义者和投机分子。尽管他们并没有组建我们所知道的成熟的公司，但他们创造的强大组织改变了商界，诱发了投资需求，引发了资本市场的诞生。

公司的产生与人们之间的交易活动密不可分。交易的发生早于农业，更早于国家和法律的起源，而公司及其制度起源，正是交易行为的商业进化成果。从历史生成的角度看，由社会分工形成的商人在不断进行的商业活动中，通过碎片化积淀形成了公司萌芽的社会基础和商事文明，这才有了1670年成立、至今仍然存续的哈德逊湾公司这样的经济奇迹。

最早的商业活动起源于两河流域的苏美尔人和亚述人。公元前3200年左右，古埃及出现了农业产品和手工业货物的交换，与邻国进行商贸往来并开始使用圆柱石印来表明交易方的身份。在公证人面前进行的物物交易中，出现了用等价物——称重计量金属块（通常是铜）或者谷物——计价的商业形式。商业活动的形式包括买卖、借贷、租借，以及共同财产的出租合伙。公元前2000年左右，商人已经能够记录交易账目并以契据确认，此时印章也由两河流域传入。

苏美尔人建立了最早的城邦国家，“商业贸易催生了人类社会最早的文字”，文字和泥板书是当时交易活动的记载工具，也催生了第一部成文法典——《乌尔纳姆法典》。古巴比伦诞生的职业商人，是作为独立的私人业主，而不再像以前那样必须作为宫廷和神庙的代理人。这些职业商人区分为大商人（塔木卡）和小商人（沙马鲁）。[①] 公元前

---

① “塔木卡”和“沙马鲁”`是《汉谟拉比法典》提到的两类商人群体。“塔木卡”是大商人，“沙马鲁”是小商人。“沙马鲁”常常向“塔木卡”借钱经商，或者帮助“塔木卡”卖货。《汉谟拉比法典》记载，“塔木卡”将银子借给“沙马鲁”，“沙马鲁”经营买卖获利之后，就按照当初规定的利率，计算借贷天数，偿还“塔木卡”本金和利息；如果经商途中遭遇强盗劫掠，那么“沙马鲁”应该对神发誓，陈述事实，可免除赔偿。如果“塔木卡”将谷物、羊毛等货物交给“沙马鲁”出售，那么“沙马鲁”应该按照实际市场价格结算，将钱交还给“塔木卡”，签署证明文书并盖章，以示收讫。

18 世纪的《汉谟拉比法典》对二者之间的雇佣、合伙、代理三种商业关系作了规定，这是历史上最早的有关“合伙”的法律规定。新巴比伦时代，商业经济和商业规范进一步发展，甚至进一步确认了印章的效力，赋予印章文义属性。

作为西方文明的重要发源地，古希腊不仅有着辉煌灿烂的哲学、法律思想和文化，商业经济也蓬勃发展。古希腊是欧洲最早进入文明的社会，也是最早产生国家和法的地区，城市手工业、海上运输和对外贸易等商品经济得到极大发展。古希腊人不仅贡献了自然法思想，也贡献了海商法（如腓尼基人的《罗得海法》）以及保险法、破产法、票据法的萌芽等，还贡献了广为流传的公司法及其思想的萌芽。船舶作为海上运输和对外贸易的主要交通工具，需要投入大量资金，为减少投资风险，往往由几个合伙人联合投资。这些都可以视为公司法思想的萌芽。

公司的发明应归功于古罗马人，他们创造了公司的一些基础理念。古罗马的船夫行会就是类似于公司的组织（元老们可视为匿名股东）。从一个小城邦发展为横跨欧亚非三大洲的帝国，农业和畜牧业为罗马的商业兴起奠定了物质基础，矿业和手工业又与贸易相互促进，国家的自由贸易政策与发达的交通也是商业繁荣的动因，与此同时，随着罗马的疆土扩张，并借助基督教的传播，罗马法律影响了“当时的人们所知道的整个文明世界”。

罗马共和国中期，多数骑士发展为大商人，他们在罗马帝国初期开始结成自己的商人团体。但不同于中世纪的行会组织或商人团体，这还只是一种个人的集合。罗马共和国时期的合伙已经高度发达，不过更多表现为一种“合意契约”。

为了开发矿业，古罗马人首创了股份公司、包税公司，规定了企业无限责任和有限责任（罗马法的特有产制度可以看作法人有限责任制度的雏形）的组织形式，甚至允许存在有限责任的个体企业，还允许人们共同授权一名奴隶以一份“特有产”设立有限责任的集体企业(每个主人以“特有产”为限承担连带责任)。现代企业制度的一些基本精神隐约可见于古罗马的商法规范中。古罗马时期产生的这些类似股份公司的组织，数量极少，活动范围也受到限制，仅限于履行政府合同。最初出现的这种类似公司的团体在欧洲长达几百年的时间里并未得以延续，日耳曼人的入侵和罗马帝国的灭亡使这些类公司团体失去了赖以存在的基础。

中世纪前期，在蛮族入侵导致的民族大迁移以及基督教分裂的背景下，伊斯兰教的扩张导致了地中海航运关闭，君士坦丁堡尽管延阻了伊斯兰教西扩，却仍然难以阻止西欧退回到农业文明，商人阶级消逝、商业活动停滞，直到10世纪晚期商品经济逐渐兴盛，才酝酿了11世纪席卷欧洲的“商业革命”。

10世纪之后，在贸易与城市发展的刺激下，公司这一组织形式重新萌生。贸易，特别是海上贸易的发展，要求扩大投资规模并减少投资风险。海上贸易是风险非常大的投资，经常船毁人亡。拥有大量财富的资本家，既不想去海上冒险，又想获得利益，于是一种叫“康曼达”的商事契约便应运而生。由此，易于集资又能实现投资风险分散化的公司形式便开始出现。与海上贸易有关的公司形式除康曼达外，还有索塞特和“海上协会”等。这类契约由资本家和航海者签署，资本家出钱，航海者出力。盈利时，赚取的利润按约定比例分配；亏损时，航海者用个人身家和生命来承担无限责任，资本家在出资范围内承担有限责任。这种组织形式非常类似于今天的有限合伙企业，资本家与航海者的关系也类似于现在的风险投资人与创业者的“对赌”关系。对资本家而言，仅仅承担有限责任是不够的，还需确保资本不被航海者侵蚀和滥用。于是，一种当时在威尼斯银行界广泛采用的新型记账法——复式记账法（借贷记账法）被应用于航海贸易。复式记账法的最大价值，不仅在于能够清晰地追踪资金来源与去向、反映资本回报率，更在于其资产等于负债加所有者权益的平衡式。“康曼达”商事契约中产生的“有限责任”概念和“有借必有贷、借贷必相等”的复式记账法为公司制度的诞生提供了底层逻辑。

11 世纪晚期，除了作为有限责任合伙的康曼达、无限责任的陆上合伙，还出现了各种“享有法人权利，以一笔划分为若干股份的资本经商，其股份可以用契约转让，也可以死后继承”的“股份公司”，它们的财政力量甚至能征服整个世界。可以认为，中世纪的商法及公司制度催生了资本主义文明。

公司萌芽于古罗马，产生于中世纪，而且同频繁的战争和商业繁荣联系在一起，尽管从古罗马时期出现类似公司的团体直至中世纪绵延千年以上，但公司制度仍处于萌生状态。它只是在特定历史条件下偶然出现的，并未成为固定的、持久性的企业组织形式。公司制度的产生、发展与当时贸易和资本市场的产生、发展密不可分，因此，公司制度缓慢的萌生过程反映了资本市场从美索不达米亚、古希腊、古罗马，到中世纪的欧洲一直处于漫长的萌芽状态这一历史事实。

## 二、资本原始积累阶段的特许公司

真正的公司在资本原始积累阶段才开始形成并得以发展起来。15 世纪末之后，新大陆的发现和新航线的开辟刺激了远洋贸易的发展，迫切需要组建一批大型贸易公司，于是在西欧各国重商主义政府的支持下，在英国和法国，一批特许贸易公司纷纷出现。1555 年，赛巴斯蒂安·卡波特等伦敦商人获得伊丽莎白女王的特许状，发起成立了一家由 160 人组成的股份制商人团体——莫斯科公司。这是世界上第一家现代意义上的公司，从此人类社会进入了公司时代。这个时候的公司是一种由商人、皇室成员、贵族作为股东，本国政府特许成立的，拥有贸易独占权、军队，在殖民地建立政府机构，可以发行货币，与其他国家订立条约，从事贩毒、贩卖奴隶的政治、经济、军事综合体。

在英国，1555—1680 年，先后有 49 个远洋贸易公司成立。它们从国王那里获得特许，专营海外某一地区的商业。法国在 1599—1789 年，建立了七十多家这类公司，不过大多数并不成功，最后在 1789 年的法国大革命中消失了。

由于当时西欧各国政府不承认贸易自由，建立贸易公司必须取得皇家的特许，上述贸易公司都是以承担某些义务换取皇家“特许状”才得以成立的。与此同时，这些公司拥有了垄断性特权，或者垄断经营某一行业，或者垄断海外特定地区的殖民活动。英国在詹姆斯一世（1566—1625 年）在位时期确认了上述特许贸易公司的法人地位。所谓“法人”（corporate 或 corporation），早在中世纪时就已经存在。在当时，法人是指一些得到领主或王室给予的特许权（特殊优惠权或豁免权）的团体，如自治城市、行会、教会、慈善机构等。特许贸易公司取得了法人地位，意味着在法律上把它们同在若干个合伙人（自然人）的财产基础上运营的合伙制企业区别开来，承认它们具有与一个独立的自然人相同的民事权利能力和民事行为能力。于是，这种取得法人地位的公司也就袭用了中世纪法人团体的名称（corporation），或者被称为法人公司（incorporated company）。

这一时期的特许贸易公司还带有中世纪公司临时性的特点。例如，虽然英国东印度公司就其规模、影响、获利程度以及在海外贸易中的地位而言相当重要，但它最初只是一种临时性的松散组织，并不具有稳定性。东印度公司最初 12 次的航行运营表明，它只是一种临时性的股份企业，可能以一次航行为限，也可能以几次航行为限。该公司在 1720 年要求获得永久特许状，但未获批准。第一家永久性公司是 1602 年成立的荷兰东印度公司。它已具有公司的一些基本特征：靠募集股金建立，具有法人地位，由董事会领导下的经理人员来经营等。该公司在组建时，56.9%的股份为阿姆斯特丹商会所有，其余股份面向全国招募；公司设立股东大会，为最高权力机构；由股东大会选出 60 名董事组成董事会，为公司决策机构；另选17人组成经理会，为执行机构，主持日常事务；公司所得按股份分红。有学者指出，由于荷兰东印度公司有如下特点而被看作公司制的滥觞：（1）股东有限责任的确立，（2）公司治理机构的建立，（3）发行股票和允许股票转让，（4）公司生命的永久化。①

虽然某些特许贸易公司具有公司的一些基本特征，但它们都是靠政府（或皇家）的政治权力特许建立的，用向政府（或皇家）提供贷款或承担其他义务换取贸易垄断权。拥有特许贸易公司的股票也被看作一种特权，因此，这种公司还不能被视为严格意义上的公司。

特许贸易公司的直接衍生物是"特许专营公司"（franchised corporations）。这些公司与特许贸易公司的经营方向不同，但组织形式类似，也是以政府（或皇家）的权力为基础。在贸易领域外，金融保险业也相继成立各种公司。1694年，英格兰银行成立，它拥有120万英镑的资本，政府从它那里获得贷款，并将相当于这笔贷款的银行券的发行权授予英格兰银行。通过发行银行券，英格兰银行吸收社会资本。截至1841年，英格兰和威尔士已设有115家股份银行。保险公司也有丰厚利润，股票发行数量增长迅速。1720年2月至5月，保险公司的股票价格竟增长5倍之多。借鉴英国经验，后起资本主义国家一开始就瞄准银行作为股份公司的重点。美国的股份公司首先是在银行业中产生的，日本的股份公司也首先产生于金融业。

流通与交通密不可分，商品流通的发展必然要求交通状况与之相适应。提高内陆运输效率的需要促使英国1660—1730年内河航行条件的改善。然而，真正的"运河热"是从1730年以后开始的，1730—1790年是运河热的极盛时期，其间运河总长度增长至原来的一倍，达

---

① 张仁德，段文斌．公司起源和发展的历史分析与现实结论［J］．南开经济研究，1999（4）：19.

到 2 200 英里。[1] 1791—1794 年，运河热进入新阶段，其间共通过了运河法和其他航运法 81 项。由于修筑运河耗资巨大，便于集资的运河公司应运而生。19 世纪上半期，欧美各国又掀起“铁路热”，其广度和规模大大超过了“运河热”。英国于 1824 年设立 234 家大公司，其中主要是铁路公司和汽船公司。1825 年，英国第一条铁路，即斯托克顿至达灵顿的铁路建成通车。1834—1836 年，在新成立的 300 家公司中，居于首位的仍然是铁路公司。

资本原始积累时期的公司已经摆脱萌芽状态，在许多国家和部门出现。它虽然还很幼小，但毕竟已经成形；当然，同现代公司相比还不够成熟。概括起来，资本原始积累时期的公司具有如下特点：（1）公司的经营主要是为了获得利润，而不是为政府筹集资金；（2）公司的经营范围已有所扩大，不仅涉及“包税”[2] 和“贸易”，而且扩大到银行业和交通运输业；（3）公司已经从合伙企业中分离出来，所有公司都已采用合股或发行股票和债券的方式筹集资金，并根据出资比例分配利润；（4）相当数量的公司都是临时性的，它们的生存时间以若干次航行为限，或以修一条铁路（运河）为限；（5）公司制度还不完善，公司法尚未形成，严格的公司管理制度也不存在。

## 三、公司的蓬勃发展

随着人类社会经历四次工业革命，公司形态经历了从大型企业、垄断组织、现代公司到平台企业的发展过程。18 世纪末，英国在纺织生产和蒸汽动力方面的发明推动了人类历史上第一次工业革命的爆发，其中最具代表性的是 1769 年理查德 · 阿克莱特（Richard Arkwright）

---

① 英里，英制长度单位，2 200 英里约为 3 540.56 公里。

② 包税是一种税务处理方式，指的是国家将某种捐税按一定数额承包给私人或团体征收的制度。在这种制度下，承包人获授征税权，并自行确定征税办法。包税制最早可以追溯到古罗马时期。

的水力纺纱机和詹姆斯·瓦特（James Watt）改进的蒸汽机。这些发明催生了以城市工厂为基础的工业体系，特别是纺织业的爆发式发展使得英国到19世纪50年代成为“世界工厂”。在那时，英国的工厂贡献了全世界大约三分之二的“新技术产业”的产出。①

大型企业为生产提供了规模化优势，使产品生产规模扩大。在此前的手工业制造过程中，生产者依赖费力的手工操作，生产效率很低。而大型企业采用机器化生产，能够取代原有的小规模生产，大幅提高了生产效率和产量，降低了成本，使产品更具市场竞争力。通过规模化生产，大型企业形成了特殊的竞争优势，从而在短时间内占据市场，这为世界市场奠定了稳固的基础，最大限度地促进了商品交换和贸易发展。在大型企业的支持下，人类不断探索新技术，不断提高生产效率和机械化程度，从而使世界市场的面貌焕然一新。

大型企业的出现在全球范围内产生了深远影响。在工业革命初期，英国是领先的工业化国家。但是在随后的发展进程中，其他国家也开始崛起，大型企业在全球范围内的影响不断扩大。这些大型企业为全球市场的发展奠定了基础，并且在运用科技创新和先进生产方式的过程中，对经济的产业化、全球化发展起到了重要的推动作用。

随着第二次工业革命的推进，资本市场逐渐繁荣发展，生产和资本日益集中，公司组织日益壮大，走向成熟，到一定程度便产生了垄断组织。垄断组织是资本主义大企业之间为了独占生产和原料，控制市场和价格，攫取高额利润而联合组成的经济联盟、超大型企业或企业集团。垄断组织有卡特尔（Cartel）、辛迪加（Syndicate）、托拉斯（Trust）、康采恩（Konzern）等多种形式。垄断组织在19世纪60年代前后开始出现。1873—1879年空前严重的经济危机使许多中小企业破

---

① 尼尔，威廉姆森．剑桥资本主义史2，资本主义的兴起：从远古到1848年［M］．李酣，译．北京：中国人民大学出版社，2022：220.

产，垄断组织得以迅速发展起来。①

19 世纪下半叶，有两个因素强烈刺激了欧美各国在公司规模和数量上的急剧发展。一是科学技术新发现和新发明在工业上的广泛应用，电力、石油、汽车、化工等新兴工业部门开始崛起，矿业、钢铁、运输等部门日益居于统治地位。这些部门的发展要求企业具有较大规模，个别资本一般难以胜任。在这种情况下，能够满足上述部门发展要求的就是利用和发展已经出现的股份公司组织。二是市场竞争异常激烈，达到了空前的程度。

后发工业国家德国，自 1851 年颁布《联合所有制法》之后，从自耕农到拥有贵族头衔的各个阶层纷纷组建公司。德国的公司不仅发展迅速，而且具有联合倾向。世界上第一个卡特尔组织——德意志钢铁联合组织就诞生于德国。截至 1896 年，德国的卡特尔组织已有 250 个。1905 年，参加卡特尔的公司或企业有 12 000 家，控制了全国半数以上的蒸汽动力和电力。继卡特尔之后，又出现了另一种类型的公司联合组织——辛迪加。有些部门的辛迪加组织规模庞大。至于 19 世纪末首次出现于德国的由一个母公司、若干个子公司和参股公司构成的康采恩组织，其规模之大更为惊人。这是一种跨行业、跨地区甚至跨国界的“集团”。

美国也是后发工业国家，其股份公司的发展与德国有类似的特征，即发展迅速、扩散面广、规模巨大。美国从 19 世纪 50 年代起，股份公司开始在纺织、面粉、农机、军火等行业出现。19 世纪 80 年代以后，股份公司在制造业也大量涌现。公司的规模日益扩大，除采用卡特尔、辛迪加等联合组织外，在美国还首先产生了将许多公司兼并而成的“托拉斯”组织，它很快成为美国垄断组织的主要形式。

---

① 沈汉．资本主义史：从世界体系形成到经济全球化［M］．上海：学林出版社，2008：332-333.

随着工业生产和工业资本的集中，银行资本也呈现集中的趋势。同时，银行资本与工业资本日益融合，形成金融资本。在金融资本的基础上，又产生了金融寡头。这是一些为数不多的最大的垄断资本家，他们掌握着金融资本，控制着整个国民经济和国家的政治生活，从而确立了自己的统治地位。金融资本首先出现在工业发展迅速而工业资本又比较匮乏的美国和德国。为了攫取更高的利润，先进资本主义国家还把大量的“剩余资本”输出到落后国家和后起的资本主义国家，或放高利贷，或投资兴办各种企业。

垄断组织作为大规模社会生产的经济联合体和高度社会化的超大型企业或企业集团，对于促进生产力的发展具有积极作用。因此，资本主义向垄断阶段过渡后，经济发展的速度不但没有放慢，而且更加迅速，其中垄断组织高度发展的美国和德国发展速度最快。

随着时间的流逝，以1971—1972年英特尔公司成功开发微处理器为标志，人类社会进入信息技术时代，“芯片上的计算机”可以大批量生产。以英特尔为代表的跨国巨头，成为半导体产业的全球领先企业。集成电路（芯片）作为信息通信产业的核心投入，加速了互联网的建立，从而形成网络化的创新系统。这一时期，企业内部和外部关系的网络化成为新组织的典型特征。不同于福特模式的新管理模式逐步普及，思科等网络化系统公司作为新兴的网络化企业出现。原本的装配线和加工厂在规模与灵活性方面的不经济性被柔性制造系统、“网络化”和“规模化经济”替代，大规模定制化生产逐渐取代标准化批量生产成为主要生产方式。在组织管理上，等级制的部门化局限被系统化、网络化以及设计、生产、销售的一体化克服。随着创新资本的发展，创新组织主要采取开放、扁平化的结构，呈现网络化、系统化的趋势。整个创新系统中，遍布各国、各大洲乃至全世界的数千个中小型企业组成的网络与国际商业巨头共同发挥作用，不同规模企业之间合作与交互作用的增强成为这一时期组织创新最显著的特色。伴随大数据、云计算、人工智能（AI）、物联网（IoT）等数字技术革命的发展，人类社会迈入数智经济时代，企业组织形态与管理制度不断变革、创新，平台经济逐渐兴起，以平台企业为代表的新型组织形态开始活跃。平台核心企业通过技术创新与组织创新之间的相互作用机制，引领创新组织变革的方向和趋势。

数智经济时代，互联网重塑了企业边界。信息能力的提升推动了企业计划能力的增强和规模的扩大，使价值链扩张为价值网，重新定义了公司的概念和边界，形成平台生态，构成一个整体市场。以互联网公司为代表的平台企业的股东获取了所有收益，而这些收益与使用产品和提供内容的用户无关。这种经济模式的本质是，互联网公司的股东利用网络效应建立竞争壁垒，无偿占有用户的数字资产，而大多数用户无法以个体方式将人力资本、信用、数据等转化为资本，因而无法获得公司所有权层面的利益。可见，与平台产生紧密联系的用户、消费者及社会公众是平台企业赖以生存的基础，而互联网平台的网络效应导致他们无法分享平台经济发展的红利。加之传统股份公司“股东利益至上”的制度理念，使广大公众几乎与平台企业产生的直接经济利益绝缘，因此，这种经济模式偏离了早期互联网开放、自由、协作、分享的信仰。

## 第二节　数智经济时代下的公司

在数智经济时代，企业生产系统借助网络信息技术全面趋向数字化和智能化，互联网成为贸易、信息交流的关键渠道，同时也构成整个经济社会发展的重要基础设施。以物联网技术为例，它不仅被融入制造业生产，通过工业控制技术实现生产自动化，还被融入产品、生产管理、设计等环节，实现智能化、精细化管理。用户与企业、企业与企业之间的交流将变得更为快捷，有助于用户更清晰地表达市场需求，企业也能对此做出快速反应。信息流、物流等生产辅助数字技术日趋成熟，这极大地提升了企业生产系统的效率，也使公司组织展现出与以往不同的新特征。

## 一、公司的新特征

### （一）依赖数字技术实现公司组织创新的网络化和生态化

以大数据、云计算、人工智能、物联网为核心的信息技术和数智经济的发展，在推动生产范式和产业组织发生根本性变革的同时，也改变了组织的创新方式，使得公司组织创新更加网络化和生态化。

**1. 数字技术助力组织网络化**

网络化是指利用通信技术和计算机技术，将分布在不同地点的计算机及各类电子终端设备互联起来，实现计算资源、存储资源、数据资源等的全面共享。其根本特征是资源共享和消除资源孤岛，通过打破地理位置的限制，促进了信息的高效流动和资源的优化配置。

云计算、大数据分析、物联网等数字技术的广泛应用，有助于实现组织的网络化。云计算技术提供强大的计算能力和存储资源，支持组织在云端进行数据处理、应用部署等，既降低了组织的信息技术（IT）成本，又提高了运营效率。大数据分析技术通过分析海量数据，挖掘有价值的信息，为组织提供决策支持，优化业务流程，提升用户体验。物联网将各种物理设备连接到互联网，实现设备之间的数据交换和智能控制，推动组织的智能化转型。

组织网络化将推动组织创新。具体而言，网络化提高了组织的灵活性和响应速度，使其能够更快地适应市场变化和客户需求；促进了组织内部和外部的协作与沟通，打破了传统的层级壁垒，提高了组织的协同效率；降低了组织的运营成本和风险，提高了资源利用效率和服务质量。

#### 2. 数字技术助力组织生态化

生态化是指将生态学原理应用于组织管理和创新过程中，实现组织与环境、组织与利益相关者之间的和谐共生。生态化的特征包括系统性、动态性、开放性和可持续性，其核心在于强调组织与环境之间的相互作用和相互影响。

数字技术通常应用于企业组织生态化中的以下场景：数字化平台构建，搭建跨界融合的数字化平台，连接不同利益相关者，实现资源共享和价值共创。数字化供应链管理，通过数字化手段优化供应链管理，提高供应链的透明度和可追溯性，降低库存和运营成本。智能化客户服务，利用人工智能、大数据等技术提供个性化的客户服务，提升客户满意度和忠诚度。

生态化也会推动组织创新。生态化推动了组织的跨界融合和创新发展，拓展了组织的业务范围和市场空间；提升了组织的适应性和韧性，使其能够更好地应对外部环境的挑战和变化；促进了组织与利益相关者之间的共赢合作，提升了组织的品牌形象和社会价值。

综上所述，依赖数字技术实现组织创新的网络化和生态化是一个相互促进、相互作用的过程。网络化通过提高资源利用效率、降低运营成本等方式为组织创新提供了基础支持；而生态化则通过构建和谐共生的生态系统、推动跨界融合等方式为组织创新提供了方向和动力。在未来的发展中，组织需要不断探索和创新数字技术的应用方式，以实现网络化和生态化的深度融合和相互促进。

### （二）依赖核心技术人员与精英企业家

公司发展越来越依赖核心创业团队，尤其是那些拥有计算机技术、数据信息技术专长的管理人才，越来越受到青睐。

#### 1. 核心技术人员与精英企业家的重要作用

公司的发展离不开人才的支持，其中核心技术人员与精英企业家在其中扮演着举足轻重的角色。他们各自具备独特的才能和优势，共同推动着公司的持续进步和发展。

核心技术人员是公司技术创新与产品竞争力提升的关键，更是公司技术创新的源泉。他们通过不断的研究和开发，推动公司产品和服务的升级换代，提高技术含量和附加值。技术创新不仅有助于公司保持技术领先地位，还能提升产品的市场竞争力，从而满足消费者日益增长的需求。

核心技术人员还是解决技术难题与降低成本的中坚力量。在公司的生产过程中，往往会遇到各种技术难题。核心技术人员凭借其丰富的专业知识和实践经验，能够迅速识别并解决问题，保证生产的顺利进行。同时，他们还能通过优化生产流程、降低生产成本，提高公司的盈利能力和市场竞争力。

核心技术人员还在团队中扮演着重要角色，他们的技术能力和创新精神能够激发团队成员的积极性和创造力。同时，他们还能通过培训和指导，培养出一批具备高技能和高素质的技术人才，为公司的长远发展提供有力的人才保障。

精英企业家对公司发展起到战略规划与方向指引、领导力与团队凝聚力、资本运作与资源整合等方面的作用。核心技术人员与精英企业家是公司发展的两大支柱，在公司的日常运营和发展过程中，应充分发挥这两类人才的作用，为他们提供良好的工作环境和激励机制，确保他们能够在公司发展中发挥更大的作用。值得一提的是，在企业初创期，拥有核心技术的人往往是公司的创始人；在企业的成长期，核心技术人员与精英企业家可能合二为一；随着企业走向成熟，创始人才逐渐从具体的技术或业务工作中抽身出来，他们可以选择成为纯粹的精英企业家，或者选择从市场上聘请职业管理者。

**2. 拥有计算机技术、数据信息技术的管理人才备受青睐**

随着信息技术的迅猛发展和数字化转型的深入推进，拥有计算机技术、数据信息技术的管理人才在现代企业中越来越受青睐。

这类管理人才通常具备扎实深厚的技术基础，熟悉各种信息技术工具和平台，他们能够快速适应数字化趋势，理解并掌握最新的技术动态和发展方向。在数字化转型的过程中，这类人才能够为企业提供专业的技术支持和解决方案，推动企业实现技术创新和业务升级。

除技术背景深厚外，这类管理人才还具备强大的管理能力。他们能够有效地组织和管理团队，促进团队成员之间的协作和沟通。在项目管理、团队协调、资源分配等方面，他们能够发挥出色的领导力和协调能力，确保项目顺利进行并达成目标。这种管理能力对于企业的稳定运营和持续发展至关重要。

此外，拥有计算机技术、数据信息技术的管理人才更善于利用技术优势，通过数据分析和技术创新，为企业提供有针对性的解决方案和产品优化建议，推动企业实现创新发展。这对于提升企业的竞争力和市场地位至关重要。

在现代企业中，业务融合已成为一种趋势。拥有计算机技术、数据信息技术的管理人才通常具备较强的跨界融合能力，他们能够理解和掌握不同业务领域的知识和技能，促进不同业务部门之间的合作和协同。通过数据共享和资源整合，他们能够推动业务融合和协同发展，为企业创造更大的价值。

随着数字化转型的深入推进和信息技术的不断发展，企业对拥有计算机技术、数据信息技术的管理人才的需求越来越旺盛。然而，这类人才在市场上的供应却相对不足。这种供需矛盾使得这类人才在就业市场上具有较高的竞争力和吸引力，许多企业为了吸引和留住这类人才，提供了优厚的待遇和良好的工作环境。

### （三）平台经济组织形式

平台经济组织作为一种代表性的新型组织形式出现，呈现新的创新组织特征和市场竞争格局。平台组织通过将自身的资源、能力和技术与外部资源、能力进行整合，形成一个开放、共享、协同的平台，实现资源的优化配置和价值的共创共享。其特点在于强调企业的开放性和协作性，通过建立生态合作伙伴关系，实现产业链上下游的紧密合作。同时，平台化组织还需要具备强大的技术支撑和数据分析能力，以实现对市场趋势的精准把握和快速响应。

平台经济组织作为一种新兴的经济组织形式，正在全球范围内快速崛起，对传统的商业模式、市场竞争格局以及经济增长方式产生了深远的影响。平台经济组织的核心特征包括数字化平台基础、双边或多边市场、增值性服务提供、网络外部性特征、开放特性、规模经济性、类公共属性以及数据要素重要性等方面。

平台经济组织的基础是构建数字化的交易或服务平台，以数字技术、电子商务、移动支付、云计算、大数据、物联网、营销自动化和共享经济等网络系统为基础，通过互联网或移动互联网等技术手段，实现信息的汇聚、匹配和交易。数字化平台不仅是技术基础设施，更是连接供需双方的重要桥梁。平台经济通常涉及双边或多边市场，即平台连接多个不同的用户群体，如消费者、商家、服务提供者等。这些用户群体通过平台进行交互和交易，形成复杂的网络结构。除提供基本的交易或服务功能外，平台还通过提供增值服务来增加用户黏性和收入，包括但不限于广告、数据分析、金融服务、物流配送等。

平台经济组织具有显著的网络外部性特征，即平台的价值随用户数量增加而提升。更多的用户参与平台活动，不仅提高了平台的活跃度，还促进了信息的流动和交易的达成。平台经济的另一个重要特征是开放性。开放的平台允许更多的用户、服务提供者或第三方开发者加入，共同构建和丰富平台生态系统。开放性也促进了创新和竞争，使得平台能够不断适应市场需求的变化。平台经济组织还具有显著的规模经济性。随着用户数量的增加和交易规模的扩大，平台可以降低边际成本，提高运营效率。同时，规模经济也使得平台能够更好地应对市场变化和竞争压力。此外，平台经济组织在一定程度上具有类公共属性。平台不仅是商业活动的场所，还是信息传播、社会交往和文化交流的公共空间。因此，平台需要承担相应的社会责任和义务，保护用户权益和社会公共利益。

在平台经济组织中，数据是核心要素之一。平台通过收集、分析和利用用户数据，可以更好地了解市场需求和用户行为，优化产品设计和营销策略。同时，数据也是平台提供个性化服务和智能推荐的基础。因此，数据安全和隐私保护成为平台经济中不可忽视的重要问题。

可见，平台经济组织作为一种新兴的经济组织形式，具有独特的商业模式和竞争优势。通过深入分析平台经济组织的核心特征，我们可以更好地理解其运作机制和发展趋势。未来，随着技术的不断进步和市场需求的不断变化，平台经济组织将继续发挥重要作用，推动全球经济的持续发展和繁荣。

## 二、公司制度的新变化和新趋势

数智经济时代重构了公司的商业模式、业务模式及盈利模式。创新资本作为无形资本，依附于创始人的创意投入，不能被物质资本替代，这使公司发展越来越依赖核心创业团队的企业家精神，尤其是那些拥有计算机技术、数据信息技术等专业能力的管理人才将越来越受到青睐。公司创始人吸引能“看见”并“看懂”公司价值的投资者（机构），共同探索并实现新商业模式的内在价值。在内在价值逐步呈现时，创始人让更多的投资者认可公司价值，从而吸引更广泛的投资者以合适的机制参与未来价值的现实创造，最终以标准化方式进入公开交易市场。当公司发现新的投资机会，或投资者发现公司更具价值的资源整合方式时，可通过兼并重组、变现退出等市场交易方式完成新旧价值的交接。

数智经济时代为公司制度带来了许多新变化和新趋势，主要包括组织结构变革与人力资源变革方面。数字技术的重要性日益凸显，公司将更加重视创新和发展，以及 ESG（环境、社会和公司治理）对公司可持续发展的保障作用。

### （一）组织结构变革

传统的公司组织结构通常采用等级制的官僚化模式，而在数智经济时代，越来越多的公司开始采用更加灵活、扁平化的组织结构，以提升效率和创新能力。这种组织结构变革有助于增强公司的响应速度和适应能力，更好地应对快速变化的市场环境。从科层管理制度①向扁平组织转型，是数智经济时代组织模式发展变化的新趋势。

**1. 社交经济的兴起促进组织模式扁平化发展**

随着移动互联网与社交化的深度融合，社交经济应运而生。这种社交经济既不能单纯地理解为社交网站、社交媒体，也不能狭隘地理解为关系驱动的网络经济，而是基于高接触、高情感、高开放、高穿透、高裂变的虚拟空间与社群网络，赋予商业新的传播方式、消费方式、交流方式、供应方式和管理方式等，从而形成新的经济形态与经济模式。

长期以来，大型企业、中心化、封闭式和科层化的组织一直主导着人们的生产方式、生活方式，以及相应的传播方式、消费方式、交流方式、供应方式和管理方式等。大型组织一度降低了边际成本，让公众享受到更便宜和可靠的服务，但也难免出现“大企业病”。而社交网络的出现降低了差异化经营成本，满足了个性化需求。中心化组

---

① 科层管理制度，也被称为官僚体制，是由德国学者马克斯·韦伯（Max Weber）在20世纪初提出的一种层级分明、制度严格、权责明确的组织模式。

织虽然一定程度上提高了组织动员能力和生产效率，但在较大程度上导致垄断效应，抑制了个体能动性；而在社交网络下的去中心化结构显著提升了发展活力。封闭式的组织方式虽然具备完整的管理体系与运作机制，但难免沦为封闭环境下的“暗箱”。伴随社交网络与生产经营系统、社群的联通，开放性和新的传播方式提升了公平与效率。科层化组织优化了管理，但伴随管得越来越多、理得越来越少的问题，组织在纵向决策与执行、横向组织与协调等方面产生了更多内耗，而社交化工具的运用使得“金字塔”形结构趋于扁平化。

**2. 社交化商业模式改变企业内部运营管理模式**

近年来，社交化商业模式日益成熟，其本质是借助云计算，对采集、处理、整合的大数据，通过移动设备传输到能创造价值的终端，而后将这些数据价值创造的生活生产方式应用于社交商务场景中，打破人与人、人与圈子、圈子与圈子的壁垒，最终使得信息流、数据流演化为价值流或现金流。在社交化趋势下，众包、众筹、新媒体、O2O（线上到线下）、微信、微博等业态大量涌现，在较大程度上影响了企业融资、研发、营销、销售、客服、管理等方面，改变了商业模式和运营管理模式。其中，个体会利用技术手段与他人更好地联结，从而获得优质的商品和服务；而企业组织不仅将社交网络引入企业管理中，实现内部高效、透明、便捷的沟通协作，还借助云计算实现业务模式重构、运营模式转变及组织创新。

**3. 生产生活方式高度衔接与融合形成全新组织模式**

伴随新一代信息技术的运用，社交经济不仅从生活领域走向生产领域，更促进了生产生活方式的有机衔接与无界融合。其中，社交化最具创新价值的并非仅能将买卖直接嵌入人类的生活方式中重新建立游戏规则，实现轻资产、便捷式、多覆盖、快成长，让干巴巴的生产生活更加生动；更在于通过重新划定企业内部社交网、伙伴社交网与外部社交网络，重新定义企业与员工、平台与个人、企业与伙伴、企业与消费者之间的关系，形成更加扁平化的组织结构、开放的环境氛围、信息快速传播、规则透明化的社交生活生态与社交商务生态。在这种社交生活生态与社交商务生态下，“旧管理”（以“管”的方式达到“理”的目的）逐步被“新组织”（以“理”的方式达到“管”的目的）取代，形成全新的组织模式。

### （二）人力资源变革

随着数智经济的快速发展，传统的人力资源管理模式正面临着前所未有的变革。数字化、智能化、网络化等新技术手段的应用，不仅推动了企业业务的创新，还对人力资源管理产生了深远的影响。

**1. 物质资本让位于人力资本**

在数智经济时代，包括企业家在内的各类人才成为企业最重要的资产之一，一个卓越的企业往往由优秀的企业家领导，而信息技术专家在劳动力市场上也越来越受企业青睐。因此，一方面，人力资本——尤其是稀缺的企业家和技术专家——相较于物质资本对企业更为重要；另一方面，企业需要更加注重人才招聘、培养和留任。同时，灵活的工作方式和远程办公成为可能，这为企业在人才招聘和留任方面提供了更多的选择。

**2. 组织与员工关系变革**

数智经济时代，信息的快速流通和高效决策需求推动了企业组织结构的扁平化。这种变革打破了传统的层级关系，使员工能够更直接地参与企业决策和管理，从而提升组织的灵活性和响应速度。这正是前述公司组织结构扁平化发展的体现。

在用工模式上，为应对市场的快速变化，企业越来越多地采用灵活用工模式，如远程办公和雇用自由职业者等。这种用工模式不仅降低了企业的用人成本，提高了工作效率，还为员工提供了更多的工作选择和灵活性。

### 3. 人才招聘模式转变

社交媒体成为企业招聘的重要渠道。通过社交媒体平台，企业可以更精准地定位目标人群、发布招聘信息，并与求职者实时互动。

数据分析技术越来越多地应用于人才招聘。企业运用大数据分析技术，对求职者的简历、社交行为等信息进行深度挖掘，以评估其潜在能力与岗位适配性，提高招聘的精准度和效率。

### 4. 绩效管理数字化

数字化技术使得绩效管理更加量化和可视化。通过设定明确的考核指标并借助数据分析工具，企业可以对员工的绩效进行实时跟踪和评估，为晋升、奖励和惩罚提供科学依据。同时，数字化绩效管理平台提供了更便捷的反馈机制，员工可以实时了解自己的工作表现和需要改进的地方，也可以向上级反馈意见和建议，从而促进企业内部的沟通和协作。

### 5. 薪酬管理创新

数智经济时代，员工的需求更加多元化和个性化。企业可以根据员工的能力和贡献，提供更具个性化和灵活性的薪酬方案，如股票期权、绩效奖金等，以激发员工的积极性与创造力。企业还可以利用大数据分析工具，对员工的工作表现、市场薪酬水平等信息进行深度挖掘，以制定合理的薪酬策略，确保薪酬体系的公平性与竞争力。

### 6. 员工培训数字化

企业可以利用在线学习平台为员工提供丰富的培训资源和学习机会。员工可以根据自己的需求和兴趣，选择适合的课程和学习方式，提高专业素养和综合能力。随着移动互联网的普及，移动学习成为新趋势，企业可以开发移动学习应用或提供移动端学习资源，使员工能够随时随地进行学习，提升学习效率和效果。

总之，数智经济时代，人力资源管理正经历深刻的变革。企业需要紧跟时代步伐，积极拥抱变革，不断创新和完善人力资源管理体系，以更好地适应数智经济的发展需求，实现企业的可持续发展。

### （三）数字技术越来越重要

数智经济时代本质上是数字技术时代，数字技术在企业战略、管理及运营中的应用越来越广。借助大数据、人工智能等技术手段，企业可以更加精准地定位发展方向、制定科学合理的管理策略并优化运营方案。通过数据分析，企业可以更好地洞察市场需求、预测趋势、优化管理流程，从而提高决策的科学性和准确性。

**1. 提升生产运营效率**

数字技术通过智能化生产设备、自动化生产线以及云计算和大数据等技术手段，实现了生产过程的数字化和智能化，大幅提高了生产效率和运营管理水平。云计算和大数据分析技术能够帮助企业更有效地利用资源，降低库存、物流等固定成本与可变成本，从而提高企业的利润率。

**2. 促进商业模式创新**

数字技术为企业提供了更多商业模式组合的可能性。通过互联网和物联网的连接，催生出电商、共享经济等消费模式，创造更多的商业机会。数字化的生产和运营方式可以更好地理解用户需求，及时调整产品和服务的设计和运营策略，从而提高产品与服务的质量和用户满意度。

**3. 推动企业数字化转型**

数字技术能够对企业研发设计、生产加工、销售服务等一系列业务流程进行转型和重塑，将数字价值叠加至商业价值，提升企业运营效率，创造规模效益。通过数字化转型，企业能够推动管理方式和理念的革新，促进传统经营理念向数据导向、动态控制和智慧管理转变，提高企业竞争力和市场地位。

**4. 加强企业之间的融通合作**

数字技术可以帮助企业建立更加高效、透明的供应链管理体系，实现供应链各环节的数字化协同和智能优化，降低供应链成本，提高供应链响应速度和灵活性。数字基础设施的推广和运用使得中小企业能够更加便捷地接入全球市场和资源网络，与大企业形成更加紧密的合作关系，共同推动产业的高质量发展。

总之，在数智经济时代，数字技术已成为推动企业发展的重要力量。企业需要积极拥抱数字技术，加强技术创新和人才培养，不断提升自身的数字化水平和竞争力。

### （四）更注重创新与研发

数智经济时代，创新成为企业保持竞争优势、应对市场变化、满足消费者需求的关键。

**1. 创新应对市场风云变幻**

在数智经济时代，市场需求和技术变革的节奏都极快。企业需要不断推出新产品、新技术和新服务来满足消费者的需求，这要求企业具备强大的创新和研发能力。通过不断的研发和创新，企业可以迅速适应市场变化，抓住市场机遇，实现快速增长。

**2. 技术驱动发展**

在数智经济时代，技术的发展和应用是企业发展的重要驱动力。企业需要紧跟技术发展的步伐，不断投入研发资源，掌握核心技术，提高产品质量和竞争力。同时，技术创新还可以为企业创造新的增长点，推动企业向更广阔的领域拓展。

**3. 创新满足消费者多样化需求**

随着消费者需求的多样化，企业需要不断创新来满足不同消费者的需求。通过研发新产品、新服务，企业可以提供更加多元化、个性化的选择，提高消费者的满意度和忠诚度。同时，创新还可以帮助企业更好地理解消费者需求，为企业未来的发展提供重要参考。

**4. 创新和研发提升企业竞争力**

在数智经济时代，企业之间的竞争日益激烈。拥有强大的创新和研发能力的企业可以在竞争中占据优势地位，通过推出独特的产品和服务来吸引消费者，提高市场份额和盈利能力。此外，创新还可以帮助企业降低成本、提高生产效率，进一步增强企业的竞争力。

总之，在数智经济时代，创新是企业发展的重要驱动力。企业应更加注重创新和研发，以适应市场变化、满足消费者需求、提升企业竞争力。企业应加大在新技术、新产品、新服务方面的研发投入力度，提高自身的创新能力。同时，与外部创新机构的合作也成为企业创新的重要途径。跨界合作与生态圈建设成为常态，企业需要与其他产业、领域的合作伙伴共同构建生态圈，实现资源共享、优势互补，提高自身的竞争力。

### （五）ESG 是企业可持续发展的保障

在数智经济时代，ESG 是企业在环保、社会责任和治理方面的表现，更是企业可持续发展的重要保障。企业需要更加注重社会责任和可持续发展。通过环保、公益等方式，提高企业的社会责任感和品牌形象，为企业的长期发展奠定基础。ESG 与企业的长期发展密切相关。

环境是企业可持续发展的基础。企业应当加强环保意识，推行绿色生产，采用环保技术和材料，使用新能源和可再生能源，减少污染物的排放，降低对环境的影响。环境保护对企业长期的生存和发展至关重要。虽然乌克兰危机使短期内各国对能源安全的关注压倒了对气候变化的关注，资本市场对能源公司进行了重新估值，但这并不意味着石油和煤炭战胜了云计算和大数据。从大趋势上看，去碳化不仅是应对气候变化的有效手段，也日益成为各国维护能源安全的重要手段之一。因此，新能源和可再生能源仍将逐渐实现对传统能源的替代。

社会责任是企业在社会中的角色和责任，企业不仅对股东负责，更应承担社会责任，回馈社会，积极参与慈善事业，关注员工福利，维护消费者权益，为社会做出贡献，在提升企业声誉的同时，实现企业的可持续发展。

治理是企业内部管理的重要组成部分，良好的治理可以提高企业的效率和竞争力。企业应当加强内部治理，提高效率，建立健全的管理制度和流程，加强人才培养和管理，提高企业的竞争力和创新能力。

总之，ESG 是企业可持续发展的重要保障，企业应加强对 ESG 的重视，从环境、社会责任、治理等方面入手，构建可持续发展之路。只有这样，企业才能在激烈的市场竞争中立于不败之地，实现长期发展和壮大。

数智经济时代为公司制度带来了许多新变化和新趋势，公司需要不断创新和变革，以适应市场环境的变化并满足客户需求。与此同时，也要十分警惕数智经济飞速发展所形成的泡沫问题。在过去几年中，全球资本市场出现了一些新的因素，并一度导致了数字科技公司的飞速膨胀。这些因素主要包括：第一，第 21 届联合国气候变化大会通过的《巴黎协定》在 2016 年签署，开启了全球范围内的去碳化进程；第二，中美在数字科技领域的竞争引发全球主要经济体加速数字化转型；第三，全球经济不景气促使各国央行实施宽松的货币政策，大量资本流入数字科技领域，而互联网技术的发展也推动了线上办公和线上购物的飞速增长。这使得数字科技公司在资本市场更容易获得大量融资。以苹果公司为例，其市值在 2018 年 8 月突破 1 万亿美元，2020 年 8 月突破 2 万亿美元，到 2022 年 4 月初已达到 2. 99 万亿美元。数字科技公司的资本泡沫越来越大。

近年来，虽然美国联邦储备系统（简称“美联储”）激进的加息政策推高了数字科技公司的融资成本，迫使其降低杠杆率，最终戳破了资产泡沫，但这并不意味着数字科技公司失去发展空间。全球性的数字化转型已经启动，新型的社会生产和生活方式不断涌现，不会因数字科技公司的资本泡沫破裂而停滞。正如2000年互联网泡沫破灭反而催生了一批大型互联网企业，在这次数字科技泡沫调整后，将会出现更有活力的数字科技公司。

## 第三节　公司制度演进的驱动因素

公司制度演进受到经济发展、技术革命、国别及文明、经济全球化等多种因素的影响。经济发展为公司提供市场空间和外部环境。随着人类社会经济的不断发展，公司总体上历经了从小到大、从简至繁、从私人公司到公众公司的发展历程。技术创新是公司演进的主要驱动因素。随着新技术的应用和推广，会涌现新的公司组织形态。各国的公司组织结构也是特定国家的政治、法律、经济、历史、文化等环境因素影响下的产物。在经济全球化的影响下，各国经济联系日益紧密，公司组织结构日益趋同。

### 一、经济发展

经济的不断发展是推动公司从私人形态向公众形态演进，并不断发展的首要原因。公司组织形态从产生到发展直至占据主导地位，绝非人类历史进程中的偶然现象，而是自然经济转变为商品经济并逐步发展到更高级阶段——市场经济的产物。早在古罗马时期，个体之间的联合形式就已存在，表现为各种不同目的的社团，并且根据罗马法关于团体人格的理论获得独立于成员的主体资格。① 然而，罗马时期始终未能形成真正意义上的公司，其根本原因在于自给自足的自然经济模式。虽然商品经济在罗马社会已初露端倪，但其发展并非以生产

---

① 滕尼斯．共同体与社会［M］．林荣远，译．北京：商务印书馆，1999：282.

经营和商品交换为基础，而是源于罗马帝国版图扩张的需要。商业的兴衰很大程度上受制于对外战争，与经济社会的现实情况没有直接的因果关系。① 为支持大规模的长期对外战争，罗马贵族组成各种商业社团，为罗马大军制作盾牌与刀剑；较低阶层的商人和工匠也联合成立同业公会，并向政府取得许可，成为征服行动的商业力量。此外，罗马的城市几乎都是通过对外扩张建立的，往往成为国家进行新一轮征战的军事据点，缺乏促进城市繁荣所需的商业网络，因此发展十分缓慢。到了罗马帝国后期，经济社会生活越发原始化。作为商业交易主要参与者的城市资产阶级需求不断缩减，而由国家供养的特权阶级又因客观上缺乏消费需要，导致贸易交往进一步萎缩。② 由此可见，在整个罗马时期，自然经济始终居于主导地位，经济社会中的商业基础非常薄弱，因而未能形成孕育公司形态的经济土壤。③

罗马帝国灭亡之后，欧洲在几个世纪里都处于分裂和战乱之中，经济发展受到严重遏制，商业贸易的基本要素逐渐消失，自然经济仍然占据主导地位。此时的教会拥有极大的权力，不仅控制着巨额财产，而且掌管着政府的全部事务，对社会从世俗层面和精神层面进行双重支配。在教会看来，商人不可能取悦于上帝，商业是一种有悖于道德观念的行为，因而禁止教士和普通人通过放贷获取利息。④ 直到 11 世纪，随着西欧市场的扩张和社会分工的出现，自然经济的藩篱被打破，商业开始复苏，新兴城市逐步建立。与罗马社会的城市不同，欧洲中世纪的城市以发展手工业和商业为基础，是贸易交往的中心。城市的

---

① 赵立行．商人阶层的形成与西欧社会转型［M］．北京：中国社会科学出版社，2004：14.

② 罗斯托夫采夫．罗马帝国社会经济史［M］．马雍，厉以宁，译．北京：商务印书馆，1985：710-712.

③ 王效文．中国公司法论［M］．北京：中国方正出版社，2004：3.

④ 皮朗．中世纪欧洲经济社会史［M］．乐文，译．上海：上海人民出版社，2001：4-12.

聚合效应不仅刺激对周边地区原料和工业品的需求，而且为市区内的企业在生产经营上提供便捷和优势。随着城市逐步获得自治地位，城市工商业者也开始成为社会中的一个特殊群体，独立的工商业阶层得以崛起。工商业不再处于农业的附属地位，反而带动农产品作为交换对象进入整个商品流通系统。① 工商企业通过自己的产品和服务，把原来互相隔绝的区域在经济上联系起来，贸易规模不断扩大，交易制度也陆续建立。正是在自然经济向商品经济发展的过渡时期，行会组织、家族企业、康曼达、索塞特等公司雏形开始出现，为此后公司的成型奠定基础。

随着经济的持续发展，社会分工和专业化超出了民族国家的范畴，贸易逐渐从地中海转移到大西洋和西北欧，更广泛的市场得以建立。为了适应市场范围的扩张，新的交通设施建设如火如荼地展开，包括公路、运河网络、蒸汽船、货运帆船等，不仅连接了分割的市场，而且改变了物流方式，为商业经营的规模化创造有利条件。与此同时，欧洲还形成了几个主要的商业中心，通过建立较完备的信息发布制度和标准化的交易方式，这些中心大大降低了交易费用，在一定程度上起到国际市场的作用。更为重要的是，此时期社会技术结构有了显著发展，从手工劳动到机械化大生产的一系列技术进步，使资本主义经济创造的生产力远远超过以往任何时代，由此，经济规模急剧扩大。这意味着需要一种适合大型企业稳定经营的有效组织形式。面对经济社会提出的新要求，原本具有临时性的合伙关系已经不能满足规模化稳定生产经营的需要。公司作为一种新型企业形态应运而生，成为迅速集中资本的有效手段。例如，英国的规约公司就是在中世纪行会的基础上演变而来的资本共同经营组织形式，其通过皇家颁发的特许状取得法人资格，将成员财产聚集到一起为共同利益开展经营活动，并

① 皮雷纳．中世纪的城市［M］．陈国梁，译．北京：商务印书馆，1985：62-63.

由此衍生出了合股公司。合股公司“以共同资本进行贸易，各股员对于贸易上的一般利润或损失，都按其股份比例分摊”。[①] 不仅如此，在商品经济向市场经济发展的过程中，为尽可能降低经营风险以应对激烈的市场竞争，公司组织形态不断创新。从无限公司、两合公司[②]到股份有限公司、有限责任公司，无不是社会生产方式变革的产物。在经历第二次和第三次技术革命以后，资源的种类、数量以及流通速度都发生了质的飞跃，水陆空运输实现全方位的发展，分工和专业化也开始在世界范围内进行，这些变化促使市场加速扩大。作为先决条件，市场容量的大小将决定商业组织的规模，进而决定一定时期商业组织的具体特征。因此，市场在现代社会的进一步扩大，从客观上导致公司组织形态表现出新的特征：一方面，既有的公司组织形态在内部制度安排上发生变化，如资本量的增大、股权结构的分散化、董事会地位的提高等；另一方面，新型公司组织形态不断涌现，如一人公司、美国的有限责任公司、日本的合同公司等。

当下，随着信息技术的飞速发展，数智经济已经成为全球经济发展的新引擎。它以信息技术为基础，通过数字化和网络化的手段实现商业活动和组织运作。近年来，人工智能、区块链、物联网等新兴技术的快速发展，加速了数智经济的转型升级，为各行各业带来了深刻变革。

在数智经济时代，技术创新日新月异，这要求公司制度具备高度的灵活性和适应性。然而，传统的公司制度往往存在僵化、烦琐的问题，难以迅速响应市场变化和技术创新。此外，技术创新也带来了人

---

① 斯密．国民财富的性质和原因的研究（下卷）［M］．郭大力，王亚南，译．北京：商务印书馆，2004：295.

② 两合公司是由无限责任股东和有限责任股东共同组成的公司。其中，无限责任股东对公司债务承担连带无限责任，而有限责任股东则以其出资额为限对公司债务承担有限责任。两合公司是无限公司的发展形态，兼具无限公司信用高和有限公司集资快的优点。法、日等国承认其法人资格，英、美等国则视其为有限合伙。

才管理、知识产权保护等方面的新挑战。

数智经济的兴起推动了商业模式的深刻变革。平台经济、共享经济、数智经济等新兴商业模式不断涌现，打破了传统的产业边界和竞争格局。这些变革要求公司制度能够支持多元化的商业模式，实现跨界合作和资源整合。

## 二、技术革命

技术创新是公司演进的主要驱动因素。随着新技术的应用和推广，会涌现新的创新组织形态。迄今为止，人类历史上先后经历了四次工业革命，其时期划分如下：（1）第一次工业革命（18 世纪 60 年代—19 世纪中期）：以蒸汽动力为标志；（2）第二次工业革命（19 世纪后半期—20 世纪初）：以电力为标志；（3）第三次工业革命（20 世纪后半期—21 世纪初）：以计算机技术为标志；（4）第四次工业革命（2013 年至今）：以数字技术和人工智能为标志。每一次工业革命都伴随新技术的出现而引发生产范式和创新组织的变革，而创新组织的变革又会反过来促进新技术的产生、发展与扩散。

当前正处于第四次工业革命时期，大数据、云计算和人工智能等新一代信息技术的应用和推广，带来了生产组织方式的创新、创新组织形态的变革与管理的革新，催生出新的创新组织形态。随着信息技术和数智经济的发展，平台核心企业正引领着创新组织变革方向，颠覆原有的创新网络，技术创新与组织创新之间将持续保持相互促进的关系。

### （一）英国工业革命（第一次工业革命）

#### 1. 蒸汽时代

英国工业革命是从棉织业最先使用机器开始的。1733 年，机械师凯伊发明了代替手工投掷织梭技术的“飞梭”，大大提高了织布速度，使棉纱顿时供不应求。为了增加棉纱产量，1765 年，织工哈格里夫斯发明了手摇纺纱机（珍妮机），使纺纱效率提高了十几倍。1768 年，木匠海斯发明了水力纺纱机，它比“珍妮机”更省力，效率更高。1769 年，理发师阿克莱特取得了水力纺纱机的专利。但珍妮纺纱机和水力纺纱机各有优缺点，前者纺出的纱精细但不结实，后者纺出的纱结实却粗大。1779 年，工人克隆普顿发明了集两者优点于一身的新型水力纺纱机——“骡机”。

纺纱速度的飞速提高，又使织布速度显得落后了，于是更为高效的织布机便应运而生。1785 年，卡特莱特发明了水力织布机，使织布速度提高了近 40 倍。随后，有关的其他工序，如净棉、梳棉、漂白、印染等也渐次采用了机器。棉纺织业的这些技术发明和革新，又引发了羊毛、呢绒等纺织业的技术革命。

纺织机发明以后，由于大量制造机器，对金属的需求量急剧增长，生铁的生产已远远不能满足国内的需要。1735 年，达比发明了炼铁的新方法，即将生石灰掺到矿石中，同时用煤作燃料，增加鼓风量，使得生铁产量迅速增加。1784 年，亨利·科特发明了将生铁炼成熟铁的搅炼法。在此之前，炼钢的方法也已发明。采煤开始使用凿井机、曳引机、蒸汽抽水机等。钢铁产量的增加及质量的改进，为机器生产提供了较好的条件。

到 18 世纪中叶，大规模工厂开始建立。但这时的主要动力是河流水力，它受到地理和季节的限制，因此，找到一种更稳定的动力来源，就成为工业发展的迫切需要。格拉斯哥大学的实验员瓦特通过改良前人的成果，研制出能用作动力机的蒸汽机，并于 1785 年在棉纺厂应用。蒸汽机很快应用到冶金厂、面粉厂，后来又应用于运输业中，导致了运输工具的改进。1812 年，英国人成功地仿制了美国人富尔顿发明的汽船。1814 年，斯蒂芬森研制成第一台实用蒸汽机车。到 19 世纪 40 年代，各种各样以蒸汽为动力的工厂广泛建立起来。

在工业化过程中，英国的交通运输业也迅速发展。工业产量的提高促进了商业的发展，同时促使交通工具有了大的改进。18 世纪中叶英国议会制订了开凿和疏浚运河的计划。1830 年英国形成了水运网。至 1906 年英国运河全长已达 4 000 公里。英国成功地仿制了汽船之后，轮船总吨位上升很快，从 1850 年的 16.84 万吨提高到了 1870 年的 111.29 万吨。经过改进，1829 年斯蒂芬森设计了“火箭式”机车，时速为 29 公里，1830 年曼彻斯特到利物浦的铁路投入使用。19 世纪 40 年代以后，英国开始了大规模铁路建设。英国的铁路网在 19 世纪 70 年代已基本建成。

蒸汽机和各种工作机械的普遍使用，促进了机器制造业的发展，汽锤、车床、锻压设备和金属加工机床等工作母机相继问世。到 1840 年前后，机器制造业作为一个新的工业部门建立起来，英国的工业革命基本完成。英国成为世界上第一个工业国家。

英国工业革命的主要表现是机器大工业代替手工业，机器工厂代替手工工场，革命的发生并非偶然，它是英国社会政治、经济、生产技术以及科学研究发展的必然结果，它使英国社会结构和生产关系发生重大改变，生产力迅速提高。这次革命从开始到完成，大致经历了一百年的时间，影响范围不仅扩展到西欧和北美，推动了法、美、德等国的技术革新，还扩展到东欧和亚洲，促使俄国和日本在后期出现工业革命浪潮。它标志着世界整体化新高潮的到来。

**2. 工厂制和大企业的出现**

现代意义上的公司起源于第一次工业革命。这次革命不但形成了人类历史上第一个现代工业技术的创新高峰，而且实现了组织和管理模式的全新革命。手工工场时代结束，人类发展进入现代工厂制时代，公司正式成为主导经济发展的重要力量。此阶段的公司运营或经营活动主要以工厂为基本单位，生产规模相对有限。以电力、铁路网和通信为核心的第二次工业革命，催生了一批制造标准化工业产品的公司和大型工厂，U 形组织结构（U-form structure）逐渐取代传统工厂制，成为主导的企业组织形式。U 形组织是这一时期现代企业最基本的形态，其特点是实行管理层级的集中控制。

第一次工业革命分为两个阶段。以 1771 年阿克莱特在克罗姆福德设工厂为标志，进入第一次工业革命的初期阶段，开启以水力为动力的工业机械化产业革命时代。18 世纪大多数工业企业的规模都非常小，即使到 19 世纪早期，大型企业也非常少见。在斯密时代，雇用百人以上的企业可谓寥寥无几，甚至到 19 世纪 40 年代，也只有少量企业雇工人数达到千人以上。在工业化早期的大多数阶段，小规模的作坊或生产单位是主要的组织形式，这一时期的小企业主要分布在棉纺织业和冶铁业等主导部门，以手工作坊式生产方式为主。1800 年，大多数棉纺厂还在使用水力，以蒸汽机在棉纺织业和其他部门应用为标志的新技术扩散和产业机械化，处于相当缓慢的进程中。正是这些在主导部门中投入铁、棉花、煤等关键生产要素的小企业推动了第一次工业革命。这一时期的组织竞争主要体现为个体小业主和小公司之间的竞争，而小企业在协作过程中形成有助于技术创新和财务管理的结合，建立合伙制结构关系。可见，第一次工业革命的第一阶段以水力机械化为主，企业组织形态主要是工厂制。随着煤、铁为核心要素的大量投入，第一次工业革命进入第二阶段，这一阶段建立在蒸汽动力的工业和运输机械化基础上，铁作为核心投入被大量用于铁路建设和新的机械设备制造。1829 年，以“火箭号”蒸汽机车在利物浦到曼彻斯特的铁路上试验成功为标志，铁路成为“支柱部门”，开启蒸汽和铁路时代。铁路的建设使得以煤炭、钢铁和蒸汽机为基础的新技术类型在这个时期快速扩散成为可能。大公司管理组织的“新模式”也是率先在起引领作用的铁路公司内得到发展。这一时期，已经出现雇用千人以上的大企业，也出现股份有限公司和风险投资等有利于技术创新与扩散的组织形式。

## （二）第二次工业革命

随着资本主义制度的确立和巩固，主要资本主义国家加紧了在全球的扩张，世界市场迅速扩大。为此，各国资本家急需改进生产技术，扩大商品生产。自然科学的研究工作在19世纪进入了一个前所未有的阶段，各个学科几乎都有重大成就和突破。在物理学方面，英国物理学家焦耳发现了能量守恒和转化定律；英国科学家法拉第发现电磁感应现象，奠定了制造发电机的理论基础。在生物学方面，德国植物学家施莱登和动物学家施旺等在前人研究的基础上，建立了具有重要意义的细胞学说；英国生物学家达尔文正式出版《物种起源》，提出科学的进化论学说。在化学方面，俄国化学家门捷列夫发现了化学元素周期律，奠定了无机化学的基础；有机化学的绝大多数重要原理也在1828—1870年约40年间基本确立。物理化学在19世纪形成并发展起来，从而推动了化学工业的发展。自然科学的新突破为资本主义发展所要求的新技术革命提供了条件。从1870年前后开始。新技术革命的成果被广泛运用于工业生产，工业革命进入了一个以电气化为主要标志的新阶段，通常称为“第二次工业革命”。

**1. 电能的应用和电力工业的发展是第二次工业革命的中心内容**

1831年，英国物理学家法拉第在提出了电磁感应定律的基础上，设计出世界上第一台发电机原型，1866年，德国工程师西门子发明了自励式直流发电机。1870年，比利时人格拉姆发明了电动机。1882年，法国物理学家德普勒成功实现远距离高压直流输电。到19世纪90年代，三相交流发电、变电、输电、配电的电力系统臻于完善，电力作为一种新能源得到广泛应用。1879年，美国科学家爱迪生发明了耐用的白炽灯泡，电灯开始进入家庭。爱迪生还先后发明了留声机（1877年）、有轨电车（1882年）、活动电影放映机（1893年）等，电与人类日常生活的关系日益密切。

在电讯方面，19世纪末20世纪初，连接印度、澳大利亚和加拿大的海底电缆先后建成，从此，全球各大陆之间实现电报通讯。1876年，美国人贝尔和助手华生发明了电话机。1877年，爱迪生等人发明了新的送话器，即麦克风。电话的发明从根本上改变了人类的通讯方式，人类之间的联系越发密切。1888年，德国物理学家赫兹通过实验证明了电磁波的存在。1895年，意大利青年马可尼发明了无线电发报机，同年俄国物理学家波波夫制成了无线电接收机。1906年，加拿大裔美国物理学家费森登发明了无线电广播。随着电讯技术的不断进步和在生产生活中的应用推广，电讯业迅速发展成资本主义经济的一大行业。电力的发展和利用，各种电器的发明和推广，大大改善了生产手段和生活方式，使人类由蒸汽时代跨入电气时代。

1860年，法国的技术工人雷诺发明了第一台实用的煤气内燃机。1876年，德国商人奥托制成高效率的四冲程内燃机。1883年，德国发明家戴姆勒制成第一台汽油发动机。1892年，德国工程师狄塞尔制成柴油发动机。从此，内燃机在工农业生产中日益成为重要的动力机械。

随着内燃机的发明，使用新动力的汽车也被制造出来。1885年，戴姆勒将一台小型汽油机安装在自行车上，制成第一辆摩托车。后来他又制成了一辆四轮汽车。同年，德国的另一位发明家本茨使用汽油机制成了第一辆三轮汽车，并于1886年获得专利权，标志着汽车的诞生。1892年，美国工程师亨利·福特研制出四轮汽车。1903年，他创办了福特汽车公司，大批生产汽车。1913年，他建成世界上第一条汽车生产装配线，进一步扩大了生产规模和产量，成为著名的汽车制造商。

在飞行器的发明方面，1900年，德国退役军官齐柏林制造出硬式飞艇。1903年，美国飞行家莱特兄弟制成的第一架以汽油为动力的飞机试飞成功。1905年，他们制成一架实用的飞机，并用这架飞机进行飞行表演。1909年，法国工程师布莱里奥驾驶飞机成功地飞越英吉利海峡。从此，人类进入了交通运输的新时代，航空工业逐渐发展起来。

内燃机的发明和利用以及交通运输工具的革新和迅速发展大大促

进了石油工业的兴起。1859 年，美国工程师德雷克在宾夕法尼亚州打出第一口油井，从此，石油开采和加工业迅速发展起来。1862 年，洛克菲勒在俄亥俄州的克利夫兰建立了他的第一座炼油厂，1870 年又正式成立了美孚石油公司。19 世纪 70 年代，俄国的高加索地区发现油田，俄国政府准许外国公司开采，世界石油产量迅速增加。

化学工业最初是在纺织生产中漂白和染色处理方法的基础上形成和发展起来的。19 世纪 70 年代以后，由于有机化学工业的兴起，酸碱的需求量激增，促进了酸碱制造技术的革新，推动了酸碱工业的发展。与此同时，德国著名化学家李比希的化肥理论开始应用于化肥生产，从 19 世纪中期起，英、德、法等国先后建立了一批生产磷肥和钾肥的化肥工厂。19 世纪晚期，新兴的水泥工业也得到迅速发展。

由于有机化学研究的重大突破，19 世纪后期，有机化学工业产生并得到迅速发展。从煤焦油中提取出的芳香族化合物，成为合成染料、药品、香料和炸药生产的主要原料。德国在人工合成染料研制和生产方面突飞猛进。19 世纪 70 年代末，德国生产的各种合成染料已占世界产量的一半。19 世纪 80 年代初，人工合成药物也取得成功。科学家们先后合成了安替比林、非那西丁和阿司匹林，并开始批量生产。19 世纪 60 年代，瑞典化学家诺贝尔发明了安全炸药，70 年代发明炸胶，80 年代又发明无烟火药。

科学家们还采用化学方法，先后合成出一些新材料。如 19 世纪 60 年代，德国和美国先后人工合成了第一种化学塑料赛璐珞，并很快投入生产；80 年代末，法国和德国制成了硝酸纤维人造丝并投入生产；90 年代，德国又发明了粘胶纤维并投入生产。到第一次世界大战爆发前，仅德国就有 20 多家工厂生产人造丝和人造毛。

1856 年，英国发明家贝塞麦创造了转炉炼钢法，大大提高了炼钢效率。这一新技术很快在瑞典、法国、德国和美国等国推广。1864 年，德国的西门子和法国的马丁几乎同时发明了更加经济实用的平炉炼钢法，欧美许多国家都引进了这项技术。到19世纪末，平炉炼钢已超过了转炉炼钢。1877年，英国工程师托马斯又发明了托马斯炼钢法，成功地解决了炼钢中脱磷的难题，提高了钢的质量。

随着炼钢工业的发展，各种合金钢的生产技术也逐步发明。在炼钢过程中，加入一定量的铬、镍、锰、钨、硅等元素，就能得到在硬度、韧性、耐蚀、磁化和延展性等方面具有某种特殊性能的合金钢。这些发明大大扩展了钢材的生产，也促进了钢铁工业的发展。在生产合金钢的过程中，用电炉炼钢的技术也发展起来。19世纪70年代，西门子开始制造电炉用于冶炼合金钢；80年代出现了感应电炉；19世纪末，法国的埃鲁将电炉用于钢铁生产，技术更加成熟。

技术的不断改进和日益成熟，有力地促进了钢产量的提高。1870年，世界钢产量只有32万吨，到1890年猛增到200多万吨。钢材不仅成为基本的工业原料，还逐渐成为重要的建筑材料。1867年，法国花匠莫尼耶发明了钢筋混凝土技术后，钢材在楼房建筑中日益广泛地使用。19世纪90年代，首先在法国建成了钢筋混凝土框架结构的教堂，美国也出现了钢筋混凝土的住宅楼。

**2. 第二次工业革命后形成垄断组织**

第二次工业革命的广度、深度和速度远超第一次工业革命，其影响也更为广泛深远。第二次工业革命在生产领域内部引起了一系列变革，极大地推动了社会生产力的发展。随着第二次工业革命的深入进行，垄断组织的形成和发展使经济增长的速度大大加快。19世纪晚期，在科学技术的推动下，工业生产快速增长，尤其是电力工业、石油工业、化学工业、钢铁工业等重工业的迅速兴起和发展，使企业的生产规模越来越大。企业生产规模扩大，需要的资本也就越多，早先出现的股份公司这种集资形式得到广泛发展；与此同时，企业之间的竞争和兼并也不断加剧，生产和资本迅速地集中起来。到20世纪初，西方各国的工业生产资本的集中都达到了很高的程度，形成由多家大企业通过协议、控股、持股等形式建立的垄断组织。

例如，1900 年美国已经拥有各种制造公司 38 700 家。随着 19 世纪下半期公司在制造业的扩展，公司也就成为整个国民经济中占统治地位的企业形式。整个国民经济命脉，如钢铁、石油、汽车等部门均由公司控制。经过 19 世纪末的经济高速增长和 1900—1903 年的经济危机，垄断组织在所有发达资本主义国家都得到普遍发展，并成为全部经济生活的基础。由于各国的社会经济和历史条件存在差异，垄断组织的形式和发展程度也存在较大差异。如美国的垄断组织主要采取托拉斯的形式，这与其工业生产集中程度很高有关；德国的垄断组织主要采取卡特尔的形式，这与其存在大量中小企业且国内市场相对狭窄有关；日本的垄断组织大多采用康采恩的形式，这是因为日本的近代工业一开始就操纵在受政府保护和扶持的少数特权资本家手中，这类资本往往从事多种经济部门的活动，形成了垄断组织。

### （三）第三次工业革命

#### 1. 信息时代开启

第三次工业革命以原子能的开发和利用作为序幕。早在 20 世纪初，26 岁的爱因斯坦发表的重要论文从理论上揭示了原子能的巨大蕴藏奥秘，奠定了现代高能物理学的基础。20 世纪 40 年代以前，原子物理、核物理研究的进步，使应用原子能技术成为可能。1942 年，世界上第一座核反应堆在美国建成，从此，开辟了原子能时代。1945 年 7 月 16 日，第一颗原子弹在美国研制成功。军事核技术的发展和军事核工业体系的形成，为原子能过渡到民用动力做了准备。1954 年，苏联建成世界上第一座原子能发电站。20 世纪 60 年代后，核电站进入实用阶段，原子能技术也不断得到改进。原子能成为当代最重要的能源之一。

电子计算机的出现是人类智力解放道路上的重大里程碑。它极大地增强了人类认识和改造世界的能力。二战促进了电子计算机的出现。

1942年，美国宾夕法尼亚大学莫尔学院与阿贝丁实验室共同负责为陆军提供弹道表，这就对高速计算工具提出了紧迫需求。莫尔电工学院的年轻物理学家J. W. 莫希利博士首先提出了关于建造电子计算机的系统构想。1943年8月，美国陆军军械部和莫尔电工学院签订了制造“电子数字积分计算机”（ENIAC）的合同。当时只有24岁的约翰·埃克特任总工程师，经过两年多的艰苦奋战，世界上第一台电子计算机终于在1945年底研制成功，1952年投入工业生产。

电子计算机的发展非常迅速，已经历了四次更新，由第一代的电子管计算机过渡到第二代的晶体管计算机、第三代的中小规模集成电路计算机和第四代的大规模集成电路电子计算机，目前已进入第五代人工智能计算机阶段，日本在此方面已取得重大突破。

**2. 跨国公司的崛起**

以信息技术的发展为标志的第三次工业革命，对生产方式、产业组织方式产生巨大影响。首先，技术的突破及技术大规模应用的条件趋于成熟，使大规模生产转向大规模定制。产品的种类大幅增加，用于满足消费者更为广泛的个性化需求，这就使得用户的创新、创意在产业发展中扮演的角色更为突出，过去由供给方主导的产业创新将被弱化，企业依靠规模经济降低成本的竞争战略受到挑战。其次，刚性生产系统转向柔性制造系统。传统的刚性制造系统由专用自动化生产设备组成，系统设计在运行后配置固定，更适应单一产品的生产。而可重构制造系统适合生产小批量、多品种的产品，整个系统投资巨大，生产成本相对较高，由于不同设备厂商控制软件间的不兼容，系统的集成和操作存在困难。最后，工厂化生产转向社会化生产。在第三次工业革命中，信息技术的飞跃发展使大量物质流被成功虚拟化并转化为信息流，生产组织中的各环节可被无限细分，从而使生产方式呈现社会化生产的重要特征。“社会制造”这一新型产业组织逐渐形成。

生产方式和组织方式的变化，促成了跨国公司的崛起，尤其是信息技术领域的跨国公司，现今人们依然熟悉的 IT 公司，如英特尔（1968 年创立）、微软（1975 年创立）、苹果公司（1976 年创立）、甲骨文公司（1977 年创立）等，至今仍占据着人们生活和工作的主流地位，甚至 1998 年诞生的谷歌和 1995 年创办的亚马逊也是第三次技术革命的产物。跨国公司从本质上说是一种跨越国界的企业组织形式，它在一个国家设立总部，在许多国家设立分支机构和生产场所，在世界市场范围内规划生产。它以市场为中心，以避开贸易障碍、降低成本、增强竞争能力、增加利润为目的，整合世界各地的资源、资金、劳动力和专业人才等条件，组织全球范围内的生产和销售，在全球范围内寻求生产要素的最佳配置，从而使生产和经营全球化。到了 20 世纪 80 年代以后，跨国公司的活动范围更广，对世界经济的影响也越来越显著，已经成为经济全球化最主要的载体和媒介。

### （四）第四次工业革命

**1. 数字时代的诞生**

第四次工业革命起源于 21 世纪初，随着互联网的普及和科技的飞速发展，各种创新技术逐渐融合，为产业升级和社会进步提供了强大动力。这一阶段的发展突破了传统产业界限，实现了跨界融合与创新。第四次工业革命的标志性特征是数字化、网络化和智能化。这些特征使得生产方式变得更加高效，资源利用率得到提高，并且有助于实现可持续发展。同时，随着全球范围内信息共享与交流的加速，国际合作与竞争也日益激烈。互联网、物联网、大数据、人工智能等核心技术在各个领域都取得了显著的突破和成果，为经济增长和社会发展提供了强大支持。例如，物联网技术使得设备之间实现了智能互联与协同，大数据技术则为决策提供了有力依据。因此，本次革命又经常被称为“数字革命”或“智能革命”。

前三次工业革命使得人类发展进入了空前繁荣的时代，而与此同时，也造成了巨大的能源、资源消耗，付出了巨大的环境代价、生态成本，并且急剧地扩大了人与自然之间的矛盾。尤其是进入21世纪，人类面临空前的全球能源与资源危机、全球生态与环境危机、全球气候变化危机的多重挑战，第四次工业革命中，人们对绿色可持续发展的认识将改变人类一味从自然单向索取的模式，最终走向人类与自然的和谐共处。因此，第四次工业革命也被称为“绿色工业革命”。

**2. 平台企业的兴起**

以大数据、云计算、人工智能、物联网为核心的信息技术和数智经济的发展，在推动生产范式和产业组织根本改变的同时，也改变了创新的组织方式，使得组织创新更加网络化和生态化。数据成为驱动创新的关键因素。大数据、人工智能、物联网等新一代信息技术的应用和推广，改变了企业的规模、边界与层级，显著提高了企业的生产效率。组织的外部边界被打破，创新网络突破物理空间的限制，拓展了网络空间功能和创新资源配置的空间范围，创新组织方式向网络化、协同化和生态化方向演变。

在数智经济条件下，新的技术范式推动创新范式的演进。创新范式从早期的线性范式、工程机械式创新体系范式，逐步进入以生态有机式创新生态系统为核心的新一代创新范式阶段。由多元创新主体组成的创新生态系统的建构，标志着创新组织的外部环境发生了颠覆性变化。数字技术的应用推广和信息基础设施的建设，打破了物理空间限制和组织的外部边界，有助于打通并建立虚拟与实体之间的连接，促使创新组织方式向网络化、生态化方向演进，创新过程开始呈现开放性、包容性特征。①

大数据、物联网等数字信息技术的应用推广，突破了物理空间限

① 江飞涛．技术革命浪潮下创新组织演变的历史脉络与未来展望：数智经济时代下的新思考［J］．学术月刊，2022，54（4）：53.

制和时间成本约束，降低了协作创新的交易成本和边际成本，深化了企业间的分工，改变了企业生产组织方式和空间组织方式。新一轮产业革命所伴随的技术经济范式的核心构架，促使创新组织的内部结构按照新的价值创造与分配规则加以重构。平台企业作为一种代表性的新型组织形式出现，呈现新的创新组织特征和市场竞争格局。在数智经济时代，大型平台企业具有“创新型企业”的特征，在价值创造等内在动力的驱动下，率先进行组织创新，企业的组织形态、管理模式和制度构造等均发生变化，这些平台类“创新型企业”的企业组织形式在数智经济时代经济发展中占据核心地位。

数字信息技术的商业化应用不断拓展，海量数据流通过商业运作产生巨大利润，带动数字化生产平台的蓬勃发展并催生新的经济模式，创造巨大的商业价值。跨国数字巨头垄断全球数字化进程的态势显著：在 PC 操作系统领域，微软 Windows（视窗）占据垄断地位，手机操作系统市场被谷歌的 Android（安卓）和苹果的 iOS（操作系统）垄断。类似的垄断格局面也存在于平台经济、通信技术和集成电路设计等领域。

平台经济一时风头无两，也催生出无数的平台企业。据《2022 全球市值 100 强上市公司排行榜》统计，前十大市值公司有 7 家为平台型企业。从全球视角看，全球大型企业的平台化转型成为趋势。传统企业也通过平台化转型开拓业务增长点，例如，苹果原本是电子产品生产商，通过内嵌软件商店、广告、支付等服务，转变为手机服务平台，其服务业务毛利率高达 70%，远高于产品销售 27% 的毛利率。①《国务院反垄断委员会关于平台经济领域的反垄断指南》将“平台”界定为互联网平台，是指通过网络信息技术，使相互依赖的双边或者多边主体在特定载体提供的规则下交互，以此共同创造价值的商业组

① 泽平宏观．中国平台经济报告 2023[EB/OL].(2025-07-25)[2023-07-19]. https://baijiahao.baidu.com/s?id=1771802552990745859.

织形态。根据中国信息通信研究院发布的《中国数智经济发展白皮书（2020）》，平台经济是以平台企业为核心，通过汇聚整合多类市场主体和资源，围绕数字化平台组织起来的新模式新业态。

平台企业具有四大特点，与传统商业模式形成鲜明区别。一是投入要素，传统经济企业往往以原材料、劳动力为投入，短周期内投入与产出基本同步；平台企业以数据和算力为投入，投入产出跨周期错配，前期投入较大且产出滞后。二是生产方式，传统经济企业受技术、产能、资金等约束，即使少数头部企业形成规模效应，仍存在生产力边界；平台企业以互联网、大数据、云计算等技术为手段，网络效应和马太效应显著，赢者通吃。三是直接目的，传统企业作为产品或服务供给方直接与下游客户交易；平台经济不生产商品，也不直接参与交易，而是以促成信息联结、便利交易、效率提升为目的，为买卖双方搭建平台。四是商业模式，传统企业一般以赚取产品或服务的价差为盈利模式，平台经济以收取中间费用为主。

每一次工业革命中，技术创新与组织创新呈现双向互馈关系。技术的创新与引进对组织来说既是机遇也是挑战，在带来管理变革的同时，也会催生新的组织形式；组织的创新能力又是成功利用创新资源和新技术的前提条件，组织创新创造的良好的组织环境有助于加快新技术的产生和应用。一方面，在历次工业革命中，随着新技术的应用和推广，会涌现新的组织创新形态。另一方面，领先企业为获得竞争优势，通常会率先通过组织内部管理变革进行组织创新，从而促进新技术的进一步创新与扩散。组织创新过程不应仅仅被视作对外部力量的反应，而是技术创新的一个必要的前提条件。

总之，每一次工业革命所涌现的新发现、新发明、技术创新都使资本流向新兴工业部门和新组织形态所催生的经济活动，后者的发展和演进对资本形态及市场提出新的要求，从而促进了资本市场的发展和繁荣（表1.1）。

表 1.1　人类历史上四次工业革命比较

| 分类 | 第一次工业革命 | 第二次工业革命 | 第三次工业革命 | 第四次工业革命 |
|---|---|---|---|---|
| 含义 | 机器生产逐步取代手工劳动，工业、科学、技术等方面的重大变革（又称蒸汽革命） | 工业革命的新阶段，也叫第二次科技革命、电力革命。这一时期最突出的特点是电力在生产和生活中的广泛应用 | 21 世纪的生物科技与产业革命 | 以智能制造为主导的第四次工业革命，或革命性的生产方法。该战略旨在通过充分利用信息通信技术和网络空间虚拟系统——信息物理系统（Cyber-Physical Systems）相结合的手段，将制造业向智能化转型 |
| 时间 | 18 世纪 60 年代—19 世纪中期 | 19 世纪后半期—20 世纪初 | 20 世纪后半期—21 世纪初 | 2013 年至今 |
| 发源地 | 英国棉纺织部门 | 几乎在欧美主要资本主义国家同时兴起 | 以美国为主导 | 作为工业领域的全球领先展会，汉诺威工业博览会推动了“第四次工业革命” |
| 标志 | 蒸汽机的发明和使用（瓦特） | 电力革命、电气时代 | 原子能、电子计算机、空间技术和生物工程 | 互联网、物联网、大数据、人工智能技术 |
| 重大发明 | 瓦特的新型蒸汽机；<br>斯蒂芬森的蒸汽机车（英国） | 电动机——格拉姆（比利时）1870 年；<br>电话——贝尔（美国）1876 年；<br>电灯——爱迪生（美国）1879 年；<br>汽车——本茨（德国）1885 年 | 空间技术的利用和发展；<br>原子能技术的利用和发展；<br>电子计算机技术的利用和发展 | 依托互联网和物联网的大数据技术相关应用及产品的制造及发明；<br>人工智能相关应用及产品的制造及发明 |

（续表）

| 分类 | 第一次工业革命 | 第二次工业革命 | 第三次工业革命 | 第四次工业革命 |
|---|---|---|---|---|
| 影响 | 工业革命推动生产力飞跃发展，人类进入蒸汽时代；<br>工业化出现，工厂制取代了手工工场；<br>资本主义开始超越东方并逐渐统治世界；<br>社会关系发生变化，产生了两大对应的阶级——资产阶级和无产阶级；<br>城市化开始，出现贫富分化，人口膨胀，住房拥挤，环境污染等弊端 | 美国和德国后来居上，率先实现了电气化，工业发展的势头超过了英国；<br>生产力取得了又一次的飞跃，人类进入电气时代，率先发展的西方资本主义国家加快了殖民扩张的步伐，进入帝国主义阶段；<br>亚非拉国家面临严重的民族危机，开展了自救的改革和民族独立运动 | 缩短了知识变为物质财富的过程。使科学和技术紧密结合，相互促进。使新技术成为社会生产力中最活跃的因素；<br>推动了社会生产力的发展；<br>造成第一产业、第二产业在国民经济中的比重下降，使得第三产业的比重上升 | 现代信息通信、大数据、云计算及物联网技术将承载工业 4.0，协同作战颠覆传统制造业的思维方式，掀起了新一轮工业革命的浪潮；<br>数智经济兴起，人类社会进入数智时代 |
| 组织形态 | 大型企业：大规模机械化的企业形式，如大规模纺织、煤矿、铁路、钢铁公司等。机器大工业的产物 | 垄断组织：获取高额利润，由多家大企业通过协议、控股、持股等形式建立的组织。垄断组织的形式有“卡特尔”“辛迪加”“托拉斯”“康采恩”等。资本与生产迅速集中的产物 | 跨国公司：以本国为基地，通过对外直接投资，在世界各地设立分支机构或子公司，从事国际化生产和经营活动的垄断企业。经济全球化的产物 | 平台企业：一种基于数字技术的经济活动单元，由数据驱动、平台支撑、网络协同构成的新经济系统。数智经济的产物 |

## 三、政治与文明

经济基础对公司制度演进的作用固然重要，但政治因素、宗教、传统文化等上层建筑的影响也不容忽视。

### （一）政治因素的影响

政治因素在公司组织形态演进过程中发挥着举足轻重的作用。政治因素的影响主要依靠国家政府来施加，公司形态能否得到政府的认可，在很大程度上将决定此类公司形态能否具有相应法律地位，这在特许公司时代尤为明显。

自 16 世纪开始，特许公司在世界范围内大量兴起，成为有史以来最引人注目的商业组织，几乎每一个地方都被特许公司用来命名，如英国东印度公司、莫斯科公司、非洲公司、哈德逊湾公司和弗吉尼亚公司等。[①] 这些公司从资本形式上讲属于股份公司，但因其设立必须经特许，故而称为特许公司。特许公司由国王或议会颁发特许状设立，并在特许状中规定其具体的权利义务、责任形式以及存续期间等事项，通常赋予特定地区的贸易垄断权。在 17 世纪初期，特许公司是政府实施殖民活动的必然选择，此时的特许公司实质上是政府严格控制的代理机构，承担相当一部分行政职能，在殖民地设立行政机关和司法机关，甚至可以拥有自己的军队。[②] 在特许规则的约束下，虽然特许公司仍然具有一定的独立性，但在设立、运营等方面受到政府的过度干预，导致其成立及维系完全以政府的意志为转移，而非以法律制度为依靠。因此，作为特许公司的股份公司缺乏自由经营的核心要素，不

---

① 米克勒斯维特，伍尔德里奇．公司的历史［M］．夏荷立，译．合肥：安徽人民出版社，2012：16.

② 冯苏京．企业 1000 年：企业形态的历史演变［M］．北京：知识产权出版社，2010：158.

是严格意义上的公司组织形态。一直到19世纪中叶，随着贸易自由主义的兴起，特许公司才逐渐丧失特权，转变为依公司法登记的普通公司，公司设立从特许主义走向核准主义和准则主义。此时的公司与政府发生分离，不再是政府意志的体现，也不再受政府的直接控制，从而获得独立的法律地位。也就是说，政府的让步使股份公司得以依照法律设立和运营，成为真正意义上的公司组织形态。通过特许公司这一典型事例不难发现，政府干预程度适当与否将直接影响公司组织形态的整体发展进程。

不仅如此，公司组织形态的具体内部结构也会受到政治因素的影响。以股权结构受政治意识形态影响为例，在欧洲许多国家，社会民主主义思潮占据主导地位，强调利益主体的民主与平等，这会使公司管理中的代理成本增加。由于股权越分散，代理成本就越高，因此，社会民主主义的意识形态会导致股权分散的公司价值降低。为了有效避免公司价值降低，在社会民主主义意识形态较强的欧洲国家，公司股权通常较为集中，反之则较为分散。① 再如，德国公司中的职工共同决策制度，起因于德国政治家试图减少频发的劳工运动，构建一道良好和谐的劳资关系，实质上是职工获取的带有妥协性质的政治胜利。②

美国是移民国家，早期居民大多是不满母国（多为英、荷、法等国）的政治或宗教的迫害而迁居美洲的，因此，清教徒特有的个人主义精神对政治权力和经济权力大规模集中的反感一直是美国政治文化

---

① ROE M J. Political determinants of corporate governance: politicl context, corporate impact [M]. New York: Oxford University Press, 2003: 25-56.

② FOHLIN C. The history of corporate ownership and control in germany [M]//Randall K. MORCK R K, et al. A history of corporate governance around the world: family business groups to professional managers. Chicago and London: University of Chicago Press, 2005: 223-282.

的主流。他们继承了英美法系国家公司治理的基本价值取向，从而在经济生活中没有形成具有垄断优势的金融中介机构，甚至故意拆散金融机构使其规模小且分散，为股东利益的实现创造条件。企业融资不得不借助于证券市场，采用直接融资的方式。

德国在 19 世纪中叶还是一个落后的、诸侯割据的封建国家。俾斯麦于 1871 年统一德国后，为了尽快赶上英法等发达国家，在李斯特主义影响下，国家主导的大公司发展模式成为俾斯麦政府经济发展的重要政策。德国引入了公司经济的形式，但公司治理的价值取向却发生了重大变化：公司治理并非股东追逐利润的工具，而是国家发展经济的手段。德国根深蒂固的社会民主主义的意识形态，进一步形成了与英美法系国家不同的公司治理理念：公司治理是社会和国家谋取福利的工具。在这一价值取向中，股东的地位并不比其他利益相关者优越。相反，在德国，国家（通过银行体系）与员工自始就是公司现实的利益相关者。由此形成国家（通过中央银行）控制大银行、银行控制公司、员工参与治理的三层制度结构。

日本公司治理的价值取向是二战后美国占领军将公司制度“强加”给日本经济社会后，与日本传统文化价值观相结合的产物。1947 年，美国占领军解散了旧财阀，将其股份转移到由占领军控制的“控股公司整理委员会”，试图在日本推行美国的公司模式。“控股公司整理委员会”出售这些股份时授予公司员工和公司所在地居民以优先购买权，但同时规定每人持有股份不得超过公司总股份的 1%。然而，日本传统价值观念中的“集体主义、家长主义”等让美国人的目标落空。当东京证券交易所重新开业后，多数个人股东都抛售了手中的股票，转而被其他企业所购买，逐步形成了公司之间相互交叉持股的“公司集体”。而这些通过股权联结在一起的公司又纷纷聚集在一个较大的、“家长式”银行（后来称为主银行）周围。所以日本公司的治理具有强烈的“集体主义”价值取向。公司治理中，股东利益并不优先于其他利益相关者，而将合作伙伴作为公司的重要利益相关者，甚至优先实现他们的利益。

### （二）宗教、传统文化等文明因素的影响

除了国家、政府等政治因素，宗教、传统文化等因素也对公司组织形态的发展起到一定程度的影响作用。

自古以来，商人一直处于社会的较低阶层，“士农工商”的社会位阶深入人心。究其原因，主要在于商业活动只是利用价值规律和供求关系实现资产在不同主体之间转移的过程，而不像农业和工业那样直接增加社会财富的总量。基于这种认识，欧洲中世纪早期基督教会曾直接反对商业活动，认为商业是一种不劳而获的行为，会腐蚀人民的道德。在以宗教思想为唯一意识形态的社会里，公司作为商人掠夺财富的组织方式，不可能有存在的余地。到了 11 世纪晚期，天主教会对商业的看法有所改变，认为以高尚信念为基础的合法贸易与以贪婪为基础的非法贸易不同，纯粹自私自利的商业活动应当禁止，但满足合法需求的商业活动应当允许，并且鼓励商人组成行会以维持贸易的道德标准。[①] 此后，16 世纪欧洲兴起的新教运动成为商业重新获得社会认可的契机。在新教伦理中，只要是正当的从商行为，其价值与其他活动等同。通过这一转变，商业活动的营利行为不再与宗教教义冲突，甚至与之协调，积累财富的行为可以增加“上帝的荣耀”，被视为践行上帝意愿的合法事业。而且，新教倡导的勤勉、诚信等伦理道德与资本主义精神高度契合，有利于资本主义经济的广泛发展。正是这种宗教伦理观念，加上 17 世纪普遍流行的重商主义思想，为商业贸易提供了自由发展的空间，使得商人拥有众多领域的投资选择权，为公司组织的发展提供了精神支持。这些宗教因素的影响，足以解释为

---

① 伯尔曼．法律与革命：西方法律传统的形成［M］．贺卫方，高鸿钧，张志铭，等，译．北京：中国大百科全书出版社，1993：412.

什么公司组织形态直到15世纪、16世纪才开始普遍发展。

除此之外，公司组织形态的演进还受到传统文化等因素的影响。从我国的情况来看，早在11世纪左右，中国就具有领先于西方的经济实力，但未能最先发展出公司这一有效的商业组织形式，主要原因之一在于我国封建社会历来秉持“重农抑商”的文化传统。我国公司组织形态整体上呈现强制性变迁的特点，同样受保守的文化传统影响。再从世界范围来看，在英美法系国家，由于崇尚经验主义，公司组织形态的设计以实用为目的，具有极大的灵活性；而在大陆法系国家，逻辑理性占据主导地位，公司组织形态的架构需要契合严密的理论体系，因而具有相对固定性。

通过分析不难发现，公司组织形态的影响因素并非全部起促进作用，反而有相当一部分构成发展障碍，或在特定时期延缓其发展。虽然历史上的制约已经成为过去，不足以影响现今社会，但如果一些偏差观念固化为制度，将对经济社会产生深远影响。因此，确保经济基础与上层建筑合力形成的动力机制正常有序运转，对于公司组织形态的持续健康发展至关重要。公司组织形态的演进与市场经济的发展相伴相生，市场经济是培育公司组织形态的土壤，因而公司组织形态的制度安排应当符合市场经济实践的需要，满足市场主体营利的需求，这是经济因素作为公司制度首要影响因素的基本要求。与此同时，公司作为社会中的“人”，不可能不受其他方面因素的影响，其他因素的影响是否恰当以及在多大程度上发挥作用，需要根据实际情况慎重对待，较为理想的做法是将其控制在合理、适当的范围之内，为公司组织形态的多样化发展创造良好的环境。

公司作为一种社会组织，必然与经济社会生活的方方面面具有千丝万缕的联系，其组织形态的演变无疑受到经济、法律、政治、宗教、传统文化等各种因素的影响。这些因素的综合作用形成具有无限能量的动力机制。一方面，自由市场实践创造不同的公司组织形态，通过法律制度有选择地确认，进而形成不同的公司组织形态。另一方面，公司组织形态在产生之后，并非必然具有永久性，需要不断接受商业实践的检验，倘若无法适应现实或不再为社会所需，将被时代抛弃、被法律废止。在商业实践与法律制度的矛盾运动中，公司组织形态不断发生变化，有些停留在历史的某一时刻，有些则获得了长足的发展。但公司的核心要素必然得以延续，并通过市场主体的主观能动作用不断添加新要素，抑或重新组合已有要素，从而获得多样化的发展。

## 四、经济全球化

各国公司制度随着经济全球化的加速、各国经济联系日益紧密而日益趋同。经济全球化对公司股权结构、投资者的投资方式、公司的融资方式等方面产生深刻影响。

### （一）经济全球化对公司股权结构的影响

经济全球化使得资本流动更加自由，公司股权结构也因此发生了显著变化。随着外国资本的流入和跨国公司的崛起，公司股权结构日益多元化。上市公司中，外国股东和国际机构的持股比例逐渐增加，使得公司治理结构更加复杂和国际化。

在经济全球化的背景下，大型股东往往具有更强的经济实力和更广泛的社会资源，他们可以通过增持股份、参与公司管理等方式增强自身的影响力，对公司经营决策产生更大影响。

在全球化过程中，知识和技术的地位日益凸显，拥有专业知识和技术的人才成为公司的重要股东。这些股东不仅拥有公司股份，还通过参与决策、提供技术支持等方式为公司发展做出贡献。

### （二）经济全球化对投资者投资方式的影响

随着经济全球化的深入发展，投资者不再局限于本国市场，而是开始关注国际市场。他们通过跨国投资的方式，寻求更多的投资机会和回报。为了降低风险，投资者开始注重投资组合的多样化。他们不仅关注股票市场，还关注债券、衍生品（如期货）、外汇市场等多种投资类别，以实现资产的多元化配置。在全球化的背景下，信息流通速度加快，投资者对公司信息透明度的要求也越来越高。他们希望公司能够提供准确、及时、全面的信息，以便做出更明智的投资决策。

### （三）经济全球化对公司融资方式的影响

随着经济全球化的深入发展，公司融资渠道也日益多样化。除了传统的银行贷款和发行债券，公司还可以通过私募股权、风险投资、股权众筹等方式获取资金。全球化使得资本流动更加自由，公司可以通过在国际市场上发行股票或债券等方式获取资金，从而可能降低融资成本。

尽管全球化为公司提供了更多的融资机会，但也带来了更大的融资风险。国际金融市场的波动性可能导致公司融资成本上升或融资难度增加，从而对公司经营产生不利影响。

### （四）公司治理结构的趋同化

国际投资者和机构的参与使得公司股权结构更为多元化与复杂化，但也在一定程度上推动了公司治理的国际化和标准化。英美公司中的董事会正逐渐摆脱经营者的“内部控制”，而德日公司中的董事会也在逐步摆脱“外部控制”，变得更加独立自主。这种转变表明，董事会正在从简单的执行机构向战略决策和监督机构转变。

经济全球化促进了公司治理理念的相互借鉴和融合。英美公司正由“股东至上”向“共同治理”转变，而德日公司则正在由“共同治理”向更加注重股东权益的方向转变。这种趋同表明，公司治理正在向一种更加平衡、兼顾利益相关者权益的方向发展。

未来，随着全球化的深入发展，各国公司制度的趋同化趋势将会更加明显。为了适应这一趋势，公司需要不断优化股权结构、加强信息披露、提升融资效率；投资者需要注重跨国投资、实现资产多元化配置、增强信息处理能力；而政府则需要加强监管、提供政策支持、促进资本市场健康发展。

# 第二章　资本市场的演进及驱动因素

## 第一节　资本市场的历史演进

资本市场的发展，是一部波澜壮阔的历史画卷，它历经了早期资本主义萌芽、资本市场形成以及从工业资本、产业资本到金融资本的繁荣发展阶段，而今迈入数据资本市场时代。这四个阶段不仅深刻影响了世界经济的格局，也推动了人类社会的进步与变革。

### 一、资本市场的萌芽阶段

资本市场的萌芽最早可以追溯至两河流域的“美索不达米亚”文明，历经古希腊的商业文明，古罗马的法律和金融制度，度过黑暗中世纪的战争与瘟疫等灾难。在 13 世纪末至 15 世纪，西欧封建制社会逐渐瓦解，为资本市场的萌芽提供了土壤。这一时期，工商业得以发展，城市经济快速成长，自治城镇纷纷出现。

此时，资产阶级思想文化兴起，东西方交流逐步加强。文艺复兴的兴起和新航路的开辟，使人们思想和行为上走向开放，资本市场开始萌芽，并由分散逐渐走向整体。

#### （一）美索不达米亚文明

古希腊还没有迈入文明时代时，幼发拉底河和底格里斯河之间的美索不达米亚平原形成了苏美尔文明、亚述文明及巴比伦文明。两河流域最早的居民是苏美尔人。公元前4000年，两河流域最早的文明是由他们建立的。巴比伦人与亚述人继承并发展了苏美尔人的成就，使两河流域文明成为人类文明史的重要篇章。其中巴比伦人的成就最大，因此两河流域文明又称为巴比伦文明。这里是《圣经》描述的伊甸园，苏美尔人在两河流域的下游建立了城邦，修建了灌溉工程，不仅灌溉了土地，而且预防了洪水。巨大的灌溉网提高了土地的生产力，使成百万的人从田间释放出来，去从事工业、贸易或文化工作，产生了最早的商品和资本形态，创造了灿烂的美索不达米亚文明。遗憾的是，苏美尔地区的历次朝代更替，加上过度的农业开发和灌溉，导致地下水钠盐含量急剧增加，造成两河流域土地的盐碱化，一批批城市走向没落，文明逐渐衰落，该地区从一个灿烂的文明古国沦为穷乡僻壤，美索不达米亚文明就此一蹶不振。

**1. 发达的农业和腓尼基人的航海贸易**

两河流域充分的灌溉带来农业的富饶，当地出产了丰富的谷物和牲畜，大量的羊毛和皮革，居民也利用两岸边的芦苇制作席子、篮子等手工制品。但当地缺乏交易所需的贵金属、锻造武器的铜铁等金属，也缺乏建造用的石头等材料。两河流域的统治者以及寺庙的僧侣和政府的官员通过向商人借贷，鼓励他们走出平原，用平原产出的农牧产品和手工制品换取当时北非和海湾地区的金属等物资；商人们回来后，向当地居民出售商品，收回成本，获取利润，并向借贷者支付利息。美索不达米亚文明以农为本，相应农产品和与之关联的手工制品产出颇丰，这是农业资本转向贸易资本的必要前提。可见，发达的农业是贸易、借贷乃至资本市场产生的重要先决条件。

关于美索不达米亚文明，值得一提的是腓尼基人。腓尼基的居民以海上贸易为主。公元前10世纪时起，腓尼基人为连接与欧洲各地的贸易，各邦开始大批向海外殖民，殖民地遍布地中海沿岸各地，成为仅次于希腊人的殖民民族。现在许多欧洲地中海城市均在此基础上建立。

公元前7世纪，埃及法老尼科二世派遣腓尼基最优秀的航海家从红海出发环绕非洲航行，最终回到埃及，开辟一条新航道。腓尼基人穿越赤道，并绕过南半球，通过直布罗陀，进入了地中海，历时三年完成了航程。

腓尼基人驶过地中海，进入大西洋，向北一直到达英吉利，向南一直到达西非，这足以证明其航海能力。这次环绕非洲的航行距今已有2 600多年，是人类航海史上的一项伟大创举。①

腓尼基航海家的航海经历，展现了人类早期贸易活动的历史画卷，可以说，从最初，贸易活动就与人类的航海探险活动密不可分，正是在航海探险活动中，产生了交易、贸易的需求，引发了公司制度并推动其发展，公司对资金的需求进而促进了贸易资本、借贷资本市场的诞生。

**2. 美索不达米亚的借贷资本**

乌尔城大约位于今天的伊拉克南部，寂静荒凉地矗立在平坦而干燥的平原上。这座沙漠里的废墟曾经是世界上第一座城市，有着约5 000年的城市文明史。地处于波斯湾和两河流域交界之处的乌尔港，曾经是幼发拉底河最繁忙的港口，周围布满了运河河道，港口充斥着各种商船、货栈和各类工厂。这个四通八达的港口城市，是许多商人进行贸易的理想场所。在这个城市里，人们承认泥板上记载的利润，债务不仅是一种财富，更具有时间上的价值，也可以在不同的人中流转。在当时，个人承兑票据存在显著的二级流动性市场，还款的承诺可以被视作通货流转。

① 李彦．两河之间：美索不达米亚揭秘［M］．北京：中国画报出版社，2009：170-173.

现在看来，这些古老证券的流转程序有些复杂，需要邀请德高望重的见证人，见证人往往由寺庙和政府的官员来担任，还要请他们以神的名义起誓，并在泥板上刻下他们的名字。但无论如何，乌尔的资本在夹缝中艰难生长，不仅出现了支持商人远洋贸易的合伙人制度，还出现了支持个人未来规划的养老保险投资组合等。可以说，古巴比伦的乌尔城不但有一批非常具有创造力的企业家和资本家，还有一套现存最古老的金融产品和金融工具。这些企业家和资本家建立了当时世界上最先进的金融交易场所，以及与之相配套的交易秩序。

公元前 18 世纪的乌尔资本似乎有了一丝冒头的曙光，但对于一个相对封闭的农业社会，社会生产力水平不高，资本积累的速度很低，资本永远不可能成长起来。商人们为了赚更多的钱，需要剥削更多的农民和手工业者，这会造成整个社会的撕裂，因此在古代中国、古巴比伦等农业社会，大多重农轻商，商人阶层被阶段性地、有组织性地打压，成为一种常态。美索不达米亚地区的贸易和资本市场的萌芽也在公元前 1788 年被拉尔萨王朝的国王瑞姆辛一世以一道敕令无情地扑灭。美索不达米亚地区最终未能逃脱治乱循环的历史宿命，此起彼伏的王权更迭在两河流域不断出现，权力中心从一个城市转向另一个城市。

### （二）古希腊雅典的资本主宰

在古希腊则是另外一番景象，这里没有如同两河流域、黄河流域那样连绵的大河，而是崇山峻岭和深峡河谷，险恶的地形使得古希腊无法建立与其他文明同期的农本文明。大大小小数百个城邦并存，谁也无法吞并谁。土地的贫瘠迫使希腊人走出地中海，与周边地区频繁进行贸易往来。在这样一个环境下，经商很受推崇，商人逐渐成为一个受人尊敬的阶层。商业的发展为公平买卖、自由平等、私有财产不可侵犯等理念奠定了基础，也为资本市场的萌生提供了条件。随着商人阶层的不断崛起，王权势力逐渐削弱，雅典作为一个商业城市崛起了。在建立了以财产多寡为标准划分社会阶层的制度后，资本成为雅典的主宰。

希腊雄辩家德摩斯梯尼的讼词为我们提供了一幅古希腊的金融图景。这一图景中描绘了银行存款、账户、合同、风险等金融概念。投资者可以通过委托代理制度，投资船长和水手进行海上贸易。资金不够的商人可以借助合伙人制度、抵押贷款制度，融得更多的资金。有存款的手工业者可以把钱存到银行家那里，依靠他们的专业能力，获取稳定的收益。① 古希腊适应自己的地理禀赋，站在周边农业文明的肩膀上，建立了以工商为导向的城邦国家，培育了一种全新的文明——商业文明。通过航海、贸易和海外殖民，古希腊迅速集聚大量财富，也埋下了现代金融、政治、科学的思想和方法论的种子。

### （三）古罗马的法律和金融制度

罗马本是台伯河畔一个毫不起眼的小镇，既不临海，也不靠山，只有为数不多的农民日出而作，日落而息。对于忙着做生意的希腊人来说，偶尔也会路过罗马，但这个地方绝对不是商旅的尽头，而只是个单纯的驿站。

罗马人从希腊人这里学得字母表，略作改变成为拉丁字母。他们把希腊诸神请进自己的庙宇，在顶礼膜拜的同时，也给这些神祇改了名称，安排一些新的工作。他们派出使团在雅典和斯巴达游历，学习古希腊的法律和政治。他们复制了雅典的等级制度，进行人口普查，按财富划分社会等级，比如规定进入元老院的财富标准是 25 万第纳尔，进入骑士阶级的财富标准是 10 万第纳尔。只有拥有足够的资源来为士兵和马匹提供装备，才能有资格参与政治生活；没有达到财产要

---

① 彭兴庭．资本 5000 年：资本秩序如何塑造人类文明［M］．北京：中国友谊出版公司，2021：19.

求的，将被剥夺职位。

当然，他们也很快学会使用古希腊强大的金融工具。古希腊是一个商业社会，主要通过资本运作支持远洋贸易，实现利益共享，风险共担。罗马把从希腊学到的资本知识，充分运用到了他们的扩张事业中。军队需要报酬，需要食物，需要被长途运输到远离罗马的地域，这些都是极大的开支。为此，罗马通过货币经济，发展出了复杂的金融工具，比如银行汇票、包税人公司等，用来处理跨期交换，促进资本形成和控制不确定性。

与两河流域的亚述帝国相比，罗马人不但好勇斗狠，还很有文化。在罗马，所有的政治力量都建立在财富基础上。罗马人普遍认为，财产的基本形式是私有，公民的一切财产都应该得到保护（仅限于罗马公民）。为此，罗马制定了大量法律，用于规范社会活动。在罗马，法理学变成了一门真正的学科，法学家们享有盛名。为了规范政治家们参与商业活动，公元前 218 年，元老院制定了《克劳迪法》，禁止元老院议员利用政治优势谋取经济利益。德国著名法学家耶林曾评价："罗马帝国曾三次征服世界，第一次以武力，第二次以宗教，第三次以法律。"凭借强大的军队和资本工具，古罗马继承了古希腊的文明成果。公元前 338 年，当希腊联军被马其顿击败时，罗马已经成为当时意大利半岛最大的城邦。公元前 146 年，罗马人征服了希腊，希腊正式成为罗马的一个行省。

### （四）黑暗中世纪：资本主义思想的觉醒

关于中世纪，传统概念是指公元 476 年西罗马帝国的覆灭至公元 1453 年文艺复兴开始前的时期。在整个欧洲历史发展过程中，中世纪其实是从由罗马帝国统治的古典时代到文艺复兴时期的一个过渡，而整个欧洲历史向来是依靠封建统治的发展作为主线，所以中世纪也可以看作欧洲封建阶级建立统治地位直到资本主义思想萌芽的一段时期。

中世纪时期，罗马的经济体系并没有因为瘟疫和战乱而断裂，罗马金币还在流通，通往君士坦丁堡、非洲和东方的贸易路线并未完全停息，北欧国家之间的交流仍在继续。虽然中世纪的欧洲经济已经彻底倒退到以农业为主，资本秩序全面崩溃，但也有例外情形，在意大利热那亚、威尼斯、佛罗伦萨，资本复苏的曙光出现了。凭借远离政治中心、边缘的地理位置，威尼斯在陆地和海洋、东方和西方的夹缝中寻找生存机会。

10 世纪晚期，随着瘟疫的消失，充足的人力打破了低生产、低消费的恶性循环，欧洲的货币经济日益普及：诞生了轮犁、织布机、磨等新机器；也产生了葡萄种植和养护方法以及凸轮机械技术。宗教狂热的年代，一旦酒足饭饱，就会雄心勃勃，迫切想要做些什么，于是，十字军东征开始了。十字军东征并非仅仅深刻改变了欧洲、宗教和经济版图，有一群精明的商人已经从中发现了巨大的商业机遇。热那亚人沿地中海岸建起了广泛的贸易据点，迅速完成了资本原始积累。威尼斯人也获得了荣誉和利润。为了保卫朝圣者的安全，耶路撒冷国王鲍德温二世决定设立圣殿骑士团，在随后的两个世纪里，圣殿骑士团变成了欧洲最大的跨国金融机构。圣殿骑士团创建了一个系统，朝圣者可以在欧洲存钱，然后在圣地取出。圣殿骑士团不仅吸收存款，而且发放贷款，并担任欧洲王室之间的支付中介，也担任信托经理管理债务。他们积累了巨额的财富，拥有强大的关系网和精良的装备。而后在非常强势的君主——法国国王腓力四世的主导下，圣殿骑士团被解散，各国国王所欠圣殿骑士团的很多债务都被免除了。圣殿骑士团所精心编织的金融网络随之崩溃。

欧洲商业复兴是多种因素共同促成的。首先，十字军东征是促使商业复兴的重要原因之一。十字军东征是欧洲社会经济史上的一个重要运动，它加速了欧洲地区的商业交流和贸易交往，西欧社会出现了一波大量筹集资金、出卖不动产或抵押财产以换取现金的浪潮，同时地中海商业区的商业和交往因东征而迅速加强。威尼斯加强了同君士坦丁堡、埃及和叙利亚等地的贸易，热那亚和比萨密切了同科西嘉、撒丁尼亚、巴巴利海岸以及法国南部的贸易，意大利人成为香槟集市上主要的商人集团。

其次，国际长途贸易极大地刺激了欧洲的商业复兴。地中海是欧亚非三大洲相互联系交流的舞台，在这里进行各种商品的贸易，其中引人注目的是香料和丝绸。国际长途贸易也刺激了农业市场和出口工业的发展。农业因市场需要受到刺激，事实的确如此，因为欧洲庄园的自给自足从一开始就不是绝对的——不仅民众需要与外界交换食盐，庄园主也需要从外界购得上等的酒、精美的丝绸和香料等奢侈品。为此，他们出售自己多余的农产品，以获得用于购买外部商品的货币。当国际长途贸易带来的奢侈品和其他商品的品种越来越多时，庄园剩余产品出售的规模也就越大，最终农业成为交换经济的一部分。国际长途贸易的发展还催生了新的出口工业，即商业在取得重大发展以后，商人便开始以商业资本哺育和推动出口手工业，佛罗伦萨呢绒纺织业的迅速发展便是最典型的例证。

反过来，农业市场和出口工业的发展又推动了商业和交往的进一步发展。13 世纪时，不仅工农业生产全面增加，而且更为重要的是，生产已多为销售服务，一种或多或少带有资本主义性质的农业大地产正在扩展。工业的发展同样推动了商业贸易和交往的发展，13 世纪，佛兰德尔地区从事出口纺织工业的商人，其羊毛原料依靠进口；佛罗伦萨的纺织手工工场的原料主要从英国或西班牙进口。不仅如此，商人们还把制成品销往欧洲各地，14 世纪时，原料和制成品的进出口数量有了更大增加。由此可见，出口工业的发展在更大程度上加强了各地的商业联系和交往。

## 二、资本市场的形成阶段

资本市场的形成阶段跨度约在公元1500年至1870年，也是资本原始积累时期。当中国、印度等东方国家日益封闭时，凭借美洲的白银资本，欧洲主导了世界的贸易秩序，并形成了一个以西欧为中心的资本市场体系。从15世纪到18世纪晚期，资本主义处于工场手工业阶段，在经济上主要是“重商主义”，在思想上主要是“启蒙思想”。16世纪，从威尼斯开始进行的经济扩张，矛头直指地中海和西欧，通过一些中转站再向波罗的海和挪威延伸，又通过地中海东岸诸港，向印度洋延伸。而从18世纪晚期后，欧洲贸易的触角伸向全世界，英国伦敦成为世界的中心。

16世纪航海业和探险的成功和地理大发现，使欧洲贸易的发展达到空前的广度和深度。地理大发现导致了世界贸易中心的转移，促进了世界市场的形成。地理大发现后，世界贸易中心从地中海转移到大西洋，葡萄牙的里斯本、西班牙的塞维利亚和荷兰的安特卫普成为中心贸易城市。欧洲面临的是一个更加广阔的全新市场。贸易中心的转移促进了跨洋贸易的发展，加速了资本原始积累的进程，也加快了西欧封建制度的解体和资本主义生产关系的发展。

在黑奴贩卖、印第安人鲜血和枯骨之上，西班牙和葡萄牙殖民者建立起了他们庞大的帝国。西班牙从亚洲、非洲和美洲掠夺了大量贵金属。西班牙还在美洲及其他殖民地建立起了具有很强依附性的单一产品经济。美洲的白银首先流入西班牙，导致了西班牙物价的飞速上涨和货币的极度贬值。结果，大贵族、农民、教士都无法再靠其收入过活，社会地位日益降低。那些通过输入白银发财致富的冒险家和商人们却没有把财富投资在工商业上，而是购买贵族头衔，借以分享贵族的特权。与此同时，西班牙的工业制成品因为通货膨胀造成的工资上涨和成本增加，而无力在国际市场上竞争，形成了贵金属输入越多国内工业越落后的恶性循环。最终西班牙在后来与英国和荷兰的殖民地贸易角逐中，因为国内落后的工业和航运业而惨遭失败。[①]

大西洋三角贸易推动了西欧、北美地区的工业发展，最为突出的是英国，三角贸易推动了英国纺织业、造船业以及其他工业制品的飞速发展。15—18世纪中期，随着新航路的开辟、早期殖民掠夺的进行和大西洋贸易的迅速发展，资本主义工商业不断发展壮大。欧亚非及美洲之间的联系日益加强，世界贸易和资本市场已经现端倪。

## 三、资本市场的繁荣：从工业资本到金融资本

18世纪末以来，得益于人类经济发展史上的四次工业革命，公司制度不断发展，逐渐走向成熟，对资本市场繁荣和现代经济增长起到不可磨灭的促进作用。公司制度从简至繁、不断创新的发展历程中，资本形态逐步从实物、货币等有形资产形态走向股票、债券、知识产权等无形资产形态，资本市场规模不断壮大并走向繁荣。

工业革命后，资本通过与产业、技术的结合成为推动资本市场发展的主导力量，最终在资本和技术相互作用的推动下，经济开始了持续而广阔的经济增长。此后的世界不断表现出新的特质，资本市场逐渐形成并崛起，最终超越宗教、国家，成为支配当代社会的重要因素。

从革命到战争，资本重塑权力结构，对阻碍社会发展的旧的资本秩序进行清理。资本在各个产业之间腾挪游离，不断尝试新的富有生命力的产业，推动新技术和新的企业形态的发展，形成创新资本市场。在利润的指挥下，金融资本市场的出现使得资本更具流动性和灵活性，在全球形成了资本市场体系，塑造了一个令人恐惧的金融资本帝国，金融资本成了目的本身而非社会经济发展的助力。可以说，只有新技

① 沈汉．资本主义史：从世界体系形成到经济全球化［M］．上海：学林出版社，2008：19.

术创造的新经济，才能满足资本永不停歇、源源不绝的欲望和贪婪。各国科技创新的背后实际上是各国金融资本推动下的技术创新资本之间的竞争。

1698 年发明的蒸汽机打开了工业化的大门，引起了 18 世纪的工业革命。为支持不断增长的贸易，公路、铁路、桥梁、港口和运河网络迅速扩张，工业革命也为农业、服务业带来了前所未有的技术进步。最终，资本和技术相互作用，推动了持续的经济增长，人类社会进入工业资本市场时期。这一时期资本市场的发展是由工业革命的兴起与发展推动的。此阶段，科学技术的进步和工业化的推动使得生产方式发生了巨大的变革。机械生产的兴起、劳动分工的深化以及资本家与雇佣工人之间的雇佣关系的形成，都为资本市场的发展奠定了基础。

19 世纪末 20 世纪初则进入了产业资本和金融资本的时期。随着工业化的深入发展，金融资本市场逐渐崭露头角。这一时期，金融机构对资本市场的经济活动的影响逐渐扩大，甚至起到支配和控制作用。银行、保险公司和证券市场等金融机构蓬勃发展，资本家可以通过投资和融资活动获取更多的利润，并实现资本的流动和有效配置。

20 世纪以来，随着全球资本的崛起，资本主义制度演进到现代资本主义阶段，其特点包括：市场经济的全球化、跨国公司的崛起、金融化的加剧、科技创新的推动等。市场经济成为主导力量，自由竞争和私人财产权得到保护和推崇。这一阶段也带来诸多问题，如贫富分化、资源浪费、环境破坏等。在利润的指挥下，跨国资本推动建立了一个全球金融体系。20 世纪 70 年代开始，越来越多的资产涌向金融资本。广义的金融部门取代铁路、钢铁和汽车制造业的位置，塑造了一个令人恐惧的金融帝国。在这个新的金融帝国中，金融成了目的本身，不再是社会经济发展的动力。这一时期，经济飞速增长，复杂多样的融资方式涌现，投资者对于高增长股票及并购概念趋之若鹜，层出不穷的基金源源不断地为华尔街提供资本，美国开启了金融化的时代，变成一个金融帝国，美联储是这一帝国的引擎，纽约证券交易所（简称“纽交所”）则是心脏。2000 年前后的互联网经济泡沫破灭和 2008 年次贷危机爆发，都昭示着金融资本需要寻找新的出路。

## 第二节　数智经济时代下的资本市场变革

21 世纪则是创新资本的时代。资本是技术创新的发动机，也是创新扩散的播种机。随着互联网技术和数字技术的快速发展，人类社会进入世界格局与技术范式发生大变革的数智经济时代，资本市场运行环境和逻辑发生深刻变化，全球资本市场在信息网络技术的推动下飞速发展。数字技术的发展逐步强化对现有信息的挖掘、比较和利用，增强了资本市场“技术化”和“情绪化”特征。数智经济时代充分展开后，资本市场将成为真正基于新信息和价值判断的汇总和合作平台。范式转换下，资本市场不再仅关注经济价值，开始与社会、生态价值交织融合；不再仅关注经济效率，转向价值标准和逻辑的选择与引导。

### 一、数智经济大变革推动资本市场深刻变化

数智经济时代，数字技术改变了人类社会的方方面面，也对资本市场产生深刻影响。一方面缓解了资本市场的“信任不足”问题，改变了资本市场传统的信息不对称范式；另一方面却又因为信息资源为少数人所掌握，带来新型信息不对称问题。在数字技术的加持下，资本市场金融产品价格形成机制更趋“技术化”和“情绪化”，但终会随着技术进步回归真正的信息和价值判断。

## （一）数字技术缓解了资本市场“社会信任”不足的困境

资本市场的本质是社会经济信任。数智经济时代，宽松货币环境带来了资金的充裕，但始终存在“社会信任”不足的困境。数字技术的发展在一定程度上缓解了这种困境。数字技术包括两个方面。一是数据技术，即把直观世界通过数字形式进行表述，并应用数学原理对抽象的数字信息进行分析处理的技术，具体包括大数据技术、人工智能技术等，我们常说的金融科技（FinTech）即指此类。二是创造信任的技术，通过机制和算法减少人为因素对信任的扰动，具体包括区块链技术（共识机制创造的信任）、加密技术（数据传输的信任）、智能合约（自动执行）等。这些技术具有去中心化、不可篡改、全程留痕、可以追溯、集体维护、公开透明等特点，保证了“诚实”与“透明”。它们将价值与信息分离，提升了信息收集、扩散和处理的效率，将真正的新信息探索和最终决策（价值的判断和实现）交回人类自身。但受人类认知能力的局限，特别是在具有范式转换特征的大变革时代，穿透重重迷雾瞥见未来并不容易。

数字技术为数智经济提供了强有力的支撑，推动了数智经济的发展。数智经济具有跨界融合、创新驱动、重塑结构和连接一切的特征，企业数智经济化过程会改变商业模式和管理模式，总体而言，这种改变会降低信息不对称程度以及管理者决策行为的非理性程度，提高其决策水平与公司治理水平。[①] 与此同时，也带来新的信息不对称问题。

长久以来，我们都理所当然地认为内部人比外部人（尤其是散户投资者）更加了解公司的基本面信息。这种内部人和外部人之间的信

① 祁怀锦，曹修琴，刘艳霞．数智经济对公司治理的影响：基于信息不对称和管理者非理性行为视角［J］．改革，2020（4）：55.

息不对称成为资本市场公司治理的核心问题，主要体现为发行人、上市公司、实际控制人及其他内部人履行强制性信息披露义务。但数智经济发展带来的新数据、新技术很大程度上改变着资本市场传统的信息不对称范式，重新定义了信息和信息优势，外部人可能拥有内部人没有的信息。这主要体现在具备和不具备能力获取和处理另类数据信息的人之间，专业投资者和普通投资者之间的信息不对称正在改变过去内部人和外部人之间的信息不对称范式。

另类数据，即非传统数据，目前尚未形成统一明确的定义，泛指区别于传统数据的有价值的信息和数据。传统数据是指通过常规渠道获得的数据，如股票、债券等的交易数据、上市公司年报和财务数据、银行用户的借贷数据等。不同于传统数据，另类数据是典型的“大”数据，主要体现在三个方面：一是体量大，体现在规模和传输量上；二是流动速度快，数据实时或接近实时获取和传输；三是种类多，数据结构形式多样。另类数据主要有三方面来源。一是个人产生的数据，如社交网络信息、产品评价、搜索记录、购物喜好等。二是商业过程数据，如物流数据、支付数据等，也包括另类数据公司采集的传统商业数据，如大型百货公司客流量、大型游乐场客流量等数据。三是传感器数据，如利用卫星数据通过光感和热感采集钢厂、化工厂、原油等的开工、采集、运输情况，以及来自 GPS 定位、车辆轨迹和个人穿戴设备的另类数据。① 另类数据在资本市场的广泛应用意味着在强调传统资本市场信息监管制度的同时，更应加强对另类数据信息的监管。

数智经济发展有助于提高企业面向其他利益相关者的信息透明度，在一定程度上缓解传统的委托代理问题，改善公司治理水平。但同时，又带来了由信息获取和信息处理能力差异引起的新的信息不对称，公

---

① 廖理．另类数据：经济增长的新亮点［J］．人民论坛·学术前沿，2021（6）：22.

司和市场行为随之发生变化，传统的公司治理理论难以适用。数智经济时代的公司治理研究，需要在传统理论的基础上开阔视野，顺应技术发展推动下的数智经济浪潮，引入新的范式和新的逻辑，这样才能解决数智经济时代面临的新型信息不对称等问题。

### （二）价格形成机制更趋“技术化”和“情绪化”

近些年，量化、高频交易快速发展，交易策略驱动的投资在价格形成中发挥着更大作用。量化、高频交易以概率论为基础，借助人工智能等金融科技手段，利用个人投资者的群体非理性，借由策略性短期操作实现较高的长期收益。全球前十大对冲基金资管中，量化基金数量已从2004年的1家增加到2020年的6家。美国市场交易额的70%已是量化投资。我国量化私募基金规模从2018年底的1 000亿元增长到2021年第二季度的1.03万亿元，增长了10.2倍。

此外，随着社交网络发展，散户情绪驱动的聚集交易在价格形成中的影响也在变大。美国游戏驿站（GME）股价暴涨和散户逼空白银等事件，凸显社交网络对非理性投资者强大的组织能力。网络技术提高了信息获取的便捷性，但没有改变人们对信息固有的选择性偏见。互联网改变了个人投资者的联结方式和交互方式，将相同观点的人聚集起来形成集群，放大了羊群效应和从众心理，加剧了资本市场的波动性。技术进步既提升了交易理性，也增强了非理性投资群体的组织能力，形成新的力量制衡，相对降低了信息驱动交易者比重，市场发现并通过商业长期价值引导行为的能力有所弱化，资本市场更趋“技术化”和“情绪化”。

### （三）数智经济时代资本市场将回归真正的信息和价值判断

数智经济时代涌现出金融实现的新形式，数据资源在数字技术下逐步社会化。数据借助区块链等技术实现了可交易，具备部分货币和信任特征。海量数据超出人脑的有限理性，人工智能成为数据加工处理和价值实现的手段，特别是“智能合约”使得“交易所”模式可以低成本创设，较低标准化的信息以较低成本实现匹配，越来越多的交易行为从机构走向市场。这些变革虽然没有改变“资本”的信任、合作本质，但使业务和行为交易化，普通资产货币化。

传统资本市场通过价格形成机制浓缩各类信息，确定资源配置的优先顺序。数智经济时代，人工智能等技术已可以直接处理多元、多维信息，可以较好地实现偏好的显示、排序及匹配。数字技术能更准确、全面和及时地收集已有信息（含投资者的风险偏好等）、合理排序并实现多对多匹配，这就使形成单一价格的必要性下降。一旦现有信息收集处理和价值实现功能由人工智能充分自动实现，形式上便会从“显”到“隐”，“日用而不知”。数智经济时代充分展开后，资本市场将成为真正基于新信息和价值判断的汇总和合作平台，资本市场将演进至数据资本市场阶段。

数智经济作为一个庞大而复杂的领域，其发展迅速且体量庞大，既带来了巨大机遇，又带来了诸多挑战，对资本市场的影响不容忽视。数智经济的兴起改变了资本市场的运作方式。人工智能作为数字技术的重要组成部分，进一步推动了资本市场革新。一方面，人工智能产业快速发展。伴随着 ChatGPT（人工智能聊天机器人程序）掀起的 AI 热潮，以 ChatGPT 为代表的生成式人工智能（AIGC）成为 2023 年热门的投融资领域之一；2024 年 DeepSeek（深度求索）的崛起更是在人工智能领域引起了巨大的轰动。另一方面，人工智能产业在资产市场中的应用兴起。例如，智能投顾利用人工智能技术以及大数据分析能力，为投资者提供定制化的投资建议和智能化的投资组合管理。此外，社交媒体的影响力也日益增强，投资者通过社交媒体平台获取投资信息、交流意见，也对资本市场产生了直接影响。

## 二、数智经济时代资本市场的特点[①]

随着信息技术的飞速发展，人类社会已全面迈入数字时代。在此时代背景下，资本市场作为经济体系的核心组成部分，正经历着前所未有的变革与重塑。

### （一）数据是数智经济时代的核心生产要素

数据已成为新的核心生产要素，构成数据资本化的逻辑起点。纵观人类社会发展历程，生产力始终是推动社会进步的根本动力。当生产力发展到一定阶段，就会与既有生产关系产生矛盾，从而引发生产关系的变革，推动人类社会向高阶形态跨越。当前，新一代信息技术的飞速发展与广泛应用，推动数智经济快速崛起，全新的社会建构和社会形态加速形成，数字社会已经到来。应当看到，不同的社会形态对应不同的生产力水平以及与之相适应的生产要素，生产要素的转换也是社会更迭的重要标志。农业时代土地和劳动力是核心要素，工业时代资本和劳动力是核心要素，进入数字社会后，数据成为关键生产要素。围绕数据的搜集、加工、分析、挖掘过程中释放出的数据生产力，正在成为驱动经济发展的强大动能。

数据作为新的生产要素，虽然不能像土地要素那样直接生产出物质产品，但能重塑经济的发展运行模式，对生产、交换、分配、消费

---

① 数字是数据的一种，用于量化表达，数据是更广泛的概念，包含多种形式的信息。在严格区分数字和数据概念的基础上，对数字化和数据化也进行了严格区分，即数字化是信息格式的转换，数据化是信息的深度分析和应用。数字化是数据化的基础，数据化是数字化的进一步深化。在实践中，人们使用“数字”时，往往包含了“数据”，如“数字技术”通常包含了“数据技术”，“数字资本”通常包含了“数据资本”，二者并未完全严格区分。当然，在海量数字信息情境下，“大数据”“大数据技术”的表述更为适宜。鉴于资本市场数字信息的海量性，本书使用“数据资本”而非“数字资本”。

循环起到有效促进作用，从而加速资本的流动周转。同时，数据还能和土地、劳动、资本等传统生产要素互相融合，最大限度地释放数据生产力，由此完成数据资本化过程。可见，数据资本化是遵循“数据要素—数据商品—数据资本”的演化路径。数据成为新的生产要素是数据资本化的逻辑起点。

### （二）数据资本市场形成并发展

数据资本主义的全球扩张带动了大量网络平台的发展和网络用户数量的增加，形成了全球数字化市场，资本更加易得、稀缺性下降。从数智经济到数字社会的转型门槛和过渡，与前工业时代相比，无论速度还是广度都是前所未有的。数字技术引发的新式社会生产方式已经登上了历史舞台。在资本主义生产关系下，资本逻辑导控的数字技术必然会演绎成为数据资本。数据资本成为新的规制者和权力拥有者，它在强化资本主义生产动能的同时，也在促进资本主义内在矛盾的不断暴露。由此，数据资本主义便有了崭新的形式与内涵。相较于传统形态，数据资本主义的构成与运行更为虚拟化，表现形式更为复杂。数据资本主义将积累效率和发展速度提升到一个全新高度，同时也不断威胁着个人、社会、国家乃至全球的信息安全、政治安全、经济安全。

当前，数字技术的发展促进数据商品源源不断产出，使当代资本市场进入数据资本市场发展阶段，尤其是数据金融资本市场得到快速发展。在这一时期，人类社会生产生活中产生的数据转化为数据资本，而对于数据资本的剥夺性占有则成为资本主义市场竞争的新景观。在此背景下，探究数据资本化逻辑能够更好地把握数据资本主义的生产关系和发展趋势。从技术逻辑来看，资本将数字技术纳入自身生产体系，并借助数字平台完成了对数据的掠夺和垄断；从商品逻辑来看，数据资本是按照“数据要素—数据商品—数据资本”的路径演化发展的，数据商品意味着交换与贸易；从积累逻辑来看，数据资本市场在数据贸易的基础上，实现了数据资本的扩张，数据资本主义市场开始形成。

### （三）数字金融资本市场飞速发展

建立在数字技术和互联网经济基础上的数字金融资本促进金融行业与其他行业的跨界融合，形成丰富的金融生态圈。随着人工智能、大数据、云计算等技术的不断进步，数据金融资本市场将更加深入地融合这些先进技术，实现业务的智能化和自动化。

随着数字技术和互联网的普及，数字金融已经成为金融业的重要组成部分。数字金融行业在过去的几年中经历了快速的增长，各种新型的数字金融产品和服务不断涌现，如在线支付、互联网保险、数字货币等。

数字金融是由货币功能与区块链技术共融、叠加、互动而发挥作用的。区块链技术具有发散性和带动性，当它与金融结合的时候，形成一种独特的生态体系。这里的"生态"，指的是一种技术生态，是以技术体系为基础的动态经营市场体系。良好的、与金融结合的区块链生态，是一种自组织的、充满生机的、动态的、多元化的、高度开放的基于技术理性和综合科技成果的新型市场经济体系。各种产品经营、文化经营、服务经营、广告经营等多行业、多领域的商业加盟（如"虚拟店面""分布式应用程序商店"等，很可能还有科技巨头、新的技术体系的合作），将使生态体系成为企业和商家大展身手的舞台。同时，区块链技术可清算、可追溯、可渗透的优势，能提升传输效率、降低传输成本、增加传输网络覆盖，都可以为企业提供优质金融服务。未来，数字金融将与其他产业进行更加紧密的融合和创新。例如，数字金融可以与电商、社交媒体等领域进行跨界合作，共同推出新型的金融产品和服务。

数字金融是一个具有广阔发展前景的领域，其未来将会在各个领域发挥越来越重要的作用。金融机构需要加强数字化转型和创新，提高服务质量和管理水平。同时，政府和社会也需要为数字金融的发展提供良好的环境和支持。与此同时，数字金融行业发展面临数据安全、隐私保护、技术风险等挑战。

## 三、未来资本市场发展趋势

资本市场作为现代金融体系的核心组成部分，不仅承载着资金融通、资源配置的重要功能，也是推动经济转型升级、促进高质量发展的重要引擎。随着全球经济格局的深刻变化及科技创新的迅猛发展，资本市场正经历着前所未有的变革与机遇，呈现全球化和数字化发展趋势。

### （一）全球化发展趋势

随着全球经济的深度融合与信息技术的迅猛发展，资本市场全球化已成为不可逆转的趋势。

资本市场全球化的一个重要特征是跨境资本流动的加速。随着贸易和投资自由化、便利化程度的提高，资本跨境流动变得更加便捷和高效。这不仅促进了全球范围内的资源配置，也推动了国际金融市场的融合与发展。

在资本市场全球化的推动下，金融产品创新呈现多元化趋势。为了满足全球投资者的不同需求，各类跨境金融产品层出不穷，如跨境债券、跨境股票、跨境衍生品等。这些创新产品不仅丰富了全球金融市场的产品线，也为投资者提供了更多的投资机会。

金融机构的国际化是资本市场全球化的重要体现。随着全球金融市场的竞争加剧，越来越多的金融机构开始拓展海外业务，实现国际化发展。这不仅有助于提升金融机构的竞争力，也有助于推动全球金融市场的进一步融合。

资本市场全球化对金融监管提出了新的挑战。为了应对这些挑战，各国金融监管机构加强了国际合作，共同制定和执行金融监管标准。这不仅有助于提升监管的效率和效果，还有助于维护全球金融市场的稳定和健康发展。

资本市场全球化有助于推动全球经济一体化。通过跨境资本流动和金融产品创新，各国经济之间的联系更加紧密，全球资源配置更加高效。这有助于促进全球经济的共同发展和繁荣。资本市场全球化增加了全球投资者的投资机会。投资者既可以通过跨境投资获取更多的投资收益，又可以通过分散投资降低风险。资本市场全球化对全球金融安全提出了新的挑战。对此，通过加强金融监管国际合作，各国金融监管机构可以更好地共同应对这些挑战，维护全球金融市场的稳定和健康发展。同时，全球金融市场的融合也有助于提升各国金融系统的韧性和抵御风险的能力。

资本市场全球化是全球经济发展的必然趋势。各国应积极应对全球化带来的挑战和机遇，加强跨境资本流动监管、推动金融产品创新、加强金融监管国际合作等方面的工作。保持开放包容的心态，积极参与全球金融市场的竞争与合作，共同推动全球经济的繁荣和发展。

随着全球化进程的加速，跨国合作与区域集团化现象日益普遍。资本市场作为全球化进程中的重要一环，也在不断加强跨国合作与区域集团化。这不仅促进了全球资本的流动和配置，也推动了各国经济联系的紧密性。例如，“一带一路”倡议的推进促进了中国与沿线国家的经济合作，也为资本市场的发展提供了广阔的空间。当前，全球范围内新一轮科技革命，特别是数字货币等科技发展给传统银行业务模式带来了更多的竞争压力。未来资本市场将面临更加复杂多变的市场环境和更加严格的监管要求。同时，随着全球化的深入发展，跨境资本流动和金融风险传播的风险也在不断增加。因此，资本市场需要不断创新和完善自身机制，以应对未来的挑战和机遇。

## （二）数字化发展趋势

随着信息技术的飞速发展，数字化已成为全球经济的重要推动力。资本市场作为金融系统的核心组成部分，正处于数字化转型的浪潮中。

资本市场数字化发展趋势的一个重要表现是生态化与数字化能力共享。这意味着资本市场参与者之间将更多地共享数字化能力，实现商业协同、优势互补和价值交换。这种趋势有助于推动资本市场向更加开放、互联和智能的方向发展。

越来越多的资本市场参与者开始将数字化转型与自身核心能力相结合，以提升运营效率、创新业务模式和增强市场竞争力。例如，金融机构可以利用大数据、人工智能等技术优化风险管理、资产配置和投资决策等核心业务；而交易所则可以借助区块链技术提升交易效率、降低交易成本并保障交易安全。

为了在激烈的市场竞争中保持领先地位，越来越多的资本市场参与者开始注重自主研发核心技术。这些技术包括但不限于大数据分析、机器学习、云计算、区块链等。通过自主研发核心技术，资本市场参与者可以更好地掌控数字化转型的进程，建立自身独特的竞争优势。

资本市场数字化发展将改变资本市场的整体结构。一方面，数字化发展将加速资本市场向数字化、智能化和全球化方向发展，推动市场参与者的数字化转型和整合；另一方面，数字化发展将促进新型市场参与者的崛起，如数字货币交易所、区块链金融服务平台等，这些新型市场参与者将对传统市场参与者构成挑战。

此外，数字化也将推动资本市场运作模式的创新。一方面，数字化发展将优化市场参与者之间的合作方式，促进资源共享和优势互补；另一方面，数字化发展将改变资本市场的交易方式和结算方式，提高交易效率和降低交易成本。

资本市场数字化发展还将推动资本市场监管体系的变革。一方面，数字化发展将使市场监管更加智能化和高效化，提高监管的精准度和有效性；另一方面，数字化发展将使监管体系更加开放和包容，为市场参与者提供更多的创新空间和发展机会。

资本市场数字化发展是全球经济发展的必然趋势。在数字化转型的浪潮中，资本市场参与者需要积极应对挑战，抓住机遇，不断提升自身的数字化能力和创新能力。同时，监管部门也需要加大监管力度，确保市场健康稳定发展。总之，资本市场数字化发展将为全球经济的繁荣发展注入新的动力。

世界主要国家资本市场的发展历史是一个复杂而多样的过程，涉及政治、经济、技术进步和社会变革等多个因素。其中，技术进步对资本市场的影响尤为重要。当前的数字技术带来了资本市场的数字化和智能化转型，推动资本市场的全球化发展。随着互联网技术和数字技术的快速发展，人类社会进入世界格局和技术范式发生重大变革的数智经济时代，资本市场运行环境和逻辑发生深刻变化，全球资本市场在信息网络技术的推动下飞速发展。数智经济时代充分展开后，资本市场将成为真正基于信息和价值判断的汇总和合作平台。

这些发展不仅体现了全球资本市场的动态变化，还反映了技术进步和社会经济结构转型对资本市场的深远影响。当然，每个国家的资本市场发展路径都是独特的，但共同的特点是具备适应和响应全球政治、经济和技术变革的能力。

## 第三节　资本市场演进的驱动因素

资本市场演进主要受技术革命、贸易因素以及经济全球化的影响。其中，技术革命是最主要的驱动因素。

## 一、技术革命

技术革命是推动资本市场演进的关键因素之一。新技术的出现和应用往往能够带来生产效率的提升、成本的降低以及新产品的推出，从而为企业带来更高的盈利空间。这些变化进一步吸引了投资者的关注，推动了资本市场的发展。历次工业革命对资本市场演进的推动反映了技术革命对资本市场发展的影响，这种影响主要体现在技术创新和金融资本的积累上。

第一次工业革命时期，机器生产取代了手工劳动，生产力和生产效率得到了极大的提高。随着市场的不断扩大和国际贸易的日益频繁，资本主义生产方式逐渐占据了主导地位，进而促进了自由资本市场的产生和扩张。第一次工业革命标志着人类进入蒸汽时代，这一时期的技术创新主要集中在新机械、纺织业的机械化以及冶金工业的变革。这些技术创新不仅提高了生产效率，还促进了商品的生产和销售，为资本主义世界市场的形成和发展奠定了基础。同时，这一时期的生产力发展导致了大量的商品被生产出来，并被倾销到殖民地以获取利润，英国成为世界范围内的殖民帝国，史称日不落帝国。这一过程加速了资本的积累，为金融市场的初步形成和发展提供了条件。

19 世纪末到 20 世纪初的第二次工业革命时期，人类进入电气时代，电力的广泛应用和内燃机的发明，以及石油化学工业、家用电器等新产业的出现，极大地推动了生产力的发展。市场竞争加剧，大型企业逐渐掌握了市场的主导权，形成了垄断格局。这一时期，垄断资本市场形成并发展。在此阶段，美国的资本市场和投资银行体系得到了发展和完善，金融监管架构也逐步建立。第二次工业革命不仅促进了技术的进步，还加速了金融资本的形成和积累，为资本市场的进一步发展奠定了基础。

第三次工业革命始于 20 世纪 50 年代，以计算机的发明、信息化和通信产业的变革为标志。这一时期的技术创新和产业发展极大地推动了全球经济的发展，资本市场在这一过程中扮演了关键角色，金融资本的流动和投资促进了新技术和新产业的发展。这一时期，随着科技的飞速发展和全球化的深入推进，资本主义经济体系逐渐打破了地域和国家的限制，形成了一个全球性的市场网络。跨国公司成为全球化资本市场的代表性力量，进一步促进了全球化资本市场的发展。

第四次工业革命正在进行中，其特点包括机械化、自动化、新技术和全球化的结合，虽然这一革命对劳动力市场带来了一定的冲击，导致结构性失业问题，但同时也为技术创新和金融资本的积累提供了新的机遇。发达国家通过“再工业化”战略吸引生产环节回流，并利用其雄厚的金融资本支撑技术创新和升级，这加剧了国家间的经济差距。第四次工业革命（数字技术革命）中，数字技术的变革和发展带来资本主义商业逻辑的根本性改变，促进了数字化资本主义的转型和数据资本市场的形成与发展。

历次工业革命不仅推动了技术的进步和产业的发展，还深刻影响了资本市场的结构和运作方式，促进了金融资本的积累和流动。技术革命尤其是当前信息技术革命对资本市场发展的影响深远且广泛。

### （一）创新驱动下的投资热潮

新技术的诞生往往伴随着投资机会的涌现。随着新技术的不断发展，资本市场中的投资者开始寻找与新技术相关的投资标的，从而推动了相关领域的投资热潮。例如，信息技术革命期间，投资者对互联网公司、半导体产业、人工智能等领域的投资显著增加。

技术革命带来的创新不仅推动了新兴产业的发展，还促进了传统产业的转型升级。在这种转型升级过程中，企业往往需要通过资本市场融资来支持研发、扩张和并购等活动，从而进一步推动了资本市场的发展。

### （二）资本市场结构的优化

技术革命推动了金融科技的快速发展，为资本市场提供了更多的服务工具和手段。金融科技的应用不仅提高了资本市场的运作效率，还降低了交易成本，优化了资本市场的结构。

随着技术革命的深入，资本市场中的投资者结构也发生了变化。机构投资者、专业投资者等逐渐成为市场的主导力量，他们更加注重长期价值和风险控制，推动了资本市场的健康发展。

### （三）资本市场国际化与全球化

技术革命加速了全球经济的融合和互动，资本市场也逐渐呈现国际化与全球化的趋势。各国资本市场之间的联系日益紧密，跨境投资、并购等活动日益频繁。

技术革命还推动了金融市场的创新和发展，如数字货币、区块链等新兴金融形态的出现，为资本市场提供了新的发展方向和机遇。这些新兴金融形态不仅具有去中心化、去信任化等特点，还能够降低交易成本、提高交易效率，进一步推动资本市场的国际化与全球化。

### （四）资本市场风险管理的加强

技术革命使得资本市场中的风险更加复杂和多样化，对风险管理提出了更高的要求。资本市场中的投资者和监管机构需要加强对风险的识别、评估和控制，以确保市场的稳健运行。技术革命还推动了风险管理技术的创新和发展。例如，大数据、人工智能等技术在风险管理中的应用日益广泛，不仅提高了风险管理的效率，还能帮助投资者更好地识别和管理风险。

综上所述，技术革命对资本市场发展的影响是多方面的，包括创新驱动下的投资热潮、资本市场结构的优化、资本市场国际化与全球化以及资本市场风险管理的加强等。这些影响不仅推动了资本市场的健康发展，也为全球经济的繁荣和稳定做出了重要贡献。

## 二、贸易

贸易的繁荣促进了商品和服务的流通，推动了公司萌芽及发展，进而带来资金的需求，进一步扩大了资本市场的规模，促进了资本市场不断演进，并提高了市场的国际化水平。

### （一）商品贸易促成欧洲资本市场萌芽

古代欧洲的生产技术远不能与同时代的中国相比，但其商品贸易却相当繁荣。古罗马在发展贸易方面有着得天独厚的自然条件。它三面环海，航运方便，又位于东西方交界地带，适宜发展跨国贸易。古罗马人崇尚武力，夺得广阔疆土，版图一度扩展至撒哈拉沙漠、苏格兰、荷兰和西亚地区。从首都到所属各省，“条条大路通罗马”，商贸的陆路交通便捷。加之古罗马一贯采取自由贸易政策，又有“民法”和“万民法”来调节民间经济关系，从而大大促进了贸易的发展。中古时期欧洲十字军东征（11—13 世纪）也对经济产生了广泛而深远的影响：贸易与商业的繁荣促进了东西方之间的商品交流，为欧洲商人带来了巨大的商机。农业和手工业的发展改善了生产技术和产品质量，推动了欧洲相关产业的繁荣。十字军东征为欧洲经济的增长和城市的发展奠定了基础，同时也为后来的贸易与文化交流铺平了道路。

至 13—14 世纪，欧洲已形成南北两大商业区。南区即地中海区，以意大利的威尼斯、热那亚、比萨为中心，汇集东方丝绸、珠宝，又从这里把西欧的手工业品输往东方；北区即北海、波罗的海区，以佛兰德尔的布鲁日为中心，德国（主要是北部地区）、荷兰、英国、斯堪的纳维亚各国、俄罗斯都参加这一地区的贸易。13 世纪末，意大利旅行家马可·波罗关于中国的《马可·波罗游记》发表后，在欧洲广为传播，强烈唤起商人、航海家对东方财富的渴望，仿佛中国、印度遍地都是黄金。这种对财富的贪婪驱使他们冒险航行。可以说，正是国际长途贸易促进了商业资本市场的形成和发展，商人（早期的资本家）逐渐形成一个独立阶层。

### （二）贸易的扩大促进世界资本市场的形成

新大陆的发现和新航路的开辟，使欧洲的贸易范围空前扩大，贸易额剧增。例如，英国对外贸易额1700年为5 900万美元，已相当可观，1789年又增至3.4亿美元，90年间增加4.8倍。地理大发现把原本相互孤立的美洲和欧洲、非洲等大陆联系起来，使得世界的面貌越来越清晰地展现在人们的面前，人类对世界的认识因此发生了深刻的变化，人类活动的舞台由大陆转向了海洋。地理大发现还促进了人类物质文明的交流。美洲的玉米在地理大发现后很快传到中国、非洲及东南欧，非洲的咖啡传到了欧美，丰富了人们的饮食结构，提高了人们的生活水平。

世界市场的最初形成与三角贸易联系在一起。传统意义上的三角贸易是大西洋三角贸易，即由欧洲人贩奴活动为先导的，在欧洲、非洲、美洲三洲间进行的贸易。在大西洋三角贸易中，贩奴船只首先从欧洲起航，满载各类消费品，驶抵非洲沿海后，欧洲贩奴商用这些工业品换取被贩卖的奴隶赚取第一笔利润。接着，船只把被贩卖的奴隶运到美洲交换殖民地的产品，获得第二笔利润。最后，贩奴商带着殖民地的产品返回欧洲，出售获利，赚得第三笔利润。从大西洋三角贸易中获得的这些财富是西欧北美一些国家资本积累的重要来源。大西洋三角贸易推动了西欧北美地区的工业发展，其中英国最为突出，三角贸易推动了英国纺织业的发展，促进了英国造船业的繁盛，还推动了英国其他制造业的发展。15—18世纪中期，英、法以及北美殖民地的贸易在其对外贸易中占据极其重要的地位，从中获利甚丰。这促进了英法工业的发展，随着新航路的开辟、早期殖民掠夺的进行和大西洋贸易的迅速发展，资本主义工商业不断发展壮大，欧亚非及美洲间的联系日益加强，世界市场已经初见端倪。

由于地理大发现，在1500年还只是面向地中海和波罗的海的欧洲，迅速变成面向大西洋的欧洲。随着世界商路由地中海向大西洋、印度洋以及太平洋的转移，在欧洲以外形成了与商路相联系的三大贸易区。第一个是从好望角经东非和印度半岛，直到东南亚群岛的印度洋地区；第二个是由设在西非海岸的商站到西印度群岛，直通西属美洲大陆的大西洋地区；第三个是在东亚与美洲西海岸交往中逐渐形成的太平洋地区。远洋或跨洋贸易对欧洲许多地区的经济发展具有重要意义，它引起欧洲经济中心的转移。

16世纪，位于欧洲大西洋沿岸的一些海港城市变得空前繁荣。16世纪中叶，安特卫普成了当时欧洲主要的商业与金融中心，这一中心的特征在于横贯大陆的贸易同海上贸易的结合。16世纪末，低地国家（现在的荷兰、比利时、卢森堡三国）在经历一场旷日持久的动乱后，安特卫普于1585年被帕尔马大军占领，离海岸只有几英里的阿姆斯特丹取代了安特卫普。阿姆斯特丹凭借广泛的商业联系和从世界各地金银与硬币的大量流入，成为当时欧洲贵金属贸易中心，从而进一步巩固了其在商业上的主导地位。

从16世纪到18世纪中期，贸易发挥的重要作用在欧洲历史上是罕见的，西方经济史学家把这段时期称作重商主义时代。由于各国的历史条件不尽相同，当英国和法国由重商主义时期步入工业化时期时，普鲁士和俄国的重商主义政治实践刚刚达到顶峰。重商主义时代的特点体现在经济体系上，在这个经济体系中，固定资本起着相对次要的作用，很大部分的财富由流动资本组成，资本的迅速周转能产生较高收益，特别是它使资本投资有广泛的选择机会。因此，贸易的重要性显然超过其他各种经济活动。此外，金融体系有赖于金银的流通，这种流通也取决于对外贸易情况。在重商时代，利用本国实力造成贸易顺差，并保证金银及其他贵金属的多进少出，成为欧洲各国政府商业政策的出发点和归宿。

随着国内工商业的发展和资本扩张的需要，单纯的国内市场根本不可能满足经济发展需求，甚至区域性的国际市场也有很大局限性。于是，更为扩大的市场与更为丰富的原料成了资本的首选。远程贸易成为必然，不仅在资本逐利的过程中得到了充分的发展，而且在促进资本扩张的过程中起了巨大的推动作用。

### （三）世界经济体系时期贸易和资本市场的迅速发展

在19世纪末和20世纪初，世界市场、资本输出和国际垄断组织等因素构成了资本主义世界经济体系的主要内容。

**1. 广告业、电讯业的诞生推动了国际贸易的迅速发展**

在工业化国家，广告业随着商标的出现而迅速发展。许多食品加工商和消费品制造商最初把商标贴到带有包装的商品上，随后他们追求宣传商标的广告手段，以扩大知名度。广告的目的就是吸引顾客购买带有独特性标识的商品。而报业尤其是廉价报业的发展，又给广告的发展插上了翅膀。广告业的发展无疑对商业发展是一个巨大的推动。

电报、电话业务也迅速发展起来。1869年，日本的东京和横滨之间开通了电报业务。1871年，上海和伦敦之间建立了海底电报电缆联系。1874年，从伦敦到巴西佩南布科之间的海底电缆建成。电报把棉花产区、丝茶产地和咖啡种植园的信息与世界市场中心英国联结起来。1875年6月2日，美国人贝尔成功地发明了电话。

1895年，意大利人伽利尔摩·马可尼（1874—1937）改进了赫兹等科学家的发明，制造出了真正实用的无线电报机，并且申请了专利。1897年，他利用英国资本的支持，建立了马可尼无线电报公司。

电报业务、电话业务也促进了各国之间贸易的发展。在19世纪末，西方各国先后设立了旨在促进对外贸易的政府职能部门。英国贸易部历史悠久，它建立于1786年。普鲁士早在1848年、奥匈帝国早在1853年就分别设立了贸易部，意大利于1876年成立了贸易与工业部。1881年，法国从农业部中分设出了一个商业与就业部，1898年成立了国家外贸局。荷兰在1890年成立了一个对外贸易委员会。美国的商业部成立于1913年。自从英国在伦敦水晶宫成功地举办了第一届国际博览会后，19世纪末国际博览会举办的次数迅速增加。伴随着国际贸易的发展，19世纪末也出现了多边结算制度。多边贸易支付体系是一种更加间接的贸易逆差抵消途径，它能允许在不扩大贵金属货币国际流动的情况下，使更多的国家参加更大规模的国际贸易。

英国是国际贸易支付体系的中心。当时，各国之间由于国际贸易发生的债权债务关系，大都通过伦敦的银行进行结算。除了英国，还有一些新兴资本主义国家凭借其在某些区域贸易中的影响，在国际结算中发挥积极的、半中心的作用。德国在东欧、中东和拉丁美洲等地区建立和发展了规模迅速扩大的贸易关系，相应地，德国成为这些地区的结算中心；美国则在北美、拉丁美洲、远东等地区大力扩张对外贸易联系，逐渐形成自己的辐射网，从而在结算中起着半中心的作用。① 但这一时期国际贸易的增长速度落后于同一时期的世界工业增长速度，也落后于前一时期的国际贸易增长速度。这主要是因为进入19世纪70年代以后，国际金银开采量比前一时期减少，物价上涨幅度降低，从而导致国际贸易额增长速度降低。另外，当时盛行的贸易保护主义政策和世界性的农业危机等因素也产生了一定的影响。

---

① 王珏．世界经济通史：经济现代化进程（中卷）［M］．北京：高等教育出版社，2005：430-431.

**2. 资本输出形成世界金融资本体系**

工业革命后，技术进步使大规模生产成为可能，企业通过扩大规模降低单位成本，形成竞争优势；重工业、化工等领域需要大量资本投入，大企业凭借资金和技术优势占据主导地位。企业通过技术创新和专利保护形成技术垄断，阻止竞争对手进入市场。大企业有能力进行高额研发投资，保持技术领先，进一步巩固垄断地位。

技术的发达带来国际贸易的发展，生产和资本越来越集中于少数大企业，利润率较高的部门具有较高的进入壁垒，而资本的本性又必然使其对利润率较低的生产部门不屑一顾，从而产生大量的过剩资本。为攫取高额利润，垄断资本家把大量"过剩资本"输出到国外，主要是输往落后国家或后起的资本主义国家。落后国家资本有机构成低，劳动力价格低廉，为资本输出提供了对象和场所。这种资本输出的现象，在资本主义自由竞争时期就已出现（如19世纪中叶在英国），到20世纪初则有了大规模的发展。

资本输出主要有两种形式：一是借贷资本输出，二是直接资本输出。英、法两国资本输出的地区与方式有所不同。英国资本大部分输往殖民地、半殖民地以及美国，并且很大一部分采取生产资本（直接投资）的形式；法国资本绝大部分投放在欧洲，主要是俄国，并且主要采取借贷资本（间接投资）的形式。不论哪种形式，资本输出在促进和推动落后国家经济某种程度发展的同时，也加强了垄断资本对落后国家人民的控制和剥削，并使这些国家的经济片面发展，民族经济衰退，加深其对发达国家的依赖。

英、法等国设在殖民地的银行及其分行在资本输出过程中起着重要作用。截至1904年，英国有50家殖民地银行和2 279个分行。1910年增至72家银行和5 449个分行，法国有20家殖民地银行和136个分行，荷兰有16家殖民地银行和68个分行，德国有13家殖民地银行和70个分行。仅在南美，5家德国银行有40个分行，5家英国银行有70

个分行，从1890年到1915年的25年里，英、德两国在阿根廷、巴西和乌拉圭投资约40亿美元，从而支配了这3个国家全部贸易额的46%。①

欧洲国家通过资本输出掠夺了惊人的财富。第一次世界大战前，英、法、德三国国外投资总额为1 750亿~2 000亿法郎，按当时的低利率5%计算，每年的纯利润达80亿~100亿法郎。② 英国对外投资的收入，不仅超过了对外贸易的收入，而且超过了工业生产的收入。

### （四）国际贸易自由化和国际资本市场的发展

第二次世界大战结束后，世界进入了一个史无前例的经济持续增长时代。大约从1945年到70年代中期，是世界经济发展的黄金时期，有学者甚至把这个时期称为“长久的繁荣时期”。二战通过战时指令性经济暂时中止了资本主义市场经济体制的运行，人们的经济需求被压抑。因此，二战结束以后，世界经济进入迅速增长阶段。市场经济的规则迅速恢复，战争期间被摧毁的股票市场也重新建立起来，欧洲地区出现了一个经济增长的繁荣局面。在20世纪50年代，西欧国家产量的平均年增长率是4%，失业率平均为2.9%。60年代的情况更好，平均年增长率为5.2%，失业率下降到平均只占劳动力的1.5%。1950—1970年世界经济明显摆脱了周期性干扰，没有发生严重的贸易波动，也几乎没有因衰退而引起产量损失。③

二战后世界经济的快速增长，在某种程度上是积极政策的结果。

---

① 中共中央马克思恩格斯列宁斯大林著作编译局．列宁选集（第2卷）［M］．北京：人民出版社，1972：787.

② 中共中央马克思恩格斯列宁斯大林著作编译局．列宁选集（第2卷）［M］．北京：人民出版社，1972：784.

③ 麦迪森．1913—1970年欧洲的经济政策和效果［M］//奇波拉．欧洲经济史（第5卷　下册）：二十世纪．北京：商务印书馆，1988：69-70.

1944 年 7 月，美国、英国、苏联、中国等 44 个国家在美国新罕布什尔州的布雷顿森林举行国际货币金融会议，构建了新的世界金融体系——布雷顿森林体系。该体系的目标是建立新的国际货币制度。1947 年，由美、英、法等 23 个国家签署的《关税及贸易总协定》则是战后国际经济秩序重建的另一个重要措施。关贸总协定通过大幅削减关税壁垒和消除非关税壁垒，有力地推动了全球贸易的自由化进程。此外，欧洲还出现了地区性经济组织，如成立于 1948 年的欧洲经济合作组织。该组织在 20 世纪 40 年代末期的主要目标是逐步消除对外贸的数量限制，后于 1960 年改组为经济合作与发展组织（OECD，简称“经合组织”），成员国包括了欧洲以外的美国、加拿大、日本和澳大利亚。在 20 世纪 50 年代末期，欧洲分裂成两个经济联盟：欧洲经济共同体和欧洲自由贸易区，它们相继在联盟内部废除了贸易壁垒，成为推动欧洲（尤其是较小的国家）20 世纪 60 年代经济增长的主要力量之一。

在上述体制和政策背景下，新的支付体制、自由贸易体制以及 OECD 国家间进口需求的迅速增长共同发挥作用，使得国际贸易规模迅速扩大。

国际贸易的发展促进了国际资本流动。资本流动包括三个范畴：（1）货币与金融流动，与商品和服务的交换相联系；（2）外国的直接投资，不仅包括金融资本的转移，而且涉及人员与技术；（3）间接投资与各种形式的金融交易（还有金融投资）。二战后直到 20 世纪 70 年代初，世界资本流动相对较弱。70 年代初期以后，全球金融市场发展速度急剧加快，并且不断强化。

国际贸易自由化使发达国家的发展势头扩展到了发展中国家。在这方面，出口成了发展中国家融入全球经济的主要手段。发达国家收入的快速增长、自由的全球贸易体系以及稳定灵活的汇兑体系，为发展中国家出口的快速增长创造了有利环境。与此同时，国际性的外国援助体制首次建立。外国资本援助、外国投资和外国贷款等形式的资本流动促进了发展中国家的经济发展。发展中国家也组建了区域性经济团体，如“东南亚国家联盟”，致力于消除地区间的贸易壁垒。

由于关贸总协定以及世界贸易组织（简称“世贸组织”）的努力，贸易自由化不仅覆盖了世界绝大部分国家和地区，而且其内容也从传统商品贸易扩大到服务贸易领域，进而扩展到金融领域。世贸组织、国际货币基金组织（IMF）和世界银行等作为协调和监督世界经济运行的国际性组织，在贸易和资本国际化发展过程中的权威性和作用日益增强。各种国际性组织先后建立，在它们的筹划和协调下，在贸易、金融、保险、产权、投资等领域制定了若干国际经贸和投融资规则。由于这些规则具有相对公平性、合理性和有效性，已被世界绝大多数国家接受和认可。

### （五）数字贸易和资本市场

#### 1. 数字贸易、数智经济推动全球经济发展

在新一轮科技革命浪潮的推动下，世界进入以互联互通为主要特征的数字时代。数字贸易成为引领全球贸易发展的主要因素。据统计，2022 年跨境数字服务贸易继续保持增长，全球数字服务贸易规模达 3.82 万亿美元，同比增长 3.9%。① 世界市场资本体系也进入以数据为主体、以数据资本为核心、以数智经济为表现形式的数据资本市场时期。

数字信息技术的强扩散性使全球经济加速融合。强扩散性是数字信息技术最大的特征，它可以实现自身的快速迭代和技术联合升级，并能摆脱网络空间平台的时空界限，通过渗透和融合实现经济从发达领域和地区向非发达领域和地区转移。2008 年全球性经济危机爆发以

---

① 证券时报．报告：中国数字服务贸易保持增长，2022 年净出口规模同比增长 55.8% [EB/OL]．(2025－07－25) [2023－09－06]．https://www.stcn.com/article/detail/971045.html.

来，在世界各国争相寻求经济增长制高点的动力驱使下，数字信息技术创新速度不断加快，呈现指数级和井喷式增长的势头。

2008 年源于美国的金融危机爆发以来，全球经济增长乏力，世界各大经济体几乎都面临因经济停滞而导致的政治、社会生态恶化，而数智经济的高歌猛进则为世界经济发展注入新活力。数据资本主义通过全球扩张在自身获得巨额利润的同时带动全球经济的复苏，使世界经济越来越融为一体。例如，数字化平台分工的出现加速了资本在全球的流通，2020 年全球数智经济占国内生产总值（GDP）比重为 43.7%，增加值规模达 32.6 万亿美元。① 数据资本主义的全球扩张带动了大量网络平台的发展和网络用户数量的增加，形成了全球数字化市场。“实体经济与信息技术深度融合，物质产品的数字化、网络化、智能化水平不断提高，借助信息网络、大数据、云计算、人工智能等信息技术，可以在世界的任何一个角落为实物产品的使用者提供信息技术支持。”② 数智经济的发展不但使得世界的开放程度加深，而且为落后地区实现赶超提供了契机：“2019 年，移动技术和服务业占撒哈拉以南非洲地区 GDP 的 9%，贡献超过 1 550 亿美元。”③ 可见，数智经济成为推动人类共享发展成果的“重要法宝”，地球村的技术基础越来越牢固。

**2. 数据贸易促进数据金融资本市场的发展**

生产要素是人类利用主观能动性来改造自然世界时所需的物质资源。随着经济社会的发展，技术、管理等都被纳入生产要素体系中。

---

① 中国信息通信研究院．全球数智经济白皮书——疫情冲击下的复苏新曙光[EB/OL]．(2025 - 07 - 26) [2021 - 08 - 02]．http://www.caict.ac.cn/kxyj/qwfb/bps/202108/t20210802_381484.htm.

② 陈江生．经济全球化的历史进程及中国机遇［J］．人民论坛，2021（13）：22-25.

③ 李康平，段威．非洲数智经济发展态势与中非数智经济合作路径探析［J］．当代世界，2021（3）：73-79.

到了数智经济时代，数据则成为新的核心生产要素。“数据是一种被提取、被精炼并以各种方式被使用的物质，是在数字资本主义时代必须被抽象的原材料。”① 数据生产要素不是客观存在的自然物，而是伴随着主体活动过程而产生的。比如，用户登录平台浏览视频产生的数据，运动手表记录下用户的跑步数据等，当主体浏览视频或者跑步的活动发生变化后，数据也随之而变化。当数据被生产出来后，资本所有者就通过不同途径来对其进行采集、存储、传输、分析等处理，并加工生产出各种数据产品。

当前，数字技术的发展促进数据商品源源不断产出，让当代资本市场进入数据资本市场发展阶段，尤其是数据金融资本市场得到快速发展。在这一时期，人类社会生产生活中产生的数据转化为数据资本，而对于数据资本的剥夺性占有则成为资本主义市场竞争的新景观。在此背景下，探究数据资本化逻辑能够更好地把握数据资本主义的生产关系和发展趋势。从技术逻辑来看，资本将数字技术纳入自身生产体系，并借助数字平台完成了对数据的掠夺和垄断；从商品逻辑来看，数据资本是按照“数据要素—数据商品—数据资本”的路径演化，数据商品意味着交换，意味着贸易；从积累逻辑来看，数据资本市场在数据贸易的基础上，实现了数据资本的扩张。

同其他商品一样，数据商品通过交换或贸易实现交换价值，途径主要包括以下几种：一是进入生产领域，同技术、资金等其他生产要素共同创造新价值。比如，为生产者提供信息咨询、营销预测等服务，降低企业生产的盲目性，这类数据商品主要服务于生产计划制定、库存管理、金融机构信用评级等。同时，企业还能利用数据对产品和服务等进行改进优化，从而创造出更适合市场消费需求的新产品。二是

① 周绍东，初传凯．数字资本主义研究综述［J］．世界社会主义研究，2021，6（12）：96-105，116.

进入流通领域，最常见的就是各个数字平台的广告推送，广告商利用数据对市场潜在消费需求进行精准分析，同时细分客户市场并靶向推送产品广告，从而加速不同商品的流通。另外，还有滴滴、美团等平台通过数据实现智能派单，为消费者提供精准匹配服务。三是进入消费领域，直接为消费者提供服务，比如用户支付费用购买数字电影、线上音乐等产品，或获取卫星定位导航服务等。从这三个价值实现途径来看，数据商品在生产领域和流通领域实现盈利还需借助生产商或者广告商的经营，但随着互联网平台的发展，数据资本家开始推出付费服务，将数据资本直接投入消费领域，使数据商品的价值实现形式越来越多元化。数据商品在价值实现（贸易过程）中也完成了向数据资本的转化，这一点类似于普通商品向货币的转化。

可见，进入数智经济时代，市场及社会经济体系中产生的大量数字汇聚成大数据，已经成为一种重要资源，成为继自然资源、金融资本、人力资源及技术创新之后的又一核心生产要素。数字资源的创新与构建、集聚与整合、转移与流通，使传统生产要素的供给缺陷得以弥补，也就是“生产要素结构”得以完善。与此同时，建立在数字技术和互联网经济基础上的数字金融资本将促进金融行业与其他行业的跨界融合，形成丰富的金融生态圈。这种跨界融合不仅有助于提升金融服务的综合性和效率，还为金融机构带来了更多的业务机会和增长空间。金融业态和模式将更加注重绿色化，完善多层次绿色金融产品和市场体系。这将有助于推动数字金融市场朝着更加环保、可持续的方向发展。随着人工智能、大数据、云计算等技术的不断进步，数字金融资本市场将更加深入地融合这些先进技术，实现业务的智能化和自动化。例如，AI 大模型正在加速落地，场景应用不断深入，不仅提升了金融服务的普惠性和便捷性，还促进了金融行业的跨界融合和生态共建。

可见，数字金融资本市场未来发展趋势及前景十分广阔。然而，也需要注意到在发展过程中可能面临的挑战，如数据安全、隐私保护、技术风险等问题。因此，金融机构在推动数字化转型的同时，需要加强风险管理和合规意识，确保数字金融市场的健康、稳定发展。

## 三、经济全球化

经济全球化是商品、技术、信息、服务、货币、人员、资金、管理经验等生产要素跨国、跨地区的流动，即世界经济日益成为紧密联系的整体。经济全球化是当代世界经济的重要特征之一，也是世界经济发展的重要趋势。

经济全球化对世界资本市场在以下方面产生复杂而深远的影响。

### （一）资本流动的自由化

资本流动是指各种实物形态资本、金融资本、技术和信息资本以及人力资本以盈利为目的在国际流动。金融资本、劳动力与土地是最基本的生产要素，其中，金融资本的配置不仅是金融资本本身的配置，更是社会其他所有生产要素配置的媒介与载体。金融资本的配置与流动引导其他物质资源及人力资本的配置与流动。

逐利是资本的本性。世界各国的要素禀赋和经济发展是非均衡的，禀赋与发展的非均衡导致各国利率、汇率及资本边际生产力的差异，从而使资本在不同国家取得不同收益。因此资本的逐利性推动其在世界各国进行寻优流动，以实现收益最大化。金融资本流动遵循经济学利益导向的基本原则。金融资本跨国流动的基本信号是资本价格，具体表现为利率、汇率的不同及不同国家资本边际生产力的差异，这些因素导致资本收益率产生差异。

在经济全球化时代，资本流动日趋全球化。投资者可以在全球范围内选择最优投资机会和金融中介，融资者也可以在全球范围内选择最适合的金融机构和融资工具。金融资本的全球寻优流动引导其他物质资源及人力资本在全球范围内的配置与流动，带动资金、技术、管理、人才、品牌等资源在一国重组，从而改变该国在全球价值链中的地位，并由此获得相应的要素分工收益。同时，资本跨国界直接流动始终与特定产业的利益相联系。金融资本流入一国时，会选择该国具有发展潜力和市场竞争力的部门、产品和企业进行投资，以获得相应的投资回报，降低投资风险，这些产业、产品得到了资金也就可能获得好的发展机会，从而提升其产业获利能力及国际竞争力。

全球化降低了贸易壁垒和金融限制，使得资本能够在国家之间自由流动。这一过程推动了全球资本市场的发展，世界各地的投资者都能参与到全球资本市场中，拥有更多的机会和选择。在经济全球化趋势中，国际金融一体化的发展很快。其特点是：资本流动数额巨大且形式多元化。大规模的多元化资本国际流动，使对外直接投资增长率大大超过世界国民生产总值的增长率和对外贸易增长率。除直接国际投资外，国际投资还以证券形式进行规模急剧增长的间接投资。这不仅使各国的生产资本全球化，而且使其借贷资本也走向国际化。通信卫星和电脑网络在世界各金融中心和交易场所的应用，使全球范围内的资金流动更加迅速和便捷。然而，资本流动也带来了挑战，如加剧了国际金融市场的波动性，资本的大规模流动可能引发金融危机。

### （二）全球化促进跨国公司的发展和崛起

全球化使得跨国公司能够在不同国家和地区进行业务，获得更大的市场规模和利润。跨国公司的发展进一步推动了全球资本市场的融合和发展。

**1. 跨国公司成为世界经济增长的主要推动者**

跨国公司作为全球经济的重要参与者，通过投资、生产和销售产生巨大的经济增长推动力。其跨国投资活动创造就业机会，促进当地经济增长和社会稳定；其跨国生产活动促使国家间贸易增加，加强经济联系，提升全球贸易水平。

**2. 跨国公司技术创新和知识转移更为便利**

跨国公司以其强大的技术实力和研发能力，推动技术创新和知识转移；在各个领域投入研发资金，进行技术创新，提高生产效率和产品质量；通过技术合作和知识共享，促进不同国家之间的知识转移，提升全球产业水平和竞争力。

**3. 有助于跨国公司全球资源配置和市场整合**

跨国公司在全球市场上具有广泛的资源配置能力和市场整合能力。它们有效配置资源，充分利用全球范围内的资源和市场优势。通过整合市场，打破贸易壁垒，实现规模经济效应，降低成本、提高效率，并获得更大市场份额。

**4. 促进文化交流和多元融合**

跨国公司的发展促进了不同国家之间的文化交流和多元融合。全球范围的经营活动，将不同国家和地区的人们联系在一起，促进文化交流和互动，这有助于增进不同文化的理解和尊重，促进文化的多样性和包容性。

**5. 对跨国公司经营产生直接影响**

跨国公司的战略目标是以国际市场为导向，追求全球利润最大化。跨国公司通过控股的方式对国外企业实行控制，全面参与国外的再生产过程。经济全球化使得跨国公司能够更好地利用全球资源，拓展市场，增强竞争力。

经济全球化对跨国公司的影响是多方面的，既带来了机遇也带来了挑战。跨国公司需要抓住全球化的机遇，积极适应全球化的趋势，同时加强技术创新、资源配置和市场整合能力，以应对全球化带来的挑战。同时，跨国公司还需要关注其经营活动对全球社会和环境的影响，承担起相应的社会责任。但跨国公司也面临着一些问题，如更容易逃避税务和监管，可能给国家税收和社会福利带来不利影响。

### （三）全球化加速了金融创新和科技发展

全球化加速了金融创新和科技发展，这两个领域在全球化进程中相互促进，共同推动全球经济的进步。

**1. 金融创新**

全球化使金融市场更加开放和国际化，促进了跨境资本流动和投融资活动的增加。这推动了金融机构进行产品创新和服务升级，以满足不同国家和地区客户的多样化需求。金融科技的兴起是全球化背景下金融创新的重要体现。通过运用大数据、人工智能、区块链等先进技术，金融科技为传统金融行业带来了变革性的影响。例如，移动支付、在线借贷、数字货币等新型金融产品和服务不断涌现，提高了金融服务的效率和便捷性。在全球化背景下，金融市场波动性和不确定性增加，金融机构需要更加精准地评估和管理风险。因此，金融机构加强了对风险管理工具和技术的创新，如量化分析、压力测试、风险对冲等，以提高风险管理的科学性和有效性。

**2. 科技发展**

全球化促进了跨国公司在全球范围内进行研发合作，共同开发新技术和新产品。这种合作模式有助于整合全球创新资源，提高研发效率和质量，推动科技进步和产业升级。全球化加速了技术转移和扩散的速度，使得先进技术能够迅速传播到世界各地。这有助于发展中国家引进先进技术，提升产业竞争力，加快缩小与发达国家的差距。全球化促进了人才流动和知识共享，使各国能够共享全球范围内的创新资源和智慧。这种流动和共享有助于激发创新活力，推动科技进步和经济发展。

总之，全球化加速了金融创新和科技发展，这两个领域在全球化进程中相互促进、共同繁荣。未来，随着全球化的深入发展，金融创新和科技发展将继续发挥重要作用，推动全球经济实现更加可持续和包容性的增长。但金融创新和科技发展也存在一些问题，如虚拟货币和互联网金融等新兴金融形式可能引发金融风险和欺诈问题。

### （四）全球化改变了世界资本市场结构

全球化通过多种方式改变了世界资本市场的结构。经济全球化促进了全球资本市场的整合，使得市场更加多元化和复杂化。全球金融市场的规模不断扩大，金融产品和服务日益丰富。发达国家通过其跨国公司、金融机构和金融市场，主导着全球资本市场的格局。经济全球化对发展中国家的影响则是双重的。它可以为发展中国家带来资本、技术和管理经验等有利资源，推动其经济发展。但同时，发展中国家也可能面临来自发达国家和跨国公司的竞争压力，以及国际金融市场的波动性和风险。

**1. 资本流动的自由化**

资本流动的自由化增加了外国直接投资（FDI），如中国自改革开放以来，吸引了大量外国直接投资。跨国公司如苹果、三星等在中国设立生产基地，不仅带来了资本，还促进了技术转移和就业增长。这种资本流动促进了中国经济的快速发展，同时也使全球资本市场更加紧密地联系在一起。

**2. 金融市场的扩展与深化**

全球金融市场的发展带动了新兴市场国家的股市发展。以印度和巴西等新兴市场国家为例，其股市在过去几十年中迅速发展。印度孟买证券交易所（BSE）和巴西证券期货交易所（B3）成为全球投资者关注的重点。这些市场的扩展为全球投资者提供了更多的投资机会，同时也促进了当地经济的发展。

**3. 全球资本市场数字化发展趋势**

在信息技术的推动下，全球资本市场呈现数字化发展趋势。例如，纳斯达克（NASDAQ）是全球首个电子化股票市场，其高效的电子交易系统使得全球投资者可以实时进行交易。近年来，纳斯达克数字市场支持代币化股票发行①，结算效率提升90%，2023年处理交易量超3 000亿美元。

数字化交易平台的出现大大提高了交易效率，降低了交易成本，使得全球资本市场更加具有流动性和透明性。随着技术进步，资本市场将通过区块链、AI、云计算等技术，进一步提升效率、降低成本、增强安全性，实现持续创新与不断发展。

**4. 加强全球资本市场的监管与合作**

为应对金融市场全球化、复杂化发展趋势，各国及国际组织逐步推进全球资本市场监管与合作。

（1）国际监管框架的完善

国际金融监管框架主要包括巴塞尔协议、IOSCO（国际证监会组织）原则及IAIS（国际保险监督官协会）标准等方面：一是针对银行资本充足率和风险管理，巴塞尔委员会制定了《巴塞尔协议Ⅲ》等，旨在提升银行体系的稳定性。二是IOSCO发布证券市场监管原则，推动全球证券市场的透明与公平。三是IAIS制定保险业监管标准，确保全球保险市场的稳健运行。

（2）跨境监管合作

各国监管机构通过签署谅解备忘录（MOU）等方式，加强跨境信息交流，提升对跨国金融活动的监控。开展联合调查与执法，在跨境金融犯罪调查中，监管机构通过协作提高执法效率，典型案例如对Libra等加密货币的联合监管。在金融危机期间，各国央行和监管机构通过联合行动稳定市场，如2008年金融危机期间的协同救市。

（3）区域监管合作

欧洲中央银行（ECB）和欧洲证券与市场管理局（ESMA）等机

---

① 代币发行是指创建和销售一种基于区块链技术的数字化代币。这些代币可以代表各种权益、资产或功能。

构推动欧盟内部的统一监管框架。亚太经济合作组织（APEC）和东南亚国家联盟（ASEAN）等区域组织通过政策协调促进资本市场一体化。

（4）技术驱动的监管创新

监管科技（RegTech）帮助监管机构更高效地监控市场，如利用大数据和人工智能识别可疑交易。区块链与分布式账本技术通过提升交易透明度，有效降低欺诈风险，增强市场信任。

（5）应对新兴风险的监管

随着加密货币的兴起，各国加强对其监管，防止洗钱和市场操纵。全球资本市场日益重视 ESG 因素，监管机构推动企业披露 ESG 信息，促进可持续投资。

综上，全球资本市场监管与合作的加强是维护金融市场稳定的关键。通过完善国际监管框架、加强跨境合作、推动技术创新，全球资本市场将更具韧性和透明度。未来，各国需继续深化合作，应对新兴风险，确保市场的公平与稳定。

总体而言，技术革命、贸易因素和经济全球化是影响资本市场演进的主要因素。这些因素的相互作用促进了资本市场的不断发展和完善。

# 第三章　中国公司和资本市场的发展

在封建时期的中国，公司一词尚未形成，但已经存在类似于现代公司的经济组织形式。这些组织多为工商业者、商人和政府共同出资，以盈利为目的进行经营。封建时期的公司主要分为官商合办和私人创办两种类型，都与官府有着密不可分的联系。彼时，在中国古代封建王朝的统治下，工商资本长期处在中央集权和官僚体系的控制下，随着社会复杂化而备受挤压。1949 年，结束了近代以来的百年动荡后，中国经济的发展终于拥有了立足的基础。一个主权完整的新中国出现在历史舞台，此时主导经济的是国营工厂，其运作方式是执行国家计划。完成了战后重建和初步工业化的使命后，政府高度控制的经济模式逐渐显露出弊端。计划体制下的中国，就像是一个国家巨型公司，政府成了一应事务的总管。一穷二白的新中国，在经济建设上走过不少弯路。但改革开放后，在邓小平“科学技术是第一生产力”的指引下，公司和资本市场的发展经历了从无到有、从基础薄弱到逐步完善的过程。中国资本与科技高度融合，经济发展追上时代的步伐，迎来持续增长，成为世界第二大经济体。未来，随着中国经济的持续发展，公司和资本市场仍将发挥更加重要的作用。

# 第一节　中国公司的历史发展

中国漫长封建时期的资本市场萌芽中产生的与农户家庭紧密结合的手工作坊、具有一定规模和分工的工场手工业，以及依附于皇权、官府统治阶层的“官商”，为公司制度的产生准备了人力、生产资料以及思想基础。而后中国公司的发展大致可分为清朝末期、中华民国时期、新中国成立到改革开放以及改革开放后四个主要时期。

## 一、封建社会时期

在中国封建社会中，家庭手工作坊和官商都是重要的经济组成部分。其间也产生了具有一定规模和分工的工场手工业。

家庭手工作坊通常是家族经营的，世代相传，熟练掌握着某种工艺技术。这些作坊规模较小，生产的产品种类较为单一，但技艺高超，品质优良。在封建社会中，家庭手工作坊的产品往往通过商贩或地方市场进行销售，对满足广大人民的生活需求起到了重要的作用。官商则是指官府经营的商业。在封建社会中，官商的规模较大，涉及的行业也较为广泛，如盐、铁、酒、茶等。官商通常利用其特殊的政治地位和资源优势，控制着大量的商业活动，是封建社会经济的支柱之一。

家庭手工作坊以家庭为单位，经营规模小，生产能力有限。生产过程主要由家庭成员完成，劳动力来源单一。产品主要用于满足家庭成员的需求，或作为赋税缴纳给封建国家。受封建土地所有制的束缚，生产活动缺乏灵活性和创新性。由于缺乏市场竞争，其发展受制于封建经济制度。

工场手工业在中国封建社会中也有一定的发展，尤其是在明朝时期，官营和民营的手工作坊逐渐增多，出现了如景德镇瓷器、苏州丝绸等著名手工业产品。这些作坊采用分工合作的模式，提高了生产效率，产品也更加精细。然而，相对于欧洲的工场手工业，中国封建社会的工场手工业发展相对较慢，规模也较小，技术和设备也较为落后。这主要是由于中国封建社会的经济体制和制度环境等因素的影响。

官商由封建国家经营，规模较大，生产能力较强。生产过程由官府组织完成，劳动力来源广泛。产品主要用于满足封建国家的需求，如皇族奢侈享用、军事、祭祀等。经营方式较为灵活，具有一定的创新性。在封建经济制度中占据主导地位，对市场有较大的影响力。总的来说，虽然封建社会的家庭手工作坊和官商的规模、经营方式和产品种类有所不同，但都为满足人民生活需求、推动经济发展发挥了重要的作用，都是当时经济的重要组成部分。

一般而言，在资本主义关系萌芽期，封建地主、封建大商人、封建官僚较难放弃封建剥削而转向资本主义剥削。资本主义关系不可能萌芽于封建官府和封建地主型的工商业，而受压迫的私人普通工商业倒有可能成为资本主义关系的萌芽。从历史上看，资本主义关系萌芽于农村的家庭手工作坊、小商品生产者以及城市手工业。资本主义在工业中的发展，先后经历了简单协作制、工场手工业和机器大工业的历史顺序。就中国封建社会的资本主义关系萌芽来说，并无机器工业可言。而工场手工业是以分工为基础的协作，简单协作制则是将较多的工人组织在一起，尽管没有明确的分工，但不能因此抹杀后者的历史地位。中国历史上的资本主义关系萌芽主要表现为家庭手工作坊、官商以及具有一定规模和明确分工的工场手工业。其中，明朝时期随着资本积累逐渐发展起来的工场手工业最接近资本主义的萌芽形态。然而，在中国，工场手工业出现以后，简单协作制尚与之并存，官办商业形态也与前两种形式长期并存。有些工场手工业并不是从简单协作制直接转化过来的，尤其是没有一个特定的工场手工业时期。可见，在中国封建社会中，资本主义关系的成长十分曲折，时兴时衰，时存时亡。后来出现的工场、作坊往往不是原有企业雏形的延续和扩大，经历了三四个世纪的资本主义生产关系一直处于萌芽期。

## 二、清朝末期

清朝末期，随着西方列强的入侵和西方经济思想的传入，中国的传统经济体系开始受到冲击，资本市场也随之萌芽。这一时期，国内出现了一些新兴的金融机构，如钱庄、票号等，它们为当时的商业活动提供了资金支持，促进了资本的流动和配置。同时，随着商业活动的增加，股票、债券等金融工具也逐渐出现，为投资者提供了更多的投资选择。

### （一）鸦片战争后的外资企业和华商附股

鸦片战争以后，外国列强与中国签订了一系列不平等条约，获得了许多特权。在这些特权的保护下，外国列强不仅向中国输出商品，而且逐渐增加了对中国殖民地的投资。外商在中国开辟商埠，建立了大量的企业，这些企业大多采用股份公司的形式，并把外国股份集资的方法带入中国，大量发行股票。同时，来华投资的外国人，为了筹集现代大工业所需的巨额资本，迫切要求华商的“合作”，于是，在外商企业中的华商附股活动成为一个显著的现象，从轮船、保险、银行到纺纱、煤气、电灯各个行业都离不开中国人的附股。

据统计，19 世纪华商附股的外国企业资本累计在 4 000 万银两以上。19 世纪 70 年代以后，清政府洋务派兴办了一些官办、官商合办的民用工业，如 1872 年李鸿章筹办的轮船招商局，以及后来的中兴煤矿公司、汉冶萍煤铁厂矿公司、大生纱厂等，都采用了募股集资的方法。随着这些股份制企业的出现，中国出现了股票这种新的投资工具。

### （二）洋务运动时期的官督商办

洋务运动可以说是中国近代化的开端，从它开始引进先进生产力。

它先是从创办军用工业开始，如江南机器制造总局、福州船政局等，到1872年又开始创办民用企业，如汉阳铁厂、湖北织布官局等。其中最具代表性的公司就是轮船招商局，它也是近代中国第一家股份制公司，成立十年就已在海外设立多家分支机构，年利润在160万两白银以上，这也是中国人第一次感受到本国公司的力量。洋务运动时期，中国公司的主要特点是官督商办。所谓官督商办，是指官府利用私人资本创办近代民用工业的一种重要组织形式，即政府监督，民间运营，这也是中国近代第一次“公司热”很快冷却的原因。这种政策实际上意味着清政府对民间力量是防而不放的，不信任市场规则，而只由当官的说了算。虽然刚开始对新的民族工商企业创立起到了一种启动和促进作用，但它不能长久。中日甲午战争的失败也正式宣告官商体制的失败。

### （三）中日甲午战争后中国民营企业缓慢发展

1894年以后是中国民营企业发展的一个阶段。以张謇为代表的一批民营企业家在发展民营企业的道路上艰难摸索，企业发展缓慢。人们也在积极思索是什么原因阻碍民间资本的发展。梁启超认为是没有法律，他在《敬告国中之谈实业者》中指出：“股份有限公司必在强有力之法治国之下乃能生存，中国则不知法治为何物也。”还有社会制度的问题，民间企业活动和民营公司与专制政府本就是一种天然矛盾体，专制制度下代表资产阶级的商人的利益不可能得到保障，一切都是皇帝与朝廷的，自由、平等的契约精神和法律保护下的产权制度都是奢谈。

## 三、中华民国时期

民国政府前十年是中国民营企业飞速发展的时期。以荣宗敬为代表的企业家的努力卓有成效，新建厂矿企业和新增资本的速度和规模都是空前的，超过了过去半个世纪的成就。1912 年到 1919 年，纺织业和面粉业发展最快，火柴、榨油、造纸、化工等轻工业也迅速发展。其中，广东成为烟草、造纸和火柴工业中心，上海成为金融、纺织、食品和机械制造中心，天津成为纺织和航运中心。主要原因是辛亥革命推动了资本主义的发展，法令法规的保护，社会舆论的认同和感召，以及一战爆发为中华民族工业的发展提供了一个有利时机。民族工业发展的明显特点是：从分布来看，主要集中在沿海，发展不平衡；发展主要在轻工业，重工业基础极为薄弱，没有形成独立完整的工业体系；在一些主要工业部门，外国资本超过民族资本；自给自足的封建自然经济占绝对优势；带有半殖民地半封建的特征。这一轮公司热也很快沉寂了下去。到了民国中后期，官僚资本主义盛行，国民政府大肆收购公司为国有，使公司处于高度管控中。这种政策几乎与清末的官督商办如出一辙，忽视了市场经济规律，再加上抗日战争时期日本对沦陷区的破坏，历经一次次战争、动荡、民族危亡，当最基本的安宁都无法维系，甚至国家主权都不能得到维护的时候，当救亡成为首要命题的时候，失去了生存土壤的中国公司不得不再次沉寂。

## 四、中华人民共和国成立到改革开放

中华人民共和国成立之后，中国经济发展终于拥有了立足的基础。当时的经济模式仍然是政府高度控制的计划经济模式，主要是因为 20 世纪 30 年代的经济危机，使世界陷入了对自由市场的反思。同时，许多新独立的民族国家纷纷选择计划经济体制。中华人民共和国成立初期，中国共产党在全国范围内组织了对农业、手工业和资本主义工商业的社会主义改造。1956 年底三大改造的基本完成，标志着社会主义制度在我国基本建立，我国从此进入社会主义初级阶段。在这一时期，中国政府采取了计划经济的方式进行国家经济建设，国家拥有绝大部分生产资源，包括土地、工厂、矿山等；政府也拥有大多数行业企业，并指导其生产经营。在这个时期，中国的企业主要分为两类：国有企业和集体企业。这一时期国企得到了蓬勃发展。当时国企的主要特点为：管理体制方面，实行“统一领导，分级管理”制度；生产经营方面，企业完全按照政府指令性计划安排经营活动；劳动人事方面，国家统一分配、统一管理；产品销售方面，国家实行统购包销；财务管理方面，国家实行统收统支。在这种管理模式下，国有企业实现了资源集中，避免了因过于分散而导致的资源浪费，对于新中国成立初期的中国经济发展起到了巨大的促进作用。随着经济和国有企业的发展，这种管理模式越来越显露出弊端，尤其是由于国家统一管理，政企不分，造成企业积极性下降，效率低下，远离市场，丧失活力和竞争力。集体企业则是以农民、工人等集体所有制形式存在的企业，如农村的农民合作社、城市的城镇集体所有制企业等。总之，由于计划经济体制的弊端和僵化，中国企业在这一时期面临着诸多问题，如资源配置不合理、管理效率低下等。

## 五、改革开放后

改革开放后，中国公司才真正迎来了它们的春天。改革开放的号角在 1978 年吹响，党和政府开始落实工商业者政策，为个体私营经济和各类非公经济的发展扫清了障碍。1982 年，党的十二大明确提出个体经济是公有制经济的必要补充，为民营企业的发展奠定了坚实基础。此后，私营经济在法律上的地位得以确立，其合法权益得到了有效保护。在这一阶段，民营企业开始再生并逐渐成长。改革开放政策的实施，从计划经济到市场经济的转变，生产要素的重组，无一不是公司发展所需要的，特别是邓小平 1992 年南方谈话指明的社会主义市场经济的方向，更是为公司的发展注入了强心剂。公司是市场经济的产物，市场经济逐渐走上轨道，公司才随之步入正轨。这一时期中国企业发展变化的特征主要是摆脱了政府机构附属物的地位；企业所有制结构实现多元化；企业经营机制实现转换；企业管理水平显著提高；经营管理观念实现了从计划经济向市场经济的转变；企业组织结构趋向合理化；企业制度创新取得显著成效。

民营企业的发展速度与规模同样惊人。个体私营经济（当时的民营经济）的重新生长与两个“偶然”事件相关联。一个是安徽凤阳县小岗村的冒险实验，掀起了农村家庭联产承包责任制的大潮，由此导致了农村个体经济的发展；另一个是解决下乡知识青年返城就业问题，开启了个体经营的先例，推动了城市个体经济的发展。中国民企创业40年的历程，也是中国企业家创新的历史。例如，1981年由李东生创立的TCL集团，最初生产磁带，后扩展至电视、手机等领域；1984年由柳传志创立的联想集团，最初从事计算机销售，后发展为全球领先的科技公司；1987年由任正非创立的华为技术有限公司，最初销售电话交换机，现为全球通信设备巨头。这些企业至今仍在各自领域发挥“领头羊”作用。最初市场经济发展不完善、政策不健全、法律未成熟时，他们完成了自己第一阶段的创业。邓小平南方谈话后，中国民营企业进入多元化扩张的“黄金年代”，曾经禁止民营企业涉足的产业也逐步开放，房地产热、证券股票热、开发区热轮番出现，新产业的崛起让中国企业迅猛发展，并开始具有品牌意识。2008年到2018年，是中国企业发展的转折节点。在大众创业和“互联网+”浪潮的席卷下，以阿里巴巴、腾讯等为代表的企业迅猛生长，给数百万甚至上千万的个体创业提供了契机，每个人都可以做老板、开网店，做B2C（企业对顾客电子商务）、C2C（顾客对顾客电子商务）；与此同时，很多行业从供不应求变为供过于求，企业要在日益激烈的市场竞争中获胜，必须转型再造，锻造企业的核心竞争力。2018年的中美贸易摩擦、中兴事件、华为事件等都给中国企业过去的创新模式敲响警钟——中国企业需要谋求核心技术，只有以创新和核心技术为基础，才能从竞争的迷雾中，拨开一条看见日出的道路。

公司的发展离不开稳定的社会环境，在一个动荡年代，公司无论如何也不可能发展起来。公司的发展离不开政策支持，在一个以计划经济为主的社会中，公司只会沉寂。公司的发展同样离不开法治的保障和成熟的市场环境，没有法治和市场的土壤，公司将无法成长和壮大。同时，公司的发展也会为一个国家带来经济的发展与技术的革新。改革开放以来，公司总是站在改革开放的最前沿，它使市场因素得到了重组，同时也让国人有更多机会参与国家的重要经济决策。市场经济中最活跃的部分就是公司，它为市场引进了新的技术与管理方式。公司在整个市场经济中相当于一个细胞，必须拥有强大的竞争力，才能优胜劣汰，给社会带来创新。

公司也承担着更重要的经济责任、政治责任和社会责任。尤其是在数智经济时代，科技公司的影响力日益增强，需要承担更多责任。在经济责任方面，它们在推动创新与增长、促进经济高质量发展；通过数字化技术优化流程，降低成本，提升企业竞争力；创造就业与培养人才，助力人才成长；反对垄断，促进公平竞争，维护健康的竞争环境等方面都能发挥作用。在政治责任方面，高科技公司通过数据安全技术，发挥着保护数据安全，防范网络攻击，维护国家安全的作用；在打击虚假信息、网络诈骗，维护网络秩序，助力社会和谐方面也积极发挥作用；它们还为推动政府治理现代化提供技术支持，助力政府治理效率和服务水平的提升。在社会责任方面，高科技公司已经全方位融入人们生活，需要在保障用户隐私和数据安全，提供优质服务；弥合数字鸿沟，让更多人享受数字红利；践行绿色发展，助力环境保护，推动可持续发展等方面勇于担责，积极作为。

## 第二节　中国资本市场发展

在中国漫长的封建社会形成的自然经济是以土地为基础，农业与手工业相结合，以家庭为生产单位，具有自我封闭性、独立性，以满足自身需要为主的经济结构。这种经济结构中的关键生产资料大部分掌握在地主（封建领主）手中，形成了“地主剥削农民”的阶级关系。农民遭受残酷的封建剥削，极端贫困，无力从市场上购买手工业品，导致国内市场狭小。地主和商人将赚来的钱大量用于买房置地，手工业生产资金短缺，难以扩大再生产。封建国家设立众多关卡，对商品征收重税，并严格限制手工业生产规模，加上封建末期清政府实行闭关锁国政策，禁止或限制海外贸易，这使得中国与外部世界的联系受到限制，影响了资本的原始积累和扩大再生产。封建社会对资本主义萌芽的阻碍是多方面的，包括经济、政治和社会制度等方面。这些因素相互作用，导致了中国资本主义的缓慢发展。

## 一、中国资本市场的萌芽

虽然 1949 年前后的中国资本市场没有直接的继承和延续关系，但中国是世界四大文明古国中唯一的历史延绵不断的国家，在文化上存在某些根深蒂固的传承与连续性，而任何经济市场和政治体系，或多或少都会被打上文化的烙印。因此，中国资本市场的历史溯源，要从中国资本市场的萌芽史开始。

### （一）早期资本主义生产关系在封建制度下的萌芽

中国古代的早期资本形态主要是商业资本和高利贷资本，在封建社会自给自足的自然经济发展到一定程度时，资本主义生产关系的萌芽也开始出现。早在经济空前繁盛的宋代，资本主义生产关系的雏形已初露端倪。到了明中后期、清中叶，资本主义生产关系有了一定的发展，但在农业中，它仍然微不足道。在手工业中，它也只占有极少的比重。经过 300 多年，直到鸦片战争前，资本主义生产关系也未能进入工场手工业阶段。

在我国宋代，由于土地兼并的存在和发展，出现了大量失去生产资料的农民。破产农民“没有别的商品可以出卖，自由得一无所有，没有任何实现自己的劳动力所必需的东西”。① 例如，在盐业生产中，《熬波图》记载：“雇募人夫牛犁。”“灶丁接柈煎盐，轮当柈次，周而复始。”② 尽管政府直接经营的官盐大多采取劳役形式，但仍存在许可商人贩卖的盐区，在这些盐场中便存在雇主雇佣工人生产的情况，并且工人之间还存在分工协作。宋代陶瓷业相当普及且发达，不乏主销海外的瓷窑基地，如泉州、晋江等地的瓷窑，以及桂林所产的青花瓷“桂窑”大量销往海外。③ 如此广阔的国际市场要求生产数量庞大，而这仅靠小规模劳役是无法实现的，必然涉及生产方式的转变。据此可以判断，中国的资本主义生产关系在宋代已经产生。资本主义生产关系作为新生事物，其产生和发展并不是一帆风顺的，必然受到封建社会传统小农经济的阻挠。此时，商业资本和高利贷资本大量集中，利润丰厚，但大多并未用于扩大再生产，而是用于购置地产，这也从侧面反映了我国早期阶段资本对封建制度的依附性。

随着手工业生产规模的不断扩大，中国明朝中叶也出现了机户雇佣机工进行生产的现象，形成了“机户出资，机工出力”的雇佣劳动关系。这时，资本主义生产关系的产生同样具有自发性，没有外部因素干扰，但仍依附于传统封建制度，受重农抑商思想影响，暴富的雇主往往将所获利润继续投入地产，作为生产关系的资本萌芽无力发展壮大，小农经济仍占据主导地位，资本主义萌芽如昙花一现。在文化传统方面，儒家重义轻利，抑制了商业精神和逐利行为，不利于资本

---

① 中共中央马克思恩格斯列宁斯大林著作编译局．马克思恩格斯文集（第 5 卷）［M］．北京：人民出版社，2009：197.

② 郭正忠．宋代盐业经济史［M］．北京：人民出版社，1990：134、139.

③ 葛金芳，顾蓉．从原始工业化进程看宋代资本主义萌芽的产生［J］．社会学研究，1994（6）：91-108.

主义发展；精英阶层通过科举进入官僚体系，而非投身商业，导致商业领域缺乏人才。清军入关建立清朝后，延续了明朝的重农抑商政策，并加强了对经济的控制，资本主义萌芽进一步受挫，加上清朝实行闭关锁国政策，限制了对外贸易和技术交流，资本主义萌芽失去了外部刺激。以上种种因素造成中国的资本主义发展始终处于萌芽状态，未能成长壮大并走向成熟。

### （二）中国资本市场发展迟缓的原因

中国的封建社会较早地从领主制经济过渡到地主制经济，较早地出现了土地买卖，较早地实现了中央集权的大一统王朝。生产力高度发展，是一种成熟的封建制典型。正因为是成熟的封建社会，它的经济结构比较坚固，自给性比较完整，上层建筑比较强大，并且具有较强的自我调整功能，不容易被冲破和瓦解。

**1. 中国封建社会中生产上小农业和家庭手工业形成了牢固的结合**

中国的自耕农，除少量富户外，都是小农经济，也是小农业与家庭手工业相结合的生产结构。小农业和家庭手工业牢固结合有三点原因。一是农业集约化。集约化耕作依赖于人的勤劳，其发展进一步巩固了一家一户的生产体制。集约化工作需要一定的农业投资，往往需要现金支付，这使得耕作者更加依靠手工业来补充。所以农民必须以副养农，以织助耕，或仅以农业糊口，应付租税和日常所需就必须依靠家庭手工业。二是人口因素。人口增长导致人均占地面积极小，在小块土地上，无论维持生活还是致富，都需要牢牢抓住手工业。三是经济效益因素。一种经济制度的兴衰，最终取决于它所提供的经济利益的大小，农民家庭手工业可以利用全部农闲时间以及全家男女老幼的劳动力，执行最有效的分工和协作，这就造成了巨大的节约和时间的节省。这三点原因使得中国小农业和家庭手工业牢固结合，封建生产结构十分坚固。

2. **流通市场相较自然经济不占优势**

在中国封建社会中，流通市场具有市场狭隘性，而自然经济则占据优势地位。具体来看，地方小市场基本上是农民之间品种调剂和稀缺调剂的场所，是在狭小范围内彼此孤立的一种市场。城市市场的交易仍然以消费性购买为主，而不是以小生产者的交换为主，这也造成了城市市场的狭隘性。区域市场方面，自明清以来，中国的区域市场有所发展，但在城乡交流上，增长并不明显，这主要是因为农民家庭手工业的发展使得小农业和家庭手工业的结合加强。农村每年都有大量的农副产品单向流入城市，除了盐铁等传统商品，农民不必也无力购买太多城市手工业品，这就造成了商品流通的假象。全国性市场虽然确实有所扩大，商人资本也有很大的发展，如明代大商帮的出现，清代商人会馆的兴起，都是促进资本市场萌芽的重要前提，但全国性市场的扩展仍然具有很大的局限性。长距离贩卖贸易中主要为粮食和手工业品的交换，长距离贸易的较快发展主要基于数量的增大，而进入流通的商品品种却很少增加，而且在整个商品流动流通中，所占比重仍然很小。以上情况说明，尽管明清以来中国国内市场有了不小的发展（从最有代表性的粮食长途运销量看，清代大约增长为明代的3倍），但具体分析起来，它是以地方小市场和城市市场为主，而从每种市场的交换性质，特别是从工农业产品交换的角度看，它们都具有狭隘性，即使长距离贩运贸易也不例外。

3. **分配上地主、商人、高利贷者的三位一体**

土地占有、商业资本和高利贷资本是封建社会中瓜分农民和手工业者剩余产品的三种剥削经济形态。封建社会后期，商业、高利贷资本的发展和土地占有权力的削弱，导致资本主义产生和封建制度的瓦解，这是西欧各封建社会的一般历史进程。在中国却出现了另一种情况，拥有货币财富的商人羡慕“不忧水火，不忧盗贼”的土地财产，因而购买土地，使自己的商业利润和利息转化为地租；同时，商业和高利贷较之土地占有虽多风险，但有较高的剥削率，因而地主也希冀货币财富而经商放债，使地租转化为利润和利息。地产、商业资本和高利贷资本互相转化，地主、商人和高利贷者成为“通家”，这就逐渐形成了“三位一体”的封建剥削体系，特别是在清代，它成为社会财富分配的根本结构和社会积累的主要方向。

造成中国和西欧这种差异的原因有多种，其中最重要的是在中国封建社会中，土地可以买卖。土地买卖赋予了中国地主制经济一种特有的生长机能，使它尽管经过周期性的土地危机和社会动乱，却能按照同一形式把自己再生产出来。不仅商人和高利贷者可以购买土地成为地主，农民和其他劳动者同样具有“力农致富”转化为地主的可能。这就使得中国的地主制经济相比欧洲庇护占有土地的制度，具有更强大的生命力。尽管“富无三代”，大地主的不肖子孙可以把祖传家产荡尽，而一些封建官吏总是把他们贪污得来的财货，用来置买田园，以为“悠游林下”“贻荫子孙”之资。地主制经济不断借助政治势力自我重建，导致长期的相对稳定。

**4. 封建制度的反作用**

中国具有发达的封建经济基础，相应的封建上层建筑也得到了充分的发展。它发挥着强有力的能动作用，维护着封建制度的稳定，成为阻碍资本市场萌芽和发展的一个重要因素。在中国封建社会，很早就出现了中央集权的专制主义制度，全国农民都受到大一统帝国中央政权的统治、剥削和压迫，地主缙绅构成了中国封建政治统治的阶级基础。明清以来，地主缙绅依靠赏赐和特权取得土地的情况逐渐被土地买卖取代。在这种情况下，地主对农民的剥削就需要从加强宗法制度和科举制度等封建上层建筑方面来获得补充。中国的宗族制度是一种以血缘关系为纽带的社会权利，它通过宗祠、族谱、家法族规、族长、族义、族田等从思想、组织和经济等各方面获得保证，并得到封建政权的支持。这种宗族制度经过宋代理学家的提倡而加强，到明代趋于完备，到清代发展为具有一定基层政权性质的组织。隋唐以来实行的科举制度为地主以及寒门子弟开辟了参与政权的道路，扩大了封建政权的统治基础，增强了它的活力。宋代、明代均以程朱理学为正统思想，将“存天理、灭人欲”的思想发挥到极致。到了明清两代，封建统治者更将这种钳制人心的学术思想与科举制度相结合，使得天下士人都必须经过它的熏陶才能入仕为官。① 这也有力地加强了封建思想的统治地位。此外，中国的历代王朝都实行重本抑末的政策，即重视农业、抑制工商业以保证农业劳动力的政策，也抑制了中国资本主义的萌芽。

生产资料及其经济权力的官有制，导致官吏阶层全权垄断，即垄断政治权力、经济权力、社会权力与文化权力，是中国资本主义一直处于萌芽状态的根本原因，也是中国两千多年来几乎一直停滞不前的根本原因。官吏阶级全权垄断，而庶民阶层全权丧失，没有结社集会和言论出版自由，因而无法团结起来，相互隔离、分散孤立。这样孤立隔离的庶民即使有数十亿，他们的力量实际上也只相当于一个人或几个人的力量，无法组织起有效的反抗行动。如果某个阶层不会遭遇有效反抗，必然会尽其所能地剥削和压迫其他所有阶层。休谟早就看清了这一点：人们天生野心勃勃，他们的权欲永远无法满足。如果一个阶层的人在追求自己的利益时能够掠夺其他所有阶层，他们肯定就会这么做，并使自己尽可能地专断一切，不受制约。②

两千年来，中国的官吏阶层拥有绝对权力，对庶民阶层进行极端剥削和压迫。一方面，这主要表现为无所不包的极权主义政府管制，特别是“重农抑末（工商）”政策，赋予了官营工商业垄断地位和种种特权，抑制、打压乃至任意掠夺民营工商业。这导致了民

① 士人，古时指读书人，亦是中国古代文人知识分子的统称。

② 刘军宁．民主二十讲［M］．北京：中国青年出版社，2008：41.

营工商业的弱小、停滞、萎缩，而官营工商业虽然居于主导地位，却效率低下，致使中国两千年来停滞不前，资本主义一直处于萌芽状态。另一方面，则主要表现为庶民阶层的极端贫困。这不仅导致了市场萎缩及小农业与家庭副业等小手工业紧密结合，堵塞了商品经济发展的源泉和动力，而且导致官逼民反，引发毁灭性战争。这呈现为从“兴盛回复”到“衰亡战争”再到“新兴盛回复”的王朝兴亡周期律，如此循环往复，每一次循环至多不过使物质文明和经济成就恢复到战前水平或略有发展，因而两千年来物质文明和经济发展便几乎永远停滞在战前水平或略有发展。因此，王毓铨说：中国古代的皇帝设置百僚庶尹，运用着一个庞大的官僚机构，控制着管理着数千万平民百姓；一个超越千古的专制官僚政体，地主阶级的皇权。皇帝取其一，官僚攘其九，暴君污吏与官僚政体异名而同体。对人民来说，研究这个专制官僚政体是研究古代中国的阶级结构的重点，是研究古代中国权力结构的重点，是研究古代中国政治、经济、宗教、文化的重点，是研究古代中国为何长期停滞在封建社会阶段上的重点。①

我国资本主义萌芽虽然由于封建阶层的顽固和打压最终未能发展壮大，但不能因此而否认其存在，更不能因此否认其历史意义。根据吴承明的见解，第一，资本主义萌芽“是资本主义生产关系的过程……它可以长期地在封建社会内部稀疏地存在着。它的出现，并不以封建经济结构的解体为条件，也不必借助于暴力，不必以所谓原始积累为前提”。第二，资本主义萌芽指的“是一种生产关系，而不是一厂一店……这种生产关系，是在封建社会晚期，在社会经济发展到一定条件时产生的……真正的资本主义萌芽总是具备多发性，是可以重复观察到的”。第三，资本主义萌芽“是一种新的、先进的生产关

---

① 王毓铨．王毓铨史论集（下）［M］．北京：中华书局，2005：699.

系，它具有新生事物的生命力。它一旦产生，除非有不可抗的原因，是不会中途夭折的，而是导向新的生产方式。因而，真正的资本主义萌芽，应具有延续性”。他据此认为，资本主义萌芽是发生在明后期至清前期直至鸦片战争时期的长期发展变化的社会经济过程。[①] 在论及“资本主义萌芽”研究的理论意义时，吴承明在评论了“停滞论”“外铄论”“中断论”“高水平均衡陷阱论”“超稳定系统论”等若干理论的基础上，认为中国的封建地主制经济确实比较稳定，尤其是小农业与家庭手工业相结合的生产结构十分坚固，但它并不是一个凝固的体系，尽管推迟却不能阻止新生产关系的出现。而中国的资本主义萌芽，尽管微弱，但仍然要发挥其应有的历史作用，不仅限于其自身的继承和发展，也为近代资本主义企业准备了雇佣劳动的条件，并提供了熟练工人，还准备了市场、资本和其他物质条件。[②]

## 二、旧民主主义革命时期的中国资本市场

从 1840 年至 1919 年，中国人民同外国侵略者以及本国剥削者进行了艰苦卓绝的革命斗争。这一时期被称为中国的旧民主主义革命时期，包含农民阶级的反抗革命，以及资产阶级领导的、以建立资本主义社会和资产阶级专政国家为目的的资产阶级革命，这些革命都是为了反对外国侵略和本国封建统治。19 世纪末至 20 世纪初，世界资本主义已发展至帝国主义阶段，争夺殖民地的斗争越发激烈。帝国主义在中国划分势力范围并企图瓜分中国，中国的民族危机空前严重。

① 吴承明．中国的资本主义萌芽概论［M］//吴承明全集（第 3 卷）．北京：社会科学文献出版社，2018：2-3.

② 吴承明．中国资本主义萌芽的历史作用［M］//许涤新，吴承明．中国资本主义发展史（第 1 卷）．北京：社会科学文献出版社，2007：754-756.

### （一）国外资本为主

在这一时期，中国资本市场的主导力量是国外资本。机器大工业生产极大地提升了西欧国家的生产力，“不断扩大产品销路的需要，驱使资产阶级奔走于全球各地”。[①] 中国周边的亚洲市场被逐一打开，而欧洲与中国的贸易却一直处于逆差状态，中国的丝绸、茶叶、瓷器等畅销欧洲，而欧洲出口的工业品在自给自足小农经济的中国却不受青睐。西方人曾多次尝试与清政府交涉，但都无果而终，于是资产阶级采取走私鸦片来掠夺中国的资源和白银，试图改变贸易逆差。面对中国的抵抗，英国发动鸦片战争，通过《南京条约》及此后一系列不平等条约的签订，迫使中国开放通商口岸，并以所谓的协定关税等政策使中国在对外贸易中处于劣势，导致中国资源和财富大量外流，中国成为欧美俄等列强掠夺资源和财富的源泉，各种外资也大量涌入中国。同时，为了加强对清政府的控制，欧洲人还扶持一些朝廷官员作为中间代理人，从而促进了中国官僚买办资本的发展。中国的市场被武力打开，并被裹挟进世界市场体系，这也迫使中国的资本市场开始打破旧制度的屏障，开启了近现代化的历程。

为了适应资本输出的需要，帝国主义列强更加紧密地在中国开设银行，以此作为进行经济侵略的中心。它们向中国政府提供贷款并向各行各业投资，从而控制中国的财政和经济，甚至组成联合银行团来控制中国。帝国主义列强对中国财政的控制主要是通过向清政府和北洋政府提供借款实现的，这些外债附有种种政治和经济条件。帝国主义列强借口为债务提供保证，陆续控制了中国的关、盐两税作为还债的担保，使中国政府丧失了很大一部分财政主权。

---

① 中共中央马克思恩格斯列宁斯大林著作编译局．马克思恩格斯文集（第 2 卷）［M］．北京：人民出版社，2009：35.

中日甲午战争后，帝国主义列强在华设立了不少世界性垄断组织的分支机构，控制了中国的对外贸易。到宣统三年（1911 年），中国已有铁路九千六百多公里，其中 93%受帝国主义列强控制。航运方面，在进出通商口岸的轮船吨位中，外轮在光绪二十三年（1897 年）已占总数的 76.8%。帝国主义列强在华设立的厂矿，重要的有 136 家（包括部分中外合资厂矿），总资本超过一亿元。这些外资厂矿一般规模较大，在重工业中占据垄断地位，即使在轻工业中也占据优势。

### （二）中国自然经济进一步解体

在帝国主义列强的加紧侵略下，中国原有的自然经济进一步解体，中国农村生产自给自足的比重降低，商品生产的比重则不断增加。中日甲午战后的一段时间，进出口贸易增长很快，年年都是入超。以一战开始的那年（1914 年）与 1894 年相比，进口商品总值增加了两倍半，出口商品总值只增加了 1.8 倍，1914 年的入超值高达二亿一千三百多万两白银。出口商品绝大部分是农产品和手工业品，进口物品中又有很大一部分销到了农村。在华外资企业中主要是轻工业，其中棉纺织业又占首要地位，外资企业在华生产的纺织品，再加上帝国主义列强在华的商品倾销，严重打击了农村的家庭手工业，特别是棉纺织业。帝国主义列强通过勾结中国封建势力和买办商人，廉价购买中国农产品，使中国社会的半殖民地性更为加深，使广大农民所受苦难更为深重。

### （三）民族资本缓慢发展

这一时期中国的民族资本企业也有了缓慢发展。一战期间，帝国主义列强忙于战争，暂时放松了对中国的压迫，为民族资本的发展创造了比较有利的条件。在此期间，中国的民族资本工业如纺织业、面粉业、针织业、卷烟业、榨油业等，都有了不同程度的发展。但是，一战期间帝国主义侵略势力并没有撤走，封建势力也仍在束缚着民族资本的发展，大战一结束，帝国主义列强又卷土重来，民族资本很快陷入了困境。

这一时期，中国开始有了自办的新式金融机构——银行业。光绪二十三年（1897 年），盛宣怀创办了私营的中国通商银行。光绪三十一年（1905 年），清政府设立了国家银行——户部银行（1908 年改名大清银行，1912 年改组为中国银行），采用官商合办的形式。光绪三十三年（1907 年），清政府邮传部设立交通银行，也是官商合办。辛亥革命后，银行业发展较快，但是这主要是经营政府公债和对政府贷款造成的，并不完全是适应资本主义工商业发展的需要，钱庄的势力仍大于银行。

中日甲午战争后，各省纷纷仿铸龙洋，龙洋的流通渐广。宣统二年（1910 年）清政府颁布《币制则例》，准备实行银本位制，1911 年清朝即被推翻。1914 年北洋政府颁布《国币条例》，再次宣布实行银本位制，除了铸造袁像银币（一元的袁像银币俗称“袁大头”），其他规定均未付诸实施。另外，光绪二十六年（1900 年）从广东开始，又用机器铸造当制钱十文的铜元。铜元是不足值铸币，起初因为式样新颖，曾受到人们的欢迎。后来各省滥铸，币值就逐年下跌，使人们遭受很大的损失。总之，从清末至北洋政府时期，中国的货币流通更为复杂和紊乱。

为了应对中日甲午战争的费用，清政府于 1894 年发行了“息债商款”债券，这是我国最早发行的债券。此后，政府公债大量发行，在北洋军阀统治时期，袁世凯为了巩固权势，加上连年混战、军阀割据，耗资巨大，政府又多次发行了公债。

这一时期清政府洋务派兴办了一些官办、官商合办的民用工业，都采用了募股集资的方法。随着这些股份制企业的出现，从而在中国出现了股票这种新的投资工具。

随着股票和债券发行的增加，作为资本市场的重要组成部分，证券交易市场也发展起来。1869 年，上海已有买卖外国公司股票的外国商号，当时称为“掮客总会”。1891 年，外商在上海成立了上海股份公所，1905 年，该公所更名为“上海众业公所”，这是外商经营的，也是旧中国最早的一家证券交易所。该交易所的主要交易对象是外国企业股票、公司债券、外国在上海的行政机构发行的债券、中国政府的金币公债以及南洋一带的橡皮股票等。中国自己的证券交易始于辛亥革命前后。1895 年至 1913 年是中国资本主义初步发展时期，民族工商业肇兴，股票发行增多，流通渐广，1913 年，上海的一些钱商、茶商等兼营证券买卖的大商号成立了“上海股票商业公会”。1914 年，北洋政府颁布《证券交易所法》，证券交易开始走上正轨，1918 年，经北洋政府批准，成立了“北京证券交易所”，这是全国第一家由中国人创办的证券交易所。1920 年，经北洋政府批准，“上海股票商业公会”正式改组为“上海华商证券交易所”，1921 年，北洋政府又批准成立了“天津证券物品交易所”。这些证券交易所成立后，业务兴隆，盈利丰厚，吸引了大量投资者，仅在上海市，1921 年的半年多时间内，证券交易所就增加到 140~150 家。

然而，由于这些交易所经营的对象除少数国内债券外，多数是本交易所的股票，而且采用银钱业的临时拆借放款，以期货买卖为主，大量进行股票买空卖空。到 1921 年秋，由于银根紧缩，许多交易所难以维持，纷纷倒闭，从而发生了历史上有名的“信交风潮”。到了 1922 年，全国仅剩下十几家证券交易所，证券交易从此转入萧条和衰落。

民族资本主义经济的发展，使民族资产阶级的力量也相应地得到了发展。中日甲午战争后，开始出现了资产阶级改良运动和资产阶级民主革命运动。中日甲午战争的失败，对中国人民产生了更大的警醒作用。民族危机严重，中国的出路何在？更多的人在思考这个问题，资产阶级改良思想进一步成熟。

这一时期的经济思想主要是资产阶级改良派和革命派的经济思想，其中有些人已在一定程度上掌握了西方经济学，并以此来分析中国的经济问题，提出经济改革主张。以孙中山为代表的革命派还吸收了马克思主义政治经济学的一些因素，其中的激进人物朱执信更著文宣传过马克思主义。

改良派和革命派都主张学习西方，引进外资，振兴中国实业以求中国富强；都认识到发展实业要以工业为中心，提出了工业化的主张。但改良派不主张推翻清政府和北洋政府，革命派则认为只有推翻反动政府才能实现中国的富强。在如何实现工业化的问题上，改良派主张完全按西方的老路走，革命派则考虑到中国经济发展后要防止出现严重的贫富对立，提出了预防的办法。革命派思想的进一步发展，同中国共产党的新民主主义纲领相衔接。

## 三、新民主主义革命时期的中国资本市场

我国新民主主义革命时期，西方主要国家进入垄断资本主义时期。资本积累造成了资本集中和生产集中，自由竞争资本主义不可避免地走向私人垄断资本主义。进入 19 世纪 70 年代后，资本主义相继爆发多次经济危机，极大加速了生产和资本集中，形成了大量过剩资本，迫使资本进一步向外拓展以寻求牟利空间，大量资本输入殖民地和半殖民地。欧美列强不断增加对华资本输出，这使得外国资本成为这一时期中国资本的主要形态。为挽救危机，在“设厂自救”“实业救国”等号召下，中国民族资本逐渐产生，但刚产生就受到垄断资本压迫，发展十分缓慢。

当私人垄断资本发展到国家垄断资本主义时，民族资本又受官僚垄断资本的压制。正是由于资本的逐利扩张，私人垄断资本使生产资料越发集中于少数人手中，与此同时，机器大工业生产的社会化程度急剧提高，二者之间的矛盾日益尖锐。客观上要求资产阶级政府在宏观社会层面直接干预市场，这就使国家垄断资本得以形成并发挥作用，

二战后，国家垄断资本主义成为资本主义国家社会生产的主要方式。这也显著影响了中国民族资本的成长。中国各路军阀为扩大自己的统治，勾结帝国主义列强，使外国资本势力在中国进一步扩展；在外资扶植下，中国买办性十足的官僚资本加剧了垄断。抗战胜利后，美国与国民政府签订的《中美友好通商航海条约》赋予美国在华贸易的各类特权，美货的输入进一步排挤国货，加之此时的官僚资本垄断，压榨民族资本，民族资本基本陷入绝境。

民国时期资本市场长期处于单一债券市场的畸形状态。北洋政府财务亏空巨大，前期向各国所借款项不能按期偿还，便改换方法，转向国内发行公债。1912—1926年，北洋政府先后发行公债27种，共计6.12亿余元，加之“信交风潮”过后，人们谈股色变。这些使得近代资本市场在抗日战争爆发前的十多年中变成了单一的公债市场，失去了对民族经济的融资能力，资本市场完全成了名副其实的财政市场。

然而，公债市场也是风波不断。一些大银行家、大企业主经常利用手中的巨额资金在市场上兴风作浪，使本来信誉最佳的公债也变成了投机买卖的对象，例如，1924年8月发生在京、沪两地证券交易所的“二四公债风波”和1926年12月的“二六公债风波”。公债唱“独角戏”的财政市场一直持续到1939年2月才宣告结束。

抗日战争爆发后，随着国民党军队的节节败退，公债交易骤降，公债交易市场日渐萧条，相反，股票市场在沉寂了十几年以后，出现了“复苏”现象。当时，由于日伪当局禁止一切公债、外股、金银、外汇和棉花、棉纱等物资的集中交易和暗中交易，于是，大量游资集中到华股上，使华股交易逐渐兴盛起来，专门经营股票交易的公司猛增。①

---

① 民国时期的华股交易是中国近代资本市场发展的重要一环，主要指由中国民族资本企业发行的股票交易活动，与外资企业主导的“洋股”形成对比。这一时期的华股交易既反映了民族资本主义的发展历程，也深受政治动荡、战争环境及政策波动的影响。

仅上海一地的股票公司、证券贸易行就由十几家猛增到1940年的70多家，天津的证券交易行最多时达到100多家。日伪当局曾查禁股票交易，但未能奏效，从而改为疏导利用，1943年9月，汪伪政府下令上海华商证券交易所复业，专做华股买卖，上市公司先后增至199家。自证券交易所复业后，股票投机频繁，股市动荡不安，股价剧烈波动。

抗战胜利后，国民政府对证券交易先是明令禁止，1945年8月上海华商证券交易所被停业解散，但是，黑市交易并未停止。于是，国民政府转而筹划建立官方证券市场，1946年5月，国民政府决定设立上海证券交易所（简称“上交所”），资本额定为10亿元，由原上海华商证券交易所股东认购6/10的股份，其余由中国、交通、农民三银行及中央信托局、中央邮政储金汇业局认购。当年9月，该交易所正式开业，分股票、债券两个市场。1948年，国民政府宣布实行币制改革，通令全国各交易所暂行停业，使短暂“繁荣”的股市走向衰亡。

## 四、新中国成立后至改革开放前的资本市场发展

新中国成立后，为巩固新生政权，需要民族资本来促进生产力发展，20世纪50—70年代前期，我国民族资本服从国家工业化的紧迫需求，最终完成公有化的历史性改造。1949年之后的几年内，通货膨胀，物价上涨，黑市猖獗，投机盛行，为了稳定市场，打击黑市，人民政府决定，在天津、北京等城市成立在人民政府管理下的证券交易所。但是，随着国家财政好转，币值开始稳定，交易量下降，不久，随着“三反”“五反”运动的开展，证券投机活动受到控制，证券交易所业务逐渐萧条。到1952年，政府宣布所有的证券交易所关闭停业；1958年国家停止向外借款；1959年终止了国内政府债券的发行。此后的20多年中，我国不再存在证券市场。但在这一时期，我国政府尝试利用证券市场推动社会主义改造，进一步在资本市场筹措资金方面进行了有益的试验，证券发行步骤越来越规范，发行规模越来越大，

资本市场在筹措资金方面发挥的作用也日益凸显。公私合营企业股票、私人股票等证券工具不断涌现，证券品种不断丰富。同时，在这一阶段，公众对资本市场的认知日趋深化。

## 五、改革开放后的中国资本市场

20 世纪 70 年代后，国际形势渐趋缓和，经济全球化进程加快，和平与发展逐渐成为时代主题，中国资本市场逐渐发展并融入全球资本市场。

### （一）改革开放后中国资本市场初步发展

1978 年，中国实行了改革开放，个体私营经济开始复苏，私人资本逐渐成长。同时，我国对经济体制进行了探索，从计划经济到有计划的商品经济，再到探索建立社会主义市场经济体制，我国社会各种形态的资本大规模发展起来。随着我国宏观经济体制的改革和发展，企业的经营方式也发生了巨大的变化，其资金需求日益多样化。为了适应企业发展的需求和促进我国国有企业股份制改革的顺利进行，我国资本市场开始萌芽和发展。1990 年，上交所和深圳证券交易所（简称“深交所”）正式成立并营业，中国资本市场正式建立，伴随证券交易所一同发展，我国相关部门也开始了规范证券交易的制度改革。1992 年，一些国有企业成功完成了股份制改革，开始在证券市场上市发行股票，我国资本市场初现雏形。为了更为有效地对证券市场形成监督和约束，需要建立对资本市场统一监督管理的机构，为此我国成立了国务院证券管理委员会和证监会。监管机构虽然进行了改革，但是此时我国相关的制度并不完善，随着我国资本市场从区域性试点发展为面向全国市场，我国资本市场监管制度的缺陷也逐步暴露和放大。

我国监管机构成立之初，发布了一系列规章制度，为规范上市公司的管理起到了重要作用。在这一时期，证监会先后颁布了规范股票发行和交易、规范上市公司信息披露行为和禁止欺诈的相关管理条例，规范了我国证券市场的运行。此后，《中华人民共和国公司法》也于1994年开始正式实施，针对公司的设立、组织、股份发行与交易、法人治理机构等活动做出了详细的规定和约束，进一步增强了我国企业的经营合规性。

在这个阶段，我国资本市场仍处于初步发展时期，针对证券市场和参与市场主体的法律法规在不断建立和完善，但是仍然缺乏针对整个金融行业统一管理的机构和相应的法律法规，无法针对我国金融市场的特点进行合理的划分和精细管理。此前，我国资本市场的建立和初步发展都存在试验性质，资本市场的合法性并没有获得认可。1998年，伴随着《中华人民共和国证券法》的颁布和实施，我国资本市场正式在法律层面上获得认可。我国资本市场的法律体系、信息披露规则和会计规则等日益完善，资本市场的监管体制和执法体系逐步建立和健全，稽查执法工作不断加强。

与此同时，国际垄断资本加紧在世界范围内扩张，以霸权主义和强权政治主导全球化进程。由于不同地区劳动力、原材料等的差异，以跨国公司为载体的国际垄断资本进一步发展，其触角遍布各个国家各行各业。中国于2001年加入世贸组织，开启全方位对外开放，积极融入国际市场，进一步促进了资本的发展，我国各种资本大量进入国际资本市场，从而释放了中国资本市场的活力，提高了各种资本主体的竞争力。

### （二）中国资本市场深化改革及数字化发展

#### 1. 我国资本市场制度进一步深化改革

在资本市场的制度建设上，为了适应资本市场的发展需要，我国证券市场的审批制度也正式退出了历史舞台，我国资本市场开始了针对股票发行制度的探索，尝试引入了“通道制”和“保荐制”的证券发行制度。2004年，国务院发文坚定了发展我国资本市场的信念，同时绘制了我国资本市场进一步发展的规划蓝图，此举在很大程度上稳定了我国金融市场的发展。

此后，2005—2008 年，我国资本市场又开展并完成了上市公司的股权分置改革，证券市场上的流通股和非流通股之间不再存在差异，这一运行机制更加符合市场规律，股东之间的权益也得到了有效的平衡。

经历过这一阶段的确立资本市场地位、完善发行机制和完成股权分置改革等举措，限制我国资本市场发展的制度约束已经基本被扫清，我国资本市场在这一时期迅速发展。股票市场、债券市场、期货市场等相继诞生，与之相关的一系列法律法规相继出台，多层次资本市场体系开始构建，统一规范的监管体系初步建立。资本市场功能向着多样化的方向发展，并不断壮大，逐步走向规范化、法治化道路，成为亚洲甚至世界新兴市场中最活跃的市场之一。

得益于前期的发展和制度改革取得的成就，我国资本市场自 2009 年起进入了多层次发展的全新时期。2009 年，证监会正式宣告了创业板的建立，此后很快就迎来了多次快速扩容，并于 2014 年开始实施做市商制度，于 2016 年结束试运行，创业板正式成为一个面向全国的股票转让系统。创业板的成功建立不仅满足了我国资本市场多层次发展的需要，还激发了我国证券发行制度的进一步改革，2020 年，创业板成为深交所的注册制改革试点，这标志着注册制正式进入存量板块，由此创业板也为我国资本市场的多层次发展开启了序幕。

继创业板之后，我国资本市场又迎来了科创板，进一步满足了我国资本市场多层次发展的需要。为了使科创板正式落地，证监会、证券交易所和最高人民法院在 2018 年到 2019 年两年间，先后出台了多份文件，为科创板奠定了制度基础。2018 年，证监会宣告了科创板试运行以及在科创板实施注册制。此后，上交所和深交所也相应出台了对应的制度文件，保证了科创板的落地。经历之前阶段的改革和发展，我国已经初步形成了多层次发展的资本市场架构。

**2. 我国数智经济及资本市场发展**

截至2022年，我国数智经济规模达50.2万亿元，占当年GDP的41.5%，数据产量在全球占10.5%，居世界第二位。数据要素已经成为我国重要的资源优势，数智经济也成为我国经济新的国际比较优势。我国已成为全球制造业生产中枢，数字技术与制造业加速融合发展。我国作为第一制造业大国的国际地位进一步巩固，经济体量、产业集群和科技创新等优势逐步凸显，数智经济的渗透力不断加强。数字技术与制造业市场实体不断融合，新兴产业发展迅速。上市公司作为国民经济的“排头兵”，是数智经济蓬勃发展的重要反映。截至2022年底，在A股全部5 061家上市公司中，数智经济核心产业的相关上市公司达1 211家，占比为23.93%，公司数量同比增长15%，共实现营业收入8.33万亿元，总营收和净利润分别同比增长27%和40%，均大幅高于市场平均水平。新一代信息技术、高端装备、新能源汽车等战略性新兴产业增加值占国内生产总值比重已超过13%。数智经济规模在2022年比2012年净增39.2万亿元，发展成为具有较强国际竞争力的优势新兴产业。①

数字技术的更新为市场总需求的扩大提供了基础，市场结构的升级、消费方式的转变、市场存量的化解、市场增量的扩大等都带动了产业基础进一步夯实，市场规模不断扩大，成为拉动经济增长的强劲动力。随着数字技术的更新，通过大数据的识别、选择、过滤、存储和使用，构建起了新型的消费模式、服务模式、研发模式和盈利模式等，新的数智经济生态逐步形成。

---

① 刘新华．加快数字技术更新，推进资本市场制度型开放[EB/OL]．(2025-07-26)[2023-12-19]．https://baijiahao.baidu.com/s?id=1785690257283043370&wfr=spider&for=pc.

与此同时，我国资本市场规模也不断增长。截至 2021 年 12 月 30 日，A 股上市股票共计 4 685 只，其中上交所 2 032 家（主板 1 655 家、科创板 377 家），深交所 2 571 家（主板 1 481 家，创业板 1 090 家），北京证券交易所（简称“北交所”）82 家。市值方面，A 股沪深两市总市值合计 91.61 万亿元，较 2020 年增长 11.89 亿元，增幅近 14.91%。另外，北交所上市公司 82 家，总市值 2 722.75 亿元。① 科创板企业占比约为 18.55%，创业板企业占比约为 42.40%。占比均不小，企业在上交所科创板上市尚有很大空间。

在 5G 和 ABCD［人工智能（Artificial Intelligence）、区块链技术（Block Chain）、云服务（Cloud Serving）以及数据库（Database）］时代全面到来，以及我国资本市场体量迅猛增长的情势下，如何利用新型信息技术优化资本市场结构，推进资本市场数字化建设，已经成为当前我国资本市场改革的一个重大课题。

我国资本市场的发展与数智经济的发展始终相互支持、相得益彰。一方面，资本市场的数字化转型提高了上市公司质量。在各个上市发行及交易的流程环节和监管领域充分运用大数据、云计算等新一代信息技术，实现资本市场监管更加精准高效；运用数字技术加强交易、结算等金融基础设施建设，提升市场效率，降低技术风险；运用先进数字技术，构建全方位市场稽查和打击违法犯罪的网络；加快金融机构数字化转型，金融科技赋能提升上市公司高质量发展。另一方面，资本市场支持数智经济做大做强，通过风险投资、发行上市、并购重组、再融资等方式支持优质数字技术企业进行市场融资、业务拓展、产业整合、转型升级，促进数智经济快速发展。

---

① 金融界. 2021 中国资本市场报告 90 万亿资本起舞，成交额、IPO 多项记录诞生，股民人均赚近 5 万元［EB/OL］.（2025－07－26）［2022－01－04］. https://baijiahao.baidu.com/s?id=1720928178986143359&wfr=spider&for=pc.

**3. 中国资本市场融入全球资本市场数字化进程**

在全球化进程中，随着西方金融垄断资本主义的不断扩展，资本日渐脱离实体经济而转向虚拟经济，资本虚拟化、泡沫化日益严重；金融资本占总资本的比重持续上升，股票、债券、期货等有价证券和金融衍生品在资本市场中占据越来越大的份额。20世纪80年代以来的“华盛顿共识”又促使新自由主义在全球发展，私有化、市场化受到极力推崇，这使资本主义基本矛盾空前尖锐化，致使虚拟经济泡沫破灭，资本循环链条断裂，引爆了2008年国际金融危机。这对中国民营实体企业的发展形成巨大冲击，进一步加深了中国资本的虚拟化程度。同时，随着互联网和信息技术的进步，大数据、物联网、人工智能等领域的驱动，以平台为场域，数据资本这一资本新样态得以产生。数据资本的规模化及平台的垄断特征，使其迅速与金融资本相互渗透，加速推动资本市场运转，加快资本的全球性流动，为社会创造了巨大财富，但也促使各国经济的相互依存度空前提高，埋下了经济、政治、社会等领域风险连锁暴雷的隐患。显然，在此形势下，我国资本难以独善其身，其无限逐利性、无序扩张性和恶意垄断性的弊端也日益显现。主动约束资本行为，充分发挥各类资本促进生产力发展的正面效应，成为紧迫的时代任务。

总体来看，从新中国成立到2018年前后，中国一直在加速向先进国家学习，遵循前三次技术革命的路线，发展和完善汽车、钢铁、能源、矿产、军工、信息技术、航空航天、海洋技术等各种产业，逐步使得中国成为全球第一制造业大国和第一国际贸易大国。而今，随着数智经济时代的到来，物联网、云计算、大数据和人工智能等新技术在多场景中快速发展并得到应用，这为中国企业发展带来了挑战，同时也带来了机遇。企业应积极努力地进行数字化转型，提升自身在市场中的核心竞争力，将数字技术引入企业发展中，充分利用信息技术有效地获取对企业发展有价值的信息，提升企业的发展效率和发展水平，抓住数智经济时代带来的发展机遇。

企业是资本市场的细胞，企业的发展是资本市场发展的前提，资本市场为企业融资和发展提供平台；同样，企业的数字化是资本市场数字化发展的基础，而资本市场的数字化发展为企业实现数字化转型、提升治理能力、实现高质量可持续发展不断提供动力。企业数字化与资本市场数字化相互促进、密不可分。资本市场作为土地、劳动力、资本、技术、数字等生产要素资本化的重要媒介，在推进企业数字要素价值挖掘、优化数字要素估值定价及推动数智经济发展上发挥了重要的催化作用。同时，数智经济的快速发展也为资本市场提供了丰富的优质企业资产，有效提升了资本市场数字化水平及运行服务效率，使资本市场与数智经济实现了良性互动发展。

# 第四章　公司治理及重塑

在资本市场全球化、市场环境日益复杂的今天，公司治理已成为决定企业能否提升核心竞争力，从而在资本市场中吸引长期投资，实现可持续发展的关键因素。通过优化治理结构、提高财务透明度和加强企业诚信建设，企业能够更好地反映其内在价值，吸引更多长期资金流入，进一步促进企业的可持续发展。一个健全的公司治理体系不仅能够提升运营效率，保障股东权益，还能增强投资者信心，提升公司的投资价值，满足多方利益相关者诉求并承担相应的企业社会责任。显然，传统的“股东利益中心”治理机制已经不能满足数智经济时代公司实现可持续发展的需求，需要从外部治理、内部治理、软性治理等方面进行系统梳理，重新塑造一个能够满足各方利益需求的治理机制。

## 第一节　公司的委托代理问题

在公司治理理论体系中，委托代理问题有着重要的基础性地位。1932 年，伯利和米恩斯（Berle and Means）在《现代公司与私有财产》一书中就指出：“随着公司财富所有权的日趋分散化，对这些财富的所有权和控制权就掌握在越来越少的人手中。在公司制度下，产业财富（wealth）能够并且正在为最少量的所有者权益（ownership interest）所控制。人们能够相信，即使是在不拥有这种权益的情况下，照样可以行使对产业财富的控制权。几乎没有控制权的财富所有权与几乎没有所有权的财富控制权，似乎是公司制度发展的必然结果。”① 这一观点后来被称为著名的“伯利-米恩斯命题”（Berle-Means Hypothesis），正是基于所有权与经营权的分离，形成了股东与经理人员之间的委托代理关系，由于委托方和代理方之间的目标与利益的冲突，产生了现代公司治理的需要。因此，委托代理关系是公司治理问题存在的重要基石，也是公司治理需要解决的中心问题。

## 一、何为委托代理问题

委托代理问题基于公司组织形式条件下的契约关系而产生，在这种契约中，委托的一方对代理的一方提出服务于前者利益的要求，同时向代理的一方赋予相应的权利，这样的关系就是代理关系。在这种关系中：

首先，委托人与代理人的利益存在冲突。对委托的一方来说，短期尽可能提升利润，长期做好资本价值的增值是其不变的追求；而代理的一方首先考虑的是自身的获利，先人后己不会是代理方第一顺位的选择。这时，对代理人最优的选择不一定是对委托人的最优选择。例如，对经理最好的事情不一定就是对股东最好的事情。

其次，双方存在信息不对称。委托人难以观察到代理人的行为。如果信息对称，即使存在利益冲突，委托人可以随时监督代理人的行为，代理人损害委托人利益时可以解除委托代理关系。因此，正是由于信息不对称，导致委托人不能及时采取措施维护权利。经济组织内部的权力架构与信息传输有关。企业的信息流有含金量很高的特定信息，也有不那么重要的普通信息。理想的状态自然是企业控制者掌握

---

① 伯利，米恩斯．现代公司与私有财产［M］．甘华鸣，罗锐韧，蔡如海，译．北京：商务印书馆，2005：79.

特定信息。然而，一旦二者不可得兼，企业将面临抉择：或者将信息交付企业控制者，或者将大权交予掌握特定信息人的手中。第一种选择造成信息成本的问题，第二种选择种下代理成本的根苗。所以，企业如果太过集权，由于上级管理层不能及时、完全地掌握企业所处经营环境的信息，而下层虽能准确地获取信息，又没有一定的决策权限，从而使企业无法做出有效合理的决策，会产生居高不下的信息不对称成本。而权力过于分散，则会出现高昂的代理成本。通常的情况是，虽然委托代理双方已达成契约，但仍会出现代理的一方贪图个人私利，凭借经营中取得的信息优势，对委托方实施隐瞒。

最后，合同不能穷尽规定所有情形是代理问题出现的重要根源。委托代理是合同关系，而任何合同都不可能做到对合同履行中可能出现的所有情形进行完全详尽的规定，尤其是在那些时间跨度较长的合同（长期合同）中。某种程度上，企业是一种“合同束”的组织形态，即为了节约交易成本而以一个合同代替多份合同。在企业内部，最核心的合同关系是企业所有者和其聘任的经营者之间的委托合同，为应对复杂而变幻的商业环境，不可能也无法穷尽所有的合同条款，必须做出宽泛的授权。

在上述情境下，企业中最常见的代理问题一是逆向选择，二是道德风险。在达成契约之前，因信息不畅通等因素，出现“劣币驱逐良币”的情况，谓之逆向选择。委托代理方在所负风险成本较小的前提下，不择手段最大限度地牟取私利，谓之道德风险。

为了委托方的利益，有必要在当事双方之间订立严格而有效的契约，使代理者的营运活动受到监控，不越雷池一步。当事双方作为理性经济人在博弈中产生的问题，即代理人问题。为解决该问题产生的成本即代理成本。具体地看，代理成本包含了因监控代理者的营运活动而付出的监督成本，以及代理者在营运中造成的其他隐性损失等内容。

在代理人的努力不可观察的情况下，传统的委托代理理论模型假定作为委托人的股东是风险中性的，而作为代理人的经理人是风险厌恶的，并将代理人付出的实现其利益最大化的努力作为委托人利益最大化目标函数的一个激励相容的约束。这在权力制衡、不存在内部人控制的公司治理模式下无疑是正确的，因为董事会有能力代表全体股东行使权力，并与经理人签订合约，使企业价值最大化与股东财富最大化的目标相一致。然而，这种公司治理模式只是一种理想状态，在现实生活中，许多公司的控制权要么为公司经理人所掌握，如英美的许多股权比较分散的公司；要么为内部大股东所掌握，如中国、意大利以及新兴市场国家的许多股权比较集中的公司。在股权分散的公司治理模式中，企业管理层主要由职业经理人组成；在股权集中的公司治理模式中，企业管理层主要由大股东代表构成。

随着公司股权集中度的变化，企业管理层中职业经理人和大股东代表的构成比例也在不断变化。尽管这两类公司的代理关系不同，英美公司要解决的代理问题主要是经典的外部所有者与内部经理人之间的利益冲突问题；而像中国、意大利以及新兴市场国家的公司要解决的代理问题则主要是内部控股股东与外部小股东之间的利益冲突问题，但二者之间存在许多共同点，即公司的控制权稳定，公司普遍存在内部人控制，内部人可以通过控制权操纵董事会，使董事会丧失独立性，从而攫取控制权利益。

在内部人控制的公司治理模式下，外部权益所有者往往并不享有公司的剩余收益，他们一般只能获得与公司权益的市场风险对应的收益，企业的超额剩余通常为公司的实际控制者所拥有，表现为控制权利益。同股同权、同股同利在这种公司治理模式下很难实现，公司经理人或内部大股东凭借其控制权在企业剩余中获得了更多的份额。

## 二、委托代理问题的表现

委托代理问题在企业经营中的表现基本可以分成三类，第一类是侵占与浪费公司资源。第二类是采取特别激进甚至特别冒进的投资理念，过度投资。第三类和第二类恰恰相反，代理人既不特别激进，也不特别冒进，但他特别消极，在企业的经营管理上没有投入精力，没有采取任何积极的措施提升企业收益，只满足于拿到固定的报酬。

第一类表现是侵占与浪费公司资源。在企业中，存在许多典型的此类行为。例如，在我国资本市场的关联交易中，大股东或经理人通过掏空上市公司进行关联交易。经理人可以将自己公司的资产或者优质产品以极低的价格出售给关联公司，导致资产损失。相反，经理人也可能以高价从关联公司中购入劣质资产，这实际上也是一种利益输送。因此，这种关联交易是一种很典型的侵占公司资源行为。在我国资本市场上，过去常能看到母公司或关联公司为子公司或对方公司提供抵押贷款担保，这也是一种资源外流的行为。经理人之所以可以做这类侵占公司资源、侵害投资人利益的行为，是因为股东对经理人缺乏有效监督。另一个典型例子是许多企业家使用股东资金进行高消费和自我享受，这也是非常典型的经理人侵占和浪费公司资源的表现。

在美国次贷危机期间，很多大银行遭受巨额亏空，股票暴跌，道琼斯指数在一天之内下跌了500点。在这种情况下，美国大型投资银行的经理人仍然领取了高额奖金薪酬。《华尔街日报》披露了这些经理人罔顾投资人利益的无耻行径，这也是一种公司治理非常差的表现。这些经理人在公司濒临倒闭、股票暴跌时仍获取很高薪酬，而薪酬作为劳动力成本，最终实际上是由股东的投资转化而来，所以这也是一个很典型的侵占和浪费公司资源现象。

第二类表现是过度投资，建立商业帝国。对于经理人而言，在做决策时会计算自己的效用函数，这种效用有时来自金钱，有时并非来自金钱。在未来的社会，特别是“90后”“00后”的员工，将会更看重自我价值的体现。任何一个企业家都希望自己成为一个大公司的企业家，要成为大企业家，就要把公司做大做强。做大和做强，有时相关，有时并不完全相关。在企业家雄心壮志的驱使下，公司有时会盲目扩张，以满足企业家的一些个人想法，而并没有真正把企业的稳定发展放在首要位置，这也会造成委托代理问题，一旦投资失败，最终还是由股东来承担损失。

另外，根据学术研究，发现企业家的薪酬和公司的规模绝对是高度正相关的，公司越大，薪酬越高，所以就这一点而言，也给了企业家很强的动机，把企业做大。而做大有时并不意味着会做强，也不意味着会走得稳，一旦失误就会给企业、给投资人造成很大的负面影响，带来严重后果。

另外，有些企业家也会进行过度激进的风险投资。例如，2004 年中航油新加坡原油巨亏事件，当时经理人陈久霖投资期货市场，期货交易风险非常高，但是一旦投资成功也会获得暴利。中航油经理人在新加坡投资期货，他认为期货和油价会跌，所以按照看跌去投资，结果油价不跌反涨，给中航油造成了很大的损失。中航油巨亏的主要原因在于内部的内控审计没有做好，最终导致了企业的亏损，这也是一个典型的经理人过度激进投资的例子。

第三类表现是偷懒而享受平静生活。学术上称之为“enjoy quiet life”，具体表现为企业家不作为。当今的企业家要想把企业经营好，一定需要努力工作，锐意进取；如果不思进取，就肯定经营不好。作为是指该进行投资的时候，企业家一定要抓住机会投资；该缩减规模的时候，就应当机立断。例如，当一家工厂因经营不善濒临破产时，企业家应该将其关闭。但对于企业家而言，开设新的工厂进行新的投资，需要做很多工作；而关闭一家工厂，也要做很多麻烦的事情，如裁员、降薪等。因此关门并非大吉，也会面临很多复杂的工作。一个企业家如果不想好好工作，可以既不去开厂也不去关厂，最好别动，维持原状，就可以省心。这也是委托代理问题的一个表现。所以在这一问题下，很多企业的经理人既不投资也不缩减，什么工作都不做。

现实中也经常能看到很多经理人推卸责任，不承担风险的懒政行为。

企业家与员工之间关系的问题也与此相关。通常企业家要同时面对股东和员工两个群体，在股权日益分散的现代企业，企业家通常不直接面对股东，而是直接面对公司员工。劳动力成本是一项重要成本。企业家要想提高企业利润，需要开源或节流；控制劳动力成本是节流的一种有效方式。但控制劳动力成本就需要解聘、裁员、降薪，这对企业家不见得是件容易的事。而且，企业家要想控制劳动力成本以提升业绩，也需要面对员工赔偿或补偿、劳动仲裁甚至员工闹事等问题。所以在一些情况下，由于委托代理问题的存在，企业家宁可选择该裁员的时候不裁员，该降薪的时候不降薪。原因很简单，当企业家做这些事情会面临很多问题或者消耗很多精力时，就很可能选择不采取行动。

如果企业家选择不采取行动，企业的劳动力成本就无法降低，进而无法提升企业绩效，最终导致股东利益受损。因此这也构成了一个典型的委托代理问题。在面临委托代理问题时，企业家可能会选择和员工合谋，这将损害股东的投资权益，这一点很重要。要想解决这些委托代理问题，企业就需要拥有较为完善的公司治理机制。

委托代理理论是公司治理理论的核心部分，其实质在于所有权与控制权的分离。该理论基于非对称信息博弈论，假设委托代理人都是经济人，由于其经济利益、行动目标以及承担风险的程度不一致，必然存在委托代理问题。代理人因为不同的利益诉求而表现出机会主义行为，包括不道德的欺诈或违法行为，而监控成本又非常高。因此，委托人预期效用的实现既依赖于代理人的行动，也取决于委托人在契约中设定的制度约束、激励补偿机制以及监管制度安排等。例如，由于控股股东和中小股东的控制权不同，中小股东让渡了公司经营决策权，而控股股东与中小股东目标不一致，控股股东往往会采取懈怠或利己行为，损害中小股东的利益。LLSV① （1997②—1998③） 指出，控股权集中会导致“隧道行为”，即控股股东侵占小股东的利益。所以，委托代理理论关注的焦点就是解决代理风险，即如何建立有效的激励约束机制和监管制度，以确保代理人履行忠实义务。

## 第二节 公司治理及其历史演进

从仅关注股东利益，致力于解决所有者与经营者之间的关系问题，发展到关注所有相关者利益，建立一套既包括制度也包括非制度的对所有利益相关者负责的机制，最终实现企业长期高质量可持续发展，公司治理在不同的历史时期和不同国家，经历了漫长而曲折的演进过程。总体而言，公司治理演进的历史脉络是经由古典的私人股东主导的公司治理模式，随着股权逐渐分散，所有权和控制权相互分离，发展为职业经理人主导的公司治理模式；再由于机构投资者的崛起，演进为机构投资者主导的公司治理模式；更由于数智经济时代，资本稀缺性让位于技术稀缺性，发展为创业型经济中的风险资本治理模式。

### 一、公司治理的内涵

公司治理的英文是“corporate governance”，国内也翻译成“公司治理结构”“公司治理机制”等。“公司治理”的概念最早出现在经济

---

① 即 Rafael La Porta, Florencio Lopez－de－Silanes , Andrei Shleifer, Robert Vishny，合称 LLSV。这四位学者通过整理多国的政治、法律、宗教、文化和经济等方方面面的量化数据，第一次明确地将法律因素引入解释金融发展和经济增长的具体研究中。由于他们经常一起署名发表文章，学界称之为 LLSV 组合。

② LA PORTA R, LOPEZ-DE-SILANES F, SHLEIFER A, et al. Legal determinants of external finance[J]. The Journal of Finance, 1997, 52(3): 1131－1150.

③ LA PORTA R, LOPEZ-DE-SILANES F, SHLEIFER A, et al. Law and finance[J]. Journal of Political Economy, 1998, 106(6): 1113－1155.

学文献中的时间是20世纪80年代初期。在这之前，公司治理有狭义和广义之分。狭义的公司治理解决的是因所有权和控制权相分离而产生的代理问题，它要处理的是公司股东与公司高层管理人员之间的关系问题。伯利和米恩斯（1932）以及詹森和梅克林（Jensen and Meckling，1976）认为，公司治理应致力于解决所有者与经营者之间的关系，公司治理的焦点在于使所有者与经营者的利益相一致。[①②] 法马（Fama，1980）进一步提出，公司治理研究的是所有权与经营权分离情况下的代理人问题，其中心问题是如何降低代理成本。[③] 我国学者张维迎（1996）认为，企业所有权安排和公司治理结构是同一个意思，公司治理结构是企业所有权安排的具体化，企业所有权安排是公司治理结构的一个抽象概括。[④] 公司治理结构的核心是指，在两权分离的情况下，所有者对经营者的监督和激励的问题（委托代理问题）。施莱弗和维什尼（Shleifer and Vishny，1997）认为，公司治理要处理的是公司的资本供给者如何确保自己可以得到投资回报的途径问题，公司治理的中心课题是要保证资本供给者（包括股东和债权人）的利益。[⑤] 上述学者对公司治理内涵的界定偏重于所有者（一般情况下即为股东）的利益，因此他们信奉"股东治理模式"。

广义的公司治理可以理解为一套既包括制度也包括非制度的对所有利益相关者负责的机制，其终极目标是保证企业决策科学，并且对所有

---

① BERLE A A，MEANS G C. The modern corporation and private property[M]. New York: Commerce Clearing House, 1932.

② JENSEN M C. MECKLING W H. Theory of the firm[J]. Managerial Behavior, Agency Costs and ownership structure, 1976, 3(4): 305-360.

③ FAMA E F. Agency problems and the theory of the firm[J]. Journal of Political Economy, 1980, 88(2): 288-307.

④ 张维迎．所有制、治理结构及委托代理关系：兼评崔之元和周其仁的一些观点［J］．经济研究，1996（9）：10.

⑤ SHLEIFER A, VISHNY R W. A survey of corporate governance[J]. The Journal of Finance, 1997, 52(2): 737-783.

利益相关者负责，最终能使企业高质量可持续发展。布莱尔（Blaire，1995）认为，公司治理是指有关公司控制权或剩余索取权分配的一整套法律、文化和制度性安排，这些安排决定公司的目标，谁拥有公司，如何控制公司，风险和收益如何在公司的组成人员（包括股东、债权人、职工、用户、供应商以及公司所有的社区）之间分配等一系列问题。[①] 拉·波塔等人（La Porta et al.，2000）从保护外部投资人的角度理解公司治理制度，他们认为，公司治理在很大程度上指外部投资者用以防止内部人侵蚀的一系列机制。[②] 以上学者对公司治理的阐述把利益相关者放在与股东相同的位置上，因而他们提倡“利益相关者治理模式”。

总之，狭义的公司治理强调解决两权分离情况下股东和经营者之间的代理问题，而广义的公司治理强调公司利益相关者之间的关系问题。在多数国家的大公司中，最基本的代理问题并不是外部投资者和管理者之间的关系问题，而是外部股东和控制性大股东之间的利益冲突问题，因为控制性大股东几乎能够完全控制管理者。公司治理要解决三个方面的问题：第一，通过一整套制度和非制度的公司治理机制，实现企业决策的科学性；第二，在股权分散的条件下，如何协调所有者之间的关系，特别是保护中小投资者不被大股东侵犯的问题，进而避免大股东滥用有限责任，从而损害其他利益相关者利益的道德风险；第三，在对债权人、客户、政府、社区等所有利益相关者负责的前提下，最终实现企业高质量可持续发展。

## 二、公司治理模式的演变

公司治理是一种监督和控制经理行为的机制，在不同的历史时期

---

① BLAIRE M M. Ownership and control: rethinking corperate governance for the 21st century [M]. Washington: Brookings Institution, 1995.

② LA PORTA R, LOPEZ-DE-SILANES F, SHLEIFER A, et al. Investor protection and corporate governance[J]. Journal of Financial Economics, 2000, 58(1-2): 3-27.

和国家，公司治理机制又有所不同。从公司制度演进的角度，可以划分为四类模式：古典的私人股东主导型公司治理模式、职业经理人主导型公司治理模式、机构投资者主导型公司治理模式及创业型经济中的风险资本治理模式。

### （一）古典的私人股东主导型公司治理模式

公司制度的最早形态可以追溯到11世纪欧洲经营海上运输业的康曼达契约组织，康曼达是劳资合伙经营的一种商事契约，它是最早的一种商业合伙形式。康曼达对后来的公司制企业的影响在于这种契约形式首创了有限责任制的合伙形式，而这正是现代公司制度的重要内容。古典的私人股东主导型公司治理模式是股份公司产生后最早出现的公司治理模式，是自由竞争资本主义阶段的主流模式。

该模式的主要特点是：(1) 从股权结构来看，股东均为私人股东，股份持有相对集中，股票主要被少数私人家族所持有，持股比例一般在50%以上。(2) 从持股的稳定性来看，股东持股的目的主要是对自己的投资行使直接的控制权，而不是通过股票买卖投机获利，因而持股的稳定性很强。(3) 从持股形式来看，长期性、投资性持股是主要形式。大股东大都采取“参与”式持股，即私人资本以其所开办并直接掌握的股份公司作为“母公司”，购买其他公司的股票，掌握一定的股票控制权，使其从属于自己，成为自己的“子公司”；各“子公司”又用同样的方式控制更多的公司，使其成为“孙子公司”，等等，如此逐级控制，形成了庞大的资本联合体。(4) 从权力结构来看，主要设立股东大会、董事会、总经理三个机构，由于股票持有很集中，大股东往往支配着股东大会和董事会，有关公司运营的各项重大决策均由大股东亲自参与做出，公司董事会全面负责这些决策的落实和贯彻，职业经理人只负责公司的日常管理事务，如生产、开发、人事、营销、融资等。(5) 从外部控制机制来看，资本市场已有初步的发展，存在流动性较强的股票市场，资本市场的存在为股票交易提供了条件，使大股东通过购买股票控制其他企业成为可能。再者，资本市场的存在也为公司通过并购扩大自身规模创造了条件。由于大股东持股比较稳定，对职业经理人的约束主要来自公司内部强有力的董事会，所以资本市场对公司运营的影响不大。股东主导型治理模式是股份公司产生初期普遍存在的模式，其最基本的特点是所有权与经营权相分离，而所有权与控制权相统一，大股东能够对公司的运营施加直接且有力的影响，经理人员违背大股东意志谋求私利的情况极少发生。在这里，所谓“代理成本”几乎不会产生。

### （二）职业经理人主导型公司治理模式

工业革命前，社会生产力水平相对较低，社会生产经营活动的社会化程度不高，规模小，管理活动简单，企业的所有权与经营权一般合二为一。随着技术的发展，企业规模突破了个人资本的限制，企业人员与机构不断增大，增加了企业管理和经营决策的难度，传统的管理方式已无法满足企业的管理需要。在追求经济利益最大化目的驱动下，产生了寻求企业所有者之外、有才能的人作为经理人管理企业的现实需求。于是，出现了职业经理阶层，职业经理层的形成使企业成为现代化的科层制企业。到 20 世纪 30 年代后期，已有若干美国大企业开始实行科学管理，如杜邦公司、通用汽车公司。到 20 世纪 60 年代中期，美国大公司内部控制权由股东向经理人员转移的运动基本完成，经理革命基本结束。

随着股权的逐渐分散化，股东逐渐失去了对公司经营的控制，形成了由职业经理人主导的公司治理模式。该模式的特点是：

从股权结构来看，股东人数众多，持股主体是大量的私人股东，股票持有呈现高度分散化态势，每个股东的持股比例都很小。由于股东的持股额很小，不足以对公司经营施加有效的影响，因而比较关注公司短期经营状况和股息及红利分配水平，一旦对公司业绩不满或发现所持股票价格下降，绝大多数股东都会抛售手中所持股票，所以，持股的稳定性差。在持股形式上，短期性、交易性持股是主要形式。

从权力结构来看，公司设有股东大会、董事会、总经理等机构。股东大会名义上依然是公司的最高权力机关，董事会代表全体股东在公司日常经营中对重大问题行使决策权。然而，公司实际运营的真正支配者和控制者是经理阶层。这主要是因为公司股票持有高度分散，单个股东的持股额不足以对公司运营施加有效影响，对参与公司决策缺乏兴趣和能力。即使个别股东试图联络别的股东共同参与决策，也会因为难以承受巨额的联络成本而无法达到目的。而经理人员则可以凭借职业优势影响和左右公司的决策，特别是当股东大会召开时，经理人员不仅向股东提供事先议定的投票内容，而且接受许多不愿参与会议的股东的委托投票书代其投票。这样一来，股东大会便形同虚设，董事会成为橡皮图章，经理人员控制了公司的决策机构，在事实上成为公司的控制者。

从外部控制机制来看，资本市场十分活跃并发挥决定性作用。资本市场的活跃表现为股票市场流动性很强，公司控制权市场（Market for Corporate Control）非常活跃。在资本市场十分活跃的情况下，恶意兼并和收购频繁发生，对公司经理人员的职业稳定构成严重威胁。为了防止"袭击者"并购企业，公司经理人员往往要千方百计提高公司短期盈利率，保持较高的股息和红利分派水平，以避免股票价格下降。因为如果股息和红利分派额减少，股东势必抛售手中所持股票，而抛售股票必然引发股价下降，股价下跌便会给"袭击者"可乘之机，公司很可能因此成为"袭击者"的囊中之物。一旦公司被并购，公司经理人员就会被解雇，其职业经理人生涯便会被断送，这对公司经理人员无疑是莫大的打击。以公司控制权市场为主体的外部控制机制的存在，固然对经理人员加强责任心、不断改善管理、增加股东收益产生一定作用，股东也可以通过它对经理人员进行一定的控制；但是，过分活跃的资本市场对公司运营的影响具有非常明显的消极效应，即短视效应。在这种效应的作用下，公司经理阶层往往难以有长远打算，不太重视长期投资，不愿进行设备和技术更新，公司经营行为具有明显的短期化倾向。

### （三）机构投资者主导型公司治理模式

前述的古典的私人股东主导型公司治理模式主要存在于股份公司产生的初期，在 19 世纪与 20 世纪之交，经理主导型治理结构出现，到 20 世纪 70 年代末，该模式进入成熟阶段。而自二战结束以来，在西方发达资本主义国家，以退休基金、商业银行信托机构、保险公司、投资银行、共同基金等为主体的机构投资者逐渐崛起，它们以灵活的经营活动、广泛的业务范围、新颖的服务方式见长，成为最具竞争力的投资场所，从而吸纳了巨额的社会闲置资本。在此基础上，这些机构投资者又将资本投向股票市场，成为股票市场的主要交易者。机构投资者是以法人而非个人身份投资于股票市场的，这就使大公司的股东身份发生了非个人化的转变，随着股票逐渐向机构投资者手中集中和机构法人持股比例的不断上升，大公司的股东主体亦由大量的个人股东转变为少数机构投资者。机构投资者的崛起已经并正在改变大公司的股权结构，相应地，也对公司治理机制产生了重要影响，这种影响的实质在于推动公司治理由经理主导型向机构投资者主导型模式转变。现在，机构投资者主导型治理模式已成为发达资本主义国家公司治理的具有方向性的、比较普遍的模式。由于赖以生存和运营的环境和条件不同，机构投资者主导型治理模式又有不同的存在形式，最典型的有三类：美国模式、日本模式和德国模式。

### （四）创业型经济中的风险资本治理模式

创业型经济起源于美国。1958 年，美国波士顿联邦储备银行撰写了一篇关于小企业长期投资资本短缺问题的报告，引起了国会的关注。随后，大约有10个议案提交至国会讨论，其中一项获得通过，即“小企业投资公司”（SBIC）计划，隶属于美国小企业管理局（SBA）。令人惊讶的是，国会不仅创立了一个持续了40多年的投资计划，更重要的是，它开创了一个以前不存在的全新产业。1958年之前，风险投资产业尚不存在，甚至这个词还未被发明出来。1946年，位于波士顿的美国研究与发展公司（ARD）成立，这家公司帮助成立了数字设备公司（DEC），将7万美元的投资增值至超过5亿美元。此种模式与我们现在所说的“风险资本”投资类似。1959年3月，第一家小企业投资公司获得了经营许可证。

在20世纪七八十年代，美国经济面临崩溃，尤其是制造行业企业失去了发展的能力。1970—1983年，工业生产在近半数的时间里持续下滑加上源源不断的越战支出、日益增加的社会项目成本以及多次石油危机，美国的经济发展遭受了严重打击。经济停滞与通货膨胀的出现进一步拖垮了经济的发展。与此同时，国外生产商凭借节能型车辆打入美国市场，推动了美国的去工业化（De-industrialization）进程，“铁锈地带”（Rust Belt）的说法也逐渐流行开来，讽喻美国制造业的核心地带。

出人意料的是，美国经济出现了大逆转，重新回归到创业这一传统上来。在很大程度上，此现象可谓是无心插柳柳成荫，没有任何一项政策明确要求这么做。互联网是国防部门投资尖端技术后取得的创新成果，也可能是美国经济真正走上创业之路的标志性事件。它为美国人源源不断地提供创新、创造的环境，新产品和新服务的开发也以前所未有的速度展开。此外，互联网还能降低信息搜索和学习的成本，为许多美国人甚至全世界人民提供了即时获取信息的途径，成为创业流程中不可或缺的一部分。20世纪90年代，个人电脑引发的结构性变革造就了新的生产、组织和供应方式，其轮廓逐渐清晰，脑力劳动者

（knowledge worker）这一新型员工的出现成为此次变革的象征。大规模生产产品的出现使企业转而以消费者为导向进行生产实践。IBM（国际商业机器公司）就是一个极佳的范例。这个以开发新一代大型电脑主机为主业的企业，在电脑行业长期保持垄断地位。然而到了1980年，半导体技术的开发使得轻巧便携的个人电脑成为现实，用户可以将其放置在任何一张桌子上使用，这种优势是大型电脑主机所无法比拟的。IBM的发展步伐落后于那些开发个人电脑的创业者。世人亲眼见证了比尔·盖茨（Bill Gates）、史蒂夫·乔布斯（Steve Jobs）、弗雷德·史密斯（Fred Smith）等伟大的技术创业者崛起为商业巨头。

总体而言，20世纪70年代后，美国正在经历从传统管理型经济向创业型经济的深刻变革，创业经济的发展需要创业精神和创业管理。创业经济的发展催生了风险资本，并在创业企业的公司治理中扮演重要角色。美国的纳斯达克股票市场的成立标志着创业经济中公司治理模式的这一根本性变化。

**1. 创业投资的运转模式**

创业投资是指职业金融家投入初创企业的一种权益资本，他们同时为这些新兴的、迅速成长的、有巨大发展潜力的企业提供管理服务。创业投资属于资本市场中的私人权益市场的范畴，包括非正式的天使投资市场（angel investment market）与创业资本市场（venture capital market）。创业资本是一种有组织、有中介的资本形式，创业投资公司（创业基金）是资本供给者与使用者之间的中介机构，由创业投资家负责项目选择、契约签订和投资监管，并直接确定投资的退出时间和方式，创业资本主要投向初创期或成熟期的创业企业。

如何有效地控制创业投资的高风险，以最终实现高收益，是创业投资运作的关键所在。从代理理论的角度来看，如果投资者把资金集中交给创投公司，由后者从事创业投资，势必要在投资者与创业者之间增加一层委托代理环节，这显然会增加交易成本。而根据信息经济学，如果中介机构在收集信息方面具有规模，那么投资者对金融中介的授权监督就可以改善契约的执行效率，降低代理与监督成本。因此创投公司的作用在于其拥有专业知识与经验，能够有效地降低投资者与创业家之间的信息不对称，减少逆向选择与道德风险问题。也即在创业投资的运作过程中涉及两个层面的企业治理结构问题，包括创业基金与创业企业的治理结构问题，这样可以从筹资、决策、管理三方面理解创业投资的风险控制机制。

**2. 创业企业的治理结构与风险控制机制**

创业企业管理层的能力和努力是决定企业成败的关键。由于创投家与创业家之间存在信息不对称，创业家得到创业资本后，在经营管理企业的过程中可能出现偷懒，或者由于能力不足而导致创业企业经营面临风险等情况。同时，创业家还可能为了个人收益，继续运作那些净现值为负的项目。与此类似的情况还有，创业家可能会投资一些个人收益较高但对投资者来说资本回报率很低的项目。一些技术人员出身的创业家可能在接受投资之后将过多的精力用于研究开发而忽略市场需求。这些问题意味着，在整个创业投资过程中，为了保证投资利益的实现，防止创业家凭借信息优势进行“内部人控制”，创投公司与创业企业之间的控制权-剩余索取权安排就成为一个重要问题。创投公司必须构建合理的创投契约来协调双方关系，契约条款通常可以分为两类，第一类是对经营业绩的激励，包括给予管理层一定的股份、确定投资工具以及管理层的雇佣契约等；第二类是对企业的直接控制，包括在董事会中的席位、表决权的分配、控制后续融资以及在企业发展无法达到业绩指标时对管理层的更换等。

（1）分期投资（stage financing）机制。一般情况下，创投公司对创业企业的投资是分期进行的，这样可以根据企业的进展情况决定后续融资的时机与投资额度。如果企业运行良好，风险比前一阶段降低，创投公司会乐于追加投资；如果运行情况不佳，创投公司可能减少甚至停止后续投资，或提高资金价格（如压低私募股价）。通过这种方式，创投公司相当于获得了在下一阶段放弃投资或重新评估企业并提供后续融资的期权。分期投资是指创投公司周期性提供创业资本，融资分为多个轮次，而每轮投资只确保创业企业发展到下一阶段。当提供下一阶段资金时，创投公司重新评估企业的经营状况和发展潜力。这种投资方式有助于创投公司收集信息，监督企业的进展，使得创投公司保留终止投资的权利，也可保留优先购买企业后续融资时发行股票的权利。分期投资结构与代理和监督成本有关，每轮投资的间隔时间越短，创投公司监督的频率也越高。由于监督需要成本，创投公司周期性检查企业进展状况。随着创业企业中无形资产比例、市值与账面价值比以及研发（R&D）投入的增加，创投家会更多地监督创业企业，并决定在什么阶段投资、时间间隔和投资额度。

（2）投资工具的选择。在创业投资中，通常最常用的投资工具包括可转换优先股、可转换债券或附认股权债等。对创投公司而言，可转换证券一方面可以使投资得到较为稳定的回报，并避免初期投资失误带来的损失，另一方面可将优先股或转债转换为普通股，分享企业增长的潜力。对于创业家而言，可转换证券在带来资金的同时，引起资本结构的变化并不会影响其后续融资，也能确保创业家的经营管理。

（3）创投家对创业企业的监控。在整个创业投资过程中，创投家对创业企业的管理监控与精心评估选择投资企业、策划设计创投契约一样重要，创投家可称之为关系投资者。戈尔曼和萨尔曼的实证研究（Gorman and Sahlman，1989）表明，创投家每年平均花费 110 小时与创业企业共同工作，75%的创投公司除自身投入外，还积极帮助企业从其他渠道获得更多的融资。① 此外，创投家还帮助企业寻找合作伙

① GORMAN M, SAHLMAN W A. What do venture capitalists do?[J]. Journal of Business Venturing, 1989, 4(4): 231-248.

伴，与这些利益相关的企业在生产、营销、技术转让及融资等方面展开合作。戈尔曼和萨尔曼还发现，创投家参与监督管理的频率与企业的发展阶段相关。若企业处于早期发展阶段，创投家一般每月走访1.5次，每次5小时；企业逐渐成熟之后，创投家每月走访0.75次，每次3.3小时。在联合投资方式下，主导创投公司通常对创业企业进行每月一次的访问，每次耗时4~5小时；跟投者则平均每个季度访问一次创业企业，每次耗时2~3小时（Lerner，1994）。[①] 不过创投家通常不参与创业企业的日常管理，而是主要通过一些绩效指标判断创业企业的发展情况，实施间接控制。一旦发现问题，及时干预，甚至更换企业的CEO（首席执行官），直至停止投资或对企业进行清算。

## 第三节　公司治理的国际比较

人类文明发展的历史长河中，每个国家和地区都产生了各自不同的历史和文化，形成了不同的文化制度。这些制度会对公司治理产生不同的影响，从而形成不同的公司治理体系。

全世界的公司治理体系可以分成四大类：一是英美股东至上的治理体系。二是德国和日本的治理体系，德国和日本的治理体系的最大特点是银行参与公司治理。三是韩国、印度尼西亚、中国台湾等亚洲国家或地区家族制公司治理体系，这些亚洲地区的企业往往是家族制企业，这也是1998年亚洲金融危机出现的一个重要原因。四是我国的多元化、多层次公司治理结构。我国于20世纪90年代建立的资本市场最初参照的是德国模式，美国于2002年发布《萨班斯-奥克斯利法案》（The Sarbanes-Oxley Act，简称“SOX法案”）后，我国证监会进

① LERNER J. Venture capitalists and the decision to go public[J]. Journal of Financial Economics, 1994, 35(3): 293-316.

行了很多改革，因此，目前我国的公司治理结构越来越像英美模式。

## 一、英美股东主导型模式

英美模式发源于发达的股票市场，因此是一种股东至上的模式。该模式由于具有非常发达的股票市场，吸引了很多投资者，特别是很多机构投资者。这些机构投资者通常以公司法人的身份进行投资，被称为法人股东，以区别于个人股东。公司的股权结构相对分散，这使得美国的公司经理人，即 CEO，拥有很大的权力。

美国的法人股东主导型公司治理模式主要形成于 20 世纪 80 年代末至 90 年代初。该模式的主要特点包括：

首先，从股权结构来看，个人股东与法人股东并存，但以法人股东为主体。美国目前最大的法人股东是机构投资者，如退休基金、商业银行的信托机构、人寿保险公司、共同基金以及各类基金会和慈善机构等。其中，退休基金的规模最大，信托机构次之。

其次，从持股形式上看，机构股东的持股通常是单向的，且以星座式持股为主。所谓星座式持股，是指每个大公司的股份往往被若干个大法人股东持有。相对于单个公司而言，这些机构法人股东就成为具有共同利益的股东，它们联合在一起，类似一个星座，集体对公司的运营实行制约和控制。按照这种持股形式，大公司可以不受星座中任何一家机构投资者的支配，却受以星座形式出现的机构投资者集体持股行为的控制。

再次，从持股稳定性来看，法人股东持股相对稳定。机构法人支配的资本大多属于私人委托者，机构法人代表其真正的所有者进行证券投资。为了满足委托人的利益要求，机构投资者必须密切关注股息和股价的变动，并据此做出保留还是抛售股票的决策。在持股额较小的情况下，机构投资者难以对公司经营事务施加影响，因而常常以抛售股票的方式表达对公司经营状况的不满。此时，机构投资者持股的稳定性比较差。但是，随着持股额的增大和持股比例的提高，机构法人持股的稳定性亦相应增强，机构投资者正在逐渐向长期投资者转化。

另次，从内部机构设置来看，美国公司设有股东大会、董事会、董事会的附属机构以及首席执行官职位。为加强董事会的监督和控制职能，美国法律规定公司必须有一定数量的外部董事，并且要求上市公司必须设立由外部董事组成的审计委员会、董事提名委员会以及薪酬委员会，全面负责公司业务的审查、董事任免及董事和经理人员的收入分配工作。首席执行官与董事会主席职务分设，首席执行官由董事会任命并对董事会负责。

最后，从控制机制来看，“用手投票”机制和“用脚投票”机制并存，而“用手投票”机制的作用越来越大。在持股占大量情况下，机构法人股东不再遵循“用脚投票”机制而频繁买卖股票，因为在持股额巨大的情况下，短期内难以尽数卖出所持股份，再者，大量抛售股份还会引起股市波动，自身利益难保。为了维护自身的权益，机构股东转而积极参与公司重大问题的决策，对公司经理阶层进行有力的监督和检查，迫使其按照法人股东的要求和愿望从事日常经营管理。对那些观念保守、管理不力、经营亏损的经理果断地予以解职。

由于英美证券市场比较规范，发展的历史也比较悠久，另外，独立董事制度也比较规范，所以英美主要通过独立董事以及外部监管体系来规范资本市场，这是英美公司的治理模式。

## 二、德日公司内部治理模式

在德国和日本，企业之间，以及企业与银行之间形成长期稳定的资本关系和贸易关系构成了一种内在机制，这种机制对经营者的监督和制约被称为内部治理模式。在德国和日本，尽管股票市场发达，但企业从中筹资的数量有限，企业的负债率较高，股权相对集中且主要由产业法人股东持有（企业间交叉持股现象普遍），银行也是企业的股东。在这些企业中，银行、供应商、客户和职工都积极通过公司的董事会、监事会等参与公司治理事务，发挥监督作用。这些银行和主要的法人股东组成的力量被称为“内部人集团”。

德日治理模式最重要的一个特点是银行在公司治理中发挥着重大作用。很多德国、日本的企业，都是以一个银行作为一个大财团来运营的，银行既是企业的贷款人，又是企业的大股东，因此参与公司治理的话语权非常大。以日本模式为例，通常是如富士银行这样的大银行，拥有许多供应链上的上下游企业，围绕着银行周围，银行给这些企业既提供贷款并持有企业的股权，这些企业之间还有很多业务往来，形成一个以银行集团为中心的财团。这就是日本的以银行为中心的公司治理模式。同样，德国自 19 世纪下半叶开始工业化时，既缺乏充足的储蓄和资本市场，也没有统一的货币和中央银行，企业只能从银行融资。企业自身亦积极建立银行机构，以便吸收更多资金。德意志银行的前身就是银行与公司合作的结果，其主要目的是扩大对外贸易的融资。这样，企业与银行形成了一种亲密的合作关系，奠定银行进入公司治理结构中的基础。

相比之下，日本公司的治理模式更体现出一种经营阶层主导型模式，因为在正常情况下，经营者的决策独立性很强，很少直接受股东的影响；经营者的决策不仅覆盖公司的一般问题，还左右公司战略问题，且公司长远发展处于优先考虑地位。而德国的治理模式更体现出一种共同决定主导型模式，在公司运行中，股东、经理阶层、职工共同决定公司重大政策、目标、战略等。

### （一）德国公司治理模式

德国公司的治理模式建立在银行主导的金融体制之上，不依赖资本市场和外部投资者。以银行为主的金融机构在公司治理结构中发挥重要作用，不但提供融资，而且控制公司的三大组织机构——股东会、董事会、监事会。权力严格分工，配置均衡，且适当地突出经营权与监控权，形成了有效的相互制约机制。

德国公司采用“双层委员会制”，即监事会与董事会上下隶属的双层结构。公司机关由股东会、监事会、董事会组成，三者为上下级关系：股东会之下设监事会，监事会之下设董事会。监事会向股东会负责并报告工作，董事会向监事会负责并汇报工作。在“共同决定制”的原则基础上，以监督职能为中心构建委员会，由“股东代表”和“职工代表”共同组成第一层委员会——监事会，负责监督，包括制定公司政策，拟定执行目标，监控执行过程，评价执行结果；提名决定第二层委员会——董事会，负责执行。建立监事会和董事会的双层委员会制度，其主要目的是强化股东对经营管理者的控制与监督。从《德国股份法》关于监事会和董事会的规定可知，监事会是公司最主要的监督机关，负责对董事会及董事执行公司业务的持续监督。董事会是公司最重要的行政机关，负责公司政策的拟定及公司业务的执行。监事会与董事会之间的关系微妙复杂而颇具特色。

股东会是公司的权力机关，但仅仅是实行“股东民主”的场所，其职权仅限于法律和公司章程规定的任务。股东会的权力在不断削减，如公司可以发行无表决权的优先股票，或在公司章程规定限制一名股东的表决权上限，限制表决权是为了避免大股东对公司经营权过分干预，保证董事会的自主经营权。但限制股东表决权亦同时导致大银行对公司的影响力增强，因为大银行作为大量分散小额股票的“保管银行”，代为行使股东表决权并不受到限制的影响。因此，限制股东表决权的主要结果是大大增强董事会的经营自主权，而削弱股东会的权力。为保护股东权益不被剥夺与侵害，法律特别赋予股东诉讼权，包括“撤销股东会决议诉讼”和“股东代表诉讼”。

监事会是公司的控制主体，负责任命管理董事会的董事成员，监督董事会的经营业务，向董事会提供咨询，但不履行具体的管理职能。

因此，监事会是公司的监督机关，也是董事会的领导机关。监事会的职权仅限于监察公司业务，而不得参与执行公司业务，即不得将具体的经营行为委派监事会。在法律制度上，严格区分经营机关和监察机关，使监事会具有监察机关的职能更为明确化。监事会的成员由股东代表（资方监事）和员工代表（劳方监事）组成，主要职责是监督董事会的经营业务，向董事会提供咨询等。监事会不仅对董事会的业务活动有广泛的审核、监督和了解权力，而且有权审核或委托职业机构审核公司的账簿，核实公司资产，并在必要时召集股东会。

在德国，公司的经营权完全归董事会所有。董事会是公司的经营决策机关、业务执行机关及公司代表机关。董事会的业务执行权与代表权当然可授权给董事及其代理人行使。董事会是公司的法人代表，自主领导公司并经营业务，负责公司战略性的决策与日常运营的执行。法律严格区分董事会和监事会的权限，严令禁止监事会参与公司的管理。因此，负责执行的董事会在管理决策上有一定的自由度，正常情况下不承受来自股东会的直接压力，亦不接受股东的指示约束。但当他们表现欠佳时，会被监事会撤换。

德国公司治理模式的显著特点之一是规定了“职工参与制”，即监事会成员（监事）中有三分之一或半数从职工中选举产生，使职工能够参与公司经营管理。职工参与制的优点在于以下几个方面：第一，它使职工与公司形成利益相关、休戚与共的事业共同体。职工享有选举权和被选举权，以及对企业生产经营状况的知情权和质询权，这有助于减少劳资双方的摩擦与对立，并监督维护职工利益法规的执行情况。第二，职工参与制促使职工对公司的长期发展给予更多的关注。他们不再盲目追求公司的短期利润，企业资产配置更趋优化与合理。第三，职工和高级经理人员选举的职工代表进入监事会，使得公司决策更加公开透明。职工参与管理有效地消弭劳资信息不对称的状态，从而更利于监督，减少代理成本。第四，职工在监事会中占有席位，有利于管理阶层部门的持续稳定生存。一旦公司受到接管，接管者仍需与这些职工代表进行交涉，职工有可能抵制接管者的任何接管意图与尝试，使接管者在准备接管时更加审慎地做出决定。

从德国公司的股权结构来看，持股主体包括银行、保险公司、实业公司和创业家族。其中，银行对企业治理结构的影响极为显著。一家对公司持股最大的银行被称为“主银行”。银行最初以债权人介入公司，但当公司股票上市或无法如期偿还贷款时，银行就将债权转换为股权，从而转变为公司的股东。银行通过贷款对公司拥有股东权益，进而通过控制股票投票权的运作，向董事会派出代表或派遣银行职员成为公司监事进驻监事会。此外，德国法令允许银行代理小股东行使股票权，即银行可以代表储户用储存在银行中的股票进行投票。这使投资大众的股票得以集中，加强了银行对公司的监督影响力。作为该公司的各种金融服务的唯一提供者，主银行能够比较容易地获得公司内部信息，从而对公司实施有效的监督。

银行不仅是企业融资的提供者，还是企业的主要股东和证券市场的综合证券商。除承销、自营买卖和代客买卖外，银行还代客保管股票并代其行使投票权。银行介入制的优点在于可以稳定企业经营及市场，并促使企业从中长期的角度来考虑策略方向，这从德、日经济的良好表现可证，但缺点是经济权力过分集中以及不同角色间的利益冲突。

### （二）日本公司治理模式

日本公司治理的基本特征如下：

**1. 法人相互持股的股权结构**

法人相互持股或交叉持股，从而形成长期、稳定和“沉默”的股东，是日本公司股权结构有别于英美公司的最显著特征。财阀家族私人网络关系引起财阀关系企业的重新组合，战后美军占领当局“解散财阀”的不彻底，以及日本政府于1949年和1953年两次对原有《禁止垄断法》的修改，加上日本于1964年加入OECD后公司经营者为抵制外国投资者敌意收购而做出的努力等原因，造成日本公司的股份迅速由个人向法人（银行、非银行金融机构和实业公司）集中，形成了以“稳定股东”为主体，以相互持股或交叉持股为特征的相对集中的股权结构。

**2. 主银行的突出作用**

日本主银行体制源于战时军部实行的“军需企业指定金融机构制度”。作为双重身份的主银行，对企业的监督方式分为事前监督、事中监督和事后监督三个阶段。事前监督主要是对公司长期贷款的审批，了解公司的财务状况以及对所投资公司新项目的评估和审查等方面；事中监督主要表现在主银行对经理人员的直接监督和任免上；事后监督则体现在主银行对企业的相机治理机制上。主银行相机的治理机制参与控制权的转换，发挥了在美国和英国比较典型的“公司控制权市场”的类似作用。

**3. 以代表董事为主导的臃肿的董事会制度**

在日本，董事会是公司业务执行和监督机构。这种组织结构是受战后美国公司法影响的结果。尽管日本董事会的设立受美国的影响，但是日本公司的董事会具有独特的特点：其一，董事会等级差别突出。按照等级顺序，日本公司的董事依次为会长、社长、副社长、常务董事和一般董事。董事会设有代表董事，只有代表董事才有资格代表公司。① 因此，代表董事是日本公司权力最大的群体。其二，董事会的规模庞大。董事会成员超过20人是常见现象，过于庞大的规模被视作董事会职能失效的重要原因。其三，董事会成员在来源、功能、薪酬

① 日本代表董事的选任需经过股东大会选任董事组成董事会、董事会表决选任代表董事、商业登记三步流程。

等方面存在“同质化”现象。

**4. 形同虚设的监事会制度**

《日本商法》要求公司设立监事会，目的在于使其发挥对董事会业务执行的监督作用，但从战后日本监事会实际运作情况来看，监事会难以发挥应有的作用。究其原因，主要在于以下几个方面：首先，监事会成员多来自公司内部。在日本公司担任监事的大多是曾担任过董事的人员，或是尚未晋为董事却已经接近退休的“部长”“科长”等经营者。外部监事的独立性不强。其次，监事的提名和任免权掌握在代表董事手中。尽管原则上监事会成员由股东大会选任，并负责对董事业务执行情况进行监督，监事会是与董事会平行的机构。然而，包括监事任免在内的全部人事权实际上掌握在代表董事手中，监事会实际上已经成为董事会的附属机构。

由于日本泡沫经济的崩溃带来的内部压力和美国等西方国家资本竞争的外部压力，日本自 20 世纪 90 年代起，对自身的公司治理模式进行了大规模改革。日本公司治理模式改革的内容主要表现在相互持股的股权结构变化、公司董事会和监事会的强化等方面。改革后，日本公司在股权集中度降低、董事会效率提升、监事会独立性增强等方面取得了一定的成效。

## 三、亚洲家族制治理模式

家族制治理模式又被称为“股东决定直接主导型模式”，是指某一或若干家族占有公司的相当股份并控制董事会，家族成为公司决策系统中的主要影响力量或实际控制人的治理模式。这一模式在东南亚国家、韩国、我国台湾和香港地区较为常见。由于企业是家族制的，家族企业最主要的特点是所有权和经营权都在家族手中，具有很强的财务封闭性和人才封闭性。其优势在于主要股东的意志能得到直接体现，缺点在于企业发展过程中所需要的大量资金等资源难以从家族中得到满足。

## （一）家族制企业的优势

面对经济衰退和打击恐怖主义的战争，工业化国家中规模最大的公司匆忙调整经营活动，而家族制企业似乎能经受住考验。具体而言，家族制企业的优势主要体现在以下几个方面：

**1. 家族制企业拥有做出最优决策的产权制度**

为了减少决策失误并做出最优决策，一个重要的保证来自产权制度对决策者的约束，即决策者必须对决策的后果负责。家族制企业产权制度的特征是家族成员拥有企业财产的所有权，企业的所有者就是决策者，这迫使家族制企业的决策者谨慎决策，不存在经理制公司常见的偷懒、疏忽和作弊等行为。因此，这种具有切身利益关系的产权制度是家族制企业做出最优决策的重要保证。不仅如此，家族制企业的产权制度还可能带来其他好处：一是有利于决策者更重视公司的长远利益，而不被眼前利益所左右；二是面对瞬息万变的市场能够当机立断，迅速做出反应；三是减少决策中不同利益者的矛盾和摩擦。

**2. 家族制企业的产权制度有利于降低代理成本**

当家族制企业的所有权与经营权都集中于创业者一人时，就不存在代理成本的问题；当企业家族成员拥有更多股份而把经营管理的一般职能交给非所有者或非家族成员时，代理成本也很低。因为这些经营管理者并未拥有重要的决策权，同时家族的控股者可以直接通过董事会决定这些经营管理者的去留。

**3. 家族制企业的血缘关系造就的共同奋斗精神使企业具有强大的生命力**

家族制企业的特征是其主要成员具有血缘关系，企业的存在与发展和他们的家庭利益紧密相连。他们视企业为自己的生命，为了家族共同的利益而不惜牺牲自我，这种精神或者说这种企业文化产生的生命力是一般的非家族制企业难以具备的。

由同一家族成员组成的企业，彼此间具有高度的认同感和一体感，从而产生一种神圣的道德责任，愿意诚心诚意地服从企业领导，在企业内部形成了向心力。企业员工相对稳定，企业很少担心人力资源开发投资会遭受损失，容易建立正常的劳资关系与和谐的内部人际关系，减少了人事上的纠纷，有效防止了企业机密和技术情报的外泄。管理者与被管理者的距离比较近，企业内部员工的个人目标与企业整体目标较易达成一致。因此，以家庭管理为特点的中小企业在初创或处于危难之时，家族成员之间具有无可比拟的凝聚力和信任度，从而使企业具有快速应变能力。

### （二）家族制企业的缺陷

事物总有两面性，家族制企业管理模式的优点，在某种程度上也成为其进一步发展的羁绊，主要表现在以下几个方面。

**1. 产权制度的缺陷**

（1）内部产权边界混沌不清。家族制企业很少对家族成员之间的产权进行明确界定，导致内部产权边界模糊，这为日后家族成员之间的产权纠纷埋下了隐患，增加了企业做大做强的难度。

（2）产权的封闭性。在家族制企业内部，忠诚意识和集团意识占据主导地位，企业的群体价值趋于增大，企业成员能自觉地维护企业的和谐，因而其整体构成了一个相对封闭的集团，呈现明显的封闭性特征。反映在企业的活动中，易使企业对外部群体采取敌视或排斥的态度，而这种对外部边界的“不合作”态度不利于企业自身成长。

**2. 所有权和经营权严重重叠，形成集权化的决策体系**

在企业组织简单时，集权化的领导能对外部环境变化灵敏地做出反应，使企业迅速做出决策并加以贯彻落实。但随着企业管理链条的拉长，企业主的知识折旧速度加快，单纯依靠感性经验做出的决策带有很大的主观性，做出错误决策的风险很大。更严重的是，企业主的绝对权威和一元化股权结构使企业缺乏有效的内外监督、反馈和制约机制，难以建立有效的权力制衡机制，导致企业主的权力不受限制，由此造成的决策失误是一种制度安排上的错误。

**3. 家族制企业在人力资源使用上存在很大局限性**

由于家族成员几乎占据了企业所有重要的职位，加之业主对家族成员以外的员工缺乏基本信任，阻碍了优秀的社会人才进入企业。同时，业主按关系、忠诚度、才能等标准将员工分为亲疏不等的类别，采取内外有别的价值评判标准，这使企业难以得到非家族成员及社会的认同，导致家族制企业的人才结构出现了严重的对外封闭性，无法形成动态的人才代谢机制。具体而言：

（1）当企业发展壮大后，需要从社会上招聘一批高水平的专业化人员管理企业，这些人很难与原来企业的领导者平等相处，在企业的实际运作中，两者之间的磨合需要花费大量成本。

（2）在家族制管理的企业中，企业内部的激励和约束机制面临严峻的挑战。由于家族成员与非家族成员之间的差异，在企业内部的管理制度中出现了大量的双轨形式和双重标准。

（3）家族制的管理体制使得企业的用人科学性得不到保证，导致大量优秀人才流失。

**4. 软约束的传统家族伦理组织原则**

家族制企业通过非正式的传统家族伦理道德的自发作用来规范、配置资源和协调各种关系，企业缺乏有效的规章制度，即使存在也难以严格执行。

**5. 选择继承人问题**

如何选择继承人及如何处理好诸多继承人之间的关系，对于家族制企业的领导者一直是个非常棘手却又无法回避的问题。在任何情况下，不平均分配股权都将引起相互嫉妒，从而导致作为竞争对手的后代之间发生争权夺利、骨肉相残的现象。而家族制企业一旦失去了和睦、协作、凝聚力等制胜的法宝，其成功就无从谈起。

在数智经济转型和技术创新的时代背景下，家族企业若要实现传承，其管理思路也必须从管理企业转向管理资本。家族企业若要解决公司治理问题，必须铭记在心的是，传承的不是企业，而是财富。在数智经济时代，家族企业必须接受技术的升级和业务的转型，不断地改进业务内容和技术水平，只有这样，才能确保真正的传承。

## 四、我国的多元化、多层次公司治理模式

我国的公司治理模式经历了从最初参照德国、日本的“三会”（股东会、董事会、监事会）设置，到后来逐步引入美国独立董事制度的发展历程。鉴于我国公司发展水平的不均衡，以及历史、文化传统、经济、法律制度的独特性，我国的公司治理模式将在实践中不断接受检验并继续发展。

### （一）我国当前公司治理模式

我国公司治理模式最初是按照德国模式的“三会”的标配来设计的。我国于1993年颁布的《中华人民共和国公司法》，对股东会、董事会以及监事会等公司组织机构的设置及职权进行了规定。2005年修订的《中华人民共和国公司法》进一步强调了公司治理的重要性，提出了股东、董事会、监事会、高级管理人员四个治理主体的重要作用。同时，中国证券监督管理委员会（简称“中国证监会”）也出台了一系列规定，规范了上市公司的信息披露、股权结构、董事会和监事会的职责等方面。但是大家逐渐发现监事会的声音在我国资本市场上越来越小，相反独立董事取代了监事会的作用。从这一角度来看，我国资本市场的改革和发展越来越多地参照了英美模式。例如，近些年来，科创板引入了英美的注册制以及双重投票机制，这些都是在美国的资

本市场上运行多年的制度。

我国目前主要采取结合英美与德日两种制度体系特点的治理模式，但我国公司治理模式既不同于德日，又有别于英美。具体而言，在主银行制度、共同决策机制、工会参与的劳工保护、集体决策机制等方面，中国的公司治理有别于德国；在主银行制度、法人相互持股、年功制、终身雇佣制等方面，中国的公司治理有别于日本；在董事会中心主义、职业经理人制度、外部独立审计、员工持股计划、集体谈判机制等方面，中国的公司治理有别于美国。[①]

基于我国公司的整体发展，目前处于一个相对复杂的环境中。这里不乏许多大规模的现代化上市公司，也有数量相当庞大的中小规模公司，还有许多正在转型的国有企业。每个公司的具体情况更是迥异。有学者提出，公司法修订改革和公司治理模式优化选择的使命和任务，并非对其进行“二选一”或“多选一”的排他性选择，而是根据公司的客观需要，进行适当性或适配性的安排。应在设计和肯定多种治理模式的基础上，赋予治理模式规范以法律的任意性，允许公司当事人根据自身需求和不同情况进行自主决定，由此，公司法将彻底摆脱在股东会中心和董事会中心之间的纠结和彷徨，不必再在二者之间进行艰难的权衡和取舍。简而言之，公司法对公司治理模式最具立法智慧的最佳选择就是让当事人自己选择。[②] 这一立法建议已经体现在2024年新修订的《中华人民共和国公司法》(以下简称“新《公司法》”)中。

### (二)我国公司治理发展趋势

2023年，在公司治理方面发生了几件大事：IPO(首次公开募股)

---

① 邓峰．中国公司治理的路径依赖［J］．中外法学，2008(1)：60-61.

② 赵旭东．股东会中心主义抑或董事会中心主义？——公司治理模式的界定、评判与选择［J］．法学评论，2021，39(3)：81.

注册制全面施行；国务院办公厅印发了《关于上市公司独立董事制度改革的意见》，随后中国证监会发布了《上市公司独立董事管理办法》；国家政府出台了多项振兴资本市场的政策措施；新《公司法》正式发布，并于2024年7月1日施行。这几件大事，将对我国公司治理未来发展趋势产生深刻影响。

**1. 加强资本市场对我国公司治理的外部监督**

我国的资本市场正在逐渐走向成熟，市场不仅逐渐规范，而且保持了活跃性。随着资本市场同世界接轨与投资者逐渐变得理性，直接融资对于上市公司愈加重要；国家持股模式也逐渐趋于分散，这表明未来资本市场将成为上市公司治理的支柱。随着资本市场中“风险越大、收益越大”理念的普及，愿意承担高风险以换取高收益的投资人越来越多，这使得公司创新的可能性更大。在未来的环境下，创新无疑是经济发展和公司进步的主要动力，因此资本市场的作用将更加明显。同时，注册制的全面施行意味着证券监管机构不再对申请上市公司提交文件中所披露信息的真实性、准确性、完整性进行实质性审查，而是交给资本市场甄别和检验，这也表明我国将更加强调资本市场的监督作用。

**2. 董事会将从形式独立不断走向实质性独立**

新《公司法》规定，公司可以按照其章程规定由董事会中的审计委员会行使监事会职权，不设监事会或监事。这一新规定可以减少治理机构职责的交叉重叠，降低公司治理成本，提高公司治理效率。然而，董事会审计委员会能否代替监事会行使监督职责，取决于董事会及其审计委员会的实质性独立性。《上市公司独立董事管理办法》规定上市公司独立董事占董事会成员的比例不得低于1/3，审计委员会中的独立董事应当超过半数。在不设监事会的很多发达国家，董事会的独立董事比例平均达到85%，审计委员会则要求全部由独立董事构成，而且独立董事基本来自职业经理人市场。因此，董事会主要由独立董事组成，审计委员会全部由独立董事构成，独立董事主要来源于职业化的、透明化的、竞争性的经理人市场，以形成真正独立的董事会，这是必然趋势，也是新《公司法》落地的必然要求。

**3. 更强调违反强制性信息披露义务的法律责任**

2023年，IPO注册制已经全面实施。注册制意味着公司上市的“硬门槛”降低了。例如，暂时亏损的企业可以上市，同股不同权的企业也可以上市，等等，这对于拟上市的公司来说是“好消息”，但如果相关制度安排没有跟上，对投资者来说则可能是“坏消息”。其中，最直接的制度是信息披露制度。在信息披露方面，信息披露的质量必须由严肃的法律法规来保证，如果信息披露义务人违反强制性信息披露义务，将承担相应的民事、行政以及刑事法律责任。例如，投资人因信息披露义务人的虚假陈述而遭受损失，可以要求其赔偿差额损失、佣金损失、印花税损失及相应的利息损失；还可能被证监会作出行政处罚。证监会对违反信息披露制度的一般采取责令改正、监管谈话、出具警示函、记入诚信档案等监管措施；应当给予行政处罚的，中国证监会依法处罚；情节严重的，可能构成违规披露、不披露重要信息罪，接受相应的刑事处罚。

**4. 劳动雇用资本的趋势愈加明显**

传统公司治理基于资本雇用劳动的基本理念，即劳动附属于资本，剩余索取权归属于资本所有者。但是，随着劳动力技术含量的提高，劳动雇用资本的趋势已经显现，比较典型的就是双重股权制度。当然，双重股权制度并非纯粹的劳动雇用资本，因为在该制度下，资本投资者和创业者（劳动力所有者）往往是同一人，资本的话语权仍然很大。此外，在双重股权制度下，资本投资者主要看重的是企业发展态势，而不仅仅是创业者自身的能力。随着技术发展日新月异，一个企业的成功将更多地依赖于具有高技术含量的劳动者（尤其是创业团队），因此，劳动雇用资本的新公司治理理念将会越来越被认可，并将相应带来生产关系的变化，资本剥削劳动的传统观念将随之逐渐消失。

**5. 公司治理的ESG发展趋势**

公司治理的ESG发展趋势变得日益重要和显著。随着全球范围内可持续发展理念的普及，ESG因素在公司治理和投资决策中的重要性逐渐凸显。

首先，从公司治理层面来看，ESG因素正逐渐融入企业的战略规划和日常运营中。企业开始重视环境和社会影响，并将其纳入公司的治理结构和风险管理框架。例如，许多公司设立了专门的ESG委员会或工作小组，负责制定和执行相关的战略和政策。同时，企业也开始将ESG目标与业务目标相结合，以确保在追求经济效益的同时，实现环境和社会的可持续发展。

其次，ESG信息披露逐渐成为公司治理的重要组成部分。企业不仅需要公开财务信息，还需要公开与ESG相关的非财务信息。这有助于投资者和其他利益相关者了解企业在环境、社会和治理方面的表现，从而做出更明智的决策。同时，ESG信息披露也有助于企业提高透明度和信誉度，增强与利益相关者的沟通和合作。

最后，ESG因素正在逐渐纳入投资决策中。越来越多的投资者开始关注企业的ESG表现，并将其作为投资决策的重要依据。这推动了企业更加重视ESG因素，并将其纳入公司的战略规划和治理结构中。同时，也促进了ESG投资产品和服务的发展，如ESG基金、ESG债券等。

总之，企业需要重视ESG因素，将其纳入公司的战略规划和治理结构中，以实现环境、社会和经济的可持续发展。同时，投资者和利益相关者也需要关注企业的ESG表现，以做出更明智的决策。

## 第四节 公司治理模式演进的驱动因素

由于微观企业制度的形成和演变受到经济及宏观体制、法律、历史和文化等方面的影响，公司治理模式及相应的制度安排在不同的国家和历史时期是不一样的。

### 一、经济发展阶段

经济的发展经历了从古典型经济、管理型经济到创业型经济的不同阶段，推动变化的主要力量是不断进行的技术创新、管理创新和组织创新，公司治理模式随之相应变化。创新为公司治理的演化创造了技术条件，产业革命的机器化生产催生了现代的公司组织，科学管理引起的管理创新产生了经理革命，使公司控制权转移到职业经理人手中。创新是影响公司治理演进的主要因素，一系列技术、组织和制度创新推动形成公司治理的制度基础，公司治理模式要致力于建立适合于创新的组织和制度、协调体制、信息处理模式。创新与公司治理模式具有互适性，例如，日本企业强调管理人员和车间工作人员在创新中的现场合作，创新以生产技术创新和工艺创新为主，因此其治理模式为利益相关者共同治理。而美国则强调高级管理人员和企业的专业化技术人才对创新的贡献，忽视对工人的技能投资，创新以产品创新为主，管理层与普通工人距离较远，由此产生对高层管理人员和核心技术人员的高额股票期权激励，而忽视工人的福利和奖励。

### 二、市场体制

在市场体制方面，美英特别是美国，是现代化自由市场的典范。各类生产要素市场，如产品市场、董事经理市场、劳动力市场等，充分流动且市场体系也十分完备，因而多方利益相关者均能参与公司治理。德日属于后发展类型的市场经济国家的典型代表。[①] 作为市场主体的利害关系者积极参与投资企业的活动，为了该企业的长期繁荣，积极行使发言权，而不是通过出售股权获利。此外，资本和劳动力的市场化受到制约，作为生产要素的资本和劳动力市场比较僵化且流动性不强。例如，日本型市场经济体制的最大特征是，从未把经济发展完全让渡给市场价格机制的自发力量。日本为了迅速实现从后发展经济向工业化经济转变的国家目标，市场价格机制的相当部分功能被替代了：其一，宏观经济层面的政府替代市场；其二，微观经济层面的企业替代市场。

在金融市场方面，美英拥有非常发达的金融市场、资本市场、各类证券市场，而在德日，德国全能银行制和日本主银行制替代了金融市场、资本市场、证券市场的许多功能。美英公司的所有权结构较为分散，存在大量公众上市公司；德日公司的所有权结构比较集中，公众上市公司比重不高。美英和德日在金融市场方面的这些差异，决定了美英公司和德日公司在融资结构的选择和安排上的巨大不同。这也是两种模式出现明显差异的重要原因。另外，债权资本和股权资本的组合比例直接决定着企业的财务结构，因此，对企业的控制和对经理的约束，既可以通过董事会和监事会的组织系统和活动来进行，如美英公司治理模式的实践；也可以通过债务比率来进行，如德日公司治理模式的实践。这样一来，债务和资本权益的权衡和选择，也是一种重要的控制手段。如果债权人很强，债权的强度和有效程度较高，其控制自然有效；如果债权人很弱，债权强度和有效程度不高，就像我国目前这样，借债不还，用债权控制企业就很难奏效。

---

① 后发展类型的市场经济国家这一概念源于经济史学家对工业化进程的观察，强调它们在 19 世纪中后期启动工业化时，通过借鉴先发国家经验、结合自身制度创新，走出一条不同于早期资本主义国家的发展路径。

## 三、法律制度

法律规制直接决定了资本市场的发展方向。实行以普通法为基础的法律体系的国家或地区，其金融体系以（证券）市场为基础；而金融体系不发达的国家或地区较多实行大陆法系。实行普通法的国家或地区对小股东的保护力度很强，会计体系以决策会计为主，要求公司财务信息公开，并且执法力度比较强，因而投资者愿意在这样的资本市场投资。资本市场发达，资本市场参与公司治理的能力就强，因而形成了市场导向型的治理模式。相反，强调对贷款人的权利进行保护的德国式大陆法系有助于银行中介机构的发展，而不注重对中小投资者的保护，中小投资者也并不愿意在资本市场投资，这些国家资本市场的规模相对较小。资本市场参与公司治理的重要性就弱于普通法系的国家，作为补充，大陆法系的国家形成了银行主导型的公司治理模式。①

对投资者的法律保护直接影响资本市场的发展及公司股权结构和股东类型。投资者法律保护的实质在于，完善的法律制度会使内部人的掠夺技术变得缺乏效率，当法律使得大股东从公司经营中分得的红利大于掠夺的净收入时，所有投资者的权益将得到最好的保护。成熟市场经济国家的实践表明，只有极少数对股东权益的法律保护较为完善的国家存在分散的股权结构，股权集中是法律对股东保护不足的一种替代。由于法律保护不力，投资者只有通过股权集中、形成控制股东以监督代理人的行为，降低代理成本。同时，由于法律体系对股东的保护不力，中小股东面临较大的被侵犯风险，导致购买股票的需求不足或股价偏低，这会削弱发起人股票融资的积极性，也将导致股权的相对集中。

考察转轨经济国家的情况，发现在法律对投资者保护机制不健全

---

① 蓝庆新，韩晶．公司治理模式演进的国际比较分析：基于制度系统论的视角［J］．经济社会体制比较，2010（5）：191-192.

的情况下，面向公众投资者、实现权益分散的模式都是失败的，除非新兴的民营化公司通过在国际证券交易所上市实现股权分散，否则所形成的分散股权模式将带来严重的投资者保护问题。

美国公司股权结构之所以呈现分散状态，原因固然是多方面的，但美国相关法律限制股权集中是一个十分重要的因素。与欧洲国家和东亚的日本相比，美国的法律禁止通过金融机构实现控股权的关键性集中。即使在美国，个人也很少拥有足够的资金来持有大份额的、有影响力的股票。尽管机构投资人理应能够做到这一点，如保险公司、共同基金和养老基金，但他们受到美国的投资组合规则（portfolio rule）、反网络化法规等的限制。例如，拥有最多资金的银行被禁止持有股票或在全国范围内经营；共同基金一般不能拥有导致控制权的股票份额；保险公司在20世纪的大部分时间内，大的保险公司被禁止持有任何数量的股票；养老基金受到的限制虽然较少，但它们也被分散化了。证券法规使它们难以联合经营以产生影响，例如，美国证券法规定，持有一公司股票数量超过10%者，被认定为内幕人士，其交易须接受证券监管当局的监督等。而德国权威部门对持股的管制则比较宽松，只有持股超过25%才有义务披露，超过50%才有进一步的义务通知管制机构。《日本商法》规定，公司可以相互持股，包括几个公司间的循环持股。

## 四、历史文化传统

为什么美英等国选择了外部治理的模式，而德日等国形成了内部治理的模式？这并非偶然的巧合，它还与各国历史文化传统有关。

不同的历史文化传统对公司治理的影响也不相同。德国和日本银行之所以在公司治理中发挥主要作用，这与其历史文化传统也是分不开的。至少从俾斯麦时代开始，银行在公司治理中就处于核心地位，发挥主导作用，经过长期发展，最终形成现在的主银行制。在德国，普通个人投资者尽管持有公司股份，但并不直接参与公司治理，而是将股份权力委托银行行使，与银行共享收益。银行通过直接或间接持有的股份，足以使其在公司治理中发挥主导作用。

在20世纪三四十年代，日本政府就曾鼓励家族银行兼并，并且为大多数公司指定一个主银行。二战中财阀实力得到进一步加强，尽管战后在美国的控制下财阀势力有所削弱，但是在20世纪50年代，由于公司利润低导致个人股东抛售股票，政府修改相关法律，重新使银行成为法人企业的主要股东，最终与德国一样形成主银行制，银行在公司治理中发挥主导作用。

另外，虽然日本由于终身雇佣制度、年功序列制和职工持股制度也使职工在不同程度上参与到企业治理中，但与德国相比还相去甚远。德国是空想社会主义的发源地，并且工人运动活跃，加之二战中职工在企业经营和管理中发挥了特殊作用，多方面因素促使统治者在法律上明确职工在公司治理中的地位。实际上，德国很早就通过法律明确了企业职工在企业经营管理中的作用，德国企业职工参与企业经营管理的程度恐怕是任何一个资本主义国家都难以比拟的。无论是企业的执行机构还是权力机构均有职工代表，职工在这些机构中所占的份额几乎可以与投资者平起平坐，形成了“职工参与制”。另外，德国政府积极参与部分公司的经营和管理，在企业中派驻代表参与企业治理，这与德国坚持“社会市场经济体制”是分不开的。

与德国和日本不同，在美国这一“资本雇用劳动”的社会里，职工如果不持有公司股份，要想取得与德国公司职工在公司治理中相同的权力几乎是不可能的。另外，美国是一个后起的资本主义国家，政治上主张人人平等，文化上突出个人主义，强调风险意识和参与意识，从而出现大量个人股东持有公司法人的股份，而德日则长期受封建主义影响，个人对待风险的态度一般倾向于回避，因此他们没有选择股权投资方式，而是大量采取债权投资。所以，不同的文化背景对公司治理主体的选择有着不同的影响。可见，一种真正有效的治理模式还是与该国历史文化传统相契合的产物。

治理模式也会受到制度变迁理论中所讲的“路径依赖”的影响。制度变迁理论认为，初始点确定后，制度在演化过程中，其外部环境和自身状况会出现一种正反馈现象，并导致初始制度的强化和变化空间的缩小。例如，德日的组织治理结构模式，在“路径依赖”的影响下，随着其发展，组织资源越来越丰富、完善、有效，而市场资源的发展和被利用度则受到制约，反之亦然，即在英美“市场主导型”治理模式中，市场资源高度发达，组织资源的发展被显著制约。当然，制度变迁中也存在突变和创新，因为决定制度变迁的一个更为基础的因素是制度运行的交易费用。如果一种制度交易费用过高，就会产生新制度创新的诱因和空间。从目前的实际情况看，两种模式在某种程度上都存在着自我强化，同时，随着外部环境的变化和新的理论认识的产生，两种模式也面临新的挑战，并正在逐步走向趋同化。

## 五、全球化

随着全球化进程不断向纵深方向挺进，各国之间的经济、贸易、文化、政治等的交流与合作日益增多，跨国界的物流、资金流和信息流带来的不同的非正式约束（如习俗等）也跨越国界发挥作用。这些与全球化相伴生的新变化无疑将对各国制度的变迁产生深远影响，自然也会波及公司治理领域。随着全球经济的深度融合与发展，公司治理模式逐渐展现趋同化的趋势。这种趋同化不仅体现在国际经济合作与竞争中，也体现在各国公司治理实践的不断调整和完善中。

### （一）机构投资者作用加强

近年来，机构投资者在全球资本市场中的地位和作用不断加强。他们通过积极参与公司治理，对上市公司提出了更高的治理要求。越来越多的机构投资者（特别是养老基金）长期持有股票，并借助投票机制直接参与公司决策，以维护自身利益。一方面，机构投资者往往倾向于采用更为成熟和规范的治理模式，他们的参与促进了公司治理模式的趋同化，推动了全球公司治理水平的提高。另一方面，企业中机构投资者作用的加强有助于保持公司经营的透明度，增强公司在资本市场上的良好形象。

机构投资者作用的加强直接推动了英美模式和德日模式两大公司治理领域的经典模式的趋同化发展。这两种模式原本在股权结构、控制权分配、监督机制等方面存在显著差异，但随着全球经济的深入融合和公司治理理念的不断发展，两者都出现了向“中间”状态变化的趋势，其结果便是“相对控股模式”的兴起。相对控股模式是指在一个公司中，存在一个或多个相对控股的股东，他们拥有足够的股权来对公司管理层产生重大影响，但又不足以完全控制公司。这种模式结合了英美模式和德日模式的优点，既能保持公司治理的灵活性和效率，又能加强内部监督并防止管理层滥用权力。

在英美模式下，公司股权结构高度分散，流动性强，普遍为社会公众持股。这种模式强调通过市场机制和外部监督来约束管理层的行为，实现公司治理的目标。然而，随着机构投资者的崛起和股权结构的逐步集中，英美模式开始呈现向内部监督强化的趋势。机构投资者作为重要的股东，开始更加积极地参与公司治理，通过行使投票权、参与董事会等方式来监督管理层，维护自身权益。

与此同时，德日模式也在经历着变化。传统的德日模式以银行为中心，金融机构和法人企业之间相互持股，形成了一种相对稳定的控制权结构。然而，随着金融市场的全球化和企业竞争的加剧，德日模式也开始寻求更加灵活和高效的治理方式。银行和其他金融机构开始减少对企业的直接控制，更多地通过提供金融服务和参与公司治理来维护自身权益。法人企业之间的相互持股也开始减少，使得公司治理结构更加多元化和灵活。

在相对控股模式下，控股股东有动力去关注公司的长期发展和业绩提升，因为他们与公司利益密切相关。同时，由于他们并不完全控制公司，因此也会受到其他股东和市场的监督。这种监督机制能够促使管理层更加努力地工作，为公司创造更大的价值。这种新模式结合了两种经典模式的优点，能够更好地适应全球经济一体化的趋势和企业发展的需求。随着公司治理理念的不断发展和完善，相对控股模式有望在未来得到更广泛的应用和推广。

### （二） OECD 准则国际化

OECD 作为全球经济治理的重要机构，其发布的《OECD 公司治理准则》在国际上产生了广泛影响。早在东南亚危机时期，IMF 就要求接受援助的国家进一步开放资本市场、完善公司治理机制。新世纪前夕，OECD 在 1999 年推出了《OECD 公司治理准则》，以期对成员国的公司治理演进方向产生引导性作用。该准则主要包括五个方面——股东的权利、对股东的平等待遇、利益相关者的作用、信息披露和透明度、董事会的责任，这些都是世界各国进行公司治理制度创新时兼顾的对象。该准则于 2004 年进行了修订。在全球化背景下，国际性组织的作用加强，各国相互取长补短，各界关于公司制度的演进至少产生了三大共识：一是突出外部董事或监事的作用，二是强调信息公开透明化，三是注重长期关系投资。随着 OECD 准则的国际化，越来越多的国家开始采纳或借鉴其原则，以完善本国的公司治理体系。这种国际化趋势促进了公司治理模式的趋同化，使得各国公司在治理结构、信息披露、股东权益保护等方面逐渐接近。

### （三）会计准则趋同

会计准则是公司治理的重要组成部分，对于保障公司财务信息的准确性和透明度具有关键作用。随着国际会计准则的推广和应用，财务报告准则趋同，国际会计准则（IAS）和美国的GAAP（一般公认会计准则）出现了进一步融合的趋势，逐渐为世界各国所接受。各国会计准则的趋同不仅提高了公司财务信息的可比性，还促进了公司治理模式的趋同化。在趋同的会计准则下，各国公司能够更好地理解和借鉴彼此的治理经验，推动全球公司治理水平的提高。

### （四）利益相关者受到重视

在全球化背景下，公司治理不仅关乎股东和董事的利益，还涉及众多利益相关者的权益。这些利益相关者包括员工、债权人、客户、社区等。为了平衡各方利益，实现公司的可持续发展，越来越多的公司开始重视利益相关者的权益保护。这种趋势促进了公司治理模式的趋同化，使得各国公司在关注股东利益的同时，更加注重保护利益相关者的权益。

### （五）相关立法趋同

为了规范公司治理行为，保障各方利益，各国纷纷制定并完善了公司治理相关法律法规。随着国际经济合作的加强和跨国公司的增多，各国公司治理法律法规逐渐趋同。这种趋同不仅有助于降低跨国公司的运营成本，还有助于提高全球公司治理的效率和公平性。在趋同的立法框架下，各国公司能够更好地理解和遵循相同的治理规则，促进全球公司治理模式的趋同化。

公司治理模式的趋同化是全球经济融合和发展的需要。机构投资者作用的加强、OECD准则的国际化、会计准则的趋同、利益相关者受到重视、相关立法的趋同等因素共同推动了公司治理模式的趋同化。在全球经济不断深化融合的背景下，公司治理模式的趋同化将成为一种必然趋势。各国应积极借鉴和学习先进的公司治理经验，不断完善本国的公司治理体系，以提高公司治理的效率和公平性。

美国公司治理制度向前演化的同时，其他国家和地区的公司治理也没有停止革新的步伐。受初始条件和路径依赖制约，英国公司治理制度更多地表现出与美国相似的演进趋势；德国公司治理制度则像日本那样更加注重外部治理机制和非银行机构投资者的作用；欧洲其他国家的公司外部控制权市场发展迅速、收购大量出现、公司透明度增加；东南亚公司制度的传统文化成分正在逐渐淡化，日趋向民主化与规范化方向发展；转轨经济国家的公司治理制度也朝市场化方向日臻完善。国际性组织如世界银行、OECD 和 IMF 等对各国公司治理的干预力度加大。

无论当前各国面临多么严峻的经济形势，国际环境多么复杂，不可否认的是，全球化的公司治理模式系统的发展，具有很强的国际经济体之间的相关性。这些相关性体现在产品市场、进出口、跨国投资、资本市场以及跨国上市、跨国融资等各方面，导致全球公司治理模式的趋同。当然，制度变迁的路径依赖效应与制度的互补性，在治理模式趋同的大环境下，各国仍将在一定程度上继续保持原有的公司治理特色。

## 第五节　公司治理的未来发展趋势及实现路径

随着全球经济一体化的加速和科技的迅猛发展，公司治理面临着前所未有的机遇与挑战。未来，公司治理将呈现更加网络化、数字化、透明化和智能化的趋势，数字治理成为未来公司治理的发展方向，越来越强调 ESG 理念，平台企业成为公司的主要形式，平台多中心网络治理将成为公司治理的主要模式。为了实现这些趋势，公司需要加强人才培养和引进、推动技术创新和应用、完善治理制度和规范以及加强与外部环境的互动和协作。

# 一、公司治理未来发展趋势

随着人类社会进入数智经济时代，公司治理越来越多地应用IT和AI技术，更多地强调社会责任，平台企业成为数智经济发展的标杆，数字治理、ESG治理理念以及平台多中心网络治理成为公司治理的未来发展方向。

## （一）数字治理

数字治理是指以数字化赋能公司治理体系和治理能力、构建新型治理体系为目标，平台与企业、社会组织、网络社群、公民个人等多元主体共同参与公司治理相关事务的制度安排和持续过程。

**1. 数智经济时代，资本稀缺性让位于技术稀缺性**

企业发展对技术和人才的需求更甚于对资金的需求。拥有核心技术的企业家团队需要掌握企业控制权，公司治理越来越倚重IT和网络技术，相应公司治理结构逐渐趋于扁平化、网络化和虚拟化，治理主体也呈现多元化趋势。公司治理需要强调对知识人才的激励和利益保障。

**2. 控制权市场逐渐从资本控制权转向技术控制权**

公司治理从约束资本（控股股东及经理层等）转向约束技术（创始人及核心技术人才），股东与掌握公司核心竞争力的企业家管理层之间形成“合作共赢模式”。

**3. 互联网、大数据等技术对资本市场的信息不对称产生巨大影响**

互联网、大数据等技术提高了信息披露的透明度和传播速度，传统的内部人与外部人信息不对称问题得到改善。但同时，海量信息下的信息甄别难题也随之出现，进而产生普通投资者与专业投资者间新的信息不对称，比如与集资金、信息、专业于一身的对冲基金、机构投资者之间。在金融市场中，专业投资者凭借大数据、算法和高频交易等技术手段，获取并分析信息的速度和深度远超普通投资者，导致信息不对称问题从传统的“信息获取差异”升级为“技术能力鸿沟”。这种新型信息不对称不仅威胁市场公平性，还可能引发系统性风险。因此，加强对专业投资者的约束和监管具有紧迫性和必要性。①

### （二）ESG 理念成为主导

ESG 理念正成为全球经济政策发展趋势，能有效引导企业关注长期可持续发展战略目标，践行有序协调发展价值观，实现经济的高质量和全面可持续发展。

**1. 强调企业治理需要对所有利益相关者负责**

企业治理的概念和原则已经发生显著的变化，从仅仅关注股东的利益最大化，转变为考虑所有利益相关者的权益和影响。这种变化反映了社会对企业责任和影响的认知提升，以及企业行为对环境、社会和经济影响的重视。

面对环境污染、气候变化、能源短缺和水资源枯竭等全球性挑战，企业不仅要对自己的股东、消费者和员工负责，还要对所有利益相关者负责。企业必须重视保护环境、节约资源、减少排放，并参与公益慈善事业。

国内外的主要公司治理原则都强调确认利益相关者的法定权利，并鼓励公司与利益相关者合作，同时赋予利益相关者在权力受到侵害时的求偿权以及参与公司治理的权力。通过考虑所有利益相关者的权益和影响，企业能够更好地为社会和环境的长期健康做出贡献。

---

① 在数智经济时代，拥有数据优势类似于过去的大股东拥有资金优势。传统资本市场中，为防止大股东滥用权力、损害中小股东或公司利益，往往通过法律法规制定大股东持股与交易限制、禁止内幕交易、监管关联交易等规则对其进行约束和监管，并对违规行为施加严格的民事、行政乃至行政责任。

**2. 关注企业社会责任**

在当今全球化快速发展的时代，企业社会责任已成为衡量企业综合实力和持续发展的重要标准之一。企业社会责任不仅仅是一种道德义务，更是企业实现长期战略目标的关键要素。

通过积极履行社会责任，企业可以树立良好的品牌形象，增强消费者信任度和忠诚度，从而在市场竞争中占据有利地位。履行社会责任有助于企业提高运营效率，降低运营成本，并通过创新和可持续发展获得新的竞争优势。企业作为社会的重要组成部分，通过履行社会责任，可以推动社会和谐稳定，增进社会福利，促进社会可持续发展。

**3. 强调绿色治理**

强调绿色治理是当代社会可持续发展的重要议题。将环境保护置于优先地位，确保经济社会发展与环境保护相协调，避免以牺牲环境为代价换取短期经济利益。

通过科学规划、合理开发和有效保护，实现生态系统的良性循环和可持续利用，维护生态系统的平衡和稳定。

**4. 从“股东保护主义”到“相关利益者保护主义”**

随着现代公司的发展、公司规模的不断扩大和股权结构的日趋分散，公司治理环境发生了深刻变化。一方面，公司的经营决策和利益分配不再仅仅由股东决定，而是受到更多利益相关者的影响，如债权人、供应商、消费者、员工等。另一方面，知识经济的兴起和人力资本重要性的提高，使得公司的价值创造不再仅仅依赖于物质资本，而是更多地依赖于人力资本和无形资产。

在这种背景下，“相关利益者保护主义”逐渐兴起。这一理念强调公司治理应当考虑所有利益相关者的利益，而不仅仅是股东的利益。公司作为一个经济组织，不仅要对股东负责，还要对社会、环境等其他利益相关者负责。传统的股东与管理者之间的委托代理关系扩展为相关利益者与管理者之间的委托代理关系。管理层不仅仅是股东利益的代理人，同样是其他相关利益主体的代理人。

从“股东保护主义”到“相关利益者保护主义”的转变，是公司治理理念随着现代公司发展和社会经济发展需求而发生的重大变革。这一转变有助于提高公司治理水平、增强企业社会责任感和促进可持续发展。

### （三）平台多中心网络治理

平台多中心网络治理是指在网络平台治理过程中，将治理权力分散给多个参与主体，包括国家、国际组织、企业、社会组织以及公民个人等。这些主体通过合作、协调和竞争，共同参与到平台治理中来，形成多中心的治理结构。

平台多中心网络治理强调多元主体的共同参与，包括政府、企业、社会组织以及公民个人等。这有助于实现治理的民主化和多元化。不同参与主体之间需要建立合作关系，通过协商、谈判等方式达成共识，共同推动平台治理的进程。在平台多中心网络治理中，不同参与主体之间存在竞争关系，但这种竞争是建设性的，有助于激发各方的创新能力和积极性。由于网络平台具有快速变化的特点，平台多中心网络治理需要具有高度的灵活性和适应性，以便及时应对各种挑战和变化。

数智经济转型下的公司治理创新体系是通过一套正式或非正式的、内部或外部的制度或机制来协调公司与所有利益相关者之间的利益关系，以保证公司决策的科学化，从而最终维护公司各方面利益。这一体系的核心思想是，不仅资本可以雇用劳动，劳动同样可以雇用资本；从传统的保护股东利益转变为保护所有的利益相关者；股东从管理企业理念转变为管理资本思想，以达到股东与企业家双赢的局面。

## 二、数智经济下公司治理创新模式的实现路径

在数智经济时代，IT 与 AI 技术越来越多地应用于公司治理中，公司治理结构需要扁平化、网络化和虚拟化发展，以此实现公司治理模式的创新。

### （一）公司治理倚重 IT 与 AI 技术

在数智经济时代，IT 与 AI 技术是公司治理的重要保障。IT 技术为公司提供了强大的数据收集、存储和处理能力，AI 算法能够分析这些数据，识别趋势、模式和风险，为高层决策提供有力支持。清晰合理的 IT 规划及保障能力是 IT 治理在系统服务能力方面的体现，更重要的是企业能充分利用大数据、云计算或数据挖掘等手段来规划信息资源，为企业绩效提升服务。

IT 技术提供了各种沟通协作工具，如企业社交媒体、在线会议系统等，促进了内部信息的快速流通和团队协作。AI 技术可以优化公司治理结构，提高董事会和高级管理层的决策效率。通过自动化和智能化手段，降低治理成本，提高治理质量。

随着 IT 和 AI 技术在公司治理中的广泛应用，也带来了一些挑战。例如，数据安全和隐私保护的挑战，公司需要确保客户、员工和其他利益相关者的数据安全，避免数据泄露和滥用。过度依赖 IT 和 AI 技术可能导致公司面临技术故障、黑客攻击等风险，因此，公司需要建立完善的技术风险管理体系。还会产生人才短缺与培训需求，随着 IT 和 AI 技术的不断发展，公司需要吸引和培养具备相关技能的人才，以满足公司治理的需求。特别是当企业进行较大的 IT 投资后，往往要组建管理团队，并重视员工 IT 与 AI 技能的培养，提高员工的专业水平和待遇，这有利于运用管理手段提升企业竞争力。但包括 IT 软件、硬件等资源引入的 IT 治理行为的实施，短期可能导致公司经营流程的低

效率和高成本，包括培训成本、纠错成本等在内的财务压力暂时上升。

IT 和 AI 技术在公司治理中的应用具有广阔的前景和潜力，也带来相应的挑战和风险。公司需要充分认识到这些挑战和风险，并采取相应的措施加以应对。

### （二）扁平化公司治理结构

扁平化治理结构包括矩阵式结构、团队式结构、网络式结构等，强调以工作流程为中心、企业信息的充分交流以及企业资源与权力的适当授权。组织结构的扁平化过程，主要通过扩大管理控制宽度和减少管理层级来实现。

**1. 扩大管理控制宽度**

在工业化时代，公司的组织架构是一种从上到下的金字塔结构，权力掌握在少数人手中。在数智经济时代，对外界信息的反应速度是企业快速发展的关键，必须冲破过去层级式职权分明的组织架构，将公司管理层的权力下放，缩短公司的治理链条，扩大管理控制宽度，建立“分权治理、集权为辅”的治理结构。

**2. 减少管理层级**

给予管理人员更大的自主权，增强员工平等和交流；管理范围的横向扩展增加了主管人员的职责，同时有助于促使其将权力下放，给予下属更多的机会。让治理结构中“智力资本”可以和“物质资本”相互制约，协调发展。

### （三）网络化公司治理结构

网络化是指公司内部通过网络技术将各部门连接成一个整体，网络组织是围绕创新凝结的工作单位，工作任务结束网络组织将立刻解散。网络组织以任务为导向，以创新的思维、技能等知识要素为联系自发形成，组织之间信息能够无障碍地流动，以便于各个工作单元能够迅速根据外界环境变化做出调整。

**1. 网络化公司治理结构的作用**

网络化组织能够依靠自我引导和团队合作进行自我管理，给予知识人才行为完全支配权，能够充分激发人才的创造力和创新性。网络化公司治理结构通过加强公司内部各部门之间以及公司与外部环境之间的紧密联系与协作，利用数字治理工具实现高效、透明的决策与监督，为公司的创新和发展提供了有力支持。

随着数智经济时代的到来和网络技术的发展，公司治理结构也在逐渐发生变化，网络化、数字化的治理模式成为未来发展趋势。

**2. 网络化公司治理结构特点**

（1）外部合作网络

网络化公司治理强调公司和外部环境之间的紧密联系与合作。通过建立外部合作网络，公司可以与供应商、客户、金融机构、政府等各方建立紧密的联系和合作关系，共同应对市场变化和挑战。同时，外部合作网络也可以为公司提供更为丰富的资源和信息支持，促进公司的创新和发展。

（2）数字治理工具

数字治理工具是网络化公司治理的重要组成部分，包括数据分析平台、云计算、区块链、人工智能等。这些工具可以帮助公司收集、处理和分析大量数据与信息，为决策提供有力支持；同时，也可以实现公司内部各部门之间的快速沟通和协作，提高管理效率。此外，数字治理工具还可以帮助公司实现与外部环境的高效互动和协作，促进公司的可持续发展。

### （四）虚拟化公司治理结构

网络信息技术的发展促进了公司治理结构的虚拟化，这就要求企业边界模糊化，企业与企业之间、企业与顾客之间、企业内部职权机构之间的边界模糊化。

企业内部部门之间应该改变原本各司其职的局面，组织内部格局界限相互渗透，打破分工专业化的壁垒，鼓励平台式的管理和横向的协作管理，提高组织内部的协调和整合能力，促进生产要素在组织内部自由流通。

总而言之，公司治理模式与资本市场的历史演进受到经济发展阶段需求、社会经济边界发展、技术创新与技术赋能、历史文化传统以及全球化等多种因素的影响。

经济发展经历了从古典型经济、管理型经济到创业型经济的不同阶段。在每个阶段，公司的治理模式和资本市场都经历了相应的调整和演进。例如，在古典型经济阶段，公司治理模式可能更加侧重于私人股东主导；在管理型经济阶段，随着技术的发展和企业规模的扩大，出现了职业经理人阶层，公司治理逐渐转向由职业经理人主导；在创业型经济阶段，随着风险资本的兴起和创业企业的增多，公司治理模式进一步转变，更加侧重于利益相关者共同治理。

社会经济发展边界是一个包含政治、地理、劳动力、文化、自然资源、科技、环境、社会结构和国际合作与竞争等多个方面的复杂概念。这些因素相互作用、相互影响，共同决定了经济发展的方向和速度，也对公司治理模式与资本市场的历史演进产生不容忽视的影响。

技术创新和管理创新是推动公司治理和资本市场演进的关键因素。它们为公司治理的演化创造了技术条件，并推动了公司治理模式的变革。例如，产业革命的机器化生产催生了现代的公司组织，而科学管理引起的管理创新则产生了经理革命，使公司控制权转移到职业经理人手中。这些变革使公司治理模式更加适应于创新和发展的需求。

历史文化传统也会对公司制度、治理模式与资本市场的历史演进产生深刻影响，特别是价值观和道德伦理对公司制度和治理模式具有深远影响。例如，中国传统文化强调“诚信”“和谐”等价值观，这在企业治理中体现为重视诚信经营、追求企业与社会和谐共生的理念。这些价值观不仅影响着企业的内部治理，还影响着企业与外部环境的互动方式，如对待客户、员工、合作伙伴和社会责任的态度。

随着全球化进程的加速，国际经济、文化、科技交流日益频繁，这为公司制度、治理模式以及资本市场带来了深刻的影响。全球化促进了公司制度的变革：跨国公司的崛起使得公司组织结构、管理体系以及经营策略发生了重大变化；公司需要适应全球化的竞争环境，不断优化资源配置，提高管理效率；全球化推动了公司治理模式的演进，在全球化背景下，公司治理模式逐渐从传统的股东中心主义向利益相关者共同治理转变。全球化促进了资本市场的融合。随着国际贸易和投资活动的日益频繁，各国资本市场之间的联系日益紧密。全球化对公司制度、治理模式与资本市场的历史演进产生了深远的影响。公司需要适应全球化的趋势和要求，不断创新和改革自身制度和管理模式，提高自身的竞争力。同时，公司也需要密切关注国际政治形势的变化和市场的动态变化，制定相应的策略以应对各种挑战和风险。

总之，公司治理模式与资本市场的历史演进受到多个因素的共同驱动。这些因素相互交织、相互作用，共同推动了公司制度、公司治理和资本市场的不断演进和发展。

# 下　篇

# 公司治理的今生与未来

# 第五章　金融危机与公司治理

一般公司治理与金融机构公司治理有很多相似之处，例如，它们都具有共同的目标导向，均需实现委托代理平衡（股东与管理层利益的协调）、建立风险防控机制（如内部控制、审计体系）以及维护利益相关者权益（客户、员工、债权人等）。在提升治理能力方面，它们会采取相同的策略，如通过提升独立董事占比（标普 500 公司达到 85%，摩根大通达到 90%）优化董事会结构；非金融企业与金融机构均将 ESG 纳入战略。在数字化治理方面，AI 风控系统在制造业（如特斯拉工厂）与银行业（如花旗银行）中同步应用。不容忽视的是，尽管二者在公司治理方面有很多共通之处，但在很多方面也存在显著差异。

在风险属性方面，一般公司的风险主要集中于市场波动、供应链中断、技术迭代等经营性风险，这些风险几乎仅在公司内部产生影响，风险管理更侧重于战略决策和运营效率，如成本控制、市场竞争等。相比之下，金融机构的风险以流动性危机、信用风险传染等系统性风险为主，负外部性极强，其治理失灵极有可能引发金融危机，进而导致经济衰退、失业率上升、金融市场动荡、政府财政恶化、社会问题加剧，甚至引发全球经济动荡。1997 年亚洲金融危机和 2008 年全球金融危机就是明证。这些负面影响对于普通企业来说是致命的。资产价格暴跌，流动性枯竭，市场参与者更愿意持有现金，不愿意投资，也不愿意交易，市场流动性不足，进一步加剧了上市企业的股票价格下跌，造成企业的融资功能受损。资本市场的一个重要作用就是为企业融资，但在金融危机下，IPO可能暂停，企业发债成本上升，甚至发不出去。投资者风险偏好降低，更倾向于安全资产，如国债，这些都会导致企业融资困难，进而直接影响企业的运营和扩张，甚至导致破产。

鉴于金融危机往往给实体经济和资本市场带来严重的破坏，因而如何提升金融机构治理水平，促进经济长期健康可持续发展就显得尤为重要。通过加强金融机构公司治理，可以遏制道德风险与短视行为，改善高管激励扭曲和股东责任缺位现象；可以防范因治理结构缺陷导致的欺诈或违规操作等内控失效风险；可以提升透明度与市场纪律，进而减少信息不对称加剧风险，最终起到维护金融系统稳定性的作用。

可见，良好的公司治理可约束过度杠杆化、复杂金融创新等危险行为，避免单一机构风险演化为系统性危机，从源头上防控系统性风险；治理失效则是危机的催化剂，2008年金融危机根源之一即银行治理失败——董事会放任高风险抵押贷款证券化、风控部门形同虚设，通过强化董事会问责（如独立董事占比）、限制高管薪酬结构、扩展股东责任，重构系统性风险的权责匹配机制等治理改革措施，可降低危机发生概率与破坏力。因此，作者专门用一章篇幅阐述金融危机与公司治理问题。

## 第一节　1997年亚洲金融危机与公司治理

### 一、东南亚金融危机产生的微观背景

1997年亚洲金融危机指发生于1997—1998年的一次世界性金融风波。1997年7月2日，亚洲金融危机席卷泰国。不久，这场风暴波及

马来西亚、新加坡、日本、韩国和中国等地。泰国、印度尼西亚、韩国等国的货币大幅贬值，同时造成亚洲大部分主要股市的大幅下跌；冲击亚洲各国外贸企业，造成亚洲许多大型企业的倒闭，工人失业，社会经济萧条，打破了亚洲经济急速发展的景象。亚洲一些经济大国开始陷入萧条，一些国家的政局也开始混乱，泰国、印度尼西亚和韩国是受此次金融危机波及最严重的国家。新加坡、马来西亚、菲律宾和中国香港地区也被波及，中国大陆地区和中国台湾地区则几乎不受影响。

此次金融危机的爆发有多方面的原因，如国际金融市场上游资的冲击及东南亚国家不当的外汇政策的直接影响，透支性经济的高增长和不良资产的膨胀、“出口替代”型模式存在缺陷等内在因素，以及经济全球化中不合理的国际分工、贸易和货币体制等对第三世界国家不利的世界经济因素。但从微观角度来看，东南亚企业存在的公司内部治理及外部监管等弊端也不容忽视。

### （一）家庭经营方式的影响

在东南亚各国和地区，如韩国、日本、马来西亚、印度尼西亚乃至中国香港、中国台湾等，公司治理目前仍保留着浓厚的家庭经营色彩。家庭经营最大的弊端是缺乏人员竞争和对公司监管乏力。在以往总结东亚国家如日韩经济奇迹经验时，学者总喜欢冠以家庭经营以及东方式儒家思想对企业成长的促进作用。不可否认，在经济起飞阶段，家庭经营所具有的和谐、拼搏以及团队精神，对企业完成资本原始积累和快速成长起着重要作用。但是，进入工业社会以后，随着生产社会化程度的提高和大规模经营方式的出现，传统的家族经营（治理）方式与现代企业管理方式显然有极大的冲突。这是由于家族经营所固有的“管理人员家族化以至任人唯亲”，必然限制了公司职工的竞争意识，也使公司监管出现极大的“黑洞”，而且家族经营治理又易导致公司透明度低下，使银行等金融机构难以根据市场信号作出客观的判断。在东南亚国家的一些家族企业中，虽然公司资产已严重恶化，负债率极高，但因家族成员企业间相互持股、提供贷款担保以及关联交易，使公司的财务状况更增添“模糊”色彩，银行等金融机构难以根据一些公司资产质量状况作出理性的支持或限制措施，而家族企业盲目扩张的行为，本身又具有掩盖内耗、腐败等问题的一面（根据总部设在柏林的透明国际组织调查，1997 年印尼腐败仍名列世界第一）①，银行业大量资产投向透明度低的家族企业，既增加了家族经营的扩张行为，又导致银行等金融机构资产日趋恶化。

### （二）政府对企业过度保护，不利于企业提升治理水平

从外部资本市场作用来看，与西方发达国家的企业经营方式（如投资、决策主要依市场信号作出合理判断）不同，在东南亚各国的管理模式中，企业与市场之间存在一个强有力的政府角色。政府对企业过度保护，在金融危机爆发前的东南亚各国和地区，被视为极其正常的经济现象。一些大企业、大财阀正是在政府强有力的保护下，迅速壮大其“肌体”，成为航空母舰式的跨国公司。可以说，在东南亚各国经济起飞阶段，政府利用行政手段，在推进产业、企业快速成长方面起到了不可或缺的作用。例如，世界银行报告曾将“东亚奇迹”归因于东亚政府实施了一系列共同的有利于市场经济发展的政策，从而促进高积累和更加合理的资源配置②，但现在看来，政府对微观领域企业的过度庇护，在扭曲市场信息、诱发企业盲目扩张行为等方面也起了推波助澜的作用。

---

① 李路曲，党志峰．东亚各国政府干预经济的得失、特色及改革取向［J］．经济问题，1999（4）：48.

② 郭万达，方亚林．金融危机挑战“东亚管理模式”［J］．南开管理评论，1998（3）：21.

在经济复苏与起飞阶段，政府可以利用行政力量，促进产业、企业的快速成长。但在市场竞争已日趋激烈之时，政府仍对企业过度保护，企业仍过度依靠政府，显然有悖于市场经济体制运行的“游戏规则”，其后果是导致资源配置效率低下。在东南亚各国和地区，金融危机爆发前，这又被视为极其正常的经济现象。一些大企业、大财阀正是在政府强有力的保护下，迅速壮大其“肌体”，并使其肌体日趋庞大、臃肿。

在东南亚各国和地区，政府对企业保护也会产生很多负面影响。在内部治理机制方面，政府的过度保护会加剧代理问题，大股东或家族内部控制模式会进一步强化。东南亚地区普遍存在家族或政府主导的公司治理模式，保护政策可能巩固这类模式，加剧内部人控制问题。例如，政府干预可能使大股东更易通过关联交易损害中小股东利益。还会出现管理层激励扭曲现象。在受保护市场中，企业管理层可能更关注如何获取政策红利（如补贴、税收优惠），而非提升经营绩效。研究表明，东南亚企业非相关多元化程度与绩效呈负相关，部分源于治理结构对管理层的约束不足，甚至使企业滋生“政策依赖症”，部分企业依赖政府补贴或市场准入限制生存，而非通过完善内部治理结构提升效率。

在外部约束机制方面，一是政府将有限资源投向大企业、大财团，抑制了市场竞争与企业创新动力。政府过度保护使本土企业长期处于低竞争环境中，缺乏通过技术创新或管理优化提升竞争力的压力。例如，印尼封禁拼多多跨境电商平台 Temu 等国际电商平台后，本土中小企业可能因缺乏外部挑战而减缓数字化转型的步伐，导致治理模式僵化。韩国的一些大企业集团通常会聘请政界要人担任重要职务；政府通过银行向重点企业发放低息贷款；企业只要听从政府指令，就可以获得优惠政策和保护措施。二是幕后交易盛行。在印尼，由于苏哈托家族控制了国家经济命脉，其家族成员和亲友可以优先获得政府的合同和许可证。在韩国，大财团在政府的保护下，可以向下属企业提供贷款担保。据法国里昂银行首席亚洲经济学家吉姆·沃克估计，幕后交易占印度尼西亚、菲律宾、泰国 GDP 的 30%~50%，占韩国、马来西亚的 20%~30%。① 可见，政府的过度保护会弱化市场竞争，降低治理效率。在政府的保护下，外部治理资本市场约束机制会被削弱甚至失效，企业融资可能更多依赖政策支持而非市场机制，导致外部监督弱化。例如，日本在东南亚投资资金减少后，当地企业更依赖政府主导的融资渠道，降低了外部投资者对公司治理的参与度。

政府对企业的过度保护导致企业没有动力提升内部治理能力，也削弱了外部市场机制对公司治理的约束机能，从而难以提升治理水平。

### （三）追求“章鱼式”扩张，弱化企业核心竞争力的培育

由于高储蓄需求转化为投资以及外资不断涌入，东南亚各国企业的融资环境极为宽松，加之企业又有不断扩张的冲动，两者的结合使得企业不断追求规模扩张和多元化经营。一些企业为了实现其规模经济神话，不计成本和利润地进行“章鱼式”扩张，如韩国一些企业盲目贪大求全，强行向一些无关联的企业渗透，盲目搞多元化经营，最终导致大企业集团债台高筑。1996 年韩国 50 家大企业出现净亏损、30 家大企业自有资本金率平均只有 18.2%，负债率平均高达 386.7%，现代集团的电子部门债务是资产的 6 倍，就是盲目扩张的具体体现。1997 年该国 30 家大财阀共拥有 821 个成员企业，各财阀平均参与 20 多种行业，其中 80%属于非关联多元化经营。由于经济规模过大、战线过长，管理工作难度增加，导致大企业普遍面临规模与效益背离的问题。②

---

① 李路曲，党志峰．东亚各国政府干预经济的得失、特色及改革取向［J］．经济问题，1999（4）：47.

② 郭万达，方亚林．金融危机挑战“东亚管理模式”［J］．南开管理评论，1998（3）：21.

## 二、 1997 年亚洲金融危机的启示

席卷东南亚的 1997 年亚洲金融危机给亚洲乃至世界的经济带来了不可估量的打击——从金融层面蔓延至实体经济。由于这些亚洲国家的企业很多是家族企业，公司治理差，得到很多外国投资之后，没有好好利用创造价值，从而导致绩效不佳。大量外资和部分本国投资撤资，本国货币被抛售，汇率和股市下跌，引发金融危机。道德风险和资本外逃被结合使用，那些金融机构缺乏有效金融监管和规范的国家事实上承受了更严重的危机后果。

公司治理结构的缺陷与金融危机的产生有一定的关联，即使没有国际投机家的兴风作浪，东南亚金融危机仍难以避免，只是时间早晚而已。因此，东南亚金融危机爆发后，各受灾国在制订经济复苏及改革计划时，都把公司治理结构的调整作为恢复投资者信心、吸引外资回流的措施之一。银行和公司的改造、重建是真正解决危机、走出衰退的关键，经济复苏需要充足的信用供给，而健全的银行体系是提供有效信用的保证。外部的有效的宏观经济管理和改革，无疑可以巩固银行系统和公司治理，从而提升市场信心，加快经济复苏步伐。

1997 年亚洲金融危机爆发以来，公司治理问题成为全球关注的热点。各国证券监管部门、交易所及国际机构纷纷加入推动全球公司治理运动的行列。亚洲金融危机对中国的公司治理也带来很多启示，此次危机是中国改革开放后第一次直接面对国际金融危机的冲击。1997 年亚洲金融危机对中国的出口和制造业造成冲击，导致投资下降和失业增加，经济增速放缓。1997 年亚洲金融危机留给我们许多重要的经验和启示，对于今天应对国际经济形势复杂变化和潜在的危机冲击具有十分重要的意义。一方面，从宏观的资本市场发展而言，中国资本市场的发展在很大程度上取决于上市公司的质量，上市公司的质量和公司治理紧密相关，随着对公司治理认识的不断提高和实践的不断深

入，我们对中国资本市场的发展应充满信心；另一方面，从微观的公司治理角度而言，应当致力于完善公司内外部治理机制，增强企业自主创新能力，实现高水平科技自立自强，通过公司治理赋能企业可持续的高质量发展，在国际竞争中赢得主动权，从而更有效地抵御外部冲击。

## 第二节　美国次贷危机与金融机构公司治理

美国次贷危机，也称次级住房按揭贷款危机，或译为次债危机，是指一场发生在美国的金融危机。这次危机因次级抵押贷款机构破产、投资基金被迫关闭及股市剧烈震荡而引发，它导致全球主要金融市场出现流动性不足。美国次贷危机始于 2006 年春季，并于 2007 年 8 月开始影响美国、欧盟和日本等世界主要金融市场。这场危机的根源在于多年来经济的繁荣和充裕的流动性，导致投资人盲目追求高收益，而金融业及其监管者对此视而不见，丧失了对风险的有效控制。在这场危机后应当受到谴责的还有那些信用评级机构。它们通过和债券发行者合作，将那些以次贷为基础的垃圾债券评为高等级债券，以获取高额利润。这导致持有这些证券的金融机构和个人深陷泥潭，最终走向破产。

美国次贷危机揭示了货币政策失误、虚拟经济与实体经济失衡、新自由主义泛滥及道德风险等诸多问题。然而，美国次贷危机之所以演变成如此严重的全球金融危机，其根源在于美国式公司治理运行机制出现了问题，从微观层面来看，实质上是一场公司治理危机。正是由于包括银行业在内的金融机构内部和外部的双重治理缺陷，蕴含着潜在的治理风险，而治理风险的累积将引发金融机构风险。金融机构风险的爆发扩散到整个金融市场，逐渐演变成一场系统性的金融危机乃至经济危机。

此次危机与几年前的亚洲金融危机和安然事件如出一辙，再次凸显了“繁荣”背后的治理风险问题。美国次贷危机暴露了美国金融机构，特别是银行业在公司治理方面存在的不规范、不科学等诸多不足和缺陷，主要体现在内部治理和外部治理两个方面。

## 一、金融机构内部治理的缺陷

内部治理通常被视作金融机构公司治理的基础，内部治理的好坏将直接决定金融机构经营的稳健程度。从这个意义上讲，此次金融危机的爆发与公司内部治理的缺陷存在密切关系，正是这些缺陷导致公司内部治理风险的逐步累积。这些缺陷主要包括：

### （一）不健全的董事会治理

董事会是公司治理的核心。因此，当危机爆发，金融机构纷纷陷入困境后，公众的问责之矛首先指向了这些公司的董事会。① 尽管美国在董事会治理方面已相当成熟，但美国次贷危机表明，以美国银行业为代表的金融机构在这方面仍然存在着严重缺陷。一些金融机构的董事会放任管理层追求短期利润最大化，而疏于对风险进行适当评估和有效控制。金融精英们日益功利的思维催生出一个又一个经过反复包装的复杂金融产品。许多大银行的高管拿很多期权作为激励，而过度的期权激励会产生严重的过度风险投资动机，从而导致次级债过度膨胀，最终导致金融危机。股票期权制度积极的一面在于它有助于激励诚实的经理人通过守法经营为企业创造业绩、为自己创造收益。然而，这一制度也有消极的一面，即可能诱导那些不诚实的经理人通过违法经营、制造虚假业绩和信息为自己谋取巨额收益。

---

① 李维安．金融危机凸显金融机构治理风险［J］．资本市场，2009（3）：111.

董事会的根本作用应该是提供监督、指导和控制，在必要时提出疑问。然而在很多银行董事会并未起到这样的作用，很多董事对自己到底承担什么样的责任，能发挥什么作用知之甚少。例如，由于多为现任和前任管理层，花旗集团的董事会就被视作缺乏客观性和独立性。2008 年 8 月，担任花旗银行董事会执行委员会主席长达九年的鲁宾（Robert Rubin，美国财政部前部长）离职，外界普遍认为，鲁宾未能尽职地履行监督时任 CEO 普林斯的责任，在关键时刻没有发挥作用，没能使花旗集团脱离美国次贷危机的泥潭。他应该为花旗银行在次贷产品上的投资失误承担连带责任。与此同时，花旗银行董事会执行委员会这一有七名成员的机构宣告撤销。

### （二）不合理的内部人控制

作为一种在转轨经济和新兴市场经济体中常见的现象，内部人控制在美国金融机构中同样普遍。美国金融机构形成内部人控制现象主要有以下两个方面的原因：一方面，美国公司的股权结构十分分散，如美国银行第一大股东持股比例仅为 4%左右，花旗银行第一大股东持股比例仅为 5%左右，这就使得美国的银行大股东对银行的控制力较其他国家弱；另一方面，在美国公司治理中，董事长和 CEO“两职合一”的现象十分普遍，职业经理人既是董事长又兼首席执行官，集决策和执行于一身。这种做法有利的一面是，可以充分发挥个人的能力和智慧、执行力强、效率高，但其弊端也非常明显，即容易导致独断专行，不能充分发挥董事会的集体力量和智慧。上述两个方面共同形成“弱股东、强管理层”的内部人控制格局，从而导致 CEO 为代表的内部人事实上控制了银行的重大决策活动。因此，华盛顿互惠银行的机构投资者就明确提交了“将 CEO 和董事会主席分开”的股东提案，并获得 51%的投票支持率。

### （三）不对称的高管激励

美国企业非常注重高管激励，银行业大多实施高管期权激励和收益分红制度，却缺少着眼于可持续发展的风险约束机制，即在企业制度设计中缺少对企业遭受重大损失的问责机制和高管层不当收入的追回机制，华尔街的激励机制呈现明显的当期性、短期性和不对称性。一方面，这种扭曲的激励机制诱发了高管的短期投机行为，高管以个人收入最大化为着眼点，毫无顾忌地进行所谓金融产品创新，过度扩张有风险的次贷业务，对于潜在的风险几乎视而不见；另一方面，这种不合理的激励机制使得高管的收益与其承担的风险极端不对称，因为即使经营失败，高管也能借助所谓“金色降落伞”等条款，在危机中引咎辞职时获取高额补偿，如在危机中被勒令离职的房利美 CEO 和房地美 CEO 仍可以拿到 930 万美元离职金和 1 410 万美元“遣散费”。正因如此，危机爆发后，美国政府提出 7 000 亿美元救援计划，金融企业高管的高薪就开始受到民众和国会的关注，后来披露的公司“拖欠”高管的养老金和延期支付奖金，以及被政府勒令离职的公司高管的离职金或“遣散费”的巨大金额，更是点燃了公众的怒火。

2002 年美国出台的《萨班斯-奥克斯利法案》第 304 节涉及高管薪酬追回条款，但是由于该条款仅针对公司 CEO 和 CFO（首席财务官）而不涉及其他高管，并且缺乏明确的执行机制，因此该条款在具体执行过程中存在一些困难，实际收效甚微。

极不合理的激励机制使得银行业高管将潜在的风险和应承担的责任置之脑后，根本不从股东和其他利益相关者的视角来考虑公司价值，这必然危及银行的长远价值。换言之，现行管理层薪酬制度诱使高管层拿公司的未来赌博，最终酿成恶果。因此，美国财政部将薪酬视为金融危机爆发的重要原因，称“尤其是，短期收益动机压倒了意在减小过度杠杆风险的制衡原则”。在美国次贷危机中，公司治理最大的失败在于 CEO 的薪酬，它不是任何公平谈判的结果，而是管理层权力的产物。

### （四）不透明的信息披露

银行业公司治理不完善还表现在信息披露不透明。次贷债券在发行过程中信息不够透明是美国次贷危机爆发的重要原因。信息披露的重要性显而易见，在充分的信息披露下，投资者能客观定位风险偏好和改善风险管理，金融监管机构能加强有效监管。与之相反，信息不对称则会降低公司治理水平。次贷危机表明，高质量的信息对有效公司治理的重要性正如同它对卓越的企业业绩一样重要。长期以来，金融机构对与次贷相关的金融衍生品的披露非常不到位，一些金融机构利用表外业务信息披露制度的不完善，将大量业务转到表外以掩盖自身风险，为规避《巴塞尔协议Ⅱ》中的相关规定，他们发起成立了结构投资载体（Structured Investment Vehicle，SIV）以持有次贷产品，然而，SIV 并未对次贷产品的风险进行充分披露，也未在财务报表中做必要说明。因此，单纯看业务收益和支出，无论是投资者还是监管部门都不能及时发现问题。

## 二、外部治理存在缺陷

鉴于金融机构在经济体系中的重要性和关联性，外部治理历来被视作金融机构公司治理不可或缺的一部分。从外部治理的角度来看，此次金融危机将银行业外部治理存在的缺陷暴露无遗，主要表现在：

### （一）政府监管不到位

2008 年爆发的全球金融危机对当时的金融监管体系造成了巨大的冲击。可以说，美国次贷危机的根源之一是政府监管的缺失。当时的金融监管与完善相去甚远，暴露出许多弱点。首先，监管体制存在缺陷。20 世纪 80 年代之后，随着金融自由化浪潮的兴起，在金融创新的推动下，金融行业之间的业务活动界限日趋模糊，金融市场风险的表现形式进一步复杂化，为了应对金融混业经营带来的监管挑战，美国于 1999 年通过《金融服务现代化法案》对机构监管进行了补充，在本质上仍保留分业监管的基本架构，并逐渐发展为“伞形监管”体制，在原有的绝对分业监管体制上增加了混业监管的色彩。该体制属于“双重多头”监管，在危机中暴露出标准不一、监管重叠与监管真空并存等问题。其次，监管理念存在问题。此次金融危机之前，相关经济体将审慎监管的重点大部分放在微观审慎监管之上，即主要关注各类金融机构的个体金融风险与金融安全。这一监管理念认为，只要督促主要个体金融机构将杠杆率、资本充足率水平、拨备覆盖率等关键指标控制在安全水平之内，以实现经济体中主要个体金融机构的金融安全，就能实现整个金融市场和金融系统的宏观安全。然而，2008 年金融危机的爆发打破了这一理念设想，证明微观审慎的加总并不意味着宏观审慎的安全，存在“合成谬误”。个体安全的金融机构之间可能会有共同的风险敞口，在面对外来冲击时可能会引起连锁反应，从而造成系统性金融危机。[①] 可以认为，监管当局过于相信市场理性，奉行自由放任的监管理念，倾向于自律化和合规化监管，而不是传统的现场和非现场监管，更不是宏观和审慎的系统风险监管，是次贷危机爆发的一个诱因。最后，金融监管滞后于金融创新。2008 年金融危机充分展现了市场投资者在信息不对称情况下因难以有效识别和评估风险而进行的非理性抉择，复杂的金融衍生品和选择性的信息披露使得次级贷款的风险被层层掩盖，并将以次级贷款为基础的金融资产的金融衍生品推向全球范围的金融市场和金融投资者。同时，金融衍生

---

① 黄辉．中国金融监管体制改革的逻辑与路径：国际经验与本土选择［J］．法学家，2019（3）：130.

品在金融机构和监管当局之间造成了严重的信息不对称。监管人员的知识水平更新跟不上金融创新的步伐，显示出“非专家性”，更不用说对金融创新的监管以及对市场投资者的保护了。

金融监管政策的不足是引发系统性金融风险的一个重要外部因素。伴随着危机前美国政府的宽松货币政策，金融体系的杠杆率不断上升、金融衍生品与资产证券化市场异常繁荣、混业经营现象频发。此时，顺周期监管导致大量贷款投向房地产与资本市场，“资产泡沫”在极端突发事件的冲击下随之破灭。金融机构间的同业拆借利率飙升、流动性风险越来越大，这使得金融机构间趋于业务同质化，而共同风险敞口在流动性风险的冲击下将演变为严重的系统性金融风险。由于金融体系内大多数金融机构存在类似的风险敞口，一旦风险发生，产生“蝴蝶效应”，整个金融体系将面临崩溃风险。

### （二）法律机制不健全

美国次贷危机之所以演变成如此严重的全球金融或经济危机，一个重要原因在于美国公司法律机制出现问题。因此，必须对公司治理法律进行改革，确保法律改革后，公司治理在危机期间能像在平稳期间一样有效运作。金融危机的爆发揭示了美国法律机制的不健全。首先，法律对金融监管的放松为危机埋下了隐患。近三十年来，美国出台一系列法律，逐步放宽金融管制。至 2000 年，许多保护性制度被撤销，为危机爆发埋下了隐患。其次，法律执行不够严格。以此次金融危机的基础产品——次级贷款为例，尽管有多部法律规范金融机构的贷款行为，但在实际操作中，金融机构却有意忽视了这些法规，诱使借款人申请超过其偿付能力的贷款，严重违反了《诚实借贷法》等法律规定，这表明法律在实践中没有得到充分执行。

### （三）评级机构不独立

作为揭示信用风险的手段，信用评级在资本市场曾获得广泛认可，信用评级机构甚至一度被誉为投资者利益的“守护者”和资本市场的“看门人”。然而，金融危机的爆发揭示了信用评级机构丧失了其作为公司治理外部监管者的职能，反而对危机起到了推波助澜的作用。美国2008年一份关于金融市场发展的政策建议报告也指出，次贷危机的一个主要原因在于信用评级出现了问题。评级机构丧失了投资者利益“守护者”和资本市场“看门人”作用的一个重要原因在于，利益冲突导致评级机构失去了独立性。这是因为，在资本市场上，评级机构的费用是由他们所评级的发行人支付的，这种关系会导致利益冲突。哪家评级机构能给予所发行证券最高评级，发行人就会选择哪家的服务，这使得信用评级机构有打高分的倾向。特别是近年来，评级机构在债券发行后还可能得到一部分提成，这进一步使评级机构的中立性受到了广泛质疑。由于评级机构的收入来源依赖于发行人，因此它们不可避免地受到以高评级换取高利润的巨大诱惑。

在众多参与者破产或濒临破产等待政府救济时，摩根大通却是个例外。摩根大通自金融危机爆发至2009年4月，没有任何一个季度出现集团损失；在2007年春美国次贷危机初步浮现之前几个月，摩根大通发现了次级抵押证券和其他复杂机构金融产品累积的风险以及美国房市开始走向破灭，于是公司在2006年下半年处理了风险资产，成功防止了公司的重大损失。摩根大通放弃了其同行竞相追逐的华尔街热门投资产品，如债务抵押证券（CDO）业务、信用违约掉期（CDS）等。摩根大通或许损失了一定的短期利润，但是，当其同行破产或等待政府救济时，它却能够保持盈利，足以显现：良好的风险管理机制与公司治理甚至能在全球金融危机之中决定一个公司的存亡。美国金融危机调查委员会（FCIC）报告指出，许多系统重要性金融机构在公司治理与风险管理方面的失败是这次全球金融危机的关键因素之一。OECD公司治理指导小组在2009年2月11日发表的报告中也指出，因公司治理的失败与缺点，许多金融服务公司未能防止公司过度冒险；薪酬体系未能与公司的战略、风险偏好以及长期利益紧密联系。特许公认会计师公会（The Association of Chartered Certified Accountants，ACCA）在其2008年9月份的政策性文件中指出，过度的短期盈利主义、金融机构以及股东与管理层之间责任的缺失，是信贷危机的核心问题，具体包括：金融机构未能认识金融事业与管理中内在的风险与报酬激励机制之间的相互联系；银行业的报酬机制与福利过度短期主义化，既不能支持谨慎的风险管理也不利于所有者的长期利益；银行的风险管理机构部门不具备足够的影响力、地位以及权力；风险与金融交易报告的不足；等等。

## 第三节 金融机构的公司治理

金融危机的深刻教训表明，金融机构的治理目标不仅在于保护投资者的利益，更重要的是减少市场系统风险和保持金融体系的稳定。金融机构薄弱的治理体系导致治理风险日积月累，并最终以金融风险事故的形式爆发，导致其自身陷入困境、破产，进而引发其他利益相关机构的倒闭，严重威胁社会经济生活的各个方面，这使得金融机构的公司治理格外引人关注。

当前公司治理观念不再仅仅强调治理机构的相互制衡以及治理结构的健全与完善这类单纯从公司个体及微观方面来考虑的问题，而重在通过科学的公司治理实现高质量发展，并强调内外部治理机制并重。金融机构治理也一样，在运营过程中，重点并非强调股东会、董事会和监事会等治理机构之间的制衡，而是要通过建立健全的公司治理结构和制度，保障公司内部管理的透明度、公正性和有效性，从而提高公司的经营效率和风险控制能力，实现金融机构的可持续发展。公司治理不仅需要一套完备有效的公司治理结构，更需要若干具体的超越结构的治理机制。金融机构的有效运行和决策科学不仅需要通过股东会、董事会和监事会发挥作用的内部监控机制，还需要一系列通过证券市场、产品市场、经理市场、政府监管等方面来发挥作用的外部治理机制。因此，如同非金融机构公司治理一样，金融机构治理的主要内容也是指通过一套包括正式或非正式的、内部或外部的制度或机制来协调公司与所有利益相关者之间的利益关系，以保证公司决策的科学性，从而最终实现并维护公司各方面利益的一种制度安排。

## 一、金融机构治理的重要性

区别于一般企业，金融机构经营的产品和服务具有公共性、运营资金具有双重性（包括所有者权益和债务性资本）以及金融风险具有高破坏性，它常常是一国经济的“中枢神经”和宏观政策的“传输带”，同时也是“系统性风险”的传染源。

可见，在宏观上，金融机构的公司治理关系到国家金融安全和经济发展。一个国家金融体系的稳定与繁荣，很大程度上取决于其金融机构的公司治理水平。在微观上，对于具体的金融机构而言，金融机构也需要具备良好的公司治理机制。首先，良好的公司治理机制可以帮助金融机构建立健全的风险管理体系，提高风险识别、评估、控制和化解的能力。这不仅可以减少个体金融机构的风险，还有助于维护整个金融体系的稳定。其次，良好的公司治理也有助于提升金融机构的绩效。通过明确的责任分工和有效的激励约束机制，公司治理可以促进金融机构的决策更加科学、合理，进而提升其经营效率和盈利能力。最后，良好的公司治理还有助于提高金融机构的透明度和公信力。透明的信息披露和规范的治理结构可以让公众对金融机构的运营情况有更清晰的了解，增强公众对金融机构的信任和支持。

总之，强化金融机构的公司治理不仅是维护金融稳定、促进经济健康发展的必然要求，还是促进其自身发展的需要。因此，我们需要进一步深化金融机构的公司治理改革，构建科学、规范、有效的公司治理机制，为金融机构乃至金融业的长远发展奠定坚实基础。

## 二、金融机构治理的特殊性

金融机构自身的特殊性，如特殊的经营目标、复杂的委托代理关系、政府管制、资本结构的特殊性、特殊的金融产品等，决定了金融机构治理具有特殊性。①

### （一）治理主体的特殊性

在金融机构治理中，治理主体的特殊性体现为银行存款人、保单持有人、基金购买人等重要利益相关者的参与和政府监管部门的介入。金融机构产品的特殊性，使得这些利益相关者的利益更加突出。因此，金融机构公司的治理不能仅仅关注公司利润、股东利益，还应当关注整个金融系统的稳定性和安全性。金融机构公司治理应确保金融机构的稳健经营、保护投资者利益、促进可持续发展、提高竞争力并维护金融市场稳定。这些目标相互关联，共同构成了金融机构公司治理的核心。为了实现这些目标，金融机构应建立健全的治理结构和监管机制，加强风险管理、信息披露和内部控制等方面的工作。同时，金融机构还应积极履行社会责任，为经济社会的可持续发展做出贡献。

### （二）治理结构的合规特殊性

一般公司的治理结构主要是依据公司法来搭建的，包括股东会、

---

① 李维安，曹廷求．商业银行公司治理：基于商业银行特殊性的研究［J］．南开学报，2005（1）：83-89.

董事会、监事会和经理层等。董事会中还有独立董事的比例和专业委员会的设计等。而金融机构作为特殊行业的公司在设计治理结构时，除了遵循公司法规定，还要遵循监管部门或者其他组织出台的公司治理方面的政策和规定。就我国金融机构治理而言，银行业、保险业都要遵循国家金融监督管理总局有关公司治理的规定或准则。证券公司的公司治理除遵循证券法相关规定外，还应符合中国证监会发布的《证券公司治理准则》等关于证券公司治理的标准化要求和指导意见中的具体要求。

### （三）治理机制的特殊性

为了实现有效治理，一般公司主要应用激励、监督机制等内部治理机制和并购、市场约束等外部治理机制。有学者认为，金融机构的治理机制在选择上具有一定的特殊性：第一，侧重内部治理机制；第二，内部治理机制内容的特殊性；第三，更加突出信息披露机制。金融机构公司治理机制的设计应偏重内部治理机制，有选择地审慎运用外部治理机制。作者认为金融机构的内外部治理机制是确保机构稳健运行、保障各方利益的重要机制。内部治理机制主要指金融机构内部的组织架构、职责分工、风险控制、激励约束等方面的制度安排，而外部治理机制则涉及监管机构、市场、社会等方面的制度安排。总之，金融机构治理应致力于内外部治理机制并重，这是保障其稳健运行的重要手段。通过完善组织架构、风险管理、激励约束机制等方面的内部治理措施，以及加强监管机构、市场纪律、社会监督等方面的外部治理措施，可以有效地防范和控制金融风险，保护投资者和消费者的利益。就我国而言，从金融机构治理的外部环境来看，目前职业经理人市场不健全，公司高级管理人员的选聘机制失效；只有少数金融机构上市，通过证券市场进行控制权配置的功能不能有效发挥；金融机构治理法律法规相对滞后。由此可见，金融机构外部治理机制发挥效用的制度环境相对欠缺，相应的治理效果欠佳或者成本高昂。金融机构治理机制的设计应更偏重内部治理机制。①

### （四）治理风险的特殊性

负债经营是金融机构最基本的特征。金融机构这种高比例负债的资本结构和控制权掌握在股东手中的现实，很可能带来经典的“股东—债权人”代理问题。享有剩余索取权的股东往往控制着经营管理层，经营管理层大多也持有股票或参与股权激励计划，加上他们的薪酬往往与公司短期效益直接挂钩，为追求高额的风险回报，往往偏向于投资风险大的项目，从而侵害固定比例投资回报的债权人的利益，使金融机构的经营存在更大的风险隐患，而且这种风险具有极强的传染效应。从这个意义上讲，金融机构的这种经营特殊性风险已经演变成治理风险。

首先，金融机构基于股东与债权人的利益冲突出现风险偏好的扭曲。在有限责任制度下，股东倾向于通过高风险投资追求超额收益（如高杠杆衍生品、复杂证券化产品），因为风险主要由债权人承担（如储户、债券持有人）。由于金融机构股东控制权的强化，股东通过董事会和高管薪酬设计（如股权激励）推动短期业绩导向，这种“股东的道德风险”表现得尤为明显，如雷曼兄弟破产前高管仍通过高风险策略追求股价上涨。债权人（如存款人、债券投资者）通常追求本金安全和固定收益，他们往往被动承担风险，但由于信息不对称和监管滞后，难以有效约束股东或管理层的冒险行为。2008 年金融危机前，银行股东通过高风险次贷证券化推高短期利润，而最终损失由债权人承担，甚至需要政府（纳税人）救助承担。

其次，信息不对称与监管依赖致使金融机构治理结构极其脆弱。

① 李维安，郝臣．金融机构治理及一般框架研究［J］．农村金融研究，2009（4）：10.

金融机构资产（如贷款组合、衍生品）的复杂性和不透明性，使得外部监督（包括债权人和监管机构）难度极大。股东可能利用信息优势掩盖真实风险。例如，在次贷危机中，花旗银行等金融机构通过复杂结构嵌套的方式，来掩盖金融产品的高风险：银行将次级抵押贷款打包为住房抵押贷款证券化（Mortgage-Backed Securitization，MBS），再以 MBS 为基础资产构建多层担保债务权证（Collateralized Debt Obligation，CDO）。顶级层级被评级为 AAA，但实际上底层资产质量已严重恶化。然后，投行进一步发行衍生品放大风险，通过 CDS 对 CDO 进行“保险”，形成合成型 CDO。高盛等机构在明知底层资产质量恶化的情况下，仍向客户推销此类产品。再通过特殊目的载体（Special Purpose Vehicle，SPV）表外操作隐蔽高风险，如花旗银行通过 SPV 将高达万亿美元的 CDO 资产移出资产负债表，危机前其表外资产达 1.2 万亿美元，远超表内规模。

再次，监管替代内部治理。由于分散的储户缺乏集体行动能力，债权人难以有效参与治理，政府监管成为主要制衡力量（如《巴塞尔协议》对资本充足率的要求）。但这种外部干预可能导致“合规替代治理”，弱化股东和管理层的主动风险管理责任。加上“大而不能倒”的隐性担保，系统性重要金融机构的股东可能利用政府救助预期，进一步放大风险承担，形成“社会成本私有化，收益私有化”的恶性循环。

最后，监管与治理面临协同挑战。一方面，资本充足率要求虽能限制过度风险承担，但可能引发监管套利，如通过影子银行转移风险。《巴塞尔协议Ⅲ》的实施促使银行将高风险资产转移至表外。这实际上反映了资本监管的双刃剑效应。另一方面，监管压力测试结果可能被股东视为“风险上限”，反而鼓励其接近监管红线的冒险行为，如优化资本结构至最低合规水平。

金融机构负债经营和控制权掌握在股东手中的特性，在我国金融机构中主要表现为内部人控制问题，大股东把控董事会，进而操控高管层，董事会与高管层职责重叠，缺乏有效制衡。独立董事或监事会形同虚设，无法约束管理层行为，独立监督机制因此失效。在这种情形下，很难对大股东通过关联交易、资金挪用等方式损害中小股东以及债权人利益的行为进行约束。

经营层负责金融机构的发展、经营、分配等重大决策，但也会出现个人独断、短期化的经营行为、过分的在职消费以及工资或奖金收入过高、福利待遇大幅改善等现象。由于我国金融机构内部管理存在许多薄弱环节，致使金融案件屡屡发生。如商业银行经理人员和下级行员工事实上掌握着银行资产的控制权和支配权，又无须承担财产风险，所以，他们常利用职务之便，独立作案、相互串通或内外勾结作案，为个人牟取利益。

金融机构是巨额货币资金的集散地，容易滋生犯罪，如资金诈骗、贪污受贿等非法活动，存在严重的犯罪风险和信用风险。我国金融机构在公司治理过程中，对信用风险管理的认识不充分，信用风险管理理念较为陈旧，不能适应复杂的风险环境。具体表现为：金融机构对近期利益与长远目标的协调不到位，信用风险管理的意识在全体职员和银行经营管理的全过程中贯彻不到位等。

可见，无论中外，金融机构高负债与股东控制的结合，本质上放大了委托代理问题中的利益冲突，导致风险外部化和治理失效。解决这一困境需通过治理结构创新、市场约束和加强监管的多维度协同，重新平衡股东、债权人和社会公众的风险分担机制。

## 三、金融机构治理的基本框架

基于公司治理和金融机构治理特殊性的分析，我们可以初步勾勒出金融机构治理的基本框架，该框架主要从治理主体、治理结构、治理机制和治理风险等方面寻找针对性解决方案。治理主体主要指金融机构治理的参与主体；治理结构则强调金融机构的治理结构安排；治理机制则是指在已建立治理结构基础上的治理运行方式，如约束机制、激励机制以及监督机制等；治理风险是指治理主体在达成治理目标的过程中所面临的不确定性。

### （一）强化债权人参与机制

随着现代公司治理理论的发展，公司的治理主体已不仅限于股东及股东或大股东主导的股东会、董事会、监事会、高级管理层等公司机构，还包括公司债权人、公司员工、政府机构及社会公众等其他利益相关者。金融机构的公司治理不仅关系到国家金融安全和经济发展，更应重视这些主体共同参与金融机构的治理过程，确保机构的合规经营、风险管理和可持续发展。

基于金融机构高负债经营的特性，尤其应强化债权人对公司治理的参与。强化金融机构公司治理中的债权人参与机制，是提升金融机构稳健性和风险防控能力的重要手段。债权人作为金融机构的重要利益相关者，其参与机制的有效性直接影响金融机构的风险管理和公司治理水平。强化债权人参与机制可采取以下措施。

第一，应完善债权人信息获取机制。金融机构应定期向债权人披露财务状况、风险管理情况、重大事项等信息，确保债权人能够及时了解金融机构的运营状况；通过定期召开债权人会议、发布债权人报告等方式，增强债权人与金融机构之间的沟通；利用数字化工具（如在线平台）为债权人提供实时信息查询和反馈渠道。

第二，强化债权人在公司治理中的话语权。允许主要债权人（如大型银行、保险公司等）派代表进入金融机构的董事会或监事会，参与重大决策的讨论和表决。债权人代表可以在董事会或监事会中行使监督权，确保金融机构的决策符合债权人的利益。此外，可以在金融机构内部设立债权人委员会，专门负责与债权人沟通，并参与重大事项的决策。债权人委员会可以定期审查金融机构的财务状况和风险管理措施，并提出改进建议。

第三，建立债权人保护机制。金融机构应建立债务违约风险预警机制，及时向债权人通报潜在的违约风险，并制定应急预案。债权人可以通过预警机制提前采取措施，减少损失。在金融机构破产或清算时，确保债权人享有优先受偿权，保护债权人的合法权益。同时，通过法律或合同条款明确债权人的优先受偿顺序，避免因资产分配不公导致的债权人损失。

第四，加强债权人对风险管理的监督。在金融机构进行重大投资或业务扩展时，邀请债权人参与风险评估，确保决策的审慎性。债权人可以通过提供外部视角，帮助金融机构识别和规避潜在风险。

第五，优化激励机制设计。通过激励机制，将债权人的利益与金融机构的绩效挂钩。例如，金融机构可以通过发行与绩效挂钩的债券，使债权人分享金融机构的盈利成果。在金融机构盈利时，允许债权人通过分红或利息支付等方式分享利润，增强债权人的参与感和归属感。这种机制可以增强债权人对金融机构长期发展的关注，促进双方利益的一致性。

当然，强化债权人参与机制离不开法律和监管层面的支持。在法律层面，应通过立法明确债权人在金融机构公司治理中的地位和权利，确保债权人能够有效参与公司治理。例如，明确债权人代表进入董事会或监事会的法律依据，规定债权人在重大决策中的表决权。在监管层面，监管机构可以要求金融机构在治理结构中纳入债权人参与机制，并将其作为评估金融机构治理水平的重要指标。监管机构还可以定期检查金融机构的债权人保护措施，确保其落实到位。

### （二）建立健全的治理结构

金融作为与经济发展、金融稳定以及社会公众利益密切相关的特殊行业，金融机构在设计治理结构时，除了遵循公司治理的一般性规定，还应遵循金融行业公司治理的特别政策和规定。

在我国，金融机构治理结构的特别安排主要包括以下几个方面：（1）建立以董事会为核心的内部控制体系，包括设立风险控制、内部审计等专业委员会，强化内部控制和风险防范机制。（2）建立合理的激励机制，统筹高管薪酬、股权激励等安排，在激发员工积极性的同时避免道德风险和短期行为。（3）健全信息披露制度，通过定期报告、临时公告等形式，及时、准确地披露公司经营状况和财务状况，增强透明度和公信力。（4）加强外部监管和审计，包括监管部门的监督检查、会计师事务所的审计等，确保公司合规经营、稳健发展。（5）推进多元化股权结构改革，包括引入战略投资者、机构投资者等，实现股权多元化和优化股权结构。（6）完善风险评估体系，对各类风险进行全面、系统、科学的评估和管理，保障金融系统安全和稳健发展。这些特别安排旨在提升金融机构治理水平，防范金融风险，保障客户等利益相关者，促进金融机构的可持续发展。

在国外，不同国家和地区的金融机构治理结构也存在一些差异。例如，美国的金融机构治理结构以独立董事委员会为主，这些董事通常由来自不同领域的专业人士组成。而英国的金融机构治理结构则以董事会为主，其董事会主席通常是独立非执行董事，负责监督公司的战略发展。总体而言，不同国家和地区的金融机构在治理结构上存在差异，但都在尝试建立一套能够适应自身特点的治理体系。对于金融机构来说，建立健全的治理结构是实现可持续发展的重要保障，需要根据自身特点、国情来制定和优化治理结构，提高治理效能和市场竞争力。

### （三）完善公司治理机制

公司治理机制主要包括内部治理机制、外部治理机制以及非制度性的软性治理机制。金融机构往往具有公众性、外部性以及专业性的特征。以与资本市场直接相关的证券公司为例：首先，证券公司具有公众性。证券公司在所有者与经营者委托代理关系之外，还存在与客户的委托代理关系，即“受人之托，代客理财”。因此，证券公司的治理机制应更加注重风险控制和客户资产安全。其次，证券公司具有外部性。证券公司既要做好“看门人”，提高执业质量，优化上市公司质量，也要做好“守护人”，加强投资者教育工作，保护中小投资者利益。因此，证券公司的治理机制需要更加重视内部控制和投资者保护。最后，证券公司具有专业性。新业务、新产品不断涌现。因此，在治理机制上，一是要对高管人员提出专业适格条件，如要求符合证券、会计、法律相关专业条件的高级管理人员担任合规负责人、首席风险官、首席信息官；二是要更加强调外部监管机制的作用。

### （四）采取措施积极应对金融机构的特殊治理风险

应对金融机构的治理风险，可以采取穿透式监管与透明度提升和股东责任扩展两种措施。穿透式监管主要针对金融机构的信息披露，要求其公开风险敞口、压力测试情景和资本规划细节，以减少信息不对称问题。而股东责任扩展则涉及试点“有限追索权”改革，特别是在极端情况下，如系统重要性金融机构的股东可能需要承担额外的清算责任，突破传统的有限责任原则。

**1. 构建风险可视化的监管框架**

传统金融监管往往依赖机构报送的汇总数据，难以穿透多层嵌套的金融产品结构和复杂的关联交易网络，导致风险隐匿于“黑箱”之中。穿透式监管通过强制披露风险敞口、压力测试情景及资本规划细节，可发挥以下作用：一是缓解信息不对称，通过标准化、颗粒化的数据披露，监管机构、投资者及交易对手能够穿透至底层资产，识别跨市场、跨行业的风险传染路径，如识别影子银行与表外业务的风险外溢；二是实现前瞻性风险管理，压力测试情景的公开迫使金融机构以“极端但可能”的假设（如利率跳升、房地产崩盘）验证资本充足性，推动风险管理从“事后补救”转向“事前防御”；三是强化市场纪律，资本规划细节的透明化使市场参与者可独立评估金融机构的抗风险能力，通过价格信号倒逼审慎经营。欧盟《资本要求指令 V》（Capital Requirements Directive V，CRD V）要求银行公开按资产类别划分的风险敞口及压力测试结果，促使德意志银行等机构主动缩减高波动性资产配置。监管科技的应用（如区块链存证、AI 风险建模）可降低合规成本，使高频、实时数据报送成为可能，但需明确披露边界（如不公开具体客户信息），通过“监管沙盒”测试敏感数据的脱敏处理技术。

**2. 扩展股东责任，重构系统性风险的权责匹配机制**

传统公司法下的股东有限责任制，在系统重要性金融机构（SI-FIs）中可能诱发道德风险，因为股东倾向于支持高风险高收益策略，而将破产成本转嫁给纳税人。“有限追索权”改革的核心突破在于：一是使风险内生化，通过章程约定或立法强制，要求股东在机构濒临破产时承担超出出资额的补充责任（如按持股比例追加注资），将外部性成本内部化。二是优化治理结构，扩展责任倒逼股东加强对管理层的监督，避免高杠杆并购、高比例分红等“短期主义”行为。三是在清算阶段突破有限责任，为处置基金提供额外资金来源，降低“大而不能倒”引发的公共救助压力。

穿透式监管与股东责任扩展本质是对金融契约关系的再定义：前者通过信息民主化重塑市场信任，后者通过责任再分配矫正激励扭曲。二者协同下，金融稳定将从“监管父爱主义”走向“共治型韧性”，为防范“灰犀牛”与“黑天鹅”事件提供制度锚点。穿透式监管与透明度提升、股东责任扩展是金融监管体系改革中两项关键举措，其核心目标在于通过强化风险可视性与责任约束机制，构建更具韧性的金融体系。

## 四、如何治理金融机构：管理层的视角

2008 年金融危机再次证明，金融市场的可持续发展离不开包括银行业在内的金融机构良好的公司治理（银行的公司治理问题已在前文详述），公司治理结构的优化是金融市场持续发展的根本动力。危机暴露出美国等发达国家金融机构在公司治理方面存在严重缺陷。鉴于2007—2008 年金融危机主要是因公司管理层缺乏监管，盲目追求短期市场利润，进而谋求个人私利的失控行为所造成，本部分主要从公司管理层（董事会）角度来探讨金融机构治理问题。

金融机构面临诸多约束和管制。一般企业的运营都受法律、税收以及社会习俗的约束，而金融机构还要面临额外的监管。金融机构内任何主要决策，包括行业准入、融资、投资、激励、增长与破产等，董事会和风险管理部门都有重要影响力，此外还受到来自市场、监管部门和司法部门等外部的监督和管制。这些多方力量的影响力并不均等，且利益可能存在冲突，因此对理想中的金融机构看法并不一致。

治理好金融机构，不仅要有能力，而且要有意愿。董事会和市场机制对治理金融和非金融企业的重要作用已被深入研究。监管部门在何时以何种方式进行干预，学界也有系统研究。与公司股东和管理层可能存在委托代理问题类似，作为公众利益代表的监管部门与公众之间也存在利益不一致问题（Levine，2011）。①

在 2008 年全球金融危机中，为什么那么多公司的风险管理机制同时出现问题？公司治理失败背后的深层原因是什么？为何大部分公司

---

① LEVINE G S. Stability, crisis, and other reasons for optimism: university foreign language education in the United States[J]. Arts and Humanities in Higher Education, 2011, 10(2): 131-140.

为追逐高利润而不惜承受足以让公司破产的风险？关键问题在于公司内部治理中董事会与管理层的地位、角色及法律责任定位出现了问题。金融危机中之所以出现众多公司风险管理一同失败的现象，根本原因在于：在英美国家，公司治理奉行股东至上主义，公司经营旨在实现股东利益最大化；对上市公司而言，投资者最关注股价涨跌；为了吸引更多的投资者，管理层的目标变为保持股价上涨，让股东获得收益；股价涨跌似乎成为管理层的工作重心，因公开市场投资具有营利短期性，管理层投股东所好追求公司短期的营利性。

为了确保管理层与股东利益一致，减少代理成本，公司除为董事、高管提供高额报酬外，还授予期权或股份；为使股东获得更多的利润，同时提升自身期权或股份价值，管理层致力于推高股价。在金融危机中，金融机构的逐利行为走向极致，过度追求短期利益而忽视了其经营活动中隐含的、不断累积的风险；因短期股价上涨，管理层获得丰厚报酬，进一步刺激其从事高风险高利润的经营活动。

正如人类与大自然要和谐相处、可持续发展一样，公司与管理层也需要在整个经济环境中与社会中各利益相关者和谐相处，平衡各自的利益，只有这样，才能真正实现资源的有效配置，提高资源的利用效率，从而降低董事会为自身和股东利益铤而走险的可能性。这里涉及两个关键问题：一是董事会应为谁服务，即股东至上主义是否正确，还是应推行利益相关者主义；二是管理层激励机制的正当性。

**1. 金融机构董事会的职责**

如前文所述，董事会作为股东的代理人，忠于股东，为股东服务，这是如此顺理成章。但随着社会的发展和公司治理理论的演进，除了股东利益、公司短期利益，公司也需要将其他利益相关者的利益以及长期利益纳入考虑范围。同时，随着可持续发展理论的兴起，人们在公司治理的实践中越来越重视 ESG 理念，各国际组织、机构投资者及社会各界纷纷对此作出响应，但仍需法律对此作出具体的回应。金融机构因其复杂的双重代理关系，涉及众多公众的利益，且其治理水平直接关系到金融系统稳定以及经济发展，因此更不能仅仅关注股东和公司短期利益，而应倡导利益相关者主义，关注公司甚至整个社会的长期可持续发展。

金融机构的董事会是公司的核心治理机构，负责制定公司的战略方向、监督管理层、保障公司合规运营等重要职责。董事会通常由执行董事、非执行董事和独立非执行董事组成。执行董事是公司内部人员，负责公司的日常运营管理；非执行董事通常是股东代表或行业专家，为公司提供专业建议和意见；独立非执行董事则具有独立性，能够客观公正地发表意见，保护中小投资者的利益。董事会的职责包括制定公司战略、监督管理层、审批重大交易、风险管理和合规等。董事会应制定明确的议事规则和决策程序，确保决策的科学性和公正性。同时，董事会需定期召开会议，及时了解公司运营情况和风险状况，为公司发展提供有力支持。董事会应建立完善的风险管理制度和控制体系，定期评估公司的风险状况，并采取有效措施进行防范和控制。同时，董事会需关注公司面临的重大风险，及时采取应对措施，确保公司风险可控。董事会还应积极履行信息披露义务。基于金融机构的公众性，其治理关乎广大储户、保单利益享有人以及投资者的切身权益，而信息披露是保障投资者权益的重要手段之一。因此，金融机构应按照监管要求和公司规定进行信息披露，确保信息的真实、准确和完整，董事会应积极履行信息披露职责，主动向投资者和社会公众提供公司的重要信息，增强公司的透明度和公信力。

通常，有两种促进董事会高效履职的手段。第一种是对董事会进行绩效评估，评估应综合考虑董事的履职情况、专业能力和对公司发展的贡献等多方面因素。通过绩效评估可以发现董事会存在的问题和不足，进而采取措施进行改进和优化。值得注意的是，虽然董事会绩效评估是促进董事会高效履职的重要手段，但也容易造成董事会为追求绩效而忽略公司长远发展利益。第二种是对董事实施薪酬与股权激励等举措。董事薪酬与股权激励是促进董事会履职的重要手段之一，应根据董事的职责和贡献制定合理的薪酬方案，并根据公司业绩和市场情况进行调整。同时，金融机构可采取股权激励等措施激发董事的工作积极性和创造力。不可忽视的是，金融机构的过度短期化的报酬机制以及风险激励机制也是形成全球金融危机的关键因素。

**2. 高管天价薪酬的正当性讨论**

管理层过度追求高风险投资产品，给公司带来的风险是，市场稍微震荡便能使公司破产；管理层未尽到风险管理的勤勉义务、谨慎义务，非但没有受到谴责，反而因其从事高风险高利润活动获得高额报酬。金融危机过后，金融机构和其他人员损失惨重，而公司管理层仍照常获取高额薪酬，引发中小投资者强烈谴责。

（1）高管天价薪酬是否具有正当性

对于高管天价薪酬的正当性，人们从自治权、贡献值、市场竞争及人才稀缺等方面进行了解释。在法哲学语境中，正义提出的诉求是：赋予人的自由、平等与安全应当在最大限度上与共同福祉保持一致。客观上，正义允许差别存在，金融机构高管的天价薪酬本身不具有“原罪”，之所以将其作为一个问题进行讨论，原因在于这种付出是否具有外部证成的正义性。

首先，高管的天价薪酬因悖于公平与正义感被广为诟病。法律建设中必须铭记：人们对非正义的感觉就是对任何因专断行为引起不平等现象的憎恨。一个完全丧失或基本欠缺正义的制度无资格被称为法律。当巨额薪酬人为地拉大金融机构高管与一般员工及社会公众的贫富差距时，也无形放大了社会关系的裂痕，进而蚕食人们之间共存的规则。在经济法学及其理念日益深入人心的当下，我们言之凿凿地认为，一切法律问题都可归结为经济问题，美国法律经济学家理查德·A. 波斯纳甚至对正义做出以下创新性的解释：“正义的第二种涵义——也许是最普通的涵义——是效率。”① 就高管薪酬这一议题而言，虽然金融机构的普通职员及社会公众短期内可能会接受“他人吃肉，我只能喝汤”的现实，但是也必须认识到，从客观上看，和谐、秩序、稳定等都是与利益平衡密切相关的问题。对薪酬安排正当性评估的一个重要因素是，过高的高管薪酬是否会引起其他利益群体的广泛关注。若大众觉察到高管与普通员工之间薪酬的天壤之别，而由此产生不利于和谐与秩序的负面情绪，那么这就成为一个社会问题，而至于这种情绪是否理性，则并非决策时需要考虑的因素。

虽然当事人之间的意思自治为天价薪酬的正当性提供了法理支撑，但是当它激起民众的仇富与嫉妒等不利于社会和谐的情绪时，这对社会的整体秩序而言并非好事。在形式上，金融机构高管薪酬的议价权是契约自由的公平性体现。当这种自由在事实上让社会中的绝大多数人心生不公时，就有必要对这种契约自由与正义的做法进行“劫富济贫”式的修正，尽管其具有被迫于形势与多数人意志的特点。正如我国台湾地区法学家王泽鉴先生指出的，“在某种意义上，一部契约自由史，就是契约如何受到限制，经由醇化，而促进实践契约正义的记录”。②

其次，高管天价薪酬源于金融机构治理中的内控失灵。在相互制约的权力框架下，按照常理，在金融机构与拟选用的高管进行薪酬谈判时，金融机构不可能主动推高薪酬待遇，因为这并不符合公司的利益。而且，在作为个体的高管与作为整体的金融机构的签约谈判中，前者并不具有明显的比较优势。对此，“闭门造车”的学者提出了一个新词，即“最优薪酬契约理论”。实际上，该理论有些华而不实，

---

① 波斯纳．法律的经济分析（上）［M］．蒋兆康，译．北京：中国大百科全书出版社，1997：31.

② 王泽鉴．债法原理（第1册）［M］．北京：中国政法大学出版社，2001：74.

因为其假设依赖以下条件：董事与高管可通过平等协商的方式来议定薪酬待遇；由于受市场约束，薪酬契约倾向于最优；公司股东可通过一定的方式迫使高管接受最合适的契约；高薪有助于实现公司利益最大化；公司内部存在一个可靠的高管薪酬评定程序。虽然公司理论上的权力配置比较完善，但是由于人性的缺陷，作为投资者代言人的董事与董事会可能并非恪尽职守的代理人，在关键时刻，期望其能切实尽到勤勉、忠诚、敬业的义务去实现金融机构的利益最大化，也是不切实际的。

在金融机构的内部治理架构中，为了防止董事会及董事独揽大权，设计者对董事会设置了高级经理人的制衡机制。例如，在美国，在程序上，公司的首席执行官对董事拥有提名权，而且有时其提名对于最终的选任甚至具有决定性影响。已有的数据显示，即使首席执行官在公司提名委员会中没有任职，但是其声誉等因素也决定了对董事的提名与选任仍具有足够性影响（Hermalin and Weisbach，2003）。[①] 除此之外，尽管根据现行法律规则，金融机构高管的薪酬受制于董事会，但是在权力的实际运行中，董事自身的薪酬反而受高管的掣肘，因为这些董事自身的任命、薪酬以及未来的职业发展都可能与企业的高级管理者紧密联系。出于对自我利益的维护与扩大，董事会或其董事极有可能沦为高管的化身或工具，而不是公司真正意义上的代言人。毕竟，对首席执行官慷慨的董事自然会得到首席执行官的投桃报李，在高管薪酬较高的公司，往往董事的薪酬也较高。可见，金融机构高管薪酬过高问题的根本原因还在于董事会或关键董事与首席执行官等高级经理人员的利益勾结。因此，堵塞金融机构内控失灵的漏洞是改革其高管人员薪酬待遇的关键所在。

---

① HERMALIN B, WEISBACH M S. Boards of directors as an endogenously determined institution: a survey of the economic literature[J]. Economic Policy Review, 2003(9): 7-26.

最后是被反复提起的道德风险问题。理论上，董事会与高管之间的薪酬谈判属于公平交易的论断之所以被信任，其基础是股东相信董事会关于薪酬问题的决定始终是以股东的利益为出发点。这表明，在关键时刻，金融机构高管能否克己奉公地与公司站在一起，这是一个与道德风险直接关联的问题。为了控制监守自盗的道德风险，人们将董事或薪酬委员会植入制度中，但是在信息不对称的情况下，这也可能于事无补，因为在自身利益最大化的诱导下，公司首席执行官对董事的提名权会使后者“变节”而倒向前者。人类历史上的多次金融危机已证明，在最需要金融机构高管奉献、共渡难关的节点，这些高管人员考虑的是守住并扩大自己的利益，而不是与处于窘境的金融机构同甘共苦，由此产生一种非正义的“利益私有化而损失社会化”的道德风险。实际上，对于金融机构高管高薪的正当性与合理性而言，层出不穷、防不胜防的道德风险也是一个有力的反证。当然，对管理层薪酬进行规范是一个比较复杂的问题。利伯维尔场经济理论认为，对于薪酬的支付不需要任何限制，从而可以允许最好的人才天赋得到最充分的发挥。利伯维尔场能够使人力资本得到有效的利用，这也是劳动力市场一直以来的实践。然而，任由劳动力市场按照市场自由进行交易，至少存在两个问题：

第一，往往很难看出高管的努力以及其才能与薪酬之间的联系。对于公司来说，首席执行官们往往在幕后工作，他们或许闭门开会，或许打高尔夫球，或许参与其他社交活动。他们以众多的方式、在众多的场所工作，且不受任何公众审查，人们很难看出他们在什么时候做决策，很难判断他们做出决策的难易程度，也很难区分公司的成绩是团队的功劳还是个人的功劳。因此，人们常常思考，高管是否应该得到高额薪酬。当然，高管们必须非常聪明和努力使公司走向成功，但是，很难判断高管们的努力、才气与其高额报酬是否与在较低层工作的其他员工的努力、才气与低报酬成合理比例。

第二，与公司收益挂钩的高额报酬会造成贪婪的极度化。因为高管能够从高风险决策所带来的高收益中获取高额报酬，而高风险所导致的公司损失乃至破产往往在很长时间后才能浮现，在短期内高管面临问题和承担责任的风险极小。因此，高管往往能够在任职期间获取高额收益，而不用承担任何风险。当公司危机发生时，高管只要能够说明自己的决策完全符合法律的要求即可。当高风险的决策能够获取高报酬而不用负任何责任，又没有外部监管时，人性的贪婪便被无限扩大，于是，道德风险发生了。当全世界遭受严重金融危机时，当公司遭遇破产危机时，公司管理层却仍然受之前签订的合同的保护，照常获取高额收益。

（2）金融机构高管薪酬的治理举措

次贷危机虽然表面上可以归结为金融创新过度、信用评级失真及货币政策宽松等，但是其背后的根本原因是人性的贪婪无度。甚至可以说，不仅仅是几个苹果烂了，而是装苹果的桶烂了。在金融风险整治中，高管薪酬似乎成了“过街老鼠”，无论是出于平息“民愤”还是出于制度改良的目的，都必须有所回应。

金融稳定理事会作为跨国金融监管协调的国际性重要组织，在金融机构高管薪酬治理思想的开发与政策推广方面具有广泛的影响。2009 年 4 月，金融稳定理事会发布《稳健薪酬实践的原则》，以推动全球在该问题上采取统一行动。2009 年 9 月，金融稳定理事会出台《稳健薪酬原则的执行标准》，对金融机构设立薪酬委员会、薪酬信息披露、薪酬改革制度、独立且有效的薪酬监管等提出倡导性建议。在 2009 年的二十国集团（G20）匹兹堡金融峰会上，金融稳定理事会将该标准文件提交商讨，并敦促相关国家进行法律改革，以加强对金融机构高管薪酬的管理，确保薪酬待遇的透明性、公开性与合理性。2010 年 3 月，金融稳定理事会又对相关各国落实上述两份文件的情况进行审查，并建议未来制度改良的方向应朝着以下目标前进：金融稳定理事会成员国应在该年度内最终完成文件所规定的薪酬监管措施；金融机构在其薪酬机制改革中应加入风险调整因素，并将薪酬与风险绩效相挂钩；国际监管联席会议应致力于促进重大的跨境金融机构的薪酬改革，强化信息的交流合作，并将薪酬风险管理纳入会议的常规议程；各国监管者应对金融机构的薪酬委员会积极审查，以评估其专业性与独立性。

在次贷危机的处置中，针对金融机构高管的不端行为，美国政府推出了一系列的“限薪令”。2009 年 2 月，奥巴马政府宣布，凡依《问题资产救助计划》接受援助的金融机构高管，其最高年薪不得超过 50 万美元。2009 年 6 月，美国财政部成立薪酬管理办公室，对接受政府救济的金融机构高管薪酬进行监控。2009 年 7 月，美国通过的《公司与金融机构薪酬公平法》确立了股东决定高管薪酬的规则，要求保障薪酬委员会与薪酬顾问的独立性，强化高管薪酬信息的披露，并要求金融机构高管的薪酬应与其近 5 年来的绩效相挂钩，若存在任何不实记录，则可对已发放的薪酬进行追缴。2009 年 10 月，美联储在其公布的《银行集团薪酬激励指导方案》中确立了以下几项原则：薪酬激励计划不能违背集团的风险政策；薪酬协议不得与内部的风控制度相冲突；薪酬激励必须以稳健的公司治理经验作支撑。2010 年《多德-弗兰克华尔街改革与消费者保护法案》第 954 条规定了错误发放报酬的回收，被称为“追回条款”（Claw Back Provision），旨在防止冒险操作、处罚错误行为、防止不当得利以及遏制管理层虚报财务信息；第 956 条专门对资产规模超过 10 亿美元的金融机构高管的薪酬治理进行了规定，其内容包括薪酬安排的披露与报告、特定薪酬安排的禁止等，并要求美联储等 6 家金融监管机构共同制定准则，以判定薪酬计划是否合理。

其他发达国家也积极落实金融稳定理事会《稳健薪酬原则的执行标准》的精神，在国内大力推行金融机构高管的“限薪令”。例如，法国规定，“接受政府救助的金融企业高管不能接受股票期权，禁止对未来数年的奖金作出担保，并要求至少 50% 的奖金以股票形式发放”。德国规定，未来金融机构高级经理人的薪酬必须与金融机构的长期效益接轨，接受政府援助的银行业高管收入应被控制在 50 万欧元，且在任期内不得再享受奖金、遣散费及红利等福利。2009 年 12 月，德国联邦金融监管局与其境内的主要金融机构达成以下约定：各金融机构的高管分红将被延期数年发放，若在未来的数年中发生高管应承担责任的亏损，则其所在的金融机构可停止派发红利。英国也积极地开启了金融机构薪酬治理的行动。2009 年 8 月，英国金融服务局（FSA）公布了《薪酬准则》，主要内容包括：明确金融机构薪酬委员会的组成与职责；严格金融机构风险合规部的权责；规定薪酬的发放必须考虑金融机构未来的发展及整体情况；明确薪酬结构。

金融机构运营的安全性、效益性与流动性等目标的实现，与其高管人员的能力、经验、敬业精神及道德水平密切相关。客观上，金融机构能在多大程度上对高管进行回报，本身是一个市场性的当事人自治问题。必须肯定的是，严格规范薪酬对于遏制金融机构高管自肥的道德风险、防止过度投机及确保高管尽职履责等具有积极的威慑效应。卓越的高管人员对金融机构的发展方向、市场开拓、金融风险防控等至关重要。如果为了迎合公众而武断地依据“均平富”的思维来确定其薪酬待遇，必然会诱导金融机构高管人员的不作为与人浮于事。金融机构高管高薪酬的存在，从契约自由、对等的公平、人才资源稀缺等方面来看，也具有正当性。因此，在金融机构高管薪酬的治理中，国家权力干预应保留理性的尺度，应给予金融机构一定的自治空间。

通过对 1997 年亚洲金融危机及 2008 年次贷危机的剖析，我们发现，公司治理特别是金融机构的治理出现问题，是金融危机爆发的根本性原因。只有采取以下措施，控制金融机构风险，才有可能避免金融危机的再度发生。第一，在内部治理中改变经营管理层“股东中心主义”的治理理念，经营管理层不仅对股东负责，更要考虑相关利益者的利益，尤其是在全球推进 ESG 治理理念的浪潮下，更应强调绿色投资理念；对高管薪酬则应加以限制或控制，以遏制他们中饱私囊的道德风险、防止过度投机并确保这些高管能尽到忠实、谨慎义务。第二，从市场参与者角度，应当鼓励机构投资者、债权人等市场参与者进行监督，并增强其监督的能力。第三，应当加强政府对金融机构治理的监管措施，同时积极加强信用市场对金融机构的监督作用。一是将宏观审慎监管置于监管目标体系的核心地位，更加关注金融市场的系统性风险；二是突出强调监管协调，防止监管空白、监管竞争、监管重叠等弊端造成的风险盲区；三是进一步明确行为监管目标，更加重视金融消费者的权益保护。

金融机构公司治理是特殊性与普遍性的辩证统一，既要吸收一般公司治理的精髓，又需针对金融风险的传染性、杠杆性和公共性进行治理范式创新。两者的互动演进将持续塑造全球经济的稳定性边界。

**专栏 1　雷曼兄弟破产案及启示**

（1）雷曼兄弟破产案

2008 年 9 月 15 日，美国第四大投资银行雷曼兄弟公司申请破产保护，成为美国历史上倒闭的最大金融公司。这个拥有 158 年历史的金融巨头一度在全球资本市场占据重要地位，却因过度杠杆化、不良贷款和金融衍生品风险而走向破产。

在雷曼兄弟破产之前，全球金融市场已发生多起金融机构倒闭事件，包括美国的两家房地产投资信托公司——贝尔斯登和房地美。这些事件都与过度杠杆化和不良贷款有关，而雷曼兄弟的破产则是这一系列事件的延续。

雷曼兄弟公司创立于 1850 年。作为华尔街的百年老店，雷曼兄弟公司经历了两次世界大战、20世纪二三十年代的大萧条、亚洲金融危机、对冲基金“长期资本管理”崩盘引发的金融危机等多次市场洗礼，却在2008年全球信贷危机中轰然倒下。

曾几何时，雷曼兄弟被称为“有19条命的猫”，长期以来在华尔街属于标杆式的卓越投资银行，尤其在固定收益产品领域更是代表了业内最高专业水准。在其158年的发展历史中，雷曼兄弟曾经历多次大风大浪，但最终都化险为夷。在2001年“9·11”恐怖袭击事件中，雷曼兄弟在世贸中心的全球总部被摧毁，交易中心全部瘫痪，但是公司迅速将总部转移到一家酒店，并在48小时内成功恢复了业务运行，因此受到美国各界的广泛称誉，一时间雷曼的CEO理查德·福尔德成为华尔街的英雄人物。此后几年，雷曼兄弟的业绩持续攀升，股价翻了一番多，表现远超竞争对手。这样一家历史悠久、生命力顽强的知名企业，为何在此次金融危机中顷刻土崩瓦解了呢？

固然，外部市场剧烈波动、美国政府拒绝施以援手等因素成为雷曼兄弟破产的直接原因，但这往往是管理层为失败寻找的遁词。唯物辩证法认为，外因是通过内因起作用的。招致失败的原因更多出在自身，即所谓“物必先腐而后虫生”。概言之，失败主要源于以下几个方面：

第一，杠杆率过高。高杠杆意味着以较少的资本去做更多业务、承担更大的风险敞口，这固然可以大幅提高盈利水平，但是一旦市场变化与预期不符乃至相反，那么高杠杆也意味着高损失。雷曼兄弟购入巨额住房抵押债券和高风险资产，大量介入CDO、CDS等业务，杠杆率超过30倍。在2002—2007年，充裕的流动性推动了美国房地产市场持续攀升，使雷曼兄弟获得巨额收益，远远超越同行。但是，在2007年次贷问题已经开始显露的情况下，这样的高杠杆经营策略已经非常危险了，而雷曼兄弟并没有及时收手，甚至在2008年初还出于“抄底”目的增持了数十亿美元的ALT-A债券。

第二，激进的多元化。在过去很长时间内，雷曼兄弟一直专注于传统投资银行业务，如证券发行承销、经纪以及企业兼并重组、融资顾问等业务。但是在破产前的几年间，为了追求盈利目标，雷曼兄弟加速多元化发展，进入了许多不熟悉的领域，如房地产信托、结构性金融、私募基金、杠杆借贷等，在2007年5月29日还收购了一家房地产投资信托公司。这些新的业务领域曾经为雷曼兄弟带来超额利润，但是在次贷危机中都受到重创，并最终拖垮了雷曼兄弟。

第三，风险管控不独立。在音乐响起的时候，所有人都跟着起舞，唯独风险管控人员应该例外，因为他必须以独立、清醒的态度看紧底线和边界。虽然雷曼兄弟在公司内部也设置了风险管理部门，但是自上而下的市场狂热使得风险管控部门也“跟着音乐起舞”，公司最核心的风险管理委员会主席由CEO福尔德兼任，而福尔德本人就是激进市场战略的推动者。这在很大程度上导致福尔德以及业务部门在次贷相关业务领域激进扩张，乃至在危机出现、继续“赌博”冒险时，风险管理委员会都未能提出异议，遑论有效制衡或纠正。

第四，激励机制导致短期行为。华尔街投资银行的激励模式几乎被雷曼兄弟发挥到了极致，虽然调动了员工积极性，促进了业务快速发展和利润成倍增长，却在倡导一种高风险发展模式，诱导管理层和业务人员为了短期利益、高额奖金不惜冒险，以承担巨大的风险敞口来博取业绩快速增长。2007年雷曼兄弟对商业地产债券业务不仅没有加以控制，反而增长了约13%，当期收入接近200亿美元，福尔德也因此获得了2 200万美元的巨额奖金。但是，恰恰是这些高风险债券，后来成为压垮雷曼兄弟的最后一根稻草。

第五，风险过度集中。风险分散是金融机构必须遵守的铁律，“不要把鸡蛋放在一个篮子里”的古老格言，道出了朴素的真理，并屡屡在危机中得到验证。雷曼兄弟在破产之前的几年间基于激进的发展战略，业务过度集中于与房地产相关业务及其衍生产品，导致在房地产市场出现拐点后风险集中暴露。

第六，公司治理存在严重缺陷。雷曼兄弟的公司治理一直以福尔德为中心。福尔德有“华尔街斗牛犬”之誉，其强势的领导风格和出众的专业才能，曾经引领雷曼兄弟从一个寂寂无闻的债券交易商，成长为华尔街第四大投资银行，公司股价从1994年至2007年上升了17倍。董事会对福尔德的高度信赖、员工对福尔德的敬仰（乃至崇拜），导致公司治理要求的制衡、纠偏等机制对他根本不发挥作用。这种制衡的缺失助长了福尔德的自信和独断。在雷曼兄弟破产前，实际上还有几次求生的机会，但是因为福尔德的刚愎自用导致良机错失。其实，越是才能过人的强势领导，越需要设计重大决策的钳制机制。

（2）启示

雷曼兄弟是这次金融危机中最具代表性的典型样本。在过去诸多企业特别是金融企业失败的案例中，都可以找到雷曼兄弟所犯错误的影子。

纵观百年金融发展史，优秀企业成功的原因各有不同，但失败的原因却往往有惊人的相似。回顾1929年的经济大危机，在危机爆发前的“疯狂的20年代”，市场上同样弥漫着乐观、浮躁的情绪，投机盛行，大小企业汲汲于分红博利，与2008年金融危机前的情境何其相似！自大、无知和贪婪使应有的底线和原则被一次又一次地漠视，错误被一次又一次地演绎。人类理性溃塌的悲哀莫过于此！

**直面危机**。在现代社会中，危机已成为市场演化中的常态。在信息化、全球化的大潮下，企业面临高度不确定性，外部经营环境变化多端，有人将现代社会称为不确定的年代。混沌、波动、剧变等逐渐成为常态，而且频度越来越快，给企业带来了形形色色的风险和挑战。企业生存发展的历史，实际上也是不断应对不确定性和危机的历史。

应对危机的关键是树立理性、稳健和审慎的危机管理理念。避免危机是上策，应对危机是中策，承受危机是下策。在这次危机中，一些素来经营审慎、肌体健康的金融企业不仅躲过了灾难，甚至有的企业还从危机中获得了新的发展机遇。富国银行（Wells Fargo）的规模不能与花旗银行等匹敌，国内业界原本并不太关注这家银行，但在金融危机中它不仅经受住了冲击，而且从花旗手中成功竞购到美联银行，股票逆市上扬。这个案例看似偶然，但仔细研究却颇为耐人寻味。长期以来，富国银行的经营一直以稳健著称，虽然不像花旗银行等风光，更不像一些大量介入投资银行业务的银行那样拥有高盈利水平，但是它在美国却是唯一一家获得AAA信用评级的银行。在市场“疯狂”的时候，富国银行不为所动，即便市场占有率在短期内出现下滑，仍坚持自己一贯的经营原则和风险偏好。《华尔街日报》一篇报道中引述的富国银行CEO理查德·柯瓦希维奇（Richard Kovacevich）的一句话很好地体现了这一点，发放那种高风险贷款在富国银行“基因”中根本就不存在。这样的银行就非常令人尊重。

反观这次危机中不幸“得病”倒下的知名企业，实际上在

“得病”之前都已存在不同程度的内部机理失调，处于“亚健康”状态。除了金融机构，制造业的一些著名企业也存在典型案例，例如在危机中申请破产保护的百年企业通用汽车公司。多年来，通用汽车内部问题积重难返，成本长期居高不下，全球扩张并购策略失败，企业连年巨亏，2005 年以来通用汽车累计亏损达 800 亿美元，其中 2007 年达创纪录的 387 亿美元巨亏，2008 年亏损 309 亿美元。这次金融危机则使通用汽车雪上加霜，实际上已濒临破产。如果没有美国政府后来的大力救助，通用汽车的命运无疑会跟雷曼兄弟一样。

**克服人性的贪婪。**说到底，雷曼兄弟破产的根本原因就是贪婪。2008 年初，美联储加息，房产价值下降。此时购房者已经无法继续还贷，导致信用破产，次贷产品价格下滑，信用市场紧缩。此时的雷曼兄弟不仅没有意识到住宅地产和商业地产信用危机的严重性，对此做好防范，反而做多次贷衍生品。

雷曼兄弟破产的诱因是金融衍生工具的滥用。“世界金融衍生品之父”、芝加哥商业交易所的荣誉主席梅拉梅德（Leo Melamed）说，不管是衍生品还是整个金融市场都只是工具。但人们在陷入极度的疯狂，完全丧失理智后，只顾着利用各类金融衍生品疯狂投机套利，公司也因为董事高管个人甚至集体的贪婪陷入万劫不复之境。

雷曼兄弟破产案给我们带来了以下启示：

第一，金融风险管理至关重要。金融机构应建立完善的风险管理体系，加强风险控制和监管，防止因风险失控而引发类似破产的后果。金融机构从业人员应增强风险意识，认真履行风险控制职责。

第二，金融创新需谨慎。金融机构在开展金融创新时，应充分评估风险，审慎决策，不能过于激进。尤其是与房地产相关的金融创新，更需格外小心。一旦房地产市场出现大幅波动，可能对金融机构的稳定运营产生严重影响。

第三，法规监管不可或缺。金融监管机构应加强对金融机构的监管，防范类似雷曼兄弟破产的事件再次发生。对系统重要性金融机构，更应强化风险评估和监管，确保其稳健运营。

第四，危机应对准备。金融机构应制定应急预案，以便在危机发生时及时采取有效措施，最大限度地降低损失。同时，监管机构也应提高应对金融危机的能力，建立健全的危机应对机制。

第五，强化国际合作。在全球化的背景下，各国金融机构和监管机构应加强合作，共同应对金融危机。只有这样，才能更有效地防范和化解金融风险，维护全球金融市场的稳定。

总之，雷曼兄弟破产案是一次深刻的历史教训，我们必须从中吸取教训，加强金融监管和风险管理，以应对未来可能出现的金融风险。

## 五、互联网金融企业的公司治理

互联网金融是一种将互联网技术与金融业务相结合的新型金融模式，具有创新性、高效性和全球化特点。互联网金融通过创新的金融工具和业务模式打破了传统金融的地域和时间限制，为用户提供了全新的金融产品和服务。互联网支付、虚拟货币等在互联网金融领域得到了广泛应用。互联网金融利用在线平台实现了信息的全球化和即时化，提高了金融服务的效率。用户可以随时随地通过手机或电脑进行金融操作，避免了传统金融机构排队等待的问题，节省了时间成本。此外，互联网金融突破了地理界限，不受国界限制，人们可以通过互联网进行各种跨国金融交易。同时，互联网金融平台也为全球投资者提供了便利，促进了国际经济和贸易的发展。

## （一）高科技促进了互联网金融的飞速发展

高科技的发展为互联网金融带来了创新、拓展了服务范围，互联网金融机构需要充分利用科技创新的机遇，以实现可持续发展。

**1. 科技驱动的创新**

高科技的发展为互联网金融提供了更多的创新机会。通过使用人工智能、大数据分析、区块链等先进技术，互联网金融可以实现更高效、更安全、更便捷的服务。例如，基于大数据分析的信用评估模型可以帮助互联网金融机构更准确地评估借款人的信用风险；区块链技术可以提供去中心化的交易和智能合约，提升交易的透明度和可靠性。

大数据和算法在金融领域中的授信领域得到了广泛运用。金融机构通过收集用户的各种数据，包括个人信息、消费习惯、借贷历史等，利用这些数据和特定的算法来评估用户的信用状况和风险水平。大数据和算法可以帮助金融机构进行反欺诈分析，通过分析不同数据维度之间的关联和模式，识别出潜在的欺诈行为或异常交易。例如，如果一个用户在短时间内多次申请不同的贷款，这可能是一种欺诈行为的迹象。金融机构可以利用大数据和算法对用户的行为模式进行分析，及时发现并阻止欺诈行为，保护自身和用户的利益。

**2. 金融创新与服务拓展**

高科技的应用促进了互联网金融的创新和服务拓展。金融创新与服务拓展是指金融机构通过引入新的技术、产品、服务或改变经营模式，以适应市场需求和客户需求的变化，并提升自身竞争力和盈利能力（表 5.1）。

表 5.1　高科技背景下金融创新的主要内容

| 创新点 | 内容 |
| --- | --- |
| 技术创新 | 金融科技（FinTech）的发展推动了金融行业的创新。例如，移动支付、区块链、大数据分析等技术的应用，使得金融机构可以提供更加便捷、高效、安全的服务 |
| 产品创新 | 金融机构可以开发出新的金融产品，以满足客户多样化的需求。例如，结构性投资产品、绿色金融产品等。这些新产品不仅可以为客户提供更多样化的投资和融资选择，还可以帮助金融机构拓展业务领域 |
| 服务创新 | 金融机构可以通过创新服务模式来提供更好的客户体验。例如，智能投顾、在线理财服务等，可以提供个性化的投资建议和便捷的交易渠道，满足客户的个性化需求 |
| 渠道创新 | 金融机构可以通过开拓新的销售渠道，扩大客户覆盖范围。例如，与电商平台、社交媒体等合作，通过互联网和移动端渠道向用户提供金融服务 |

创新可以帮助金融机构进入新的业务领域，拓宽收入来源；同时，引入新的技术和产品可以提升金融机构的风险管理能力，降低经营风险。

3. **金融包容性的提升**

高科技的发展推动了互联网金融的普惠性和包容性。互联网金融平台提供了方便的跨境支付服务，用户能够快速、安全、低成本地进行国际交易和汇款。互联网金融还丰富了金融产品和服务，用户可通过在线平台获取和比较各家机构的产品信息，选择最适合自己需求的贷款、投资、保险等产品。尤其对农村小微企业等特定群体，互联网金融为他们提供更多融资渠道，促进金融包容性提升。此外，互联网金融改变了传统金融模式，降低了服务门槛，提供多样化金融方案，满足用户个性化需求。高科技的发展进步推进了互联网金融的普惠性和包容性，方便用户进行跨境支付，选择适合的金融产品，获得灵活的个性化保险方案，为更多人提供了金融服务机会，促进了金融包容性的提升。

## （二）互联网金融风险管理面临的挑战

互联网金融风险管理的重要性在于确保金融市场的稳定运行和保护用户利益。互联网金融主要面临信息安全风险、市场风险以及监管风险。

1. **金融数据的安全风险**

信息安全风险是互联网金融面临的一大挑战。随着人工智能等高科技应用的广泛运用，隐私保护和数据安全成为日益突出的问题。在互联网金融领域，大量的个人和财务信息被数字化存储在云端，这不可避免地增加了遭受黑客攻击和数据泄露的风险。此类风险可能导致用户财产损失和金融系统运行瘫痪，严重影响用户的信任和金融机构的声誉。

2. **市场风险**

市场风险也是互联网金融的挑战之一。高科技的快速发展加剧了金融市场的波动和不确定性。信息技术的突飞猛进使得市场行情瞬息万变，而互联网金融的快速发展导致市场产生泡沫和过度投资现象。投资者和互联网金融机构需要提高市场敏锐度，以适应市场的快速变化。市场的不确定性也增加了投资决策的难度，互联网金融机构需要进行更精准的风险评估和管理，以降低投资风险。

3. **监管风险**

高科技的发展同样带来了监管风险。传统金融业务的监管体系往往无法有效监管新兴的互联网金融模式和技术手段，监管漏洞可能会被不法分子利用，从而给金融市场和投资者造成损失。监管政策和法律法规的不完善也增加了运营风险。若运营不善，可能导致经营压力、资金链断裂、业务失控等问题。此外，市场监管的滞后性和不完善也使得市场活动容易受到操纵和欺诈行为的影响。由于互联网金融的创新性和边界模糊性，相关的法律法规和监管政策相对滞后，这使得互联网金融机构在合规方面面临许多未知和不确定的风险。如果未能适应监管要求或违反相关规定，将面临罚款、处罚甚至停业整顿的风险。

### （三）互联网金融风险管理与监管的应对策略

**1. 加强合规性管理与风险防控**

加强合规性管理与风险防控的策略主要包括建立合规性管理体系和加强风险防控措施。互联网金融机构应建立健全的合规性管理体系，包括制定明确的合规政策和流程，规范各项业务操作标准，明确内部各个环节的责任分工和监管机制。同时，机构需要加强人员培训，提高员工的合规意识和风险防范能力。另外，机构应进行定期的合规性自查和审核，及时发现和纠正不合规的行为，确保业务运作符合相关法律法规和监管要求。互联网金融机构应建立完善的风险评估体系，对各类风险进行全面识别和评估，包括信用风险、市场风险、操作风险等。通过科学的风险评估，可以识别潜在风险点，制定相应的风险管理措施。机构还需要加强信息安全保护，包括用户数据的隐私保护和网络安全防范。加强数据安全管理，确保用户数据不被泄露、篡改或滥用。同时，建立健全的风险管理制度和应急预案，及时应对各类风险事件，降低损失。此外，通过建立合规性管理体系，规范业务操作；加强风险防控措施，识别和评估各类风险并采取相应措施，可以有效提高互联网金融行业的合规性和风险防范能力，维护市场稳定和投资者、用户的权益。

**2. 建立健全的监管体系与机制**

建立健全的监管体系与机制是确保互联网金融行业健康有序发展的重要保障，主要包括完善法律法规体系和加强监管力量与手段。国家应制定更为完善和科学的法律法规，从制度层面上规范互联网金融行业的经营行为和监管要求。这包括明确准入条件、风险防范措施、信息披露要求等方面的规定，以确保各类互联网金融机构在合规经营、风险防控和信息披露方面都具备明确的法律依据。还需要建立相应的处罚制度，对违规行为进行严厉打击，形成有效的监管威慑力。国家应加大对互联网金融行业的监管力度，提升监管机构的能力建设，包括增加监管部门人员数量、提高专业素质和技能水平，以提升监管的有效性和精准性。同时，运用信息技术手段，加强对互联网金融业务的监测和风险预警，通过大数据分析和人工智能等技术手段，及时发现异常风险情况，并采取相应的监管措施。此外，还应加强跨部门协同合作，建立信息共享和协调机制，提高监管效率和有效性。

互联网金融的创新性、高效性和全球化特点使其成为一种具有广阔前景的金融模式，而风险管理和监管的完善则是其稳定发展的关键所在。未来互联网金融风险管理和监管仍面临技术创新及业务创新、跨境风险和人工智能应用等挑战。为有效管理和控制互联网金融风险，需不断提高风险管理与监管水平。互联网金融企业需要完善合规性管理、建立健全的内部风险管控体系和公司治理机制。监管部门需要面对互联网金融的复杂性和高速发展带来的挑战，加强风险管理和监管，确保互联网金融的健康发展，从而保护金融系统的稳定和可持续发展。

**专栏2　从“蚂蚁集团暂缓上市”案例分析科技金融公司的风险控制**

（1）蚂蚁集团科创板上市暂缓事件回顾

2014 年 10 月，蚂蚁金服正式成立，这得益于阿里巴巴推出的“支付宝”在全国的广泛推广使用，此后其业务快速发展和扩张。2015 年 9 月，蚂蚁金服开始将移动支付业务扩展至印度、英国、越南和中国香港等国家和地区。2016 年 4 月，其业务扩展至社区及生活服务业，收购饿了么、淘票票等企业。2017 年，随着金融部门加强监管，P2P 也不断爆雷，蚂蚁金服便走上了从 FinTech 向

TechFin 的战略转型之路。2018 年 6 月，蚂蚁金服陆续推出技术风险防控和微服务双模平台。2019 年，通过阿里健康平台进一步获取用户大数据，扩大商业版图。2020 年 7 月，蚂蚁金服正式更名为蚂蚁集团，同年 8 月 25 日，蚂蚁集团向上海证券交易所科创板提交了 IPO 申请，获上海证券交易所受理。蚂蚁集团原计划于 2020 年 11 月上市，发行价 68.8 元，对应市值 2.1 万亿元。2020 年 10 月 24 日，第二届外滩金融峰会在上海举行，马云却借此对国家有关部门和机构“炮轰三连”，2020 年 11 月 2 日，马云及蚂蚁集团其他相关重要人物被相关机构和部门联合约谈。同日，银保监会同中国人民银行等部门公布了《网络小额贷款业务管理暂行办法（征求意见稿）》。2020 年 11 月 3 日，上海证券交易所公布了暂缓蚂蚁集团科创板上市的决定。公告指出蚂蚁集团存在三个不合规问题：一是在单笔联合贷款中，经营网络小额贷款业务的小额贷款公司，出资比例不得低于 30%；二是小额贷款公司通过银行借款、股东借款等非标准化融资形式，融入资金的余额不得超过其净资产的 1 倍；三是通过发行债券、资产证券化产品等标准化债权类资产形式融入资金的余额不得超过其净资产的 4 倍。

蚂蚁集团成立仅 6 年，估值从 2014 年的约 250 亿美元飙升至 2019 年的 1 538 亿美元，2020 年上市估值达约 3 212 亿美元，其发展之快不禁让人瞠目结舌。虽然资本本身在出生时并没有原罪，但很多时候资本的原始积累与急剧增加都有着不可告人的秘密，也引起了社会广泛关注。

（2）蚂蚁集团公司治理风险分析

**实控人以极少代价操控蚂蚁集团，带来治理风险。**蚂蚁集团拟上市前，马云 100%持有杭州云铂投资咨询有限公司（一人独资有限责任公司），作为杭州君瀚股权投资合伙企业（有限合伙）和杭州君澳股权投资合伙企业（有限合伙）的GP（一般合伙人），而这两家合伙企业分别持有蚂蚁集团42.28%和34.15%的股权。依照《中华人民共和国合伙企业法》规定，GP拥有有限合伙企业的事务管理权，这意味着马云掌控了蚂蚁集团76.43%的投票权，处于绝对控股的优势地位，实际出资最多为1 010万元，而彼时公司估值已达490亿美元。

这种脱离内部制衡的治理模式为蚂蚁集团高杠杆撬动贷款，高周转回笼资金的疯狂操作手法埋下隐患。蚂蚁集团日常的运营资本并不都是自己的钱。实际上，蚂蚁集团只需拿出约30亿元的资本金，再通过隐形杠杆的循环操作，就能撬动约3 600亿元的贷款规模，甚至更多。重庆市前市长黄奇帆曾披露蚂蚁集团的操作手段：首先将30亿元作为本金抵押给银行，银行按照2∶1的比例提供60亿元贷款，这样蚂蚁集团就有了90亿元的游戏资本。若资金不足，则通过资产证券化（ABS）进一步融资——将已放贷的90亿元打包为债权再次抵押，就能再次贷到90亿元。如此循环操作，在第二轮放贷后，蚂蚁集团手里又有90亿元债权可继续抵押。经过约40次循环操作后，蚂蚁集团只用30亿元本金就贷到了3 600亿元资金，隐含杠杆率达120倍！蚂蚁集团是以“科技”之名行“金融”之实的金融公司。虽然坐拥中国市场数量最多的金融牌照，却经常自称姓“科”而不姓“金”。蚂蚁集团利用技术优势突破ABS发行次数（按规定不得超过五次）的监管限制，通过各种渠道与其他银行开展联合贷款，形成更大的隐形杠杆，从而撬动更大规模的资金。

蚂蚁集团还大大缩短了资金回笼的周期。蚂蚁集团把债券卖给投资者，迅速获得新一轮的资金，再贷给更多的借款人，随后将借款合同打包进行债券资本化，如此循环操作，让高杠杆得来的 3 600 亿元通过再加杠杆得到更高的收益。

这种模式反映出在数智经济时代，由创始人掌控的创新公司可能因其偏好冒险行为而更容易出现失控风险。这种失控风险对于金融科技公司影响更大。互联网时代，社会公众参与投资的渠道增多，一旦借贷、投资、证券化任何一个环节出现问题，将引发范围极广的社会动荡。

**高消费价值主张，高利率发放贷款。**2015 年 4 月，蚂蚁集团推出集团花呗，公司通过旗下覆盖面极广的支付宝导流，目前已经成为中国最大的线上消费信贷平台。根据其招股说明书，截至 2020 年 6 月 30 日，蚂蚁集团平台促成的消费信贷余额为 17 320 亿元。蚂蚁集团的收入主要来自其数字金融科技平台，其中微贷科技平台的占比在所有的数字金融科技平台中越来越大。根据蚂蚁集团招股说明书的数据，2020 年 1—6 月，该占比已达到 62.2%。大家所熟知的“年轻，就是花呗!”“爱自己，想花就花呗!”正是其广告语。蚂蚁集团推动消费者从在天猫、淘宝深夜购物转向无抵押贷款的消费模式，极力诱导超前奢侈消费。蚂蚁花呗挖掘了月均支出约 1 000 元的大学生等中低收入群体的巨大消费潜力，打着普惠金融的幌子，吸引了众多长尾市场的客户。根据一份关于 90 后负债情况的调查，90 后平均负债 12.7 万元，是其月收入的 18 倍。究其原因，蚂蚁集团推动的高消费价值观念难辞其咎，这种消费观念仿佛一只无形而有力的手，牵引着中国新一代年轻人在不知不觉中负债累累，其负面影响既潜在又明显。2020 年疫情期间，许多人因无收入而无法偿还超前消费产生的贷款，有些人不得不变卖家产。

蚂蚁集团已经成为我国目前最大的放贷公司，从招股书中可以看出，小额贷款服务正是其赚得盆满钵满的业务。它一面以低息吸收资本，一面以高利率贷款给用户消费。蚂蚁集团的利息差非常惊人，蚂蚁集团在平时的宣传中会有意弱化年化利率，以模糊用户实际借款的利率水平。由于并非所有消费者都具备相应的金融知识，展示宣传日利率、月利率，会让消费者误以为一天仅需支付几块钱，这个利息似乎并不多。如果将其转化为年利率，蚂蚁集团的年化利率实际上紧贴民间借贷利率的司法保护上限 15.4%。①

**高收益收入囊中，高风险转移社会。**只要有利可图，蚂蚁集团便无限扩张；一旦崩盘，将给国家和社会带来严重危害和巨大风险。蚂蚁集团的上市估值远超工农中建四大行，它在攫取巨额利润的同时却不用承担资金的巨大风险。而且，一旦蚂蚁集团成功上市，如此巨额财富中的大部分将被国际资本、国内少数互联网巨头及蚂蚁控制人内部瓜分。

蚂蚁集团加了 120 倍杠杆赚得盆满钵满，同时潜藏着巨大的风险。蚂蚁集团利用金融不断创新而法律监管存在滞后性的漏洞，因为放贷属于中国人民银行（以下简称“央行”）和原银监会的监管范围，而其进行的 ABS 属于证监会的管辖范围，它便游走在监管交叉的灰色地带。即使后来三家监管机构联合要求 ABS 发行次数不得循环杠杆超过五次，蚂蚁集团也总能找到联合贷款的方式，以加大杠杆撬动更多的资金。如此大规模、广范围的放贷业务总会产生许多不良贷款，一旦大量用户无法偿还贷款导致资金链断

① 2025 年民间借贷利率司法保护上限实行“一年期贷款市场报价利率（LPR）四倍”的标准，该标准会随中国人民银行每月公布的 LPR 变动而动态调整。即借贷双方约定的利率不得超过借贷合同成立时一年期 LPR 的四倍。例如，2025 年 1 月 20 日公布的一年期 LPR 为 3.85%，其四倍 15.4%就是当时民间借贷年利率的司法保护上限；2025 年 5 月一年期 LPR 为 3.1%，四倍即 12.4%，此为该时期的司法保护上限。

裂，那么之前的资产抵押贷款、ABS的链条就会化为乌有。在这巨大的资产规模中，只有30亿元是蚂蚁集团的本金。一旦出现问题，它最多损失30亿元，剩下的损失则由与之合作的银行和广大的中国消费者承担。蚂蚁集团似乎玩了一场稳赚不赔的游戏，赢了高收益收入囊中，输了却将风险和损失转移给社会，让国家和老百姓来承担。如果监管机构不对企业的这种不负责任的行为及时进行监管，必将引发整个金融系统的极大风险，甚至可能威胁到国家的金融安全。

**纯信用放贷和垄断，推高了放贷风险和社会风险。**蚂蚁集团诞生于国民对消费、休闲娱乐需求急剧上升及贷款缺口巨大的时期，利用大数据手段和纯信用授信，向个人和中小微企业发放贷款。为了提高贷款业务的效率和频率，蚂蚁集团通过支付宝线上操作，实现自主申请贷款和签约。由于网络贷款这种跨区域经营模式的规模扩张迅速，涉及的群体特别多，可能随着少数杠杆率的上升，引起聚集性的风险，容易导致社会性问题。

蚂蚁集团的移动支付已经渗透到居民的衣食住行，甚至成为普通居民必不可少的生活方式，因此支付宝App用户黏性大，能够轻松零成本地获取大量的用户个人隐私信息和交易数据，这就涉及侵犯隐私的问题。蚂蚁集团采取垄断竞争的方式，行业高度集中，无法实现数据共享。支付宝利用其绝对优势对除淘宝、天猫以外的商家收取服务费，实行价格歧视，这也涉及垄断问题。从竞争方式讲，垄断会推高风险，而合作则会相应降低风险。侵犯隐私和涉嫌垄断，对于消费者和社会都是潜在的隐形风险。

（3）科技金融公司的风险控制

风险控制是金融的核心。金融不稳定则经济不稳定，经济不稳定则社会不安定。一旦金融出现问题，风险会扩散到社会，影响千千万万个家庭和无数个体。

**完善内部治理机制，杜绝创始人“独裁”。**创始人“独裁”是引发数智经济时代平台型科技金融企业公司从事不负责任甚至刻意逃避法律监管行为的主要原因。基于这一点，蚂蚁集团的上市计划被紧急叫停。2020 年 12 月 26 日和 2021 年 4 月 12 日，金融管理部门先后两次约谈蚂蚁集团，并确定了蚂蚁集团整改方案的五个主要内容：一是纠正支付业务中的不正当竞争行为；二是打破信息垄断；三是蚂蚁集团整体申设为金融控股公司，所有从事金融活动的机构全部纳入金融控股公司接受监管；四是严格落实审慎监管要求，完善公司治理，认真整改违规信贷、保险、理财等金融活动，控制高杠杆和风险传染；五是管控重要基金产品的流动性风险，主动压降余额宝余额。

2023 年 1 月 7 日，蚂蚁集团发布公告称，为持续完善公司治理，实现长期可持续发展，该集团拟对股东上层结构进行调整；调整的核心主要是股票投票权的变化，从马云及其一致行动人共同行使股份表决权，改变为包括蚂蚁集团管理层、员工代表和创始人马云在内的 10 名自然人分别独立行使股份表决权。根据声明中的信息，调整后马云将只拥有 6.208% 的股份表决权，这将使“治理结构更加稳健，利于公司长期可持续发展”。

**开放与规范并重、激励与防险并举，建立预防性监管体系。**过于严苛的监管会抑制创新，但也绝不能放任创新利用高杠杆形成不可控的高风险。蚂蚁集团也开始意识到风险防控的重要性，旗下产品余额宝将个人最高持有额度从 100 万元调整至 10 万元。在企业自身内部发现问题并及时采取措施的同时，国家监管需要走在前面，具有前瞻性与预测性。因为金融监管似乎总是滞后于金融创新，所以蚂蚁集团总能以金融科技创新的名义钻现有金融监管规则的空子，甚至规避或逃避监管。

但金融科技绝不是金融监管的法外之地，国家应当通过标准化的监管供给，充分满足金融新产品、新服务的不断迭代，新业务模式快速发展，以及新营销手段不断更新的要求。正如大人需要引导孩子健康成长一样，国家也需要借助有效的监管，让金融科技在规范化管理下不断发展和完善。针对蚂蚁集团的高杠杆问题，应该特别注重信用风险的监管，否则一旦资金链断裂，影响范围将极广。要建立完善的法律框架，明确资本充足率和偿付能力的要求，限定资金杠杆的范围，让蚂蚁集团等相关金融企业依法进入市场进行公平竞争。要切实构建金融市场的风险预警机制，提前防范，并通过严格的法律条文加大对违规、犯罪行为的惩罚力度。

**科学共享大数据、合理利用云计算、稳步布局人工智能，实现智慧化、穿透性的联合监测**。目前大数据系统的智能性和稳健性仍有待提升，加强对技术风险的监控是金融科技健康发展的基础。在网络信息传输过程中，互联网金融平台可能会因黑客攻击或电脑病毒等因素导致瘫痪。因此，应加大对核心技术研发的支持力度，提前部署具备监管权限的第三方系统接入管理措施，加强金融与科技的联合攻关，防止系统崩溃，确保系统的安全与稳定。可以要求互联网金融机构将信息数据与政府监管系统、央行征信系统对接，实现资源共享，建立可共享的信用评价体系，合理利用云计算、人工智能等技术手段，进行智慧化监测。同时，重视交易过程的监测，不仅限于某一家金融公司，还要对其上下游关联公司进行监测，并对其所有交易行为、资金往来实施实时穿透性监控。只有这样，才能更好地防范风险跨行业、跨市场传导，提高金融风险监测预警机制的灵敏性，提前遏制可能发生的系统性风险。

**强化金融消费者权益保护，完善金融科技法律法规建设。**大数据是我们共同的财富和资源，但是目前我国并未通过立法明确规定大数据的交易规则。在互联网传输与交易过程中，信息泄露及盗取的风险，普通金融消费者往往难以知晓。当数据被商品化且大规模交易时，隐藏着巨大风险。因此，国家应该加快完善金融消费者权益保护法律法规，切实保障消费者的个人隐私与敏感信息安全。

金融科技在我国经济市场发挥着巨大的作用，大量信息科技公司实现了金融产业的资产端、交易端、支付端、资金端的任意组合互联互通，本质上是对传统金融行业的巨大变革。金融科技通过互联网实现信息共享、产业整合等，对国家繁荣和社会稳定贡献了力量。但复杂的市场发展和管理漏洞让很多自身发展不健全、治理机制不完善的金融科技企业面临危机和困境，影响金融科技发展。

金融科技本身是一件有益的事情，运用到位，监管到位，完全可以作为现有银行的一个有益补充。蚂蚁集团正是要探索那些传统银行不方便或者无法探索的贷款机会，问题在于其中隐含的风险不是由蚂蚁本身承担，而是由全社会承担，一个公司的决策失误可能导致整个社会的金融危机，这是央行竭力防范的系统性风险。因此，国家一直强调，要守住不发生系统性金融风险的底线。对于金融科技，政府应适度监管，及时公告金融制度和相关条例，同时，金融企业唯有主动改善内部治理机构，杜绝形成创始人“独裁”，自觉遵守相关制度和法律法规，方能形成政企良性互动，助推数字金融服务高质量发展。

# 第六章　股权与控制权结构的变化趋势

公司治理的内容包括三个层次：公司内部治理机制、公司外部治理机制以及软性治理机制。其中，内部治理机制是最为重要的，也是公司可以自行决定的。随着社会经济的发展，内部治理机制也在不断迭代更新、发展进步。公司内部治理机制的主要内容是在公司内部构造一个合理的权力结构，从而在股东、董事会与经理人之间形成一种有效的激励、约束与制衡机制，确保实现股东、公司及各方参与者利益的最大化。

股权与控制权之间的关系是讨论公司内部治理机制首先需要探讨的，这就需要诠释什么是股权，一个公司的股权结构是怎样的，股权结构能否提前设计，不同的股权结构又会对公司经营目标、决策过程以及利润分配产生怎样的影响等方面的问题。不同的股东在投资时有不同的诉求，这决定了股东的投资目标。投资目标的确定，会对股东的决策过程产生一定的影响。千千万万的股东，是否可以按照一定标准对其精准归类，寻找各类股东投资行为或投资目标的共性，而后找到最适合的股权结构，这样既能实现股东的目标，也能使公司利益的各方参与者满足各自诉求，实现“各美其美，美人之美，美美与共，天下大同”。

## 第一节　股权结构

关于股权，需要重点关注股权分布和股权性质，因为二者决定了投资人的目标函数、所投企业的决策以及最后的分红。

## 一、股权分布与公司治理

公司可以根据股权结构分为三类。第一类是股权高度集中的公司，主要有两种企业，一是家族企业，其股权高度集中，目前存在一些家族企业，而在过去，这类企业的数量可能更为庞大。二是国有企业，其股权也非常集中。当股权非常集中时，大股东持股比例很高，至少达到50%以上。在这种情况下，公司具有以下几大特点：一是所有权和经营权高度一致，一般由大股东说了算，大股东是决策者，这是股权集中企业的典型特点。二是这种企业的控制权没有争议，也不太可能遭受外来的并购者恶意并购或争夺控制权，原因很简单，要想买这个企业的控制权，需要与大股东协商，只有大股东想卖，才能购买，若大股东不想卖，就不可能获取控制权。这类企业不像那些股权非常分散的企业，投资人只要在众多小股东那里买到足够多的股份，就可以获取控制权。在股权集中的企业中，这种情况几乎不可能发生。企业控制权不仅和股权高度一致，而且控制权非常稳定，这是股权集中的体现。

第二类是控制权和股权非常分散的情况。企业的股权可能非常分散，有许多股东，但是每个股东的持股比例都不高。在这种情况下，股东在企业的话语权非常有限，企业的控制权和所有权高度分离。最典型的股权分散情形是美国的上市公司。美国上市公司的职业经理人为什么是真正有权的职业经理人呢？因为他们不必太在乎任何一个股东——任何一个股东如果单打独斗，都不能具有特别强的话语权。在这种情况下，更可能发生恶意并购或控制权争夺战，因为一个潜在的投资者或买方可以使用要约收购的方式，收购大量小股东的股份。虽然每个股东的股份不多，但是投资者可以购买很多股东的股份，从而获取控制权，取得最后的胜利。

第三类是一个公司有几个大股东，每个股东持股既不多也不少的情形。在决策上，没有哪个股东能单独做主，但每个股东都有一定的影响力和话语权。所以在这种情况下，这些股东之间会互相制约，这种互相制约也可看作监督。某个股东这么做是否可行？如果其他股东觉得不行，可以提出意见，可以同意，也可以反对，表现为一种互相监督、互相制约的关系。另外，虽然外部的新投资者不见得很容易获取控制权，但是几个大股东之间可能会相互竞争，争夺控制权。如果说委托代理问题是由于经理人和股东之间的矛盾产生的，那么股东之间是否也存在矛盾呢？是否每个股东都会毫无私心地考虑企业利益？答案是未必。很多时候，每个股东都有自己的小算盘。在这类企业中，股东之间经常会产生利益纠纷。

可见，在不同情况下会产生不同的决策机制，还会对控制权是否容易被改变造成不同的影响。

## 二、股东类型与公司治理

股权的集中或分散程度，以及不同的股权所有者的性质会直接影响以下三个问题。一是投资动机。二是不同性质的股东对企业的影响。三是投资者参与公司治理的差异化渠道。例如，政府可以采用行政管理的方式参与公司治理，而零散的独立投资者难以直接干预企业治理，但他们可以“用脚投票”，大可以一走了之。看好企业，就买入；不看好，就卖出。这种股票买卖行为会给企业造成股价上的压力，倒逼企业改进公司治理能力和水平。可见，不同的投资者参与公司治理的渠道并不完全相同。

根据股东身份的不同，股权可以按照以下方式进行分类，每种分类对应不同的权利、责任及利益分配方式：

### （一）以股东身份不同对股权进行分类

在英美法系中，股权分类通常更关注股东的权利（如投票权、分红权）而非单纯的身份。但根据股东的身份、性质或投资目的，仍可对股东进行分类。相比之下，大陆法系则更多依据成文法和股东身份来分类。

### 1. 英美法系股权的类型

在英美法系中，根据股东的身份、性质或投资目的，可对股东进行以下分类，并对应不同性质的股权特点：

（1）个人股东（Individual Shareholders），指自然人直接持有公司股份的股东，包括散户投资者、创始人或家族成员。其持股比例通常较小，但数量庞大（尤其在上市公司）；权利由所持股份类型决定（如普通股或优先股）；流动性强，可通过公开市场自由交易；对公司治理参与度较低，倾向于通过投票权或集体诉讼维护权益。

（2）机构投资者（Institutional Investors），指由专业金融机构代表客户或自身利益持有股份的股东，包括共同基金、养老基金、对冲基金、保险公司等。其持股规模大，对公司决策有显著影响力；注重长期回报，可能积极参与公司治理（如推动 ESG 政策）；受行业监管约束（如美国《1940 年投资公司法》对基金持仓的限制）；通过代理投票或股东提案行使权利。

（3）内部人股东（Insider Shareholders），指公司内部人员持有的股份，包括高管、董事及核心员工（如通过股权激励计划获得股份）。其股权可能附带行权条件或锁定期（如股票期权需满足业绩目标）；受内幕交易法规严格约束（如美国《1934 年证券交易法》第 16 节）；利益与公司长期发展高度绑定，但可能因权力集中引发代理问题。

（4）政府或公共股东（Government/Public Shareholders），指由政府机构或公共实体（如主权财富基金）持有的股份，常见于部分私有化企业或战略性行业。其目标兼具商业利益与公共利益（如英国石油公司 BP 的政府持股）；可能受特殊监管，需平衡市场规则与政策目标；在英美法系中占比较低，但近年来因国家安全审查（如 CFIUS）

受到关注。

（5）员工股东（Employee Shareholders），指通过员工持股计划（ESOP）或股权激励获得股份的公司雇员。其股权通常附带限制条件（如离职回购条款）；用于激励员工并增强归属感（如硅谷科技公司的普遍做法）；可能通过信托或特殊实体间接持股。

（6）外国股东（Foreign Shareholders），指非本国居民或实体持有的股份，包括个人、企业或主权基金。其可能面临投资限制（如美国对关键行业的外资审查）；需遵守跨境资本流动和税收规则（如美国预提税制度）；在英美上市公司中占比较高（如苹果、亚马逊的外国投资者）。

（7）控股股东（Controlling Shareholders），指通过持有多数股权或特殊权利（如超级投票权股）实际控制公司的股东。常见于家族企业或科技公司（如 Meta 的扎克伯格通过 B 类股控制公司）；可能与小股东产生利益冲突（需遵守信义义务）；英美法系通过判例法约束其行为（如“压迫小股东”原则）。

不同身份的股东权利可能因持股比例、股份类型或合同约定而异（如优先股优先分红但无投票权）。内部人受内幕交易和信义义务约束；外国股东需符合国家安全审查（如美国《外国投资风险审查现代化法案》，简写为 FIRRMA）。机构投资者和控股股东对公司战略影响深远，而散户股东多依赖集体诉讼维权。

**2. 大陆法系股权的类型**

在大陆法系（成文法系）国家（如德国、法国、日本、中国等），股权分类通常与股东身份、法律地位及成文法规密切相关，尤其注重股东资格、权利限制及公共利益。以下是基于股东身份的主要分类及特点：

（1）国有股（国家股）。指由政府或国家授权机构（如国有资产监督管理机构）直接持有的股权，常见于国有企业或混合所有制企业。国家持股通常具有公共利益导向，其持股目标包括战略行业控制（如能源、通信）、公共服务保障或经济调控等，因此受到严格的法律约束，如需遵守《企业国有资产法》等专门法规，转让需审批，部分国家可能赋予国有股特殊表决权，如在法国部分私有化企业中，国有股可能通过“黄金股”保留否决权。

（2）法人股。指由企业法人、事业单位、社会团体或金融机构持有的股权。可分为：关联法人股，即同一集团内企业交叉持股（如日本财团内部持股）；金融机构法人股，即银行、保险等机构因投资或债转股持有的股权，但金融机构法人股通常受《公司法》持股比例限制。法人持股通常注重战略合作，较少频繁交易，具有长期稳定性，但部分国家限制法人投票权，如德国对银行代理投票的限制。

（3）自然人股（个人股）。指由个人投资者直接持有的股权，包括创始人、家族成员或公众投资者。可通过公开市场交易（但部分国家要求大额持股披露）；在权利方面，原则上“同股同权”，但大陆法系允许特殊安排（如法国双重表决权股）；法律保护弱势股东，如规定知情权、异议股东回购请求权（如《德国股份公司法》）。

（4）外资股。指由外国自然人、企业或政府持有的股权，通常需符合外资准入政策。可能存在行业限制，敏感领域（如国防、媒体）可能禁止或限制外资持股。投资需经相关主管部门（如国家商务部或安全部门）审查，如德国《对外贸易法》对关键基础设施的外资审查。

（5）员工股。通过 ESOP 或工会集体持股分配给员工的股权。部分国家法律强制要求企业推行员工持股，如法国《关于劳动力市场现代化的法律》要求大型企业设立员工持股会；员工股常通过工会或信托机构统一行使投票权；部分国家规定离职时需按章程回购股份，禁止对外出售，如日本员工持股会规则。

大陆法系的分类核心逻辑有如下特点：一是由成文法主导，分类及权利由《公司法》《证券法》等明文规定，较少依赖判例或股东协议；二是公共利益优先，国有股、外资股等涉及公共利益的股权受严格监管；三是资格限制明确，对股东身份（如外资、员工）的限制通过负面清单或比例控制实现；四是通过集体权利设计，强调员工股、合作社股的集体决策，弱化个体股东权利。

相较于英美法系，大陆法系依赖成文法界定股东权利，英美法系允许公司章程自由约定；大陆法系国有股比例更高，监管更直接（如中国的国务院国有资产监督管理委员会）；大陆法系对外资、法人持股的限制更严格且具体。大陆法系公司治理中法律强制性与国家调控的突出角色，如德国"共同决策制"要求监事会包含员工代表，体现了对员工股东的制度化赋权。

**3. 我国股权的类型及特点**

同德国、法国、日本一样，我国也属于大陆法系，可以根据股东身份将股权分为国家股、法人股、个体投资者持股、外资股、机构投资者持股以及员工持股计划等。性质迥异的股权背后投资者具有不同的投资目标和公司治理参与渠道。不同类型股权的投资目的及公司治理参与渠道见表6.1。需要说明的是，由于我国政治、经济、法律制度和文化背景与其他西方资本主义国家存在较大的差异，股权结构有着鲜明的中国特色。

表6.1　不同类型股权的投资目的及公司治理参与渠道

| 股权类型 | 投资目的 | 公司治理参与渠道 |
|---|---|---|
| 国家股 | 产生税收；创造就业机会 | 代表政府派遣人员；派遣监事会成员 |
| 法人股 | 从公司增值中赚钱 | 派遣董事会和监事会；股东会 |
| 个体投资者持股 | 从公司增值中赚钱 | 买卖股票交易："用脚投票" |
| 外资股 | 企业战略 | 直接影响管理；派遣高管；派遣董事会 |
| 机构投资者持股 | 从公司增值中赚钱 | 派遣董事会和监事会；股东会；买卖股票交易 |
| 员工持股计划 | 长期工作保障；从投资股份的溢价中获利 | 工会；监事会 |

（1）国有股

国家投资一个企业，从政府的角度来说，盈利其实不是最主要的目的。国家或政府的投资目的是维护社会稳定、创造税收和就业。在我国三线地区的很多企业，亏损已经很严重，但是国家不能一关了之。原因很简单，关闭这个工厂或企业会导致很多人失业，进而造成当地经济和社会的不稳定。从国家和政府的角度来看，很多时候经营某个企业，并非仅仅为了经济利益。在参与公司治理的渠道方面，政府可以直接委派一些高管，也可以通过正规的公司治理的渠道，如从董事会等方面进行监管。

（2）法人股

指企业法人作为股东所持有的股权，如我国民营企业家以企业法人身份进行投资。民营企业家的投资目的很简单，就是为了赚钱，使自己的资产保值增值，没有任何其他“私心杂念”。企业法人可以通过董事会、监事会、股东会等各个渠道参与公司治理，如作为股东在股东会上享有投票权和表决权，这是民营企业家典型的参与公司治理的方式。

（3）个体投资者持股

个体投资者投资的目的更为纯粹。企业家投资的目的，有时是因为内心深处的企业家情怀，帮助技术人员进行技术孵化。但个体投资者的投资目的更为纯粹，就是为了赚钱，从分红、买卖当中获取利益，简单而纯粹。他们参与公司治理的方式就是“用脚投票”。作为单个股东，他们无法参与董事会，但可以参与股东会的投票。然而，由于持股比例太低，投票的实际影响力有限。个体投资者唯一能做的就是看好时机买入，不好就卖出，这就是“用脚投票”。他们参与公司治理的方式是被动的，通过买入和卖出股票给企业带来压力，以倒逼的方式影响公司治理。

（4）外资股

自 1978 年改革开放以后，越来越多的外资流入中国。早期的外资更多是出于战略布局考虑，如利用中国的廉价劳动力与中国企业合作等。外资通常会从海外公司直接派遣高管等参与公司治理。最初，外资来到中国是为了办厂，利用中国的廉价劳动力。而现在，越来越多的外国机构投资者进入中国进行投资，特别是随着沪港通、深港通等开放政策的实施，很多外国机构投资者进入中国证券市场。他们的诉求与以往不同，他们以机构投资者的身份，从机构投资者的角度参与公司治理。

（5）机构投资者

基金公司等机构投资者，他们参与公司治理实际上对公司非常重要，特别是在国际资本市场，既可以正向参与，也可以负向参与。正向参与指当机构投资者的持仓比例达到一定程度后，可以委派董事参与公司治理。负向参与即以买卖股票的方式参与公司治理，谈得拢就继续，谈不拢就卖出。由于机构投资者的持仓比例很大，他们出售股票和普通投资者出售股票对公司的影响截然不同，一旦出售，会使股票价格产生大幅波动，对企业造成巨大的影响。

为什么机构投资者可以正向参与呢？一是因为机构投资者拥有信息优势。由于持仓比例较大，他们更有兴趣挖掘企业信息，从而了解更多的情况。委托代理问题产生的根源在于信息不对称，而信息越多，解决委托代理问题就越容易。二是因为机构投资者具有财务优势。由于持仓比例大，每个投资决策对他们的财富影响都更为重大。如果企业经营得当，机构投资者就会赚很多钱；反之，如果企业经营管理不善，就会亏很多钱。因此机构投资者更有动机真正参与企业的公司治理。三是机构投资者具有投资专业优势。基金公司通常都是资金实力雄厚的机构，能够提供高薪，吸引很多人才。这些精英能够帮助公司更好地研究投资标的。专业优势加上高薪酬，使得机构投资在每年校招时能吸引很多优秀人才，这些人才可以帮助机构投资者更好地挖掘企业信息，更精准地进行投资，这也使得机构投资者可以更好地参与公司治理。四是因为机构投资者具有地位优势。大多数机构投资者既不是大股东，也不是小股东，这意味着他们既不能对公司的决策起到决定性作用，也不会像小股东那样完全无法干预公司。机构投资者处于大股东和小股东之间的位置，一方面可以更好地监督控股股东，另一方面不会像大股东那样滥用权力，因为他们还无法控制企业。大股东之所以能够掏空上市公司，是因为他们能做出决策，而机构投资者处于中间位置，比小股东更有能力去监督，又不会像大股东那样乱来，因此具有地位优势。

例如，发生在若干年前格力电器机构投资者否决股东会议案的两次事件，都表明机构投资者在当时的中国资本市场上发挥了作用。一是 2012 年机构投资者联名推举的冯继勇以高票当选公司董事，否决了珠海市国资委提名周少强作为格力集团总裁的提案，这一事件被视为“机构投资者积极进入上市公司治理”的标志性事件。二是在 2016 年，以董明珠为首的格力电器董事会提出的收购珠海银隆以及定向增发等议案，在股东会进行表决时遭到了机构投资者在内的广大中小股东的集体投票否决。可见，机构投资者也能与企业经营管理层抗衡，起到对管理层的监督作用。

机构投资者在目前的资本市场上也发挥着越来越重要的作用。例如，2020 年 8 月 17 日，ST 济堂发布了一则公告，持有 3. 3%股份的机构投资者提议罢免除了独立董事的所有董事，原因是基金公司作为机构投资者，认为大股东和董事合谋损害中小股东的利益。可见，尽管机构投资者仅持 3. 3%的股份，也能够拥有相当大的发言权。机构投资者正在中国越来越多的公司当中发挥着越来越重要的作用。

虽然机构投资者在公司治理中能够发挥积极作用，但企业引入机构投资者时也应慎重考虑，因为引入可能会产生一些问题，特别是在股改的过程中。关于更有效地引入机构投资者，应当注意以下几点。

第一，引入机构投资者后，由于机构投资者作为股东也存在“私心杂念”，他们有时甚至试图超越自己的持股范围委派董事，这一点非常值得关注。例如，宝能系确实是一个比较激进的机构投资者，不仅在万科这个案例上表现得非常激进，在以前的宝能系“血洗”南玻A董事会事件中也表现得非常激进。自2015年开始，宝能系旗下的前海人寿及其一致行动人①通过二级市场增持，成为南玻A第一大股东。在由9位董事组成的南玻A董事会中，除了3位独立董事，持股比例仅为25.77%的宝能系却委派了6位内部董事中的3位，占到全部内部董事的50%。最终，在治理结构相对薄弱的南玻A，宝能系超越了持股范围，在董事会中委派了更多的董事，“替换”南玻A的董事会成为事实，进一步控制了公司。因此在引入机构投资者时，公司也要预防这一点，有些机构投资者确实野心勃勃，志在控制所投资的公司。

第二，机构投资者通常是基金公司，基金公司善于投资，但未必真正懂得这一行业的技术和管理。例如，宝能系试图获得万科的控制权，但宝能系实际上是一家投资公司，而非房地产公司。王石等万科高管在房地产行业深耕细作几十年，对房地产行业的技术和认知肯定比机构投资者更强、更专业。很多机构投资者一旦投资后，就想全面介入人、财、物，很大概率会把企业做砸。以九鼎收购制药厂的案例为例，九鼎作为一家私募风险投资基金（PE/VC）的公司去管理一个制药厂，但其既不懂药物，又不懂生物医疗，在投资医药行业后，不知行业深浅，却什么都想管。然而，基金行业与医疗行业相去甚远，医疗行业既专业又复杂，需要对技术、资源、人脉等方面有深刻的理

---

① 一致行动人是指投资者通过协议或其他安排，与其他投资者共同扩大其所能支配的一个上市公司股份表决权数量的行为或者事实的人。狭义上，一致行动人是指在上市公司收购过程中，联合起来收购一个目标公司股份并就收购事项达成协议的两个或两个以上的人，也就是联合收购（Consortium Offer）人；广义上，一致行动人不仅包括联合收购人，还包括在证券交易和股东投票权行使过程中采取共同行动的人。

解和全面的掌握。如果根本不了解某个行业，仅仅因为进行了投资，就想全面接管人、财、物，必将无法避免最终整合失败的结局，这种情况屡见不鲜。所以机构投资者也要认清自己只是一个股东的事实，最终应将话语权交给懂行业、懂技术的人，由他们来经营。机构投资者通过参加股东会和董事会参与公司治理，并不代表他们可以越位取代经营管理者进行日常的经营管理。如果机构投资者秉持“投资即管理”的理念，将谬之大矣，与正确的投资理念渐行渐远。

第三，如果机构投资者的目标仅仅是使自己资产的保值增值，他们可以将自己的普通股换成优先股，这也不失为美事一桩，因为优先股可以旱涝保收，收益更有保障。因此，机构投资者不见得非要抢夺公司的控制权。

软银投资阿里巴巴是机构投资者定位于投资者身份，不过多干涉被投资公司的经营管理，从而获得丰厚报酬的经典案例。从 1999 年到 2005 年，软银投资阿里巴巴 8 000 万美元，回报率达 71 倍。2007 年 11 月 6 日，全球最大的 B2B 公司阿里巴巴在香港联合交易所正式挂牌上市，正式登上全球资本市场舞台。阿里巴巴招股说明书显示，软银持有阿里巴巴集团 29. 3%股份，而在行使完超额配售权之后，阿里巴巴集团还拥有阿里巴巴公司 72. 8%的控股权。由此推算，软银间接持有阿里巴巴 21. 33%的股份。到收盘时，阿里巴巴股价达到 39. 5 港元。市值飙升至 1 980 亿港元（约 260 亿美元），软银间接持有的阿里巴巴股权价值 55. 45 亿美元。若再加上 2005 年雅虎入股时曾套现的 1. 8 亿美元，软银当初投资阿里巴巴集团的 8 000 万美元如今回报率已高达 71 倍。马云及阿里巴巴管理团队靠什么掌握着公司的实际控制权？得益于合伙人制度，即使公司股份被大量购入，外来人也难以左右公司。

在股权方面，阿里巴巴上市时，就已经和软银、雅虎达成了协议——他们只享有股权分红，但不参与管理，这确保了马云手中的控制权和决策权。在董事会中，软银和雅虎各有一名代表，而且只能提名1人。至于其他人，马云和蔡崇信作为永久合伙人，将一直留在董事会中，除非他们选择退出。其他董事会成员也必须从阿里巴巴的36个合伙人中选出，这使得马云在董事会中拥有控制权。而且，马云提前筹划，巧妙地将支付宝从阿里巴巴中独立出来，置于蚂蚁集团旗下。外界一直有传言称：马云计划将蚂蚁集团做大后，再回头收回阿里巴巴的股份。同样，马云也掌握着蚂蚁集团的控制权，尽管他手中的股份仅占7.3%。

（6）员工持股计划

越来越多的企业开始采纳员工持股计划。现代社会的发展需要科技的支撑，而科技的进步需要科技精英。这些精英需要被激励，而员工持股计划在这方面发挥的作用将越来越重要。在引入员工持股计划时，需要注意以下问题。

一是员工持股计划的设计问题。员工持股计划并不仅仅是激励问题，它实际上也改变了员工的角色，员工不再仅是企业所雇用的普通员工了，更是雇用企业经营者的股东。所以企业在引入员工持股计划时，还要考虑配套的公司治理机制。有了员工持股计划，是否需要给予员工持股计划董事的提名权？是否需要考虑相关的股东会投票权？这些问题常常会被忽略，但它们非常重要。实施员工持股计划后，员工已经成为股东，与其他股东一样，他们也应该可以委派董事。通过持股，员工在股东会上将享有话语权。有时，员工持股计划会被设计为大股东的一致行动人，但始终要牢记，通过员工持股计划，员工的角色已经转变为股东，这一点非常重要。

二是引入时机问题，这对于当前我国国企混改尤为重要。值得注意的是，并非所有参与混合所有制改革的国有企业都是上市公司。国企混改的形式多样，涵盖了集团层面的混改、上市公司回购分拆业务等多种模式。鉴于国有企业是我国经济体系的支柱，掌握着能源、通信、交通等关键国民经济行业，确保了国家经济安全和战略资源的供应，它们在执行宏观调控、推进重大基础设施投资、引领科技创新等方面发挥着主导作用。特别是在关键领域，国有企业扮演着“稳定器”的角色，维护着市场秩序。同时，它们还承担着社会责任，在应对各种危机时提供托底保障。因此，探讨我国国企混改中机构投资者的引入时机问题，对于完善我国整体公司股权结构具有至关重要的意义。国企混改的过程当中，通常需要引入一系列的战略投资者、机构投资者等外部投资者，也可以引入员工持股计划。那么应当先引入哪一类投资者呢？先引入任何一类投资者，意味着在引入这类股东之后，再引入另外一类股东的时候，先引入的股东就会拥有话语权，这是一个先后顺序问题。例如，进行国企混改时，如果先设计持股平台，引入员工持股计划，再引入其他机构投资者时，员工持股计划就会发出他们的声音。当然也可以先引入其他投资者，再引入员工持股计划。员工持股计划引入后，员工就要发声了，发声之后会产生怎样的后果，有可能会比较复杂。

三是引入员工持股计划的股票来源问题。一个公司的股票，总股份是“100%”，要想改变股权，只有动用存量和增量发行两个方法。如果公司在 IPO 预留了很多库存股（treasury stock），就可以动用这些股票而不会影响其他股东，但是如果没有存量股，就需要考虑增发股票，也就是增量。增发大多需要理由，而且会影响目前股东的股权结构，这也可能造成矛盾。

四是激励问题。一个企业通过员工持股计划，给予员工股权，通过股权将员工的利益和公司进行绑定，而这种绑定还可以通过激励薪酬实现，即向员工发放奖金的激励方式。需要考虑清楚持股计划和薪酬奖金激励二者之间是互补还是替代关系。

五是需要考虑退出的问题。最终股权能否直接带给员工收益，既需要看变现后的获利情况，也需要看资本利得税的收取情况。如果仅持股，在兑现之前，股权都是纸上的财富。所以在设计员工持股计划时，不仅要考虑如何给予员工股票，还要考虑员工如何退出的问题，股权应具有流动性，员工持股计划要有进有出。比较成功的案例如华为员工持股计划。很多高科技公司都实施了员工持股计划。众所周知，华为是一个非常成功的公司，它之所以成功，与其管理系统，特别是其人才激励体系密不可分。华为的内部股制度对吸引人才的作用非常明显。过去华为有“1+1+1”的说法，即员工的收入中，工资、奖金、股票分红的收入比例大致相当。其中，股票是当员工进入公司一年以后，依据员工的职位、季度绩效、任职资格状况等因素分配，分配的股票一般用员工的年度奖金购买。如果新员工的年度奖金不够支付分配的股票额，公司会提供贷款，员工也很乐意接受这种贷款，因为华为的分红比例长期保持在70%的高位。可见，华为的员工持股计划对吸引人才起到了很大作用。华为的员工持股计划还涉及激励薪酬和持股计划的关系——是替代还是互补，两者如何协调的问题。华为最开始是自愿入股、股权平等，但是后来入股成为公司管理规定的要求，也从最开始的记账模式演变成类似于虚拟期权的股票增值权（SARs）了。

股票增值权相当于通过公司市值的变化，计算员工奖金数额的模式。这一模式也存在问题。奖金和股票最主要的区别是，奖金带给员工的收入来自企业的现金流。如果通过发行股票、期权使员工获利，那么员工获利就来源于资本市场，而非企业本身，企业无须支付现金，相当于利用公司业绩和市值的变化来计算奖金。一旦实打实用现金发奖金，就变成劳动力支出和成本支出，会减少企业现金流，给企业带来流动性压力。在这种情况下，企业会进行融资，主要向高管融资，以缓解流动性压力。华为股权激励案例的成功有目共睹，它确实激励了员工努力工作，帮助华为成长为一家伟大的企业，但也出现了不和谐音，如员工压力过大，出现过劳死等情况。

## （二）内部股东和外部股东

通常以股东是否在企业中拥有话语权或决策权，将股东分为内部股东（内部人）或外部股东（外部人）。委托代理问题的产生源于企业所有权和经营权的分离。那么，如果两者没有分离，即经理人持有100%的股份，是否就能解决委托代理问题呢？这是否就是最佳状态？然而，事实并非如此。根据相关学术文献，发现了一个非常经典的倒U形关系：经理人，即企业的决策者，在公司的持股比例究竟多少才是最优？经理人持股比例会有一个拐点，表明经理人持股比例的增加会相应提升公司的价值和绩效；但当持股比例达到一个顶点后，经理人持股比例的增加反而可能损害企业价值。这个拐点大概出现在经理人持股20%左右。

为什么所有权和经营权相一致反而可能损害公司价值？一个比较直观的例子是家族企业。家族企业的所有权和经营权高度一致，但这并不意味着它们一定经营得当。主要有两个原因：一是当所有权和经营权一致时，会导致人才封闭。第一代是精英创业，而富二代继承了股权成为大股东，并且子承父业，担任经理人。然而，富二代并不见得一定是精英。继承人的思想和行为可能与上一代完全不一样。但由于继承了股权并且成为公司的控制人，这可能对企业不利，因为没有让真正懂技术、懂市场的精英或职业经理人来管理企业，从而形成对专业人才的屏蔽，不利于企业的持续发展。二是风险问题。金融领域经常提到"高风险高收益"的原则。虽然不能总是冒太大的风险，但要想让企业发展，就需要抓住机会。企业家在很多情况下，还需要敢于投资，敢于冒险。内部投资者和外部投资者的风险偏好是不一样的。内部投资者的所有身家性命都在这个公司，而外部投资者可以通过投资若干家企业分散风险，抗风险能力更高，希望企业做一些投资。

由于这两个原因的共同作用，如果持股比例过于集中于控制人，对公司的绩效和估值反而可能不利。不同股东的诉求不尽相同。内部股东会更加保守，因为他们在这个公司有更多的资产，更多的“鸡蛋”放在这个篮子里；外部股东有更多的投资选择机会，可以分散更多的风险。这样，股东之间会产生各种各样的矛盾，这种矛盾也希望能够得到调和，如通过独立董事制度等来调和股东之间的矛盾。根据学术研究，最优的内部人持股比例大约为20%。

总体上，关于股权主要关注两点，一是股权的分布，二是股权的性质。机构投资者、员工持股等不同的投资人参与公司治理的动机各异，影响也不同，而且参与的渠道也不尽相同。在股权高度集中的企业中，绝对控股股东一般拥有公司股份的50%以上，对公司拥有绝对控制权。绝对控股的大股东对企业的控制权是不可竞争的，不会轻易被挑战，企业控股股东的控制地位是锁定的。因此，其往往一言九鼎，是最终的决策者。在那些同时拥有较大的相对控股股东和其他大股东的企业中，股东所持股份比例为10%~50%，企业的控制权是可竞争的，剩余控制权和剩余索取权是相互匹配的，股东能够并且愿意对董事会和经理层实施有效控制。还有一类企业，股权高度分散，公司没有大股东，所有权与经营权基本完全分离、单个股东所持股份的比例不足10%，控制权和所有权完全分离，股东对经理人的监督薄弱，这类企业最容易出现委托代理问题。

## 第二节　控制权分配的设计与决定因素

大家可能会更加关心控制权的争夺问题。一个企业无论进行投资还是融资，都会改变股权结构，进而涉及控制权的变化。当投资者并购一个企业时，大多数情况下并不是购买桌椅、板凳等资产，而是意在真正控制企业，因此需要争夺目标企业的控制权。但融资者通常希望仅获得资金，并不希望失去控制权，甚至被整体取而代之。例如，宝万之争中，宝能系不断吸收万科的股份，意图使王石等创始人团队退出万科，因此投资和融资之间常会产生公司控制权的争夺。这是股东之间控制权的争夺。

## 一、增加股权的方式

要想拥有一个公司的控制权，或者保持一个公司的控制权，最简单的方法就是增加股权，因为控制权和股权之间基本上是正相关的。股权增加，控制权通常也会相应增强。在股权分置改革后，由于非流通股转为流通股，很多大股东的持股比例大幅下降，这对其控制权构成威胁。此种情况下，很多大股东通常从二级市场上增持股票以扭转局面，因为增持股票能提高其持股比例，从而巩固对公司的控制权。

增加股权的方式主要有以下三种：一是控股股东回购。在控股股东拥有足够资金的情况下，他们可以自掏腰包回购股东所持有的股权，这是最直接也是最常见的增加股权的形式。例如，江淮汽车和美的控股都在二级市场上进行了股票回购，增加了公司的持股比例，保卫了大股东的控股权和控制权。江淮汽车股改完成后，大股东安徽江淮汽车集团的持股比例从50.88%急跌至19.77%。随后，江淮汽车集团多次在二级市场上增持股份，至2006年6月，其持有江淮汽车的股份达到29.70%。美的电器在完成股权分置改革短短两个月后，大股东美的集团从二级市场增持了1.48亿股，将对美的电器的持股比例从股改完成时的23%提升到46.4%。二是公司回购。公司以协议价格回购自己的股权，并在回购后注销该部分股权。但是由于允许这样操作的规定非常有限，这种方式使用较少。三是公司减资。回购股权往往需要大量资金，若公司或其控股股东缺少足够的现金，可以采用减资的方式退回部分股东的出资，直接减少某位股东的股权。但是由于减资只能减少注册资本以及未分配的利润或者资本公积金，无法解决溢价投资的问题，所以在实践中使用起来有一定难度。

是不是一定是股权多者说了算？股权和控制权是否必然是一对一的关系？不尽然。虽然在很多情况下，股权和控制权确实成正比关系。如埃隆·马斯克（Elon Musk）持有特斯拉公司 20.8%的股权，是特斯拉最大的股东，并全面掌控着特斯拉。

但股权和控制权也可能不一致。通过设计的股权结构，创始人即使持有小比例的股权也能掌控公司，这样的例子并不罕见。

### （一）小肥羊的股权结构设计之路

在火锅界，小肥羊的江湖地位虽然已经被海底捞取代，但小肥羊曾是中国火锅界的扛把子，也是中国第一家在香港上市的餐饮公司。小肥羊的案例是一个经典的例子，展示了如何通过股权结构设计来保持创始人的控制权。

小肥羊是一家经营火锅店的餐饮公司，成立于 1999 年 8 月，创始人为张钢和陈洪凯。他们创办了第一家小肥羊火锅店。自成立至 2001 年，小肥羊发展迅速，两位创始人不断扩张业务，并在此过程中引入了很多投资者，导致他们的股份被稀释。在这种情况下，创始人要思考如何设计小肥羊的股权结构，以保持他们对公司的控制权不变。图 6.1 为 1999 年 8 月小肥羊中国成立时两位创始人的持股比例。

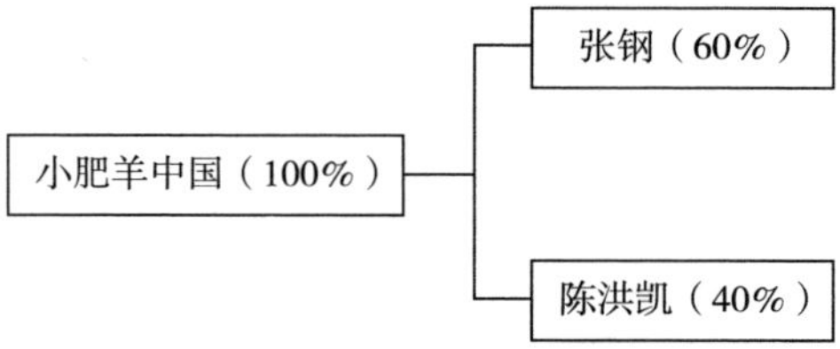


**图 6.1　1999 年 8 月小肥羊中国成立时两位创始人的持股比例**

#### 1. 引入一致行动人

公司成立时，张钢持有 60%的股份，陈洪凯持有 40%的股份。然而随着公司发展，他们所持股份会被稀释。因此，他们需要设计小肥羊的股权结构。为了保持控制权地位，由于企业发展需要募资，而募资则意味着增加投资者，这将导致创始人的股份被稀释。2002 年底小肥羊中国各股东持股比例见图 6.2。

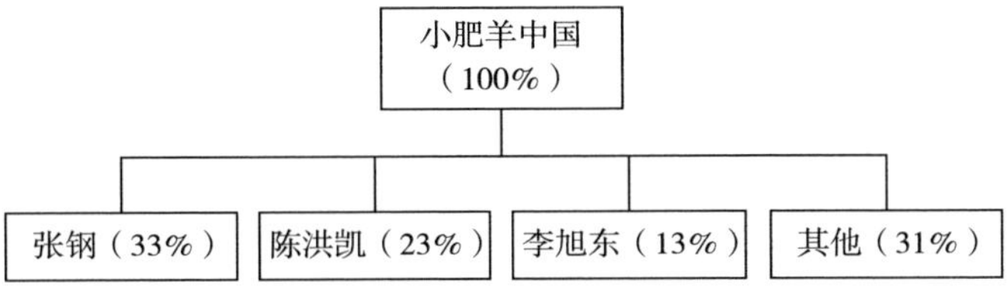


**图 6.2　2002 年底小肥羊中国各股东持股比例**

此时，张钢和陈洪凯两人共计持有 56%的股份，略超过半数，但优势并不明显，因此，二人的控制权实际上已经面临一定的威胁。为了应对这一情况，他们引入了李旭东作为被动投资者，即财务投资者或一致行动人。李旭东被要求在公司股东会上的所有决策上与张钢和陈洪凯保持一致。李旭东持有 13%的股份，加上张钢和陈洪凯的 56%股份，三人的持股比例远超 50%，这为张钢和陈洪凯进一步募资、引入更多投资者打下基础。

接下来，二人确实引入了更多投资者。到 2005 年 12 月，张钢和陈洪凯的股份合计实际上已经被稀释为不到 50%。但是，由于李旭东的存在，加上他的股份，二人总体能控制的股份达到 51.91%，仍然高于 50%，这使得他们能够维持对小肥羊的绝对控制权。2005 年 12 月小肥羊中国各股东持股比例见图 6.3。

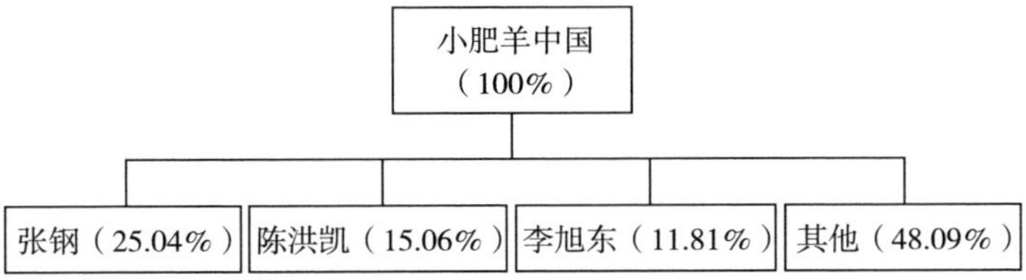


**图 6.3　2005 年 12 月小肥羊中国各股东持股比例**

2. **注册离岸公司**

接下来，企业进入需要考虑上市的发展阶段。在上市之前，企业计划引入2 500万美元的风险投资资金，投资的数量比较大。如果按照目前小肥羊的股权结构引入风投资金，势必会动摇张钢和陈洪凯的股权绝对控制权地位。因此，二人进行了进一步的股权设计，一方面满足引入风投资金的需要，让风投资金能够帮助企业进行投资和发展，另一方面也要防止控制权转移到其他股东手中。首先，在英属维尔京群岛（BVI）注册了一家离岸公司BVI小肥羊，把小肥羊中国的资产转入该BVI公司（中国小肥羊），这也是为上市做准备。此外还注册了两个新的公司：柏瑟维（Possible Way）及彼琳意（Billion Year），柏瑟维主要注入张钢、陈洪凯、李旭东和另外7个股东的资产，彼琳意则主要注入其他39个股东的资产。其具体操作实际上是把中国小肥羊作为一个目标公司来引入风险投资（VC）。在这一股权结构中，张钢、陈洪凯和李旭东三人的股份实际上可以绝对控股，柏瑟维占中国小肥羊61.28%的股份，所以柏瑟维完全可以控制中国小肥羊。通过这样的股权架构设计，中国小肥羊成功通过将VC资金注入BVI公司的方式引入了VC，BVI公司的大股东是柏瑟维，而柏瑟维又在张钢和陈洪凯的控制之下，特别是张钢和陈洪凯的股权，加上李旭东的股权，远远超过柏瑟维股权的50%。因此，通过这一架构，张钢和陈洪凯就可以控制整个小肥羊公司。两位创始人股权稀释后实际持股比例仅为26.88%［≈（25.5%+18.36%）×61.28%］，但仍然间接实现了“绝对控股”。注册离岸公司后小肥羊公司的股权结构见图6.4。

之后小肥羊进行了IPO上市，图6.5为小肥羊IPO上市之后的股权结构。

3. **注册小肥羊开曼公司**

IPO上市进一步引入了更多的投资者，增加了股东数量，这意味着目前股东的股权将被进一步被稀释，所以两位创始人又设计了另外

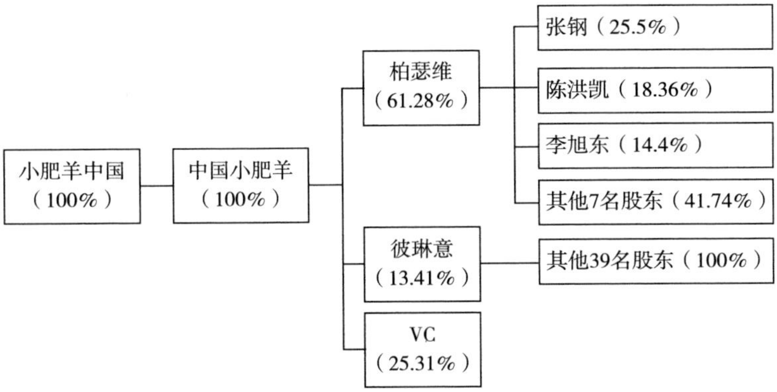


**图 6.4　注册离岸公司后小肥羊公司的股权结构**

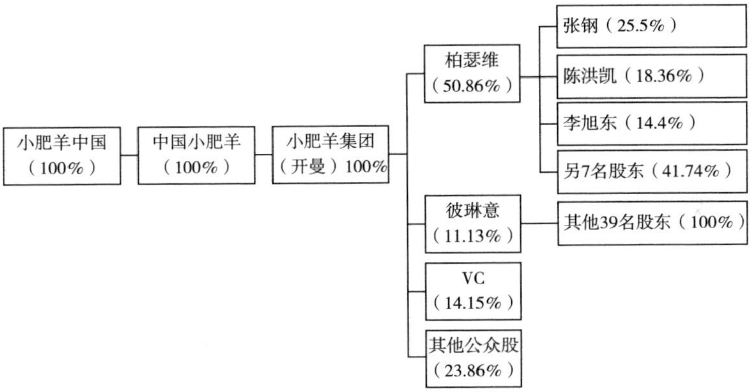


**图 6.5　小肥羊 IPO 上市后的股权结构**

一种股权架构。他们注册了小肥羊开曼公司①，以吸收 IPO 的公众投

① 开曼群岛和 BVI 都是著名的离岸金融中心，但它们在法律体系、公司类型、监管要求等方面存在差异。比如，开曼的公司法更为灵活，适合基金和上市结构，因而开曼公司成为全球主流上市架构首选（如港股、美股红筹）；而 BVI 可能更注重隐私和成本效益，较少直接上市，多用于中间控股。小肥羊通过境内创始人设立 BVI 公司，BVI 控股开曼公司（上市主体），开曼公司控制香港公司，香港公司通过协议控制或直接持股境内运营实体。在这种结构下，境外上市实体与境内运营实体相分离，境外上市实体通过协议的方式控制境内运营实体，使该运营实体成为上市实体的可变利益实体（Variable Interest Entities，VIE）。这一模式在互联网等行业的企业境外上市中较为常用。

资者股东，将小肥羊开曼公司作为上市公司，小肥羊 BVI 的资产被转入开曼公司，而中国小肥羊的资产保留在 BVI 公司中。对于小肥羊开曼公司，其大股东仍是柏瑟维，虽然柏瑟维的股份进一步被稀释，但仍保持在 50%以上。柏瑟维的主要控制者仍为张钢和陈洪凯，因为他们可以通过一致行动人李旭东来控制柏瑟维的股权。掌握了柏瑟维的控制权之后，他们就可以通过柏瑟维来控制小肥羊开曼公司。

因此，通过这一整体股权架构的设计，两位创始人一方面引入了更多的投资者，成功募集了大量资金，另一方面通过股权结构的设计，牢牢掌握了整个小肥羊的控制权。但是如果单纯计算张钢和陈洪凯在小肥羊上市公司的股份，他们所持的股份数额实际上非常少。由此可见，对于股东而言，单纯持股数量的多少，并不一定能够决定对企业的控制权。企业的控制权不仅取决于股东持股数量的多少，即绝对持股比例，还取决于整个企业股权结构的设计。

小肥羊是一个典型的民营企业，其控制人往往一方面希望通过融资引入更多的投资者，另一方面又希望在这一过程中自己的股权不会被稀释，控制权不会被动摇。在这种情况下，创始人会引入一致行动人，即与大股东共同行动的人。可见，并非只有与大股东一致行动的人才被称为一致行动人，一些机构投资者及其他股东之间也可以形成一致行动，成为一致行动人。

因此，企业的股权和控制权并不一定是一一对应的。控制权不仅取决于股权和投票权，如一致行动人属于投票权的问题，还取决于股权架构，如投资人通过构建股权架构，可以间接控制他们最想控制的公司。

小肥羊是一家民营企业。而国有企业的大股东通常是政府，政府持股的情况下，股权集中度通常非常高，这种现象在混改之前尤为明显。因此，国有企业在引入其他投资者时往往更加谨慎，担心其他机构投资者可能联合起来形成一致行动人，在一定程度上对抗、监督或影响大股东。

首钢股份是一个国有企业，在首钢股份的案例中，首钢集团的大股东是北京市国资委，其上市公司是首钢股份有限公司，母公司对上市公司的持股比例非常高，接近 80%，大股东相对于其他投资者具有非常强势的地位。在这种情况下，如果在首钢股份目前的股东中，前 10 大股东中有 6 名联合起来形成一致行动人，虽然他们所有的股份加起来仍不足以与大股东抗衡，但也占到了流通股比例的 30%，对二级市场的股票价格影响非常大，也可以对大股东形成一定的制约和监督。可见，一致行动人既可以与大股东联合一致行动，其他中小股东也可能会联合起来形成一致行动人，与大股东进行博弈。因此，股权的设计非常重要，不仅与每个股东持股数量相关，还与股权结构的整体设计相关。

再如，马云通过有限合伙人（LP）架构，以极少的股权掌控了蚂蚁集团。马云成立了云铂公司（2020 年 8 月之前由马云一人 100% 持股），然后用云铂公司作为普通合伙人，与其他有限合伙人分别成立了君洁合伙企业、君济合伙企业，由云铂公司作为执行事务合伙人，即云铂公司说了算；再由君洁合伙企业、君济合伙企业作为有限合伙人，与普通合伙人云铂公司分别成立了君瀚合伙企业、君澳合伙企业，还是由云铂公司作为执行事务合伙人；最后再用君瀚合伙企业、君澳合伙企业与阿里巴巴以及其他 29 个股东一起成立蚂蚁集团。其中君瀚合伙企业占股 30%，君澳合伙企业占股 21%，由此马云掌握的股权已经达到 51%，具有相对控制权。马云用 2% 左右的股权就掌控了蚂蚁集团。而云铂公司的注册资本只有 1 010 万元，等于马云用 1 000 万元的资金撬动了一个万亿市值的金融帝国。蚂蚁集团拟上市之前的股权结构——有限合伙人架构见图 6.6。

马云为什么要设立多个合伙企业，并且在合伙企业中嵌套其他合伙企业呢？应该是为了方便合伙人进入和退出。通过把不同类型的合

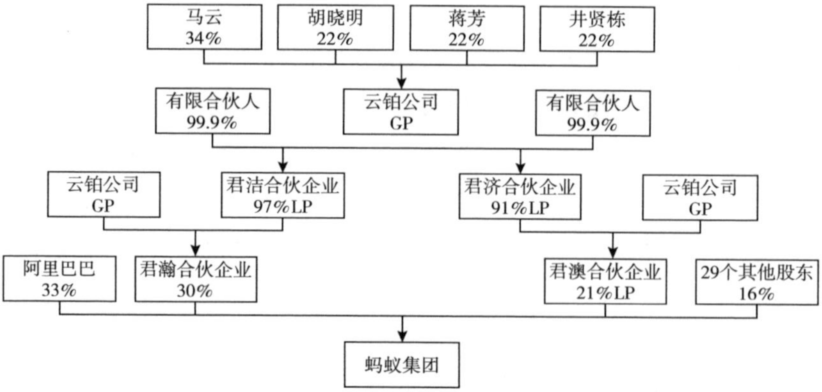


**图 6.6　蚂蚁集团拟上市之前的股权结构——有限合伙人架构**

伙人区分开来，并将其置于不同的合伙企业中，可以在合伙人进入或退出时减少合伙协议的复杂性和难度，避免法律纠纷。有限合伙架构的另一个优势是可以提高效率，因为 GP 可以直接处理合伙事务，不用像在公司中那样经过董事会、股东会等程序。

## 二、创始人的特殊投票权

控制权不仅与股权结构相关，还与企业投票权的配置紧密相连。例如，不同类别的股票可能拥有不同的投票权重，创始人可能持有特殊投票权，以及表决权委托、一致行动人协议、否决权和分类表决权等机制，这些都是投票权配置的不同方式。

通过不同的投票权设计，创始人大股东也可以获取或者保卫控制权。例如，设计不同类型的投票权，创始人可能会拥有特殊的投票权，如在美国市场上经常提及的 A 股和 B 股。创始人股份拥有超额投票权，一股对应 10 份、20 份投票权甚至更多。普通的投资者所持股份则是一股对应 1 份投票权。也可以把所有股东分成不同的类型，每一种类型的股权和投票权对应的比例并不相同。通过这样的股权设计，就能掌控公司控制权的归属，而不简单是持有更多股权就一定拥有绝对的投票权。实践中，很多高科技公司、互联网公司都选择发行不同类型的股票。例如，百度发行了 A 股和 B 股：A 股是普通投资者拥有的股票，一股对应 1 份投票权；B 股是一些创始人所持有的股票，一股对应 10 份投票权。百度的李彦宏及其团队，一股对应 10 份投票权，这样即使创始人团队并没有拥有很多数量的股权，由于享有超额投票权，也能牢牢掌握公司的控制权。京东的刘强东更是一股对应 20 份投票权。国内的高科技公司、创业公司之所以选择在美国证券市场上市，一个很重要的原因就是美国允许超额投票权。后来，香港特别行政区也允许发行享有超额投票权的股票。2019 年，中国内地推出的科创板也开始允许企业采取超额投票权的股权架构的公司治理设计，这是保护创业公司创始人控制权非常有效的一种机制。

双重结构通常出现在高科技公司、互联网公司。表 6.2 为百度的双重股权设置。

表 6.2 百度的双重股权设置

| | A 类股 | B 类股 |
|---|---|---|
| 分配方法 | IPO 时公开发行 | IPO 前的原始股 |
| 利润分享 | 同等 | |
| 投票权 | 对应 1 份投票权 | 对应 10 份投票权 |
| 转换权 | 不能转换为 B 股 | 可以自由转换为 A 股 |

再如，2017 年 3 月 2 日在美国纽交所上市的 Snap 推出了三重股权结构股票。A 类股票没有投票权。B 类股票每股具有 1 份投票权。C 类股票每股具有 10 份投票权，分享全部 C 类股票的两位联合创始人共同拥有公司 88.6%的投票权。不同类别的投资者分红权是一样的。

这种三重股权结构效果还是不错的，在上市的时候也出现了超级认购，可见这种灵活的投票机制在投资者当中受到了很大的认可，并且给了大股东一些保障。但其也存在潜在的问题：一方面让创始人拥有大量投票权，另一方面在不同股份的转变上比较僵化，不够灵活。例如，创始人虽然拥有很多投票权，但不能将股份转换成其他类型的股份，需要在死亡九个月后才能进行转换，这意味着创始人与公司绑定。所以在设计不同投票权的股份时，一方面需要设计不同的投票权，另一方面还要考虑股权的进入与退出，以及不同类别股权之间如何转化的问题。

京东则是一个比较极端的案例。京东上市前后，刘强东虽然持股比例并不高，但他通过设计一系列机制，牢牢地把握住了对京东的控制权。

首先，在上市之前，刘强东及其管理层仅持有23.7%的股份，其股权已经在很大程度上被稀释。虽然仅看股份的数额并不是特别多，但刘强东及其管理层仍是公司的大股东。京东上市之前，董事会实际上只有刘强东和李许福两人。之后京东谋求上市，上市一方面可以引入更多的投资者，募集到更多的资金，扩大企业的规模，提高企业的声誉，另一方面也会稀释目前股东的股份，对目前的控制权构成一定的威胁。

其次，为避免上市对控制权构成威胁，京东如百度一样，设立了双重的投票机制。京东上市时，规定普通股东一股对应1份投票权，但是刘强东的管理层持股是每股对应20份投票权，比例是1∶20，因此，刘强东可以用相对少的股权支配更多的投票权。另外一个重要措施是控制京东的董事会。根据协议，京东的董事会成员为9人，Best Alliance、Strong Desire以及DCM这些机构投资者分别有权指定一名董事，刘强东及其管理层团队有权任命5名董事，并且有权任命董事会主席，刘强东拥有董事会50%以上的席位。

最后，在公司治理的架构中，董事会居于管理层之上。只要刘强东能够控制董事会，就能控制公司重要事项的决策权。后来京东进一步发展，引入腾讯入股京东20%的股份。腾讯也是一个规模很大的公司，其入股20%会对京东的控制权产生较大的影响。为了使融资能够顺利进行，同时又不至于动摇自己的控制权，刘强东做了很多工作：

一是给自己突击发股票，突击发股票需要董事会做出决策，但董事会实际上是刘强东自己控制的董事会。二是剥夺其他股东的投票权，他要求其他 11 家投资者成为他的一致行动人，由他代持这 11 家投资者的投票权。三是设定 A 股和 B 股。普通投资者一股对应 1 份投票权，但刘强东及其管理团队一股对应 20 份投票权。而后腾讯入股京东时，腾讯也放弃了自己的投票权，将投票权交给刘强东，这使得刘强东拥有了对京东绝对的控制权。

除此之外，刘强东在京东还拥有绝对的否决权。例如，当刘强东在美国卷入刑事案件后，京东本应紧急召开董事会，但是根据京东章程规定，如果刘强东没有在场，或者他由于身体原因无法参加董事会会议，会议即不能举行。

## 三、否决权

大股东“一票否决权”是公司治理中的一项特殊安排，允许单一股东（通常持股比例较高或具有特殊地位）对特定事项行使绝对否决权，即使其持股比例未达到法定多数要求。这种权力常见于股权分散的企业、合资公司或存在战略投资者的场景，但其设计与实施需谨慎平衡各方利益。例如，科技公司引入战略投资人时，允许其对核心技术转让或股权稀释行使否决权；国企混合所有制改革中，政府通过“黄金股”保留对国家安全相关决策的一票否决权；家族企业传承中，创始人通过特殊表决权维持控制权，如福特家族持有的 B 类股享有否决权。

否决权的优势在于：防范恶意行为，阻止敌意收购、资产掏空或损害公司长期利益的决策；稳定战略方向，确保核心股东对重大事项（如技术路线、市场扩张等）的掌控；增强战略投资者信心，吸引特殊资本（如主权基金或产业资本）。

但否决权的设计也存在一定风险，例如，大股东滥用否决权导致公司决策瘫痪，形成治理僵局；侵害中小股东权益，引发诉讼或监管干预；后续投资者可能因担心权力失衡拒绝入股，带来融资障碍。

可见，大股东“一票否决权”是一把“双刃剑”：既能巩固核心控制权，也可能导致公司治理失衡。其设计需结合行业特性、股权结构和长期战略，通过精细化条款实现权力制衡。

## 四、分类投票权

如果投票权和表决权总是与股权保持正相关，小股东的声音就无法得到体现，其利益也无法得到保障。为了保护中小股东的权益，一些公司设立了分类投票机制，规定对某些重要事项，需同时获得大股东和小股东分别超过50%的表决权同意，方可执行。分类投票使小股东能够真正参与公司治理。

分类投票权是指上市公司对可能损害小股东利益的事项进行表决时，流通股股东有权进行单独表决。如果非控股股东的表决达到一定比例，其效力就会高于控股股东的表决。可以进行分类表决的事项包括上市公司的关联交易问题、分红问题、决定发行新股或者发行可转换债权以及其他可能损害中小股东利益的行为。分类投票的主要作用是保护少数股东的权益，因此对于一些重要事项，一般会采取分类投票。例如，在纽约州，有两种情况需要进行分类投票：一是修改公司章程，由于公司章程决定了整个公司的治理架构，修改通常是因为发生了重要的事情；二是兼并收购，兼并收购直接关系到公司的未来以及股东的权益和财富，因此也非常重要。对于这些重大事件采用分类投票，一方面可以保护企业中小股东的权益，另一方面也能使决策更加有效和科学。

分类投票权的核心是承认股东可以按其所持有股份种类享有权利，目的是保护社会公众股东的利益；它是“一股一权”原则的有益补充。某一类别的股东虽然没有足够的份额让公司股东会通过某项决议，但在必须通过分类表决的事项上，他们有充分的话语权，从而在一定程度上约束控股股东的行为；使企业中的各种利益集团可以通过股权互相牵制，共同行使控制权。

股权的数量和结构都会影响控制权的分配，除股权外，股东会以及董事会中的投票权或决定权的设计也会影响到最终的控制权。

## 第三节　股东之间的控制权争夺：反收购策略

反收购策略，也称为控制权争夺战。在很多敌意并购案例中，目标公司的股东或高管并不希望被并购，而并购公司完成并购的意愿却非常强烈。在这种情况下，并购公司通常会尽力寻求获取目标公司的控制权，而目标公司则想方设法抵制恶意收购。企业保卫控制权的策略可分为两类，一类为事前防御，另一类为事后防御。事前防御主要指在没有受到恶意并购之前，企业可以预先设计一些防御战略来预防潜在的恶意并购。事后防御主要指当企业已经受到恶意并购的威胁时，采取的用来抵抗潜在的恶意并购的应对措施。图 6.7 为预防恶意并购的事前防御策略，大多数情况下，企业会结合使用这些方法。

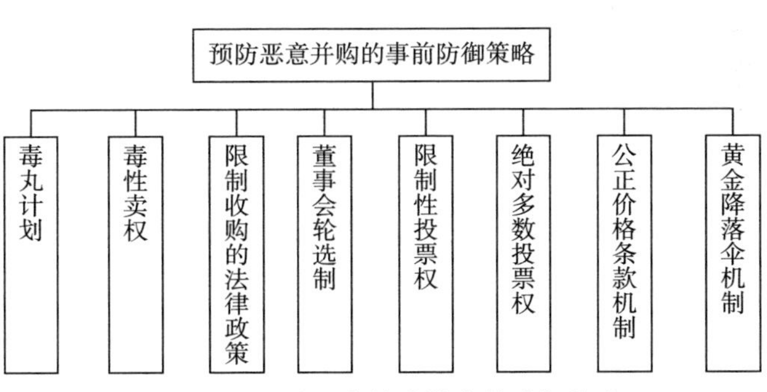


**图 6.7　预防恶意并购的事前防御策略**

## 一、事前防御策略

### （一）毒丸计划

毒丸实际上是公司章程中规定的一系列条款，主要指如果企业面临潜在的并购威胁，企业允许目前的股东以一个较低的、具有吸引力的价格立刻认购公司的股份，以抵抗潜在的恶意并购。这一方式属于事前的防御，即在没有受到并购威胁时，就在公司章程中进行了规定，相当于一个事前埋伏好的策略。如果目标公司允许自己的股东以一个很便宜的价格大量认购自己公司的股票，其直接后果是使得自己公司的资产在短期内极大增加，实际上增加了并购公司并购的成本。并购公司要想掌握目标公司的控制权，需要购买超过50%的股份，成本一定会增加，因为公司的规模变大了。此外，由于短期内目标公司增加了股份，整个公司的股权会被稀释。如果目前的并购公司想要并购超过50%的股份，就必须收购更多数量的股份才能达到持股超过50%。因此，毒丸是一种能够抵制潜在的并购的机制。

例如，2005年盛大网络收购新浪公司的时候，新浪公司就启动了毒丸计划。当时盛大网络已经增持到了19.5%的股权，新浪公司宣布如果盛大网络及其关联方再多收0.5%以上的股权，就意味着达到了20%以上的股权，那么将实施毒丸计划，允许目前公司除了盛大网络的股东，以半价购买新浪公司的普通股股票。这就使得新浪公司的股权短期内会增加很多，对盛大网络进一步收购控制权带来较大的困难。虽然此时盛大网络已经收购将近20%的股权，但一旦其他股东增持股票，这20%的股权就会被稀释。这样，盛大网络收购新浪公司控制权的计划，注定不会成功。

毒丸计划的实施可以很灵活，例如，它可以与企业的高管激励薪酬机制相结合。很多上市公司或大型企业都会对高管实施一些激励机制，通过这些激励机制，不仅可以使高管更好地为企业工作，而且在某些情况下，甚至可以帮助企业消除潜在的并购计划。例如，伊利公司向高管发行了大量期权，期权本身并不包含控制权，只有在行权后，期权转变为股权才具有控制权。期权的这种行权可能性可以帮助企业抵御潜在的并购方。为防止企业高管立即行权并转变为股权，再卖掉股权，难以对企业高管产生长期的激励作用，伊利公司的股权激励计划规定，企业高管获得期权后，在正常情况下不能立即行权或变现为股权，必须持有一定时期。因此，对于高管的激励薪酬都有时间规定，如 3~5 年，通过长期的激励，能使经理人长期为企业勤勉尽职工作。

另外，当一个公司的期权转换为股权时，相当于增加了市场上的公司股票数量，这对股价并不是一个利好消息。因此，通常企业发行期权都有一定的节奏，并且不希望高管拿到期权之后很快变现为股权。但是一旦企业受到并购威胁，为帮助企业抵御潜在的并购，行权可以在很大程度上不受比例限制。如伊利规定，一般情况下首次行权不得超过 25%，其余部分可以在首次行权后一年以后行权，实际上拉长了行权的时间。但是，如果企业面临收购威胁，允许一次性行权，高管可以行权 90%，剩余部分在三天之内行权。也即这些高管持有的期权可以在短时间内迅速转变为增持的股权，用来保卫公司的控制权。恶意并购意味着公司的高管不同意并购，所以高管愿意通过行权的方式，在短时间内增持股权，以此抵御潜在的并购威胁。

### （二）毒性卖权

与毒丸类似，毒性卖权主要针对债权人。一个企业可能进行了很多债权融资，债权融资都对还本付息的时间有所规定。当企业需要归还本金时，企业就会有很大的现金流支出，可能面临财务风险和流动性风险。因此，企业可以事先进行埋伏，规定如果企业受到恶意并购的威胁，可以允许其债权人提前要求还本付息。这一策略相当于一种自残行为，会使企业立刻面临财务风险。而在并购交易中，特别是股权并购（通常股权和债权一并从目标公司转移到并购方），由于并购方在并购后立刻还本付息，就会立即承担流动性压力，因此，毒性卖权策略使潜在的目标公司对并购公司的吸引力在极大程度上降低，甚至有可能使并购公司取消并购计划。

### （三）限制收购的法律政策

目标公司可以利用限制收购的法律政策来防御恶意收购。美国一些州的法律不允许恶意并购，如果被并购公司不同意就不能进行并购交易，此制度即商业合并法（Business Combination Law）。选择把企业注册在这些州，就会受到这些州该法律制度的保护，如俄亥俄州、宾夕法尼亚州都有这样的政策。这就相当于有些企业专门在一些经济开发区注册，希望能够享受当地的政策以及税收优惠等。

### （四）董事会轮选制

董事会轮选制是另一种抵制恶意并购的防御机制，公司可以通过董事会成员的选择及任命等机制设计，使并购较难实现。例如，有些公司设立了轮选制的董事会，即把董事会分成三组或四组，每年只能更换一组。如果轮选分为三组，每年只能更换一组人选，那么整个董事会的人选全部更换则至少需要三年时间。很多并购公司希望能够立即获得公司的控制权，但若需三年才能将董事会所有成员完全更换为自己的人选，这个时间成本对于获取控制权而言过高。因此，目标公司对并购公司的吸引力就会下降，从而起到抵制并购的效果。在实际操作中，董事会轮选制十分常见，形式也多种多样。例如，阿里巴巴将 11 个董事分成三组，美的也是分成三组，每次更换不能超过 1/3。再如，中央传媒的轮选制规定，在控股股东变更后董事会调整的人数在接下来的 12 个月内不得超过两名。因此，董事会轮选制既可以按比例分组，每次轮换 1/3 或 1/4，也可以规定每次更换的绝对数量，如某个事件发生后的某段事件内更换的董事不能超过两名等。伊利的公司治理机制中还规定，董事会主席必须在至少担任三年的董事会成员中选任，这也增加了更换主导董事会的董事会主席的难度。由此可见，在不同的企业、不同的案例中，轮选制的具体实施形式十分多样化。

### （五）限制性投票权

公司的股权和公司的控制权之间并不总是保持高度正相关关系。企业可以制定限制性投票权的政策，即当企业的股东持有超过某一个标准的股份之后，如果再增持股票，将不能同时成比例增加投票权。例如，公司章程中规定，股东持股增至 15%或 20%以上后，再增加股权，也不能同比增加更多的投票权，从而不能增加更多的控制权。这将使恶意并购者取得控制权更加困难，恶意并购随之也变得较为困难。由于目标公司的管理层通常并不愿意接受恶意并购操作，所以并购公司会直接向目标公司的股东收购股份，通过持有比较大规模的目标公司股份来获取公司的控制权。但是如果目标公司设置了限制投票权制度，并购公司即便拥有更多的中小股东的股份，也无法获取更多的投票权，从而无法获取控制权。

### （六）绝对多数投票权

公司章程通常规定，某一议案要获得股东会的通过，需要超过 50%的投票权表决同意。实践中，这一比例可以增至 2/3、3/4，甚至增至 80%。如阿里巴巴著名的合伙人机制：创始人马云设定合伙人机制后同时规定，如果不同意合伙人机制，需要推翻合伙人机制，要求股东会 97%以上表决权同意支持，而这几乎不可能实现。由此可见，通过提高潜在的投票权比例以使恶意并购更难完成，从而打消潜在的恶意并购计划。

### （七）公正价格条款机制

公正价格条款机制是指如果企业要面临某些恶意并购，目标公司的管理层和董事会可以向自己的股东说明，目前的价格并不公允，对目前的公司的股东并不合适。公正的价格需要获得第三方如评估机构的评估等，这样可以增加收购的成本。

### （八）黄金降落伞机制

黄金降落伞机制是针对当前管理层而设置的一种防御机制。通常情况下，企业被并购特别是被恶意并购后，公司管理层都可能会被辞退。辞退时，新公司往往需要向当前的管理层支付一大笔补偿金，这种补偿金相当于黄金降落伞，有助于管理层从高空坠落时不至于摔得太狠，能够平稳着陆。对于并购公司而言，如果对目标公司进行了恶意并购，要辞退目标公司的全部管理层，需要支付一大笔报酬，这对公司而言，也是现金支出的负担。目标公司希望通过这种增加负担的方式，使潜在的并购者认为并购实际上并不划算。

在现实中，这一机制的作用并不是特别有效。一方面，并购标的的支付对价与付给目标公司管理层的遣散费用相比，后者是非常小的一笔支出，其作用就非常有限。另一方面，对于潜在的目标公司的管理层而言，有了黄金降落伞的保护，并购后能拿到一大笔费用，很多情况下就会愿意被并购。因此，这一方法在很多情况下，并不能够真正帮助目标公司抵御外来并购的威胁。例如，在 2012 年，谷歌收购摩托罗拉时，摩托罗拉的 CEO 就拿到了一大笔钱，诺基亚公司被并购时，诺基亚的高管也在并购后获取了很多补偿。2013 年 9 月初，诺基亚官方突然宣布微软将以 72 亿美元收购自己的设备与服务部门，包括手机业务。据《华尔街日报》报道，一份由诺基亚提交给监管机构的文件显示，CEO 埃洛普将在离开诺基亚时获得一笔 1 880 万欧元（约合人民币 1.6 亿元）的巨款，其中除了 1 460 万欧元的股权奖励之外，还有工资及各种奖金总计 420 万欧元。

## 二、事后防御策略

保卫控制权的事后防御措施包括简单说“不”、起诉或举报、绿票讹诈、股票回购、杠杆资本重组、焦土战术、帕克曼式防御、白衣骑士以及白衣护卫等多种策略。图 6.8 为应对恶意并购的事后防御机制示意图。

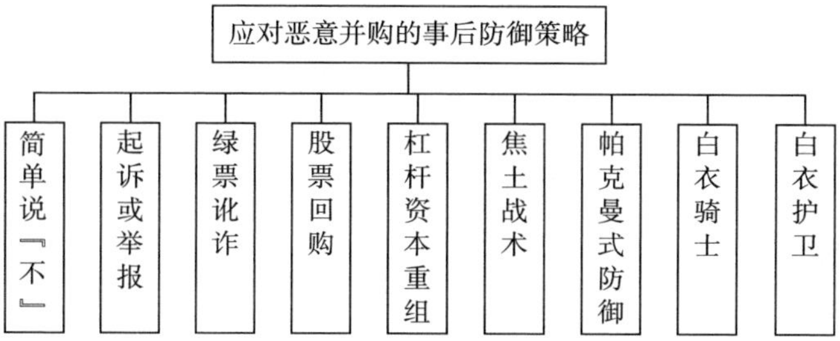


**图 6.8　应对恶意并购的事后防御策略**

### （一）简单说“不”

简单说“不”是目标公司应对恶意并购最简单的一种事后防御机制。在恶意并购中，通常并购公司会先与潜在目标公司的管理层沟通，表明收购意愿。如果目标公司的管理层不同意，并购公司接着就会与目标公司董事会沟通。如果董事会也不同意，并购公司就会直接向目标公司的股东发出收购股票的要约，希望通过要约收购直接进行并购。在这一过程当中，目标公司的管理层和董事会需要与中小股东进行沟通，说明该并购交易实际上是一个不合理的交易，对股东并不合算。通过沟通，使中小股东能对企业恢复信心，希望股东不要出售自己的股票。

### （二）起诉或举报

目标公司还可以通过起诉或向交易所、证监会以及一些行政机构举报等方式来反击潜在的恶意并购。目标公司可以向相关机构表明潜在的并购公司可能触犯了某些法律，如《反垄断法》《证券法》等相关规定，希望这些机构介入调查。在此过程中，一方面目标公司可以拖延时间，另一方面还可以寻找一些白衣骑士等第三方的加入，以提高并购的对价，增加并购的难度等。这一方式是通过一些法律的程序，拖延并购的周期，最终使并购归于失败。

基本思路是起诉收购方，需要进行费钱且耗时的法律战。典型流程是以反托拉斯或违反《证券法》为由起诉对方。法院可能会禁止并购或提供延迟并购的临时禁令，让管理者有更多时间收集辩护资料或向白衣骑士寻求帮助。

### （三）绿票讹诈

绿票讹诈实质上是目标公司和潜在并购公司之间的一个协定，主要约定：在并购公司已经收购目标公司的一些股份，对目标公司的管理层控制权构成威胁的情况下，目标公司的管理层可以与并购方协商，以一定的溢价回购并购方已经收购的股份，条件是并购方不再继续进行并购，不再威胁控制权。在此过程中，目标公司愿意额外支出一些溢价，以补偿并购公司已经购买的股份。

### （四）股票回购

股票回购在一定程度上具有自残性。公司的资本结构分为股权结构和债权结构，企业可以使用一些留存收益或现金回购公司股票，从而降低公司资本结构中的股权投资比重，增加债权投资比重。此外，由于回购使用了公司的现金，导致公司现金流减少，并增加企业潜在的财务风险。目标公司希望通过这种方式增加财务风险，降低潜在并购公司对目标公司的吸引力。因此，股票回购的方式可能会导致恶意并购最终失败。

### （五）杠杆资本重组

杠杆资本重组是指在抵御并购过程中，目标公司进一步借债，然后用这些资金回购公司股票。在这种方式下，一方面目标公司的债务数量和比重都会增加，另一方面通过回购股票，公司的股权投资比重进一步减少，从而恶化了目标公司的杠杆结构和财务风险，降低了目标公司对潜在并购公司的吸引力，达到抵御潜在恶意并购的目的。

### （六）焦土战术

焦土战术的基本思路是，如果一个公司对另外一个公司有并购的意图，通常是因为目标公司拥有某些特别有价值的资产或特殊技术，这些资产和技术吸引了潜在的并购方。在这种情况下，目标公司如果想打消潜在并购方的并购意图，可以事先把具有吸引力的资产或者技术转移到第三方公司。如此，目标公司的吸引力就会急剧下降，潜在收购方的收购企图也会随之消退。这种自我降低资产质量的做法被称为焦土战术或皇冠战略，相当于先把皇冠上最大的宝石挖掉，最后只剩一堆金子，而金子本身并不那么吸引人，其目标是保留核心技术或资源，并且打消潜在收购者的意念。但焦土战术存在风险，如果在宣布恶意收购后进行重大资产出售，法院可能会认定该策略是非法的。

### （七）帕克曼式防御

帕克曼式防御的思路很简单：当目标公司受到恶意并购的威胁时，可以向收购者发起反向收购，即在并购公司向其股东发起要约、收购股东所持股票的同时，目标公司同样向收购公司的股东发起收购其股票的要约，以对抗恶意收购。通常情况下，发起并购的公司都比较强势、规模较大、业绩较好、资金充足，而其并购的目标公司往往规模较小、资产质量较差、经营效益不佳。可见，使用帕克曼式防御来对抗潜在并购时，通常是小公司试图并购大公司，这使得并购的可信度和最终成功实现的可能性受到质疑。因此，实务中这种方法的使用非常罕见。

### （八）白衣骑士

白衣骑士在实务中比较常见。当一个目标公司受到恶意并购的威胁时，可以去寻找对目标公司比较友好的第三方，让其加入并购的交易中。第三方可以参与竞价，也可以参与要约收购。第三方的加入，一方面，会使整个并购变得更加复杂，时间也会变得更长。另一方面，由于有更多的买方，会增加并购的竞争性，进而提高并购交易的价格，最终实现目标公司通过白衣骑士打败潜在的并购方的目的。

目标公司之所以愿意寻找白衣骑士来助其打败潜在的并购方，是因为：一方面，由于白衣骑士会提高并购交易的成本，潜在的并购方可能会退出并购。另一方面，如果最后目标公司仍然决定出售公司资产，也会愿意出售给白衣骑士，这是因为并购后要进行各方面的整合，如果目标公司最终把公司出售给恶意并购方，并购之后，并购方会遣散、重组管理层，这样，并购整合后目标公司的管理层都有可能不能继续留在公司。在这种情况下，目标公司的管理层会更愿意将公司出售给相对而言比较友好的白衣骑士。在许多情况下，白衣骑士防御可以在恶意收购方与第三方之间展开竞购战，促使目标公司在交易最终完成时获得更高的价格。赢者一般会在竞购中出价过高，这种情况被称为“赢者诅咒”。

### （九）白衣护卫

白衣护卫防御方法是指目标公司的管理层在面临恶意并购时，并不需要寻找善意的第三方来完全并购公司的资产，仅需要第三方购买一部分股份，使第三方的股份和目前公司的大股东或者管理层的股份之和超过 50%，就能对抗外来的恶意并购。

白衣护卫和白衣骑士的思路很相近，二者的区别在于，对于白衣骑士，需要第三方真正加入，而且第三方最终可能需要整体并购目标公司成为大股东，如深圳地铁在宝万之争中扮演的角色。白衣护卫的作用虽然与白衣骑士相似，但并不需要完全并购整个公司或取得公司的控制权资产，仅需要购买公司一部分的股票，与目前管理层和大股东的股份联合在一起，形成一致行动人关系，最终彻底打败潜在的并购者。实务中，白衣护卫通常会是企业的员工持股会。公司向职工发行一些股票，职工将这些股票放在一起，形成员工持股会。通常并购后，企业都会重组，会进行很多人员方面的调整，所以并购对员工而言，也增加了很多不确定性，如并购后可能被解聘或调整等。在这种情况下，员工也并不一定愿意接受新的股东、新的管理层，所以他们可能会愿意同目前的管理层和股东联合起来成为一致行动人。由此可见，当企业面临潜在的恶意并购时，管理层可以联合员工持股会增持股份，使管理层持股和员工持股之和能够超过 50%，从而打消潜在的恶意并购计划。实际上，白衣护卫防御涉及高风险诉讼，具体取决于交易的细节，特别是如果第三方直接从目标公司收购股份并且目标公司的股东未得到任何补偿的情况。

应对恶意并购的事后防御方法主要体现了三个核心思想：第一，增加并购成本，即通过这些方法增加潜在并购公司的并购成本，增加并购公司并购的困难程度，最终使并购归于失败。第二，降低资产的吸引力，目标公司之所以会吸引恶意并购，通常因为其拥有一些非常具有吸引力的资产、技术、资源等。目标公司可以事先转移这些资产技术，这样对于潜在并购方的吸引力就会下降，从而打消潜在的恶意并购念头。第三，寻找一个友好的第三方来帮助自己解决恶意并购的问题。该友好的第三方可以是一个公司，愿意对目标公司进行整体并购，或者该第三方作为投资者，购买目标公司的部分股份，并且与目标公司的管理层形成一致行动人共同对抗潜在的恶意并购。

**专栏3　宝能万科的控制权之争**

2015年至2017年的“宝万之争”是中国资本市场最具标志性的控制权争夺案例之一。宝能系通过二级市场举牌、杠杆资金收购等方式，一度成为万科第一大股东，引发万科管理层激烈反抗。这场争夺暴露出了公司治理中的多重问题，为企业和监管层重塑公司内外部治理机制提供了深刻启示。

（1）建立合理股权结构是上市公司长期发展的关键

建立合理的股权结构是抵御并购的第一道防线。在这次“宝万之争”中，万科暴露的最大问题便是股权结构过于分散。上市公司应当合理处理股权结构的关系，避免过于集中或分散。适当的股权结构既可以充分发挥股东会的作用，避免一言堂，也可以实现高效的公司管理。唯有建立合理的股权结构，公司方能实现良性发展。

（2）完善董事会制度

董事会的三个重要问题：一是谁担任董事长？必须是股东利益的代言人，虽然董事长应当权衡各方利益，但其首先应当代表大股东的利益。如果董事长和大股东离心离德，很难想象不会被更换。王石是万科董事会主席，应视为原第一大股东华润选派的，当时宝能系已经是最大股东了，有权提出更换董事长，当然也可以与华润等大股东协商不更换董事长。二是现代董事会制度中的执行董事制度，执行董事非常重要，执行董事既可以是总经理，也可以是其他专业人士，他们将经营者和董事集于一身，具有重要的作用。三是独立董事制度，独立董事与公司没有直接的产权关系和其他利益关系。他们可以保证董事会的公平、公正。为了发挥独立董事作用，国外以及国内的一些公司规定“双通过”，即全体董事三分之二同意才能通过重要决议，其中独立董事必须全票通过。如果独立董事不全票通过，即使全体董事超过三分之二通过，决议也无法通过。任何董事都应当执行董事会议事规则，未经董事会授权不能擅自对外发表与公司“内部信息”有关的言论。

（3）实行企业家股权激励制度

经营者直接持股（包括职工持股）是企业内部股权激励的一部分。这使得经营管理层与企业产权有一定关系，增加对企业的关切度，是股权激励的重要措施。包括经营者直接持股、股票期权制度、管理层收购（MBO）等。

万科于2014年实施了合伙人制度，管理层都购买了股票，然后委托出去进行操作。宝能系认为这是“内部人控制”。在西方，“内部人控制”是指经理层控制，经理层是没有产权的人，但是他们几乎把董事会和股东会的权利全部集中在他们手里。万科的管理层持股应被视为股权激励的措施和制度。万科在实行合伙人制度时曾说：“万科的事业合伙人制度改革，主要是针对公司国营背景下股权高度分散，经营层持股低，实际意义上的控制人缺位，职业经理人可以共创共享但无法共担等经营管理问题提出的，旨在巩固经营层的控制权，使经营层填补实际意义上控制缺位。同时更好的管理市值，防止恶意收购。进一步激发经营管理团队的主人翁意识、工作热情和创造力，强化经营管理团队与股东之间共同进退的关系，为股东创造更大的价值。”目前管理层还没达到控制企业的程度。合伙人制度既是一种股权激励计划，也是一种福利计划，应当提高透明度，对其进行完善。

（4）丰富反并购相关策略

万科能够成功化解这次恶意并购危机得益于其积极有效的反并购策略，但是国内许多公司的章程中并没有反并购的相关内容。面对恶意并购时，许多公司没有足够的方案策略应对。公司应当适当地了解应对反并购的有效措施，并勇敢大胆地使用。例如，新浪面对盛大恶意收购时发起的“毒丸计划”，以及其他有效的方法，如“黄金降落伞机制”“焦土战术”等。

（5）中小股东权益保护的重要性

在宝万拉锯战中，中小股东成为双方争取的关键力量。企业需提升信息披露透明度，完善类别股东表决机制（如 A/B 股），避免控制权争夺损害中小投资者利益。

（6）监管与市场规则的补漏

宝能系利用险资杠杆收购的模式暴露了监管漏洞。此后，中国修订《保险公司股权管理办法》，限制险资激进投资并强化穿透式监管。企业需关注政策动态，合规运用资本工具，避免因规则套利引发系统性风险。

宝万之争揭示了公司治理中控制权、资本规则与长期价值的复杂博弈。企业需从股权结构、章程设计、监管合规等多维度构建防御体系，既要防范“门口的野蛮人”，也要避免管理层过度集权。公司治理的本质是平衡各方利益的制度艺术，而非非此即彼的权力斗争。

## 第四节　经理人如何与股东之间争夺控制权？

经理人和股东之间也可能存在控制权的争夺。例如，格力电器的经理人董明珠采取各种方式，与格力电器的股东争夺对公司的控制权。

董明珠采取的第一种方式是引入外部投资者。从 2007 年开始，位列股东第二位的河北京海是格力集团履行股改承诺，通过股权转让引进的战略投资者。值得注意的是，京海公司的股东是格力电器的 10 家区域经销商，他们的利益与格力电器管理层的决策密切相关。因此，只要没有大的利益冲突和来自高层的压力，京海势必会迎合管理层发表意见。

第二种方式是高分红政策拉拢中小股东。格力电器一向以高分红策略受到中小投资者的追捧，自上市以来，格力累计分红 309. 64 亿元，分红率 40. 71%。董明珠就任董事长以来，格力的分红力度更甚以往。2013 年现金分红 30. 08 亿元，股利支付率达 40. 4%；2014 年，股利支付率提高到 63. 31%；2015 年虽然遭遇上市以来的营收、净利同比双下滑，但格力仍提高了分红比例，股利支付率达到 71. 48%。董明珠时代累计分红 255. 68 亿元。享受到高分红好处的中小股东在不涉及重大分歧时，自然都对现有管理层持支持态度。毫不吝惜的高分红策略，在一定程度上帮助管理层得到了中小股东手中的选票。

第三种方式是通过收购融资提高持股比例。在珠海银隆收购案中，格力电器拟向包括员工持股计划在内的 8 名认购对象定向增发 6. 42 亿股以募集资金。8 名高管认购份额占总份额的 44. 19%以上，仅董明珠一人就出资 9. 37 亿元，占员工持股计划的 39. 52%。如果增发顺利，董明珠将一跃成为格力电器的第四大股东，这无疑能大大提高董明珠在格力电器的自主权和话语权。收购案搁浅后，董明珠自掏腰包，联合万达、京东等注资珠海银隆，增资 30 亿元，获得 22. 388%的股权，跻身银隆前五大股东之列。随后她促成了格力与银隆在汽车产业的初步合作，间接加强了对格力电器的控制。

第四种方式是将企业家与企业形象捆绑。董明珠可谓是明星企业家，她不仅是明星企业家，还是励志的单亲妈妈、女性企业家，拥有非常励志和传奇的奋斗成长经历，“董小姐”利用这些标签大做文章。

投资一个企业往往就是投资一个企业家，只有对企业家有信心，才能对企业有信心。所以董明珠高调地将自己与格力绑定在一起，让公众认为格力之所以有今天的成就，是因为有董明珠的存在，没了董明珠，格力就不再是格力了。这样的高调代言有利于提升企业家的知名度，将个人和企业捆绑在一起，在一定程度上能使得大股东背后的行政权力有所忌惮，在可能出现的控制权争夺中，更有可能获得第三方足够的支持，才能在必要时刻召唤出白衣骑士。

第五种方式是管理层依靠自身力量增持股份。董明珠更是频频增持，根据公开信息披露，董明珠近年来持续通过增持股份巩固对格力电器的话语权。2020 年，她通过二级市场增持 13 次，累计购入 88.3 万股，估算耗资超 5 000 万元（按期间均价 56.6 元计算）；2022 年，在格力电器员工持股计划中，董明珠个人认购 3 000 万股，占比 27.68%，出资约 8.3 亿元；截至 2023 年三季报，其持股数达约 4 448.85 万股，市值约 14.7 亿元（按 2023 年 12 月股价 33 元估算）；2019 年混改后（高瓴资本持股 15%），董明珠通过直接持股+代持格力管理层实体（持有 1.4% 股份），合计控制约 2.8% 股权，连续 23 个季度（2016Q1—2023Q3）稳居前十大股东，2023 年位列第七大股东。

董明珠通过以下举措强化控制权：2022 年推动格力电器收购银隆新能源（现更名为格力钛），通过股权穿透，以其个人在银隆的持股间接增强了产业话语权；2023 年格力电器中期分红方案（每 10 股派 10 元），董明珠获得 4 448 万元现金分红，持续增持资金得到补充；股权激励绑定，2021 年推出的第一期员工持股计划中，董明珠拟认购股数上限占 30%，需锁定至 2025 年，根据 2023 年修订版激励方案，核心管理层需在任期内保持每年不低于 50% 的薪酬用于增持公司股票。可见，较高的持股比例是取得话语权的重要保障。

# 第五节　股权与控制权结构的新变化

## 一、共同股权

共同股权是指股东（共同股东，又称连锁股东）同时持有同行业内多家企业股权，以及机构投资者同时持有同行业多家企业股权。共同股权是基于资本社会化、股权分散化出现的，与企业之间的紧密关联密不可分。

随着资本市场社会化与数智经济的深度融合，资本稀缺性降低促使企业融资门槛显著下降，股权结构呈现分散化趋势。①这一演变既是资本社会化发展的必然结果，也催生了连锁股东现象的普遍化——同一股东或机构投资者通过同时持有行业内多家企业股份构建共同股权，以获取行业协同与信息整合优势。现代经济中企业间的高度依存关系进一步强化了这一趋势：从产业链上下游到配套企业间的深度融合，形成了“一荣俱荣、一损俱损”的共生格局，推动股东通过跨企业持股建立战略性关联。这种新型股权结构在发挥积极作用方面具有双重效应：积极层面，连锁股东凭借其信息枢纽和监督者角色，能够有效缓解信息不对称、优化供应链稳定性、降低融资成本并提升企业风险承担能力；但消极层面亦需警惕其可能诱发行业内合谋行为，导致市场竞争扭曲与企业利益受损。这一矛盾统一体成为数智经济时代公司治理研究的重要课题。

在公司治理方面，连锁股东具有一定的优势。首先，连锁股东降低了获取信息的成本，实现了信息生产的规模经济，促进了企业间的

---

① 陈德球，胡晴．数智经济时代下的公司治理研究：范式创新与实践前沿［J］．管理世界，2022，38（6）：223.

信息交流。研究发现，同时拥有客户和供应商的连锁股东不仅提高了库存管理效率，还增加了企业间的财务合作，使企业供应链关系更加稳固。其次，连锁股东在企业中扮演了积极有效的监督角色。凭借信息优势，连锁股东可以抑制高管机会性盈余管理，减少异常应计项目，缓解代理冲突。而且，连锁股东通过降低信息披露成本，鼓励企业更多披露管理层自愿盈利预测。最后，连锁股东在经营多个企业的过程中，形成了丰富的管理经验和行业专长。在同行业企业中，凭借行业知识和投资经验，连锁股东更有能力识别和把握市场发展机遇，及时准确地调整经营战略，进而提高企业价值。研究表明，拥有连锁股东的公司市场份额增长显著高于其他公司。①

当然，由于连锁股东的目的在于实现投资组合的利益最大化，因此其能够促使企业在产品市场实现竞争合谋，从而带来消极影响。与追求单一企业高额收益相比，持有多家公司股票的连锁股东更倾向于实现投资组合利益最大化（Hansen et al.，1996）。② 与此同时，连锁股东能够带来垄断风险，阿萨尔等人（Azar et al.，2018）研究发现，美国航空业的连锁股东集中度提升抬高了机票价格，从而带来垄断风险。③ 潘越等人（2020）则发现，连锁股东能够通过与同行业企业进行市场合谋来降低企业投资效率。④

总体而言，持有多家企业股权的连锁股东，其天然存在的信息、资源流动优势与强大的市场话语权，既可能为企业间的贸易活动、资

---

① 万立全，邓坤．连锁股东与企业创新：促进还是抑制？［J］．会计之友，2022（12）：136.

② HANSEN R G, LOTT J R. Externalities and corporate objectives in a world with diversified shareholder/consumers[J]. Journal of Financial and Quantitative Analysis, 1996, 31(1): 43-68.

③ AZAR J, SCHMALZ M C, TECU I. Anticompetitive effects of common ownership[J]. The Journal of Finance, 2018, 73(4): 1513-1565.

④ 潘越，汤旭东，宁博，等．连锁股东与企业投资效率：治理协同还是竞争合谋［J］．中国工业经济，2020（2）：136-164.

源配置提供便利，在公司治理、获取融资、维持供应链关系方面发挥协同效应，也可能与其他利益相关者合谋，形成利益集团，导致同行业企业出现投资不足，妨碍市场机制发挥作用。当前我国经济处于转型时期，如何正确看待连锁股东这一经济关联现象，合理把握其发展尺度，使其发挥独特优势，对于完善公司治理体系、提高企业治理能力和促进我国经济高质量发展等方面，都具有重要意义。① 而通过共同机构投资股权建立关联对公司治理的影响更为深远。在股东积极主义理论框架下，共同机构股权将发挥治理赋能作用。

机构投资者的集体行动正在改变公司治理的游戏规则。道富环球投资管理公司的“性别多样性指数基金”通过对投票权的行使，推动标普500成分股中女性董事比例从2016年的21%提升至2023年的32%。这种定向治理能力源于机构投资者特有的信息处理优势：贝莱德的阿拉丁系统每天处理超过2 000万个数据点，使其能够构建超越单一公司视角的行业治理图谱。股权网络效应带来的治理协同在科技行业尤为显著。当同一机构持有苹果、三星、台积电的股权时，其推动的供应链ESG标准统一化使相关企业碳排放强度年均下降5.7%。这种跨企业治理协调突破了传统公司边界，形成以机构投资者为枢纽的治理生态网络。

一方面，共同机构所有权下，企业经营同质性意味着私人信息、管理知识和行业经验在投资组合内部企业的可迁移性增强。共同机构投资者在同质化经营中能够快速积累特定信息与知识，培育强大的信息网络优势。凭借基于共同机构所有权建立的行业联系，治理溢出成本可以内部化为整个投资组合的治理收益，企业创新监督成本也随共同机构所有权所联结的同行业企业数量增加而降低。因此，相较于单个企业机构投资者，共同机构投资者具有更强的动力和能力对投资组

① 林钟高，刘文庆．连锁股东会影响企业投资吗？——基于金融资产配置的检验［J］．财务研究，2022（3）：75-88.

合内部企业进行监督治理，实现企业治理结构的专业化，能够有效抑制高管攫取超额薪酬补贴、增加超额在职消费、因规避职业风险而“不作为”等短视自利倾向，降低股东与高管间的代理成本，从而提升高管创新动力。另一方面，相较于普通机构投资者，共同机构投资者在私人信息、管理知识和行业经验等方面更具优势，能够发挥更强的外部监督作用，通过董事会对企业经营管理和投资决策施加实质性影响。投票反对和退出威胁是共同机构投资者进行监督治理的有效手段。共同机构所有权可以提高投票反对管理层的概率，表明共同机构投资者能够考虑到治理不善对投资组合内其他公司带来的负外部性。当反对意见不被采纳时，共同机构投资者可以采取退出威胁等手段与其他股东和高管进行博弈，进而强化企业监督治理作用，有效缓解股东与高管间的代理冲突。

共同机构持股也带来治理俘获风险①，这在寡头竞争行业尤为突出。例如，在航空制造业中，三大机构股东通过交叉持股形成的“铁三角”关系，使空客与波音的技术合作议案通过率高达91%，远超行业平均65%的水平。这种治理合谋导致创新投入强度较独立企业低23%，形成隐性竞争壁垒。

信息优势的滥用可能演变为新型代理问题。例如，某国际投行利用其在中国白酒行业的交叉持股网络，提前三个月获取产能调整数据，在其持股的相关企业间进行套利交易，造成中小股东年化收益差达15个百分点。这种行为实质是将治理权异化为信息寻租工具。

短期业绩压力导致的战略扭曲在共同机构持股组合中具有传染性。例如，当机构投资者在零售行业实施统一的净资产收益率（ROE）考

---

① 治理俘获（Governance Capture）是指治理机构（如政府、企业董事会、行业协会等）的决策过程被少数利益集团或内部人操控，导致公共利益或整体目标被忽视的现象。这种风险可能引发腐败、效率低下、社会不公等问题。

核标准时，相关企业研发投入强度会降低，但财务杠杆率却会相应攀升，这种群体性决策偏差正在改变行业进化路径。

综上，共同股权尤其是共同机构股权能够在参与同行业经营过程中形成强大的信息网络优势和资源整合能力，提升企业治理能力。共同机构所有权通过发挥协同治理效应和信息共享效应推动企业发展。毋庸置疑，在当前机构投资者主导的时代，传统公司治理理论中“股东—管理层”的二元结构正在演变为“超级股东—管理层—中小股东”的复杂博弈网络，公司治理正在经历从个体理性到集体理性的范式跃迁。然而，在积极发挥共同治理赋能的同时，也会带来治理俘获、信息寻租、机构投资者与管理层合谋等新的问题。未来治理体系的演进需要积极发挥制度创新和技术赋能的协同作用，只有在机构赋能与权力制衡之间寻找动态平衡点，才能构建更具韧性的现代公司治理生态。

## 二、网络组织模式下股权与控制权的非对应性发展

网络组织（Network Organization）是由多个独立实体（包括个人、企业、机构等）通过动态协作关系和资源共享构成的去中心化、灵活且开放的组织形态。其核心在于通过节点间的联结（如契约、信任、信息技术）实现共同目标，而不是依赖于传统的科层制结构。在数智经济时代，虚拟企业、战略联盟、企业集群、网络平台组织等跨边界合作形式已成为经济实践中的新亮点。随着数字技术的快速发展，企业组织形态正从科层制向网络化转型。根据世界经济论坛（2021）的统计，全球市值前100强企业中，83%已构建多边平台架构。这种变革导致传统以股权为基础的控制权体系发生根本性重构。

### （一）网络组织股权结构的新型演变特征

#### 1. 股权分散化与动态调整

网络组织的股权结构呈现分散化的特征，并可根据实际需求动态

调整。例如，谷歌母公司 Alphabet 采用“伞形股权结构”，核心公司持有 62%的投票权，其余股权分配给 23 家创新实验室。这种设计既保障控制权，又激励创新单元。而 Uber（优步）则采用动态股权机制：根据“业绩对赌条款”规定，若季度活跃用户增长低于 15%，创始人股权将按 1.5∶1 比例稀释（Gornall and Strebulaev，2020）。[①] 此机制将股权与控制权基于季度活跃用户增长率进行动态解绑。

**2. 非股权合作重构权益**

非股权重构权益方式指不通过改变股权结构，而是采用其他方法重新分配权益。第一种方式是签署收益共享协议，规定各方在收益分配上的规则。微软与 OpenAI 合作采用的“利润上限分成”模式属于收益共享协议的一种具体形式。在该模式下，微软在合作的前五年能获得 75%的利润分配权。通常情况下，企业利润分配占比与持股比例相关，但微软的利润分配权比例（75%）远超其持股比例（49%）。

第二种方式是基于数据流量分配权益，如抖音电商将 GMV（Gross Merchandise Volume，指一定时间段内的成交总额，包含已付款和未付款的订单金额）的 3%~5%作为技术服务费，这种基于数据流动的收益权比传统股权分红高出 2~3 倍。

## （二）控制权重构的多维路径

**1. 数据控制权的新型霸权**

网络组织（尤其是平台组织）中，股权控制权逐渐让渡给数据控制权。第一类是行为剩余捕获机制，如 Meta 通过像素追踪技术收集海量用户行为数据，其数据控制权使广告收入远超持股企业的贡献。第二类是算法治理权，如字节跳动的推荐算法系统通过实时动态优化机

① GORNALL W, STREBULAEV I A. Squaring venture capital valuations with reality [R]. Stanford University Graduate School of Business Working Paper, No. 3700.

制，实质性掌握内容生态控制权。

**2. 技术标准控制权争夺**

股权控制权的争夺逐渐转为技术标准控制权的争夺。例如，在开源社区治理中，Linux 基金会通过“贡献值积分制”，使红帽公司虽仅占核心代码贡献量的 12%，却拥有 23%的决策投票权。①

**3. 平台治理权私有化发展趋势**

网络组织尤其是平台实行规则制定权和生态准入权的垄断。亚马逊云科技 Marketplace 的 215 条卖家条款中，绝大部分属于单方修改条款，例如，第 32.7 条允许平台无须协商调整佣金比例。苹果应用商店（App Store）的“应用内支付强制条款”，使开发者收入的很大比例被抽成，这种治理权收益远高于苹果股权投资收益。

### （三）挑战与规制建议

**1. 监管滞后性问题**

股权控制权向数据控制权的转变，会带来以下问题：一是认定标准失效。如欧盟调查发现，谷歌通过服务工具（Search Console）可实时监控竞争对手网站流量，这种数据控制力远超其 6.7%的平均持股比例。二是带来法律适用冲突，《中华人民共和国数据安全法》要求数据本地化存储，与跨境平台的数据控制权产生冲突，如特斯拉上海工厂数据服务器虽在境内，但算法模型仍由加州总部控制。

**2. 新型治理框架构建**

建立动态穿透式监管机制。“动态”强调监管不是静态、一成不变的，而是随着监管对象的业务发展、市场环境变化等因素进行实时、持续的跟踪和调整；“穿透式”意味着监管能够穿透复杂的业务结构、

---

① The Linux Foundation. 2021 Annual Report[R/OL]. (2025-07-25)[2021-12-14]. https://www.linuxfoundation.org/wp-content/uploads/2022/04/2021-LF-Annual-Report.pdf.

交易链条和组织架构，深入业务和风险的本质层面，全面、准确地掌握监管对象的真实情况，以识别和防范潜在的风险。

新加坡金融管理局（MAS）推出的可变利益实体（VIE）追踪系统可实时监控协议控制企业的132项关键指标。可变利益实体通常是指境外上市实体与境内运营实体相分离，境外上市实体通过协议的方式控制境内运营实体，以实现合并财务报表等目的。该追踪系统可实时监控采用协议控制模式的企业的132项关键指标，这些指标可能涵盖企业的财务状况、经营业绩、合规情况、市场风险等多个方面，有助于监管机构及时发现企业潜在的问题和风险，从而采取相应的监管措施。

多方共治机制指的是由多个不同主体共同参与、协同治理的一种模式。德国《反限制竞争法》第19a条所规定的内容体现了多方共治机制在超级平台监管方面的应用。德国通过法律要求超级平台设立“监督委员会”，这一举措旨在引入多方力量对超级平台进行监督和管理。其中，用户代表在监督委员会中占据40%的席位，这意味着用户群体能够在平台的管理和决策中拥有一定的话语权。用户代表有权否决算法歧视性条款，这有助于保障用户的权益，防止超级平台利用算法进行不公平的竞争或对用户进行歧视性对待。通过这种多方共治的方式，平衡超级平台、用户等不同主体之间的利益关系，维护市场的公平竞争环境。

网络组织模式正在重塑全球权力格局，股权从“资本所有权凭证”转变为“生态入场券”，控制权从“股东投票权”进化为“数据+算法+规则的复合权力体系”。未来需关注这种转变对相关利益者的影响，建立适应数字文明的治理范式。

本章对公司内部治理机制这一基础性问题进行了讨论。首先，对股权结构这一内部治理的根基进行分类，并讨论了如何通过创新与博弈来设计控制权。指出控制权争夺的核心在于股权与投票权的分离设计，如双重股权结构，创始人通过超级投票权掌握决策权；有限合伙架构通过多层嵌套实现以小控大；通过否决权与分类表决来保护中小股东权益，防止大股东滥用权力。并对典型案例进行剖析，如小肥羊通过离岸架构与一致行动人协议维持控制权，马云以2%的股权撬动蚂蚁集团控制链，体现股权设计的艺术性。

其次，对旨在实现防御与平衡的反收购策略进行分析。企业通过事前防御（毒丸计划、董事会轮选制等）与事后防御（焦土战术、白衣骑士等）应对恶意并购。如新浪曾以“毒丸”击退盛大收购，伊利通过期权激励绑定管理层抵御外部冲击。

最后，探讨了数字化与生态化公司治理股权和控制权变化的新趋势，主要是共同股权和网络组织模式下股权和控制权的非对应性发展。其中，共同股权主要表现为机构投资者跨企业持股，既有可能催生协同效应，也可能引发行业合谋；网络组织治理需关注数据流量、规则制定以及技术标准霸权对相关利益者的影响，建立适应数字文明的治理范式。

总之，现代公司治理需在股权设计、控制权博弈与技术赋能间寻求动态平衡。从宝万之争到阿里合伙人制度，案例揭示治理的本质是权力制衡的艺术。未来，共同治理和网络治理将重塑企业竞争力，生态共治框架成为公司治理不可忽视的新维度。

# 第七章 投资者关系管理及新发展

现代公司委托代理问题的根源有二，一是所有权和经营权相分离，二是信息不对称导致外部投资者无法完全观测到内部人的行为。本章第一节着眼于股权与控制权关系的解构，试图揭示股权与控制权的关系，寻找解决二者矛盾的办法；投资者关系管理作为公司治理体系内部治理机制的第二部分，旨在通过解决内部人与外部人之间的信息不对称问题，最终解决基于信息不对称而产生的外部投资者监督困境。

## 第一节 投资者关系管理的界定

### 一、什么是投资者关系管理

投资者关系管理，英文为 Investor Relations Management（IRM）。做好投资者关系管理，其实就是提升企业在公众、在投资者心中的吸引力，让投资者认为企业值得投资。投资者关系管理的定义及其目的是我们首先要探究的。公司在资本市场上的股票价格也受这一因素影响，如果投资者关系做得特别到位，信息特别透明，外部投资者就会对这个公司了解得特别清楚，信心百倍，特别愿意花钱认购其股票并进行投资，在需求供给均衡关系的推动下，企业股票价格会水涨船高，越来越受投资者追捧。

为什么投资者关系如此重要？从投资的角度来看，是因为它有助于公司提升在资本市场的声誉，并且能够让投资者更愿意、更放心地投资，使企业变得更有吸引力。从企业融资角度来看，投资者关系管理一方面有助于企业扩大融资，另一方面也有助于降低企业融资成本。这是因为当更多的人愿意投资时，在资金供给充裕的情况下，企业的议价能力就会提高，融资成本随之降低。所以投资者关系管理非常重要。

投资者关系管理实际上是投资者和公司之间的一个双向的信息沟通过程，既包含企业不断地向投资者单向披露信息，也包括企业主动收集投资者对企业的诉求以及对企业的社会舆论评价，这些都属于投资者关系管理的范畴。投资者关系管理非常类似于市场营销，区别仅在于市场营销是营销企业生产的产品，而投资者关系管理营销的是公司的股票，即公司证券。

市场营销也是双向的，一方面需要做广告，让广大消费者了解企业及其产品，建立足够的信心，从而愿意购买产品。另一方面，在资本市场运作中，进行投资者关系管理，也要大力宣传企业及其股票，吸引更多投资者认购。认购证券同样也是一种消费行为，路演、股东会就是针对企业及其发行的证券的一系列宣传活动，目的在于让更多的投资者能够了解企业。

市场人员也要经常做问卷调查，对市场进行调研。投资者关系管理同样要收集投资者对公司的看法和诉求，并将这些反馈给公司的高管和经理，让他们在未来的经营决策中考虑到投资者的这些诉求。这就是投资者关系管理的意义所在。

打造企业良好形象，可从与投资者沟通的主体、内容、渠道三个方面出发，进行三位一体的投资者关系管理（图 7.1）。

首先，沟通主体方面，投资者关系管理是企业和投资者之间的双向沟通。企业的董事和高管是公司与投资者沟通的主体，而沟通的另

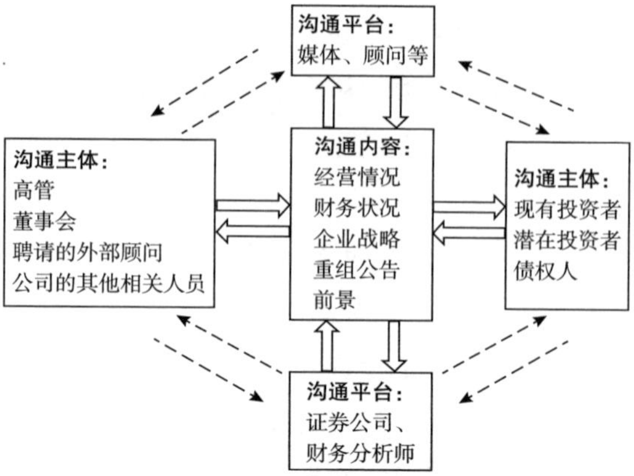


图 7.1　投资者关系管理体系

一方是投资者。值得注意的是，这里的投资者指所有的投资者，包括公司现在和未来潜在的投资者。这与市场宣传类似，不应仅对目前的消费者宣传，更重要的是吸引更多的潜在消费者。另外，投资者不仅包括股权投资者，也包括债权投资者。

其次，沟通内容是投资者关系管理中最基本、最核心的要素。沟通内容主要指企业主动向投资者进行信息披露。最主要的信息披露是财务信息，包括撰写并发布公司定期报告（如年度报告、半年度报告、季度报告）和临时说明，这属于日常的常规性披露。对于一个企业来讲，除了常规披露，还要披露和处理企业紧急情况。公司应遵循政府和证券交易所的规定，在发生可能影响公司股价的事件时，提供向投资者有效披露相关信息的计划，如企业并购、重组、增发股票等重大事件。此外，还要处理紧急事件，如诉讼或起诉、公司管理层变更、关闭一些工厂、股票价格或交易量异常波动、公司相关谣言、公司债券评级变更、监管机构或交易所的处罚、事故、自然灾害、重大公共卫生事件，如新冠疫情对企业的影响等。

随着经济和技术的发展，公司仅仅披露或者投资者仅仅关注财务信息已远远不够。特别是在新经济情况下，仅仅通过财务信息明显不足以对企业一窥全貌。现代社会涌现出很多新经济、新的商业模式以及新的技术，仅凭财务报表是无法了解这些企业的估值是如何估算出来的。

例如，Uber 在 2014 年募集了 400 亿美元，而当时美国的出租车的收入仅为 110 亿美元。Uber 作为一个专门提供打车服务的电子平台，其募集的资金为整个美国出租车行业总收入的四倍。这一估值是如何计算出来的呢？Uber 的 400 亿美元估值是基于真实的运营车辆和运营司机数量计算出的。2006 年，谷歌公司在收购国外著名的视频网站 YouTube 时，花了 16.5 亿美元，但彼时 YouTube 才成立一年，只有 67 个员工。谷歌这么一个大公司为何愿意花 16.5 亿美元进行收购？这一估值是怎么计算出来的？最新的案例是 PayPal 收购 Honey Science。PayPal 是国外类似于阿里巴巴的支付宝的支付软件，Honey Science 是一个客户获取渠道，其估值仅为 7 亿美元，但 PayPal 却花了 40 亿美元进行收购。可以确定的是，这肯定不是仅通过财务报表估算出来的，因为仅凭财务报表估算不出这么高的市值。

在这种情况下，企业与投资者的沟通内容就不仅仅是财务信息，还包括很多其他信息，如企业未来的发展、战略、重大活动，以及一些突发事件，如 CEO 出车祸、董事长突然去世等。这些信息或事件都会影响公司的未来发展，因此都需要与投资者进行沟通。现在大家可能越来越关注危机公关、环境问题、可持续发展问题，这些软实力问题都会影响广大投资者的决策，因此都要进行沟通。

最后，沟通的信息渠道也是投资者关系管理的一个关键因素。现在最重要的信息平台就是互联网，特别是移动互联网。人们如今很少看电视，以前人们获取信息和新闻的主要渠道是中央电视台，每天晚上 7 点收看《新闻联播》。这么多年过去了，现在几乎很少有人从中央电视台新闻上获取信息。大家获取信息的渠道甚至不是上互联网查新闻，而是通过移动互联网如微信等获取信息。信息的渠道既有官方的，也有非官方的，所以投资者关系管理不能仅仅重视官方的、公司官网上发布的信息，也要考虑其他渠道，如雪球网、股吧网上的一些舆论。现在的投资者不会仅仅听公司说什么，更有可能会从同行、其他投资者那里获取信息。实际上，现在很多信息并不是从官方报纸或电视上获取的，而是从朋友圈获取的，朋友之间互相交换信息。很多上市公司要进行舆情控制，关注大家都在讨论企业哪些方面的问题，有时还可能找人删帖、找水军发帖造势等。因此，沟通渠道也很重要。

可见，投资者关系管理体系包括沟通主体、沟通内容和沟通平台三方面。特别值得关注的是沟通的双向性质：一方面企业把信息输送出去，降低企业和外部的信息不对称；另一方面也希望通过投资者关系管理，了解外部对企业的看法和诉求等。另外还要注重舆情控制，因为外部投资者传递的信息可能是真实、完整、准确的，也有可能是以偏概全甚至是虚假错误的。企业需要跟踪并及时纠正虚假信息等，这些都属于投资者关系管理的范畴。有效的投资者关系管理，能够降低企业和外部投资者的信息不对称，让投资者了解企业的真实情况，帮助企业树立富有社会责任感和亲和力的“魅力”资本市场形象。

## 二、投资者关系管理的实施原则

投资者关系管理有三个原则：公平原则、互动原则及合规原则。公平原则指的是在双向的信息沟通过程中，企业能够对所有投资者公平以待，对所有投资者，包括现在的投资者、未来的投资者、股权投资者、债权投资者、股票投资者、基金投资者一视同仁，公平地披露信息。互动原则指投资者和公司之间是互动关系，企业不断释放信息，投资者也可以向企业不断提出诉求，这是一个持续的互动过程。合规原则是指上市公司要依据法律法规进行信息披露。投资者关系管理主要是信息沟通，信息沟通活动有相应的规则，在沟通过程中应具有合规意识。上市公司的信息披露有固定渠道、固定时间，如相关法律法规对财务报表规定披露时间和披露场合。原因很简单，如果企业在一个不固定甚至不正当的场合披露信息，致使只有一部分人知道，而另一部分人不知道，这就违反了公平原则。知道信息的这部分人可以利用这些信息炒作股票，影响市场，影响股价，造成市场混乱。例如，企业应当避免披露商业机密，几乎所有此类违规都是发布公司的利好消息，从而在“不经意”间造成哄抬公司股票价格的结果，让某些“有心”人士利用违规信息披露与经规范渠道的信息披露之间的时间差，谋取不法利益。这样的信息披露对于投资者来说是不公平的。

## 三、投资者关系管理的实施内容

### （一）谁负责实施投资者关系管理？

投资者关系管理最主要的负责人有两名，一是董事会主席，全面负责投资者关系管理。二是董事会秘书，简称董秘，负责具体的日常工作，包括信息披露、与投资者沟通、资本市场的反馈。投资者关系是双向的，所以既有向外披露，也有对内反馈。

### （二）如何与投资者沟通？

在与投资者沟通的过程中要注意一些问题。首先，与投资者沟通既包括直接沟通也包括间接沟通。可以通过股东会进行直接沟通，还可以通过网络宣传等方式进行间接沟通。其次，在沟通过程中，企业应密切关注股权结构的变化，并定期（如每季度）确认其股东，明确与之沟通的股东群体是否有所变更。再次，由于与股东沟通可能涉及企业多方问题，董事会秘书应与其他相关部门讨论并决定披露内容和渠道。然后，在沟通的过程中，虽然企业希望更多的投资者对自己进行多方面了解，但也要保证企业的商业机密不被泄露，一些信息在不适当的时候也不能够沟通，如提前披露企业并购、重组计划等。最后，与投资者的沟通不是一蹴而就或一劳永逸的，而是需要源源不断地进行。投资者需要持续不停地了解企业，这样才能够对企业产生信心。

### （三）多种形式的沟通渠道

与投资者沟通的渠道是多种多样的。首先，股东会是一个重要的沟通平台；其次，发布财务报表、进行路演、管理网页以及接受媒体采访等都是沟通渠道；最后，沟通渠道还包括接待来访者、热线、电话、邮件等方式。现在大家经常使用的微信、朋友圈、公众号等移动互联网方式，也是与投资者沟通的有效渠道。与投资者沟通的多种渠道见表 7. 1。

表 7. 1　与投资者沟通的多种渠道

| | |
|---|---|
| 组织沟通活动 | 股东会 |
| | 发布财务报告和路演 |
| | 投资者和金融分析师参观及会谈 |
| | 网页管理 |
| | 媒体采访 |
| | 回复来自投资者的热线电话和电子邮件 |
| | 危机公关（与投资者交流；与消费者交流） |

#### 1. 股东会的日常沟通

股东会是企业直接面对投资者的一个重要的沟通平台。中国和美国的股东会之间的差别特别大，这可能与文化传统有关。大多数情况下，中国上市公司的股东会都是闭门会议，而且投资者也很少参与。但在美国，一些大公司的股东会是一件非常重大的事情。首先，这些公司的股东会都是开放会议，只要是公司的股东或员工，都欢迎参加。其次，这些公司希望通过股东会为公司宣传、造势，让投资者对公司感兴趣，对公司充满信心。例如，沃尔玛（Walmart）的股东会堪称经典。沃尔玛的股东会每年都会组织，非常震撼人心，通常公司会找一个大体育馆，然后邀请沃尔玛的所有股东和员工参加。开始时要唱国歌，营造爱国、爱公司的气氛；董事长、各部门、主管国际事务的沃尔玛国际发展战略的副总裁以及主管美国本土事务的副总裁轮番发言，宣传公司情况以及国内外及各州的发展并展望未来。其间穿插很多节目，沃尔玛在全世界200多个国家都有超市，200多个国家的代表举着每个国家的国旗在舞台上走一圈；美国50个州都有沃尔玛，每个州的员工代表再举着州旗走一圈。沃尔玛每年都会请一些非常知名的演员助唱助跳，每年的股东盛会都要持续三四个小时，堪称奥运会开幕式、奥斯卡颁奖礼或中国春晚。沃尔玛的股东会让人觉得是在营造气氛，使大家特别热爱这个企业，对它充满信心。

股东会是全体股东出席的定期或临时会议，通常由董事会主席主持。股东会拥有公司的最高决策权，有权决定公司的重大事项。例如，终止或任命董事会；决定公司的经营和管理；审查董事会的财务报告和资本预算提案；等等。

股东会的重要职能之一就是对选举董事以及重要议题等重要事件投票进行表决。通常是一股一票，也可能创始人享有更多的投票权；选举董事也可能采取累积投票制度：授予一股的投票权数与当选的董事人数相同，还有分类投票表决制度。股东可以亲自现场投票，也可以通过网络投票，在当前的网络信息社会，股东会越来越多地选择互联网投票方式。如果股东不能出席会议，也可以委托他人代为投票。股东投票以匿名方式进行。

新冠疫情导致召开线下股东会成为一种奢望，很多美国大公司的股东会也转为线上进行。之前，巴菲特的股东会是一个非常重要的事件，很多股东都想前往现场，主要是想聆听巴菲特的投资理念，看看自己能不能从中获益，找到新的投资方向。但是由于疫情影响，巴菲特股东会自2020年起也转为线上召开。在连续两年线上举行之后，备受瞩目的巴菲特股东会终于回归线下。2022年1月25日，伯克希尔·哈撒韦公司（Berkshire Hathaway Inc.）在一份声明中表示，其年度股东会将于4月30日现场举行，同时该活动仍将进行网络直播。不可否认，新冠疫情确实是全球范围内的危机，给整个社会带来很大的困扰，经济陷入困境，人们的生活方式被迫改变，但疫情也倒逼了人类社会的某些进步，如线上线下融合将成为趋势。

2. **危机公关应对突发事件**

股东会是日常的常规性沟通，除此之外，还有针对突发事件的危机公关。如果危机公关工作处理不当，就会给企业造成严重损失，特别是对上市公司而言，甚至可能造成股价的异常波动。因此，危机公关工作对于企业意义重大。不同的处理危机的态度和方式，对企业形象的影响可能截然不同。

Airbnb（爱彼迎）处理危机时的诚恳态度和务实做法就值得称赞。作为一家全球民宿短租公寓预订平台公司，Airbnb在2020年成功上市，这与其在疫情期间通过不同渠道和媒介与投资者进行持续而富有成效的沟通息息相关。其发布的招股说明书详细分析了投资爱彼迎的风险因素，包括新冠疫情若是卷土重来对民宿行业的巨大影响等方面。公司采取宽松措施来消除客人预订的疑虑，如不断强调客人和房东必须优先考虑安全，在5个月内允许客人取消并退款。

与Airbnb形成鲜明对比，Meta面对危机时敷衍的态度令其估值大幅下降。

## 第二节 投资者关系管理的新发展

投资者关系管理是改进公司治理机制的重要角度。展望未来，投资者关系管理的核心是让治理赋能企业发展，因此，所有的公司治理机制应该有一个新的前瞻性思路，使企业能更好地适应未来社会的发展。

投资者关系管理主要是企业和投资者之间的双向信息沟通。在投资者关系管理中，既要合规，也要体现公平，并注重与投资者之间的互动。未来 IRM 的发展趋势：一是将更加关注互联网，特别是移动互联网以及社交媒体的作用；二是将向投资者宣传长期发展的理念，打消投资是挣快钱的想法；三是将更加关注非财务信息以及软实力；四是未来在关注企业的同时，将更加关注企业家本身。

## 一、注重互联网及高科技宣传渠道

未来企业的宣传将不再依赖纸质媒介，而主要通过互联网，特别是移动互联网进行。以下是未来常见的企业宣传渠道：一是通过公司网站；二是通过公共号、微博、微信等社交平台；三是通过股吧、雪球网等投资者交流平台；四是建立高科技多媒体展厅接待来访者、宣传企业。未来的投资者沟通将是通过互联网的多元信息沟通。

老国企也通过高科技和融媒体新技术打造新形象，如北京电子集团有限公司（原北京电视机厂）建造了牡丹智慧融媒体指挥中心，抓住向现代生产性服务业全面转型的契机，围绕建设中关村数字电视产业园这一战略重心，全面提升科研开发、产业孵化、平台建设“三位一体”业务方向的服务品质，打造一个具有新型业态和可持续盈利模式的新牡丹。

## 二、消除资本短视，宣扬长期发展理念

资本家的天性是追逐利润，资本天然具有短视的特征，但一些重要基础研发领域的企业需要大量长期投资。埃隆·马斯克最重要的成就是领导 SpaceX 实现私企火箭顺利折返、海上火箭回收等壮举。但无论是星链计划还是发射载人龙飞船，SpaceX 所做的生意或事业都需要

投入大量的时间、精力和金钱，而这种前沿研发能否成功极难预测。在2008年，金融危机爆发，马斯克的火箭三次发射都失败了，数千万美元的投入化成爆炸后的大火球，由于研发成本过高，特斯拉濒临破产。

投资者需要对投资行业有正确的理解：高投入长线投资通常回报更高，正因为如此，像SpaceX这样的公司仍可获得巨额募资。马斯克曾坦言，将所有的未来赌在火箭和电动车上很冒险。但他话锋一转表示，不这么投入才是最大的冒险，因为成功的希望为零。早期投资不包括短平快类型，投资周期虽然相对于晚期项目很长，但回报更高。如果想要追求短平快的收益，可以直接投资一些中晚期的项目或PE。

可见，资本逐利性与科技创新长期性之间存在辩证关系。资本天然具有短期套利倾向，但颠覆性技术创新需要持续地投入与风险承担。基于风险悖论理论，高风险的前沿研发存在“成功概率趋零”与“成功收益无限”的极端分布，这要求投资者突破传统财务周期的约束，建立战略耐心。马斯克的实践印证了熊彼特的创新理论——通过创造性破坏实现技术突破。资本市场存在“期限错配”现象，早期项目虽周期长，却蕴含范式革命机遇，而中晚期投资仅能获取线性增长的收益。该理论强调，真正的价值创造源于对技术演进曲线的超前判断，而非短期财务指标，这对构建创新友好型金融体系具有重要启示。

## 三、注重非财务信息披露，重视打造企业软实力

企业的财务状况固然重要，但是随着社会经济的发展，财务信息可能变得没那么重要了，而可持续发展的软实力会变得越来越重要。交易的经济学本质是一种博弈。博弈论有两种解决方案：一种叫作单次博弈，一次性交易一定要一黑到底；另一种叫作重复博弈，需注意形象和口碑，注重长远发展。

有学者利用美国麦当劳连锁店的数据进行研究，连锁店应该都是

规范的，麦当劳的面包坯、番茄酱都有标准规范要求。但即便是麦当劳，如果开在高速公路旁边也会不一样。肉会更薄，番茄酱会更少。为什么在高速公路门口开店卖的食品容易偷工减料呢？就是单次博弈的原因。

很多交易都是重复性的，需要考虑多次进行商业往来，要不断地树立企业形象。在这种情况下，可持续发展和软实力就变得非常重要，因为只有前期发展好了，后期才能获得巨大财富和卓越发展。股票价格是企业未来无限期赚到的现金流的折现到现今的总价。假设未来是无限期的情况下，就需要特别注意社会责任、道德问题、环境污染防治等方面软实力的提升，帮助打造企业形象，能够让企业在未来无限期不断获客，不断有收入来源。这就是在投资者关系管理上要注意软实力的原因，而且这将是一个发展趋势。

## 四、明星企业家效应

在传统领域，可能更看重企业本身，如首钢、首汽、中石油等国有企业，关注的是企业而非企业家个人。目前，现代企业，特别是高科技公司，往往会将企业和企业家相关联，这些企业创始人的力量和效应很重要，提到阿里巴巴就想到马云，提到腾讯就想到马化腾，提到京东就想到刘强东。企业家精神和个人形象在未来的投资者关系管理中也会起到非常强大的作用，如前述阿里巴巴马云对企业家精神的强调。国外的高科技企业中，明星企业家也会代表着企业的形象，如微软的比尔·盖茨、Meta 的创始人兼首席执行官马克·扎克伯格、SpaceX 的埃隆·马斯克、亚马逊的杰夫·贝索斯、苹果的史蒂夫·乔布斯、股神沃伦·巴菲特等。

企业家个人的良好形象会提升企业社会声誉。比尔·盖茨宣布捐献其 95%的个人资产给社会，他与其前妻的慈善行为极大地提升了微软公司的社会声誉。当然，也不乏企业家行为不端损害公司声誉与形象的现象。

全球公关公司万博宣伟（Weber Shandwick）跟踪调查了北美、欧洲、亚太地区和拉丁美洲CEO声誉的影响。其2018年的调查发现，一家公司的声誉49%由CEO决定，而CEO声誉占公司市值的44%，吸引投资者占比87%，引起媒体的积极关注占比83%，提供危机保护占比83%，吸引新员工占比77%，保留现有员工占比70%。

投资者关系管理未来的发展趋势一定是更加多元化的互联网沟通；沟通的内容上，软实力将会非常重要；明星企业家精神对于提升企业形象也将起到越来越重要的作用。

投资者关系管理是公司治理体系中内部治理机制的重要部分，最核心内容在于强调投资者和公司之间进行双向信息沟通，降低公司和投资者之间的信息不对称，达到提升企业价值的目的。投资者关系管理的未来发展将会更加注重打造软实力，不仅在技术上将更多依靠多元化的互联网渠道，还会越来越重视企业家精神的培育。

# 第八章　未来的激励机制

要想激发员工的工作激情，需要给予他们一些物质和精神上的有效鼓励。激励机制是直接作用于所有权和经营权相分离的渠道来解决公司治理问题。这一机制是如何设计，以及如何作用的呢？一是用金钱来激励，这是一种比较传统的激励方式。二是用非金钱的方式来激励。随着人们物质生活越来越丰富，特别是年轻一代，不能仅仅依靠金钱来激励，还需要用物质以外的信念和理想加以激励。这是因为很多年轻人更希望或最终希望的是实现自己的人生理想、人生价值，而不仅仅是成为赚取金钱的工具，年轻一代更想探索世界，探索未来。未来的激励机制将更多地依靠一些人性的、精神的非物质激励方式，而不是以金钱的方式，这也是激励机制未来的发展趋势。

## 第一节　薪酬激励机制

### 一、激励机制的重要意义

企业要想让经理人忠心耿耿、勤勉尽职，一定需要付之以薪酬，付之以激励。经理人的薪酬通常分为固定薪酬和激励薪酬两个部分。经理人的薪酬通常由董事会的薪酬委员会来设计。董事会的这一委员会非常重要，每个上市公司都必须设置。经理人大多数是年薪制，企业的发展是一个长期而非短期过程，需要经历一段不可分割的持续期间，因而年薪制的设计对企业家比较合理。要想让企业家真正把企业做强做大，就需要给予其激励。一个人要出成绩，必须既有能力又有动力，有能力没动力不仅出不了成绩，反而会浪费能力，有动力没能力也不行，无法成事。能力和动力不是替代关系，而是互补的、相乘的关系。两者不可或缺，只要一个是零，二者的乘积就是零，一个都不能少。

给予经理人正确的激励，实际上就是激发他的动力，解决了动力问题，就可以扩大其能力，释放、展现其真正的能力，没有动力，能力将无法展现。所以需要设计各种各样的激励机制来激发动力，激励机制的目的在于激发动力，而激发动力可以创造奇迹。

有效的激励机制能使一家濒临破产的老国有企业蜕变为港股上市公司。宋志平在20世纪90年代末接手北新建材任厂长时，厂里连工资都发不起，大家本就吃惯了大锅饭，根本没有任何工作的积极性，就更没有工作热情，对工作、对工厂更加漠不关心。宋志平上任后，在厂里挂了两个气球，上面写着“工资年年涨，房子年年分”，大家的工作热情一下就被点燃了。北新建材就这样从一个发不出工资的企业变成了年收入100多亿元、年利润20多亿元的上市公司。

企业家对激励理念的坚持也有助于造就一家伟大的企业。华为之所以能够成为今天这样一个民族英雄企业，与创始人任正非的理念密不可分。任正非非常重视对员工的激励，他一直认为把钱分好，才能够挣更多的钱。华为的薪酬非常高，而且非常重视对员工的激励，这也是华为能够创造很多奇迹的重要原因。在华为这些年的发展中，人员的扩张与整个收入的扩张不成正比，人员的扩张仅仅是很小的一部分，这说明每个人的业绩生产力实际上在快速扩张，真正调动了员工的积极性。

## 二、激励薪酬的原则

### （一）薪酬与绩效挂钩

激励机制既有传统务实的物质性激励机制，也有务虚的精神性激励机制，即薪酬激励和非薪酬激励。务实性的薪酬激励设计是将每个人获得的薪酬与公司绩效高度绑定，使所有权和经营权趋于一致，以此解决委托代理问题。薪酬与绩效相绑定会产生绩效以及目标绩效如何衡量的问题。绩效是多维度的，因此需要注意如何科学和合理地设定绩效。例如，可以设定一个基本的目标绩效，再附加一些挑战性的条件，这样既使每个人都有机会达到，但是又不会轻而易举地达到。

### （二）多维度的绩效考核标准

衡量一个企业的绩效可能是多维度的。第一，上市公司的股票价格、ROTA（总资产收益率）、ROE（净资产收益率）等也能反映企业绩效。在股票和财务绩效之外，还有很多维度经常容易被忽略，这些维度短期内并不见得能转化成实实在在的金钱收益，但长期来看，一样能够转化为财富。例如，研发、市场的拓展、新客户的开发等，这些都是不同形式的绩效。

第二，很多公司对销售人员最主要的考核标准是销售产品的回款。不仅要卖出产品，还要催回货款。很多时候销售的产品收不回货款，形成应收账款；如果一直收不回来，就会形成坏账，企业的财务状况就不会太好，甚至显得糟糕。因此，回款是对销售人员的基本考核。除了回款，很多公司还要考核销售人员有没有开发新客户，以及销售的产品是畅销还是滞销。如果是畅销产品，无论是谁都能卖出去；如果是滞销产品，别人不能卖出去，而你能卖出去，就是给企业解决困难，就应格外受到嘉奖。同样是 100 万元的产品，卖出的是滞销产品还是畅销产品，销售人员需要付出的努力截然不同，因此，需要特别关注这些额外的维度。新客户开发维度强调销售人员突破存量市场的能力，其价值在于为企业注入增量客户资源，降低对固有客户的依赖性，从而增强市场渗透率与业务可持续性。该指标直接反映销售人员的市场开拓意识及客户网络构建效率，是企业长期增长的关键驱动力。而滞销产品销售维度则聚焦于库存优化与资源盘活能力。由于滞销品往往存在市场需求弱、竞争激烈或产品生命周期末期等劣势，销售人员需投入更多精力进行客户需求挖掘、定制化方案设计或价格策略调整。成功推动滞销品销售不仅能加速企业资金回笼、减少仓储成本，更能缓解供应链压力，间接提升整体经营效率。企业通过差异化激励政策，引导销售人员平衡短期回款目标与结构性难题的解决，最终实现销售质量与公司战略的深度契合。这两个维度共同构建了更立体的考核体系，推动销售团队兼顾即时业绩与长期价值创造。

第三，企业的绩效应该采取一揽子的标准，而不能仅采用单一维度，如采用总资产、回报率等单一的标准，在通过选取多个或者组合型维度，最后综合考虑企业绩效。最重要的是绩效标准既不能太高，也不能太低。如果太高无法达到，就会造成大家一起“躺平”的现象，明知无法达到，干脆放弃努力，这是人性使然；如果太低，每个人都能达到，就会失去区分度，无法起到激励的效果。因此，绩效考核标准要适中，有基本标准，并附加挑战性条件，才能起到激励作用。

### （三）全面考虑微观宏观情况

在制定绩效考核标准的时候，既要考虑公司内部的情况，也要考虑公司外部的宏观经济发展以及行业发展情况。不能简单纵向与自己比较，还应横向比较同行其他企业。例如，在新冠疫情的影响下，企业比同行业的其他企业做得更好，虽然比去年表现差，但比同行更好，那么在这种情况下，企业家不但不应受到惩罚，反而应得到奖励。相反，在市场特别好、供不应求、经济发展良好的情况下，即使企业绩效好也不应完全归功于企业家，而应归功于特别好的市场形势。因此，我们应注意宏观经济形势对企业绩效的影响。

### （四）注意不对称性的影响

国内外的学术研究都发现，公司治理问题的一个表现是不对称性。市场形势一片大好，企业家都急于嘉奖自己，市场形势唱衰之时，企业家一般不会惩罚自己，这就呈现不对称性。因此，绩效评估体系应保持客观且简单。太复杂会让人认为有可操纵空间，激励机制一旦失去可信度就是无效的激励，与其努力工作做好业绩、获取奖励，还不如跟领导搞好关系更重要。绩效评估体系必须是客观的、简单的、透明的，这样才能成为一个可信的体系，员工才能真正感受到这一点并愿意付出努力，从而起到激励作用。这也是使用股票市场的反应而非会计指标作为绩效考核指标的重要原因。

## 三、财务标准的利弊

股市客观上可以进行市值管理，但对财务信息进行盈余管理的可能性更大，因此，绩效考核通常更愿意采用更加客观的市场标准。不同的指标可能有不同的问题。使用不同的会计指标衡量企业绩效有利有弊，可能很多时候并不能完全反映企业的真正绩效水平，所以需要综合考虑。例如，有些指标仅考虑了收益，而没有考虑成本。另外有些指标可能考虑了很多目前的投入产出，但没有考虑投入对未来产出或收入的影响。经济增加值（EVA）在计算的时候对投资并不友好，因为很多投资是前期的，按照这一指标计算，很多都是负收益，现金可能要到后期才能回收。使用这些指标来考核经理人，会导致经理人出现扭曲行为，如只关注眼前的短期利益，而不考虑长期利益等。

在考核公司绩效时，我们不能仅关注收益，还应考虑相应的风险，很多时候收益和风险同时存在。另外还要考虑同行业的相对水平，而不仅仅是绝对值。要将企业在行业中的相对水平和宏观经济的影响纳入考量。例如，净收益是一个常用的会计指标，但问题在于，如果仅关注收益多少而考虑投入多少，投入没有标准化，那么企业的资产回报率（ROA）高可能不是源于经营收入，而是来自资产处理行为，如缩小资产规模，盈利保持不变，就能提高 ROA 水平。ROA 的变化受到很多非经营性收入的影响。而这些非经营性的收入实际上与企业家或经理人的经营效果关系不大，因此具有一定的局限性。

EVA 的优势在于它确实考虑了企业的投入或资本成本，这与净收益不同。但 EVA 的问题在于，企业的资本成本往往在前期投入较大，导致计算出的 EVA 为负。尽管未来可能会产生现金流，但是目前为负的 EVA 意味着如果将薪酬与之绑定，经理人该受惩罚。这就会产生悖论，因为现在不栽树，以后就无法摘果子；但如果现在栽树，导致 EVA 为负，经理人反而会受惩罚，那么经理人为什么要栽树呢？这就导致经理人在一些项目投资上会出现行为扭曲，特别是由于职业经理人不见得打算或者未必能够长期留在企业，从而导致行为扭曲现象。

## 四、以股票价格为标准的激励机制

在公司，特别是在上市公司中，使用股票作为激励薪酬方式被广泛采用。上市公司的一大好处是它的股权是流动且可以变现的，职业经理人可以通过股票获利，财富增值可能会特别显著，但是这一收入并不是来自公司的现金流，而是来自资本市场的买卖交易价差。所以这一激励方式对于企业而言，一方面激励了经理人和员工，另一方面还为企业节省了劳动力成本，因为企业不用支付过高的工资和奖金。

一个比较极端的例子是，在乔布斯去世前的 15 年中，他在苹果的年薪仅为一美元，雅虎（Yahoo）的创始人兼 CEO 杨致远的年薪也是如此。但实际上，他们的财富并非主要来自公司的收入，而是来自资本市场的变现，股票激励薪酬实际上提供了这样的作用。

科创板主要为中小企业，特别是科技企业提供上市平台，一个很重要的原因是希望能够真正激励这些企业的科技人员。如果很多公司不上市，企业给予员工的股权可能只是空头支票，并不能兑现为现实的真金白银。企业和员工都希望能够将股票权益释放出来。我国曾有一段时间，很多公司都是分拆上市，集团公司分拆旗下资产和子公司上市融资，而后通过关联交易将资金转回集团公司，出现了很多套利行为，因而政府就不再允许分拆上市。但是现在分拆上市又开始受到鼓励，原因在于分拆上市后股份权益就能释放出来以激励员工，这是一种很重要的激励方式。

另外，股票价格和财务指标对绩效的反映所体现的意义是不一样的。财务指标更多地反映了企业当前的情况。股票价格反映的则是企业未来现金流的折现值，即反映了对企业未来前瞻性发展的预期。因此，以股票价格为绩效考核标准，会更加注重激励为企业长期发展做出贡献的企业家。很多科技公司现在处于亏损状态，没有盈利，但也有很高的估值。这一估值来自投资者对企业未来可能产生现金流的预期，因此是一种不一样的激励方式。股票价格作为绩效考核标准，更着重对未来发展的激励。具体的形式主要分为三种，一是股票期权，二是限制性股票，三是股票增值权。

### （一）股票期权激励机制：新范式与进化逻辑

股票期权激励机制正经历颠覆性的范式重构。这种重构不仅体现在工具创新层面，更深刻地反映着数智经济时代企业治理逻辑的根本性转变。当股权分散化与价值创造路径多元化成为新常态，激励机制正在突破财务维度，向价值生态系统的核心枢纽进化。

#### 1. 绩效维度裂变与价值锚点迁移

传统期权机制依赖的财务指标体系正在瓦解。微软将碳排放强度纳入 CEO 期权行权条件，其背后是数字资产价值与 ESG 要素的深度耦合；亚马逊将客户留存率作为核心考核指标，反映平台经济中用户资产的重要性超越短期利润。新的绩效坐标系呈现多维穿透特征，波士顿咨询的实证研究显示，采用复合指标的企业，其期权激励效能较单一财务指标企业大幅提升。

数字原生企业的实践更具启示性。Coinbase 公司将区块链节点参与度作为行权条件，实质上重构了组织边界；Zoom 公司将产品迭代速度写入期权协议，使技术创新成为可量化的资本要素。这种绩效维度的裂变本质上是将期权机制从分配工具转变为价值创造的导航系统。

### 2. 技术赋能下的机制升维

区块链技术正在重塑期权管理的底层架构。德勤 2023 年行业报告显示，采用智能合约管理期权的企业，行政管理成本下降 58%，行权效率提升四倍。以太坊上的 DAO（去中心化自治组织）已经实现期权自动授予与行权，这种去中心化机制解决了传统委托代理问题。更是革命性的变化发生在数字孪生领域，西门子工业云平台可以实时模拟不同激励方案对企业价值的影响，使期权设计从经验决策转向数据驱动。

AI 的渗透带来更深层次的变革。IBM 开发的沃森（Watson）激励系统能动态优化期权组合参数，其算法已能识别出人力资本贡献度的 728 个隐性维度。这种技术赋能使期权机制从标准化产品进化为个性化解决方案，高盛量化分析表明，AI 优化的激励方案可提升人才留存率。

### 3. 治理生态的重构与边界突破

ESG 要素的深度嵌入正在改写期权制度基因。2023 年道琼斯可持续发展指数成分股中，89% 的企业将 ESG 指标纳入高管期权计划。联合利华的气候期权要求管理者在碳减排目标达成后方可行权，这种设计使期权成为战略落地工具而非单纯奖励。更激进的是运动服饰公司巴塔哥尼亚（Patagonia）将生态修复量化为期权价值，创造性地解决了外部性内部化的制度难题。

激励边界的突破更具革命性。特斯拉向社区开发者开放期权池，模糊了组织内外界限；华为的“数字股权”计划使供应链伙伴参与价值分配。这种开放型激励生态使期权机制演进为价值网络的联结枢纽。

在这个乌卡时代（VUCA），股票期权机制已突破传统财务激励的范畴，进化为价值创造的导航仪和组织变革的加速器。当微软用元宇宙技术模拟期权价值流动，当沙特阿美将碳捕获量与期权价值挂钩，我们看到的是管理工具与战略思维的深度融合。这种进化不会止步，随着量子计算与脑机接口技术的发展，未来的期权机制或将实现神经信号层面的贡献度计量。但核心逻辑始终清晰：激励机制必须成为价值创造的同步镜像，而非滞后补偿。在这个意义上，当前的变化只是更深层次制度革命的序曲。

### （二）限制性股票

限制性股票（restricted stock）指上市公司按照预先确定的条件授予激励对象一定数量的本公司股票，激励对象只有在工作年限或业绩目标符合股权激励计划规定条件时，才能出售限制性股票并从中获益。

**1. 传统的限制性条件**

最常见的限制条件有两种，一是时间限制条件，如员工必须在公司工作三年；二是绩效条件，即必须达到一定的绩效目标，如总销售额须增加 3 亿美元以上。在某些情况下，时间限制和绩效限制可能结合使用。高管通常会收到限制性股票的股息，但可能永远不会获得这些股票的所有权。

限制性股票的激励方式会对股权结构产生影响。限制性股票的本质是股权，企业发行新的股票必然会影响目前的股权结构。限制性股票的来源有以下四种：一是 IPO 时的库存股，很多企业在 IPO 时会留存一部分股票，未来用于激励，称为库存股。二是从二级市场上回购，即公司以留存收益或现金从二级市场上回购一定数量的股票，发放给激励的对象。三是公司进行定向增发，企业定增类似于私募融资过程，问题在于一旦定增，目前其他股东的股权会被稀释。四是大股东转让股权，这种方式并不影响股东结构，只影响大股东的持股情况，大股东也会考虑，一旦所持股权降低，控制权就可能受到威胁。

**2. 数字时代限制性股票的新发展**

数字时代的技术革新为限制性股票的管理、分配和交易带来了诸多新发展和可能性。

（1）区块链与智能合约的应用

区块链技术可实现股权信息的分布式存储和不可篡改的账本记录，增强股权分配的透明性和可信度。通过智能合约（Smart Contract）预设限制性股票的解锁条件（如服务年限、业绩指标），当条件满足时自动触发股票解锁，减少人工干预和纠纷。代币化股权将限制性股票转化为证券型代币（Security Token），便于在合规平台上交易或流转，提升流动性。

（2）数字化股权管理平台

SaaS（软件运营服务）化管理系统的应用大幅提升了限制性股票管理的效率。例如，企业可以采用云端股权管理平台（如 Carta、EquityEdge），实现限制性股票的发行、归属、税务计算等全流程数字化，从而提升效率。通过提供员工自助服务，员工可通过移动端实时查看股权状态、解锁进度、估值变化，甚至进行模拟行权或交易。而平台集成全球法律法规（如欧盟《通用数据保护条例》），动态调整股权计划以符合不同司法管辖区的合规要求，实现合规自动化。

（3）DeFi 与流动性创新

限制性股票开始探索去中心化金融（DeFi）：在合规框架下，限制性股票可能通过去中心化交易所（DEX）或流动性池实现部分流通，解决传统股权流动性不足的问题。代币化的限制性股票可作为抵押品，参与 DeFi 借贷协议，释放资产价值，通过质押与借贷的方式，解决传统股权流动性不足。

（4）数据驱动的动态激励设计

借助 AI 技术优化股权分配，企业通过大数据和人工智能分析员工绩效、离职风险等因素，动态调整限制性股票的授予条件，从而增强激励机制的效果。设置个性化解锁条款，根据员工角色或贡献差异，设计更灵活的解锁条件（如项目里程碑、团队目标），增强激励精准性。

（5）ESG 与长期价值绑定

ESG 与长期价值绑定也是未来限制性股票的一个发展方向。通过可持续发展挂钩股权（ESG-linked Stock），即限制性股票的解锁条件与企业的 ESG 目标挂钩（如碳减排、多元化指标），有助于推动长期可持续发展。通过延长锁定期或分阶段解锁，引导员工关注公司长期价值而非短期股价波动，实现限制性股票的长期主义导向。

然而，这些新兴变革同样伴随诸多挑战：监管的不确定性，如代币化股权和 DeFi 应用可能遭遇各国证券法规的合规挑战；技术安全问题，智能合约的代码漏洞或遭受黑客攻击都可能导致资产损失；市场接受度问题，传统机构对数字化股权模式的信任建立仍需时日。

随着 Web3.0（第三代互联网）、AI 和监管科技的不断进步，限制性股票可能将融合以下趋势：动态调整的解锁规则、分红机制，甚至赋予员工投票权；在元宇宙的应用场景中，股权激励形式将创新，适用于虚拟公司或 DAO；股权代币将实现跨链互操作性，确保在不同区块链网络间顺畅流转。

数字时代的限制性股票正在从“静态协议”转向“动态智能工具”，其核心是通过技术提升透明度、流动性及激励效率，同时需平衡创新与合规性。企业需结合自身战略，选择适配的数字化解决方案。

### （三）股票增值权

**1. 股票增值权的界定**

股票增值权是指公司授予激励对象的一种权利，如果公司股价上升，激励对象可通过行权获得相应数量的股价增值收益，激励对象不用为行权付出现金，行权后获得现金奖励。享有股票增值权的激励对象既不实际拥有股票，也不拥有股东表决权、配股权、分红权。

相对而言，股票增值权与股票期权的区别在于，员工无须像员工股票期权一样支付行权价，而只是收取现金或股票增值的金额，更像是计算奖金的一种方式，最终表现为奖金。公司可以根据公司的股票价格，虚拟构造一个期权，但是又不用员工真正行权，是用期权的方式来计算员工最终能够获得的奖金数量。公司可以规定一个未来的时间和股价，如果未来这一时间高于这一股价，就可以得到相应价差的奖金，如果未来股价涨得特别高，价差就高，奖金就高。股票增值权与股票期权最明显的区别在于，经理人或员工最终拿到的报酬仍然源于企业的现金流，其本质是奖金，属于劳动力成本范畴，与普通奖金的区别在于计算方式的不同，最后仍然需要企业用真金白银来支付，而不是来源于资本市场股票的上涨。

股票增值权是一种简单易行的方法，提供基于股票价格的激励薪酬，而且无须发行新股。其优点是不用与证监会、券商、信托公司打交道，企业内部就能解决全部问题。获得股票增值权的无投票权，股权结构没有任何变化，对现有股东的权益无任何影响，不会稀释现有股票的价值。员工无须支付行权价，只需要收取现金或股票增值的金额，轮换行使权利的过程可以提供长期激励。如果是跨国上市公司，想要用发行股票的方式激励员工，整个程序会特别麻烦。用股票增值权的方式可以省去这些不必要的流程，直接计算应向员工发放的奖金数量。缺点显而易见，股票增值权会直接影响企业的现金流，因为它最终仍是企业现金的支出。

**2. 数字时代下股票增值权的新发展**

数字时代下，股票增值权作为企业激励员工的重要工具，正经历从制度设计到技术实现的系统性变革。区块链、智能合约、大数据等技术的渗透，重构了股票增值权的价值分配机制，使其打破传统金融工具的边界，逐步演变为更具灵活性和透明度的数字化权益载体。

在技术驱动层面，区块链技术的应用显著提升了股票增值权的管理效率与可信度。传统股票增值权的发放、行权与结算涉及复杂的法律文本和人工审核流程，而基于区块链的智能合约可实现权益条款的代码化。例如，企业可将员工绩效指标、行权条件等要素嵌入智能合约，当预设条件（如股价达到特定阈值或任职年限达标）被触发时，系统自动执行权益分配，避免人工操作导致的误差或道德风险。纳斯达克等交易所已开始试验基于区块链的股权管理系统，使得股票增值权的流转记录可追溯、不可篡改，有效解决跨国企业面临的司法管辖差异问题。

数字技术还推动了股票增值权定价模型的革新。传统布莱克-肖尔斯模型（Black-Scholes Model）依赖历史波动率等有限参数，而大数据与机器学习算法能够整合宏观经济指标、行业舆情、员工行为数据等多维度信息，构建动态估值体系。美国金融科技公司 EquityBee 通过 AI 分析海量员工行权数据，为企业提供个性化股票增值权方案设计建议，使激励效果与公司战略目标更为紧密契合。同时，基于算法的实时风险评估系统可预警股价异常波动，帮助企业动态调整行权窗口，规避市场风险。

员工体验的数字化重构是另一显著趋势。移动端股票增值权管理平台允许员工实时查看权益价值变动，并通过虚拟现实技术模拟不同市场情境下的收益前景。硅谷初创公司 Carta 推出的股权管理 App，集成教育模块帮助员工理解复杂金融工具，其游戏化设计使权益积累过程可视化，提升了年轻员工的参与感。这种交互式服务打破了传统纸质协议的认知壁垒，使股票增值权从冰冷的法律条文转化为可感知的财富增长叙事。

监管科技的发展则重塑了合规框架。跨国企业运用自然语言处理技术，自动生成符合不同司法辖区的股票增值权法律文本，通过云计算实现全球税务计算的实时同步。德勤开发的全球股权平台（Global Equity Platform，GEP）能自动识别50余个国家的税收政策差异，在员工行权时精准扣除相应税款，避免跨境法律纠纷。这种技术赋能使得企业可以在合规前提下，设计更复杂的阶梯式行权方案，如将元宇宙项目进展等创新指标纳入激励条件。

数字时代的股票增值权正在形成“技术—制度—人性”的三重演进逻辑：区块链构建信任基础设施，人工智能优化决策机制，行为科学重塑激励逻辑。这种转型不仅降低了管理成本，还创造了价值共享的新范式——员工通过数字化工具深度参与价值创造与分配，使股票增值权从被动接受的经济补偿进化为激活组织活力的战略工具。未来，随着通证经济等概念的成熟，股票增值权或将与DAO治理相结合，催生更具流动性的新型权益形态。

## 第二节　非薪酬激励

对员工的激励并不能仅仅依靠金钱的刺激，可以采取多样化的其他非薪酬激励制度，超越金钱的因素对人才的激励效果甚至可能更大。股权和期权都是实实在在的金钱刺激。金钱激励方式由来已久，但“发展才是硬道理”，万事万物向前永恒发展是世界运行颠扑不破的真理。激励机制也是如此，一定要往前看，要具有前瞻性。作者希望通过本书对公司治理机制的通盘剖析和诠释，让企业及企业家不仅能知晓企业如何规范运作，更要明了如何创新，如何通过公司治理机制的设计促进企业发展，这才是本书的精髓和核心。希望企业家在坚守良心、有底线的原则下，多一些时代情怀和发展精神，更新公司治理理念，使得企业能够更好地适应数智经济转型、技术变革的时代发展，能够不断创新、不断发展。永恒发展是公司治理以及企业运行的终极目标，作者更希望能够通过一些“务虚”的、非物质的、情怀上的激励机制的设计来帮助企业以及企业家实现这一目标。传统的非薪酬激励机制包括：（1）荣誉式激励，如明星员工、先进工作者等称号，颁发锦旗或证书等。（2）内部升职，创造更多具有挑战性的机会，赋予管理者更大的权力，扩大工作职责或范围，即通过创造内部竞争产生激励。表现更好的管理者可获得更大的资本预算权限，通过满足职业成就感激发工作激情。（3）员工跟投，这是一种融资与激励相结合的机制。（4）合伙人机制，能增强员工归属感，提高员工凝聚力。（5）发展式激励，优先安排优秀员工参与内部创业项目使其成为未来的企业家。（6）人文关怀，将员工视为“亲人和主人”，满足他们“身体”“心灵”“价值观”等方面的需求；提供其他福利，如为员工子女提供高质量的教育机会等，实现人才吸引与留存。（7）弹性工作安排，如居家办公、远程办公，为企业吸引更多的人才。

随着数字技术的深度渗透与全球化竞争的加剧，传统薪酬激励体系的局限性日益显现。员工需求层次向马斯洛需求理论的高阶延伸，如新生代职场群体对自我实现、社会归属、价值认同的追求，推动企业激励机制发生根本性变革。非薪酬激励作为组织管理的核心命题，正经历着从辅助工具到战略要素的质变。

## 一、个性化激励体系的深度构建

数字技术的突破性发展为员工激励的精准化创造了可能。基于大数据分析的企业管理系统已能够捕捉员工在工作场景中的行为轨迹，通过机器学习算法解析个体的职业偏好、能力特长及潜在需求。这种技术驱动的洞察不仅停留在表层行为统计，更通过心理学模型与组织行为学理论的融合，揭示员工动机背后的深层驱动力。例如，技术型员工可能被前沿技术培训吸引，但其真实诉求可能是对行业影响力的追求；具有管理潜力的员工或许需要领导力培养，但其核心目标可能是实现战略决策的自主权。因此，“员工画像”系统的构建需要超越静态标签，动态追踪员工在不同职业阶段的需求演变。

部分领先企业正探索将心理学测评工具与智能算法结合，通过定期开展情绪分析、压力测试和价值观匹配问卷调查，形成立体化的激励需求图谱。这种动态匹配机制使激励资源实现了从“普适性投放”向“靶向性供给”的转变。例如，针对高成就动机的员工，系统可能推送挑战性项目与创新孵化支持；而对注重工作生活平衡的员工，系统则侧重弹性制度与心理健康资源。此外，个性化激励还需考虑文化差异与代际价值观的差异，如新生代员工更看重即时反馈与成长可视化，而资深员工可能更重视职业声誉与传承机会。

未来，随着脑机接口与神经科学研究的突破，个性化激励可能进一步触及人类潜意识层面的驱动力，通过生物信号监测识别个体的最佳激励触发点，从而实现真正意义上的“千人千面”激励生态。

## 二、即时反馈机制的数字化重构

传统绩效评估体系正在被实时反馈平台解构。基于云计算的工作协同系统可捕捉项目推进中的关键节点，当员工完成阶段性目标时，系统自动触发即时认可机制。这种技术赋能的变革不仅改变了激励的时效性，更重塑了组织沟通的文化基因——从单向的“评价—反馈”模式转向双向的“对话—共进”循环。例如，某员工提交代码后，系统不仅提示任务完成度，还通过自然语言处理分析代码质量，生成改进建议，同时关联相关专家进行协同优化。

即时反馈的深层价值在于将激励过程嵌入日常工作流，消除传统评估的滞后性与割裂感。通过可视化看板，员工能清晰地看到个人贡献与团队目标的关联，管理者则能基于实时数据调整资源分配策略。这种机制尤其适用于知识密集型行业，如软件开发或研发领域，其本质是将“控制—执行”的科层逻辑转化为“赋能—共创”的网络化协作。

然而，即时反馈的滥用可能导致信息过载与认知疲劳。因此，企业需建立反馈质量筛选机制，区分有效激励信号与噪声干扰。例如，通过算法识别高频低质反馈并自动过滤，同时鼓励管理者以“深度反馈”补充机器生成的标准化评价，形成人机协同的智慧激励网络。

## 三、虚拟社群赋能的组织认同建设

远程办公常态化催生了虚拟组织文化建设的新范式。企业通过构建数字化社群空间，将传统的办公室文化迁移至线上，并借助元宇宙技术创造虚实交融的体验场景。例如，员工可通过虚拟形象参与跨国头脑风暴会议，在数字分身中映射真实性格特质，甚至通过动作捕捉技术实现肢体语言的跨时空传递。这种沉浸式交互打破了地理边界，使分布式团队形成“共在感”。

区块链技术的引入则为虚拟社群治理提供了信任基石。员工的数字足迹（如创意提案、协作贡献）被加密存储为不可篡改的资产，通过代币经济模型实现价值量化与流通。某咨询公司建立的数字荣誉殿堂，不仅记录员工的关键成就，还允许其他成员以虚拟鲜花、勋章等形式表达敬意，形成跨越时空的情感联结。

更深层的变革在于文化认同的重构。虚拟社群通过线上仪式设计（如线上开工典礼、年度虚拟庆典）强化集体记忆，而AI驱动的内容生成工具则自动提炼组织价值观关键词，转化为员工日常交互中的语言模板。这种文化渗透使远程办公不再局限于任务执行，而是演变为文化共同体建设的过程。

## 四、游戏化激励机制的系统性进化

游戏化设计已突破简单的积分奖励阶段，向沉浸式体验演进。智能算法支撑的动态挑战系统能根据员工能力水平自动调节任务难度，保持适度的挑战性。例如，编程任务可能从修复基础漏洞逐步升级为架构优化挑战，系统通过实时分析代码复杂度与解决效率，动态匹配下一阶段目标。增强现实技术将工作场景游戏化，物流企业通过 AR（增强现实）导航使仓库拣货变成寻宝游戏，客服系统将客户满意度转化为角色升级经验值。

这种机制的精妙之处在于，它激活了人类与生俱来的竞争本能和探索欲望，将外在激励转化为内生动力。高阶游戏化系统甚至引入叙事引擎，为员工设计个性化的职业冒险旅程——完成项目相当于通关副本，积累的经验值解锁新技能树。某零售企业的数据显示，引入游戏化系统后，员工创新提案数量增长了三倍。

然而，游戏化的过度使用可能导致严肃工作场景的娱乐化偏差。因此，需建立“目标—体验—价值”的平衡框架：游戏元素必须与业务目标深度耦合，奖励机制需指向真实能力提升，而虚拟成就最终应兑换为职业发展资源。

## 五、成长价值可视化的技术实现

数字平台使个人成长轨迹变得可量化、可视化。员工发展仪表盘整合了技能图谱、项目经验、学习成果等多维度数据，形成动态能力模型。人工智能职业导师系统能预测职业发展瓶颈，推荐个性化提升方案。例如，系统通过分析员工参与培训的专注度、技能应用频率及项目复盘记录，判断其能力短板并推送定制化课程。

某制造企业开发的技能区块链系统，将员工获得的各项认证和工作成果永久上链，形成不可篡改的能力凭证。这种技术赋能使职业发展从模糊的预期转变为清晰的路径，极大增强了员工对成长确定性的感知。更深层的变革在于，能力资产的通证化使跨组织协作成为可能——员工的技能标签可被外部企业读取，从而推动人才市场的透明化并提高流动效率。

未来，随着脑科学研究的突破，成长可视化可能延伸至认知能力提升领域。例如，通过神经反馈设备监测学习时的脑电波模式，动态优化知识吸收策略，使认知升级成为可视化的激励目标。

## 六、社会价值联结的数字化增强

新生代员工对工作意义的追求推动企业社会责任激励创新。数字平台将员工日常工作与公益目标相关联，如软件开发人员每完成千行代码即可触发企业向教育项目捐赠。虚拟现实技术让员工“亲临”援建学校现场，通过360°全景影像与实时互动，感受自身工作带来的社会改变。某互联网公司的“碳足迹激励系统”将员工节能减排行为量化为虚拟森林成长，这种具象化的社会价值呈现方式使个体行为与宏观使命产生情感联结。

此类机制的核心在于构建“个人价值—组织使命—社会福祉”的价值共振网络。企业通过数字工具将抽象的社会责任转化为可感知、可参与的日常行动。例如，设计公益任务挑战赛，员工完成特定项目即可解锁线下公益活动资格。更深层的创新在于，社会价值数据被纳入员工晋升评估体系，使利他行为获得实质性职业回报，从而重塑组织价值排序。

## 七、心理资本管理的智能化干预

数字技术正在重塑组织心理健康支持体系。情感计算技术通过分析工作通信中的语义特征、表情符号使用频率及沟通时段分布，提前识别员工心理波动。虚拟心理健康助手提供7×24小时咨询服务，自然语言处理技术能准确识别危机信号，如持续消极情绪或异常沉默，并触发分级干预流程。某金融机构的AI督导系统，在检测到员工连续加班时会自动调整任务分配，并推送放松指导，甚至联动人力资源部门安排线下心理咨询。

这种预防性干预机制将传统的被动帮扶转变为主动关爱，但其伦理边界需谨慎界定。例如，算法能否介入私人领域的情感决策？心理数据的使用权归属应如何规范？未来趋势是建立“透明化治理”框架，让员工自主选择数据共享范围，并通过联邦学习技术实现隐私保护下的群体心理趋势分析。

## 八、知识共享生态的平台化运营

企业知识管理系统已演变为价值创造平台。区块链技术确保知识贡献的权属清晰，智能合约自动执行知识交易奖励。某制药企业建立的研发知识市场，科研人员上传实验数据可获得代币奖励，这些代币可兑换高端培训资源或跨部门协作优先权。机器学习算法对知识资产进行智能匹配，如根据项目需求自动推送相关专利文档与历史解决方案，提升组织智慧复用效率。

这种机制打破了知识垄断，使知识分享从道德要求转变为价值交换，构建了持续进化的学习型组织。更深层的变革在于，知识贡献者的影响力可通过数字足迹量化，形成“知识资本积累曲线”，成为职业发展的重要参照系。未来，元宇宙中的虚拟智库可能成为新型知识共享载体，员工将以数字分身参与全球专家协作网络。

## 九、工作自主权的技术性解放

数字工具的发展为工作自主权赋予了新内涵。智能排班系统允许员工根据生理节律自主选择工作时间，项目认领平台实现任务与兴趣的精准匹配。某设计公司引入的AI客户需求解析系统，将原始需求自动转化为设计框架，释放了员工的创造性空间。这种技术赋权使员工从执行者转变为决策者，工作自主性的提升带来了更强的责任感与创新动能。

自主权的深化需配套组织结构的变革。传统科层制中的审批流程正在被智能合约取代，员工在预算范围内可自主启动创新项目。例如，通过“自由创新时间”制度，利用数字化平台自动匹配资源支持，使员工自主提案转化率大幅提升。未来，随着DAO模式的普及，工作自主权可能完全由智能合约代码定义，形成自组织的生产关系。

## 十、组织边界消融的激励创新

数字化协作平台正在重构组织边界。跨企业人才共享平台使员工能同时参与多个组织的项目，获得多元化的成长体验。某汽车制造商建立的行业创新社区，工程师通过解决行业难题获得跨组织认证，这种开放型激励体系突破了传统职业发展的天花板。DAO模式的兴起，更是将激励权完全交由智能合约执行，创造了全新的价值分配范式。

此类创新模糊了雇佣关系的地理与组织边界，员工可能同时服务于多个虚拟团队，其身份从“企业雇员”转变为“生态贡献者”。激励机制随之进化为跨组织协同的价值共识机制，如基于贡献值的跨企业福利兑换权，或行业认可的数字勋章体系。未来的挑战在于如何平衡灵活性与归属感，通过分布式自治组织设计维系跨边界的文化凝聚力。

这些发展趋势共同勾勒出数字时代非薪酬激励的转型方向：从标准化到个性化，从周期性到即时性，从实体化到虚拟化，从单一维度到生态化构建。技术的进步不仅改变了激励手段，更在深层次上重塑了组织与个体的关系结构。未来的激励体系将更强调人的全面发展，通过数字技术与人性需求的深度融合，构建可持续的价值创造共同体。

这种演进既带来个性化满足的机遇，也提出隐私保护、算法伦理等新挑战，需要企业在技术创新与人文关怀间寻找平衡点。

## 第三节　未来的激励机制

人类社会协作模式的演进始终伴随着激励机制的适应性变革。在技术革命、社会价值观迭代与组织形态变革的三重驱动下，传统以物质报酬为核心的激励范式正面临根本性挑战。工业时代形成的标准化激励体系，在数智经济时代呈现与新型生产关系的适配矛盾。这种矛盾的实质在于，个体价值创造方式从机械式劳动向知识生产与意义共创的范式转换，而既有激励机制仍固守物质交换的线性逻辑。未来激励机制的演化，将突破单一经济维度，形成技术赋能、价值认同、意义驱动的多维复合体系，其核心在于强调人生价值和意义的实现等精神激励。这一转型不仅是管理工具的升级，更是人类协作关系在数字文明时代的系统性重构。

精神激励（内在激励）是指精神方面的无形激励，包括向员工授权、认可他们的工作绩效、建立公平公开的晋升制度、提供学习发展和进一步提升的机会、实行灵活多样的弹性工作时间制度，以及制定适合每个人特点的职业生涯发展道路等。精神激励是一项深入细致、复杂多变、应用广泛且影响深远的工作，它是管理者通过思想教育倡导企业精神，并以此调动员工积极性、主动性、创造性的有效方式。设计这些机制的本质在于通过激励，使权力、职责和义务相一致，同时为员工创造适当的内部环境和发展机会。非金钱的激励机制包括荣誉激励、额外福利（与绩效挂钩）、内部晋升、职业发展机会、项目跟投、内部创业等发展式激励形式。

未来的激励机制将更强调精神激励，如注重人文关怀、满足员工情感需求。这就要求领导者应多关心普通员工的生活及精神健康，提高员工的情绪控制力和心理调节能力，努力营造一种相互信任、相互关心、相互体谅、相互支持、互敬互爱、团结融洽的氛围。还可以通过给予表现优秀的员工奖状、口头夸赞与表扬等方式，使员工获得心理满足。提供表现良好的员工参加技能培训的机会，也会让员工受益终身。

在数智经济时代，技术手段可以提供更多创新的激励方式，通过非物质手段满足个体的心理需求，如成就感、归属感、自我实现等。

## 一、技术驱动下的激励机制创新

### （一）智能合约与实时反馈系统助力激励机制创新

分布式账本技术的成熟催生了新型激励执行机制。基于智能合约的自动化分配系统，通过预设行为参数实现奖励的即时确权功能，并生成不可篡改的权属记录。这种技术架构将传统科层制激励的滞后性压缩至最小时间单位，显著提升激励信号的有效性。实证研究表明，在采用该技术的组织中，个体行为与组织目标的协同度显著提升，验证了技术对激励效率的提升作用。其核心价值在于构建了行为贡献与价值回报的强关联性，解决了传统激励中普遍存在的因果模糊性问题。

人工智能算法正在重构激励匹配的精准性。基于行为数据建模的动态激励模型，通过实时分析工作流中的神经反馈与绩效轨迹，实现奖励资源的优化配置。此类系统能够捕捉人类认知活动的非线性特征，在创造性劳动领域展现出显著优势。神经机制研究表明，当奖励时序与个体认知投入曲线形成动态适配时，多巴胺分泌水平与任务坚持时长呈现显著正相关。这种技术路径的演进，标志着激励机制从经验驱动向数据驱动的根本转变。

## （二）游戏化机制设计带来最优激励状态

游戏化设计已从表层元素移植发展为深层机制创新。基于心流理论的沉浸式激励系统，通过任务复杂度与技能匹配度的动态调节，持续维持参与者的最优激励状态。心理学实验证实，此类系统能够延长任务投入时长并降低错误率，其底层逻辑在于将行为激励嵌入认知愉悦机制，形成可持续的自我强化循环。这种机制的有效性建立在人类神经奖励系统的生物适应性特征之上，揭示了激励设计与认知规律深度耦合的必要性，同时适应并满足了在游戏时代成长起来的“95 后”“00 后”的心理和精神需求。

数字凭证体系正在演化为新型价值识别工具。基于加密技术的成就认证系统，通过不可篡改的贡献记录构建个人能力图谱。这类系统通过标准化编码机制，将碎片化行为转化为可识别的价值单元。其社会价值在于建立超越传统评价体系的能力认证标准，为人才流动与资源配置提供新的信任基础。该机制的扩散正在重塑职业发展的价值评估范式，推动人力资源管理向能力资本化方向转型。

## （三）神经激励技术开辟激励机制新维度

脑机接口技术的突破为激励研究开辟新维度。神经反馈训练系统通过实时监测脑电活动，动态调整激励策略的强度与形式。医学实验数据显示，该技术在技能习得领域的应用能够显著提升学习效率，但也引发了关于神经数据伦理的深层争议。学术界正在探讨建立神经信息处理的“最小必要原则”，以平衡激励效能与个体权利保护之间的张力。这种技术路径的演进迫使人类重新审视激励的生理介入限度与伦理边界。

行为经济学研究揭示，神经激励存在边际递减效应。当外部刺激频率突破特定阈值时，多巴胺分泌水平将出现非线性衰减。这一发现促使学界重新审视高频激励的可持续性，推动激励设计向“质量优先”范式转变。该结论表明，激励机制的有效性不仅取决于技术参数的优化，更需要遵循人类神经系统的生物节律特征。

## 二、组织形态变革引发的激励重构

### （一）敏捷型组织的激励实验

去中心化组织架构正在颠覆传统激励单元。项目制激励模式将资源配置权下沉至任务单元，通过动态收益分成机制实现贡献与回报的即时匹配。管理学研究显示，此类组织形态能够显著降低跨职能协作的制度性摩擦，提升创新成果的转化效率。其核心机制在于构建“贡献可量化、收益可追溯”的微观激励生态，解决了传统科层制中普遍存在的激励滞后与信号失真问题。

自治理机制的兴起催生了新型分配规则。基于贡献度评估的积分体系，通过透明化算法实现价值分配的自动化。实证研究表明，在完全自治团队中，个体工作效能较科层制组织呈现系统性提升，同时出现贡献评估的“冷启动难题”。这一矛盾推动算法公平性成为研究焦点，促使学界探索兼顾效率与正义的动态调节机制。该机制的有效性依赖于组织成员对算法决策的程序正义感知，而不仅是单纯的分配结果。

### （二）混合办公的激励维度拓展

远程协作场景催生多维激励模型。神经管理学实验揭示，在虚拟工作环境中，物质激励的边际效用呈现非线性下降，而自主权激励的边际效用显著提升。这推动组织转向“三维激励框架”：基础物质保障、成长机会供给与社群归属构建的有机结合。该模型在实践层面展现出对员工留存率的积极影响，其有效性建立在人类对工作自主权与身份认同的深层心理需求之上。

虚拟身份激励展现独特价值。数字形象的可塑性特征催生新型社会资本积累机制。行为学研究表明，定制化虚拟身份能够增强个体在协作网络中的影响力感知，但同时产生身份符号的通胀风险。这一现象促使学术界探索建立虚拟身份的社会折现率评估体系，以平衡数字身份的激励效能与信任维系需求。该机制的演化揭示，数字时代的身份认同正在成为新型激励载体。

### （三）终身学习的激励系统重构

终身学习的激励机制就像一套“自我提升系统”，让人们在不断变化的世界里保持竞争力。这套系统主要由三个引擎驱动：

第一台引擎是“好奇心燃料”。人类天生对新鲜事物具有探索欲，就像孩子看到新玩具总想拆开研究。学习摄影时发现光影的奥秘，学编程时体验代码创造的乐趣，这种即时反馈带来的多巴胺分泌，让人越学越上瘾。就像短视频平台算法推荐，每次解锁新技能都能获得“原来还能这样”的惊喜感。

第二台引擎是“生存压力泵”。数字化浪潮下，不会用导航的外卖员可能会被淘汰，不懂数据分析的会计面临转型。企业招聘要求逐年升级，就像游戏里不断刷新的成就系统。这种“不进则退”的危机感，倒逼着人们持续更新技能包。

第三台引擎是“社交货币库”。在知识型社交圈里，能解读元宇宙概念的人自带话题光环，掌握 Python（编程语言）的家长在家长群更受关注。考取 CFA（特许金融分析师）证书不仅是职业背书，更是进入金融圈层的社交通行证。就像集邮爱好者收集稀有邮票，人们通过学习新技能来兑换社会认同感。

这三股力量交织作用：好奇心引发探索，生存压力维持动力，社会认同形成正反馈。就像手机系统自动更新，终身学习让个人在时代浪潮中保持“软件兼容性”，既能享受新功能带来的便利，又避免被淘汰出主流社交圈。当学习内化为身份认同——“我就是爱折腾新东西的人”，这种精神满足就成了最持久的激励。

这种“自我提升系统”本质上展现了技能资本化趋势，而这种趋势正在重塑激励逻辑。基于能力认证的数字凭证体系，通过标准化评估与流通机制，将学习投入转化为可交易的人力资本。教育经济学研究显示，此类系统能够有效缓解技能错配问题，降低职业转换的交易成本。其底层支撑是建立跨组织的技能评估互认网络，这要求突破传统教育体系的路径依赖，构建动态更新的能力认证标准。

微证书体系的扩散正在改变职业发展轨迹，模块化学习成果的累积机制，打破传统职业晋升的线性路径。比较研究显示，采用该机制的组织能够提升内部人才流动效率，同时降低外部人才采购成本。这种变革推动人力资源管理向“能力银行”模式转型，其核心在于将离散的学习行为转化为可量化的职业发展资产。

## 三、社会价值观演进驱动的激励转型

### （一）代际价值观的激励诉求差异

新生代劳动者的价值排序发生结构性转变。意义感逐渐取代物质回报成为核心激励要素，这种代际差异推动组织转向“双轨激励”设计：基础物质保障与意义共创平台的有机结合。该模式能够提升年轻群体的工作投入度，其有效性建立在人类对自我实现需求的普遍心理诉求之上。

自主权需求呈现极化特征。新生代劳动者既要求工作自主权，又强调结果可验证性，这种矛盾诉求催生“可控自主”管理范式，通过智能系统实现过程自由与结果透明的动态平衡。组织行为学研究证实，该范式能够提升创造性任务的完成质量，其核心在于满足人类对控制感的本能需求与对不确定性的风险规避倾向。

设计公司治理激励机制时，必须将企业的绩效和经理人、员工的个人效用函数紧密关联。个人效用函数不见得非得用金钱购买，也有可能与自我价值的提升、自我价值的感受和其他效用函数相关联。在关联过程中，既要注意薪酬的激励，也要注意非薪酬的激励，因为企业今后更多或更主要面对的是“90后”“00后”甚至“10后”的年轻一代，他们的思维可能更加活跃和广泛，调动他们的积极性需要运用到更多的非物质的激励方式。未来公司的激励机制将十分重视对员工的尊重，激发他们的工作激情和内在创造力。员工得到很好的精神激励，每天工作时心情愉悦，表现出饱满的工作激情，使自己在工作中不断收获成长。只有员工实现了个人的成长和发展，企业才能实现高质量成长并保持可持续发展；每个企业都获得发展，国家经济自然而然也会发展，才能满足人们日益增长的对美好生活向往的需求，中华民族才能实现伟大复兴的梦想。

### （二）可持续发展激励的制度创新

ESG理念正在重构价值分配逻辑。环境绩效与薪酬体系的挂钩机制，通过量化减排贡献实现激励导向转型。产业实践表明，采用该机制的组织能够有效降低环境外部性，同时提升员工环保行为参与率。其本质是将社会成本内部化为个体激励要素，推动企业从利润最大化目标向可持续发展目标演进。

社会企业模式催生新型分配正义。利益相关方共享机制将利润分配从股东优先转向多元共益。相关研究显示，此类机制能够缩小内部薪酬差距，但整体薪酬水平可能低于市场均值。这种利他主义激励正在挑战传统经济人假设，其有效性依赖于社会资本积累与价值认同构建的双向互动。

### （三）人口结构变迁的激励适应

老龄化社会催生终身劳动激励。弹性工作制与技能更新补贴的组合政策，使银发劳动者的生产率达到年轻群体的显著比例。行为经济学研究显示，代际协作激励能够提升混合年龄团队的创新效率，但需要配套设计知识传递的专项奖励机制。这种机制的有效性建立在人类对经验传承的社会认同与代际公平的心理诉求之上。

少子化趋势推动育儿激励革新。家庭友好型激励将职业发展保障与育儿支持捆绑设计，形成生育友好型组织文化。此类激励能够提高生育意愿，同时降低职业中断损失。其核心在于重构工作与家庭的边界认知，建立生育行为与社会发展的正向激励循环。

## 四、文化智能背景下的激励机制调适

跨文化激励理论验证文化维度理论的实践价值。实证研究表明，激励策略在不同文化语境中呈现显著差异性：个人主义文化更关注绩效结果，集体主义文化重视关系维护。这推动跨国组织构建文化敏感型激励系统，其有效性依赖于对霍夫斯泰德文化维度模型的动态适配。但无论何种文化，对员工予以尊重和关爱，将员工视作亲人和主人是未来激励机制的发展方向。这样，员工才会对企业产生归属感，才会具有主人翁意识，才能站在企业和管理者的角度把事情做得更好，甚至主动利用机会，规避企业风险。

大量研究发现，从正式所有权的获得到员工表现出“主人般”的行为，其中还有一个非常重要的心理阶段，这个心理转化阶段被美国管理学者乔恩·L. 皮尔斯（Jon L. Pierce）敏锐地捕捉到并定义为心理所有权。他认为，只有当正式所有权激发出人们的心理所有权，人们才会表现出所有者的行为。也就是说，如果员工没有在心理上建立起“拥有”的感知，即使名义上已经实现了正式所有权，那种“主人般”

的行为也不会必然发生。[①]

使员工建立心理所有权，不可能仅靠赋予员工股票、让他们参与员工持股计划就能实现，企业还可以采取以下方法：首先，给予员工相应的“主人般”的权力，赋予其实际地打造个性化工作区域的权利。可以把企业想象成一部智能手机般的平台，企业在工作环境方面提供基本的办公条件，员工在自己的工作区域内，可以定制化出具有个人特色的小空间，让员工在自己的工作空间拥有更多的“自主裁量”权。其次，使员工享有知情权，如通过培训、经营简报、企业文化活动等，让员工了解公司产品的地位和市场份额以及竞争对手的情况等；也可以通过公司规范性文件，让员工充分了解组织的各项规章制度、价值观和企业文化。最后，通过赋予员工精神报酬的方式，提供难以用货币形式量化的各种心理回报，如参与感、成就感、自豪感、价值实现等，以达到员工心理上的收益和内在的满足，使企业与员工共同成长，这样员工才会热爱企业，对企业有归属感。

## 五、激励机制的伦理重构与制度创新

### （一）算法治理的透明性要求

可解释性算法推动激励决策透明化。基于归因分析的算法解释系统，使激励评分的决策依据清晰可追溯。法律经济学研究表明，该类系统能够提升员工对激励公平性的信任度，同时维持自动化决策效率，其核心在于平衡算法效率与程序正义，避免技术黑箱引发的信任危机。

差分隐私技术平衡数据利用与个体权利。激励分析中的噪声注入

① PIERCE J L, RODGERS L. The psychology of ownership and worker－owner productivity [J]. Group & Organization Management, 2004, 29(5): 588－613.

机制，在保证群体激励有效性的同时，将个体识别风险降至可接受水平。密码学研究证实，该技术使激励数据的应用合规率显著提升，为大规模行为分析提供法律安全边界。这种技术路径的演进，标志着激励机制从数据驱动向伦理驱动的范式转变。

### （二）分配正义的制度实验

全民基本收入试点揭示激励机制的底层变革。无条件现金转移实验显示，虽然劳动参与率呈现非预期的变化，但社会创新活力显著增强。这类研究挑战传统劳动价值理论，推动社会福利制度向“保障+激励”双轨制转型。其核心在于重新定义劳动与报酬的对应关系，探索兼顾效率与公平的新型分配范式。

二次方募资机制开创分配新范式。标准化算法通过调节贡献边际效用，使小额捐赠者的系统收益呈指数增长。机制设计理论证明，此类系统能够提升社区参与度，同时降低马太效应强度。这种反直觉设计正在改写集体行动逻辑，其有效性依赖于对网络效应的精准数学建模。

未来激励机制的变革本质上是人类协作文明的范式升级。当技术突破物理边界，价值观念突破代际鸿沟，制度创新突破效率与公平的二元对立，激励机制正在成为数字文明的操作系统。在这个过程中，算法提供工具理性，制度构建价值框架，而人性始终是指引进化的道德罗盘。构建兼具工程精度与人文温度、贯通个体价值与社会福祉的新型激励机制，将成为数字时代人类集体智慧的核心命题。这种演进不仅关乎组织效能的提升，更是人类在技术奇点临近时代对自身存在方式的根本性反思。

# 第九章　再造董事会

## 第一节　董事会的构成与职责

董事会是非常重要的公司治理机制。以经营管理公司为目的的董事会的出现和发展贯穿于法律的发展史中。毋庸置疑，股东会是公司的最高权力机构，股东会选举董事会的董事，董事会负责监督以职业经理人或企业家为代表的管理层，并对其行为提出建议。

这种划分源于公司的独立实体身份，即公司是一个与股东和董事完全不同的实体，而公司章程是公司这一独立法人实体的“最高宪章”。章程对股东会和董事会分别行使的职权进行了明确的规定。如果某些权力依据章程是赋予董事的，那么他们能够并且只有他们才能行使这些权力。只有一种途径能让多数股东控制权力的行使，即根据章程拒绝或者重新选举那些股东不满意的董事；股东不能自行获得章程赋予董事的权力。同理，董事也不能享有章程赋予股东的所有者权益。

### 一、董事会及其构成

董事会之于公司，犹如神经中枢之于人体；而董事会之下的各委员会则相当于神经中枢所控制的神经系统，需要听从神经中枢发出的各种指令，各委员会也应在董事会的整体协同下行使各自的职权。董事会实际上是一个承上启下的机制，如表 9.1 所示，董事会位于股东会和高管团队之间。整个公司治理机制的最上层是股东会，股东会之下是董事会，董事会之下是高管团队，所以董事会本质上是股东会决议的执行机构。而董事会的一些决议则最终交由高管团队具体执行和管理。因此，作为公司的“中枢”，董事会在公司的股东会和管理层之间发挥着杠杆支点作用，搭建了连接股东会和高管团队的桥梁。董事会由若干委员会组成，其中薪酬委员会、审计委员会和提名委员会是每个公司必设的。另外，公司也可以根据实际需求灵活设置财务委员会、战略委员会和规划委员会。

表 9.1　公司的各机构及职能

| 机构名称 | 职能 |
|---|---|
| 股东会 | 股东投票选举董事会<br>对公司事项进行决策 |
| 董事会 | 监控管理、制定高管激励机制、提供战略决策建议 |
| 高管团队 | 管理、执行 |

## 二、董事会的职责

董事会主要承担传统的监督、协调股东关系以及提供战略建议与决策三种职责。

### （一）监督职责

关于董事会这一神经中枢的职责，传统上更强调其监督、监管的职责，这一点在中国尤为明显。投资者作为股东不可能无时无刻看守着经理人，需要成立一个董事会代表股东进行监管。监督职责是董事会的基本职责，不过，在数智经济时代，得益于发达的网络技术，其他监督者或信息传递者（债权人、监管者、媒体以及其他利益相关者等）能够迅速掌握信息，全方位对企业及其经营者进行监督，董事会的监督职能显得不那么突出了。

### （二）协调股东关系职责

公司董事会作为公司治理的核心机构，其重要职责是协调股东关系，确保公司对投资者负责。

首先，构建制衡机制，以保障股东权益平等。董事会通过设置独立董事、设立专业委员会等方式，确保不同股东群体的利益诉求得到充分表达。独立董事可代表中小股东监督大股东行为，防止股权集中导致的利益输送。同时，董事会需确保股东会决策程序合规，使所有股东的表决权在制度框架内平等行使。

其次，发挥平衡股东短期与长期利益冲突的作用。面对股东短期回报诉求与长期发展需求的矛盾，董事会需制定兼顾多方利益的战略。在利润分配决策中，既要满足股东分红期待，又要留存资金支持研发投资。通过引入 ESG 指标，董事会协调股东与其他利益相关者的关系，维护公司可持续发展。

最后，建立股东之间有效沟通与纠纷化解渠道。董事会通过定期披露经营信息、召开投资者说明会等方式增强透明度，降低信息不对称引发的猜忌。当股东间出现分歧时（如并购表决争议），董事会可作为中立方组织协商。例如，特斯拉董事会曾通过公开沟通化解股东对马斯克薪酬方案的质疑。这种协调功能实质上是将分散的股东意志转化为统一治理行动的关键枢纽。有效的股东关系协调不仅能提升公司治理评级，更能增强资本市场信心，最终实现股东价值与公司价值的协同增长。

### （三）提供战略建议与决策职责

董事会的另外一个重要职责是提供建议，即咨询职责。很多董事都是行业知名人士，他们有着非常丰富的经营管理经验。这些知名人士对企业的发展能够建言献策，提供很多好的意见，而这一职责经常被忽略。数字时代董事的职能需要适应新的挑战和变化，企业需要引进具有数字化网络技术、能够抓住时代机遇的专家董事，他们需要关注数字化战略、数据隐私和安全、创新和科技监督、数字风险管理、数据驱动决策以及数字化治理等方面的变化，对企业的数字化转型战略提供建议及专业咨询意见，确保公司能够在数字时代中保持竞争力。

具体而言，董事应在以下方面对公司发展提供方向性或专业性意见：（1）战略规划方面，董事应参与制定、审查和批准组织的战略方向。在数字时代，战略规划应更加注重创新、变革和灵活性，以确保组织能够适应快速变化的市场环境和技术进步。（2）风险评估方面，董事应确保组织具备有效的风险管理和内部控制机制。在数字时代，风险评估应更加关注网络安全、数据保护和合规性问题，以确保组织能够应对日益复杂的威胁和挑战。（3）创新发展方面，董事应推动组织不断追求创新，以保持竞争优势。在数字时代，创新应更加注重数字化转型、人工智能、物联网等领域，以及探索新的商业模式和增长机会。（4）财务管理方面，董事应确保组织的财务健康和透明度。在数字时代，财务管理应更加注重数字化财务报告、风险管理、资本筹集等方面，以实现更高的效率和更好的决策支持。（5）组织变革方面，董事应领导和推动组织的变革进程。在数字时代，组织变革应更加注重灵活性、敏捷性和适应性，以应对快速变化的市场和技术环境。（6）人力资源方面，董事应确保组织制定并实施恰当的人力资源战略和人才管理计划。在数字时代，人力资源应更加注重培养和吸引技术人才、领导力和团队合作能力，以支持组织的数字化转型和增长。（7）信息技术方面，董事应确保组织具备适当的信息技术战略和基础设施，以支持组织的业务需求。在数字时代，信息技术应更加注重云计算、大数据、人工智能等领域的应用和创新，以提高效率和竞争优势。

在数字时代，董事的职责和角色正在发生深刻的变化。为了适应这一变革，董事会需要关注上述七个方面的职能，确保组织的持续成功和健康发展。

总体上，董事会的核心职能包括三点：其一，传统的监督、监管职能；其二，协调股东之间的关系；其三，提供战略建议与决策。一个高效的董事会必须实现三个核心目标：一是确保由一支高素质的管理团队管理公司；二是确保公司对投资者负责；三是提供战略指导，确保公司经营健康成长。

### （四）立法实践

各国都通过法律或行业指引的方式对董事会的具体职能进行详尽的规定。美国商业圆桌会议（The Business Roundtable，企业总裁协会之一）代表美国大公司对董事会职责进行了如下的描述：（1）挑选、定期评估、更换首席执行官（如果需要）；决定管理层的报酬；评价权力交接计划。（2）审查、审批财务目标、公司的主要战略以及发展规划。（3）为高层管理者提供建议与咨询。（4）挑选董事候选人并向股东会推荐候选人名单；评估董事会的工作绩效。（5）评估公司制度与法律法规的适应性。

《中华人民共和国公司法》第六十七条规定，股份有限公司设董事会，董事会对股东会负责，行使下列职权：（一）召集股东会会议，并向股东会报告工作；（二）执行股东会的决议；（三）决定公司的经营计划和投资方案；（四）制订公司的利润分配方案和弥补亏损方案；（五）制订公司增加或者减少注册资本以及发行公司债券的方案；（六）制订公司合并、分立、解散或者变更公司形式的方案；（七）决定公司内部管理机构的设置；（八）决定聘任或者解聘公司经理及其报酬事项，并根据经理的提名决定聘任或者解聘公司副经理、财务负责人及其报酬事项；（九）制定公司的基本管理制度；（十）公司章程规定或者股东会授予的其他职权。

## 三、董事的种类

董事相当于人体神经系统的神经细胞，只有细胞健康，整个神经系统才可能健康运行；同样，董事人选也应符合资本市场的基本规律，只有满足法律对董事任职资格的基本要求，并适应公司对董事任职的具体要求，董事会才能正常运转。董事主要有三类，即执行董事、关联董事和独立董事。经常被提及的是独立董事，“独立”意味着此人确实是公司的董事，但是与公司并没有直接利益关系，具有独立的身份地位。与独立董事相对的是执行董事，这些董事是 CEO、CFO 等公司高管，同时担任董事职务。还有一类是关联董事，关联董事是公司治理中的重要概念，通常指与公司存在利益关联或可能引发利益冲突的董事。这类董事因其特殊身份或关联关系，可能影响董事会决策的独立性和公正性。大家并未对关联董事产生足够重视，但实际上这类董事发挥的作用非常大，如公司上下游供应商的 CEO、董事长的配偶，大股东的配偶、子女、兄弟姐妹及其他亲属都是重要的关联董事。此外，很多机构投资者（如投资基金）对公司进行投资，持有公司很大比例的股权，其委派的董事属于关联董事，这些人受基金公司委派，是股东董事，但不是执行董事，也不在公司内部任职，这是另外一类关联董事，他们在利益上与公司关联。

一般董事会设有一名董事会主席，有时会设立副主席，但有时不设。从数据上看，中国公司的董事会平均规模为 8~9 人，美国公司的董事会在 9~10 人。公司董事会的规模通常与公司规模相关。由于大公司事务繁多，涉及的利益相关者众多，所以董事数量也多。例如，大公司的投资者多，机构投资者也多，就会导致董事数量增加。有时董事会规模还会受外部压力等因素的影响，如在挪威等部分欧洲国家，政府规定每个公司必须增加女性董事，且一般不会用女性董事替换男性董事，因此需要增加人数，这就会导致公司董事会的规模扩大。另外，并购之后两个公司的董事会都成为合并后公司的董事，因此公司的董事会规模在短期内会相应增加。总体上，每一个行业的公司董事会规模都会有一个参考值，即董事会规模会受公司所处行业的影响。

中国的公司治理刚开始时既设有董事又设有监事，但是现在很少提到监事，因为最开始认为董事和监事所发挥的作用并不一样，监事主要行使监督作用，董事具备建议功能。经过多年的发展，自我国2003年开始引入独立董事机制，独立董事的职责逐渐取代了监事会的职责。中国的资本市场最初是仿照德国模式建立的，德国的公司治理架构也是既有董事又有监事，但是它的架构非常有特点：监事会位于董事会之上，形成监事会监督董事会，董事会再监督管理层的体系。监事会的职能就是监督，而且还监督董事会。这样，监事的作用主要是监督，但随着中国公司治理模式越来越向英美模式靠近，监事的作用也越来越弱化。

## 第二节　独立董事的作用、选拔及激励

在探讨公司治理机制时，大家越来越强调独立董事的作用。因此，首先，应明确独立董事到底能起到什么样的作用。其次，独立董事是企业外部人士，这就意味着需要聘请这些独立董事。正如公司招聘员工一样，应该事先考虑要招聘什么样的人来担任独立董事以及有哪些需要考量的因素。最后，委托代理问题是经理人和股东之间的矛盾，因为经理人可能不会按照股东的意愿工作，但公司聘请独立董事后，这些独立董事也不一定就能有效履行监督职责。独立董事是用来帮助股东监督管理层的，但是这些独立董事本身也可能存在委托代理问题，那么就需要针对独立董事设立激励机制，让他们能够切实发挥作用。人具有利己的本性，经理人会有一些利己的行为，不认真工作；独立

董事同样并非完美无缺，也会存在一些问题，因此需要考虑如何激励独立董事以发挥应有作用。

## 一、为什么需要独立董事?

关于独立董事，不同国家有不同的政策，“独立”有时也只是一个相对的概念，很多时候独立可能只是行政上的独立、条文上的独立，思想上未必独立。所以独立董事在现实中的定位很模糊，很难有清晰的界定。

需要独立董事的原因有以下几点：一是监督作用，代表大股东进行监督。二是战略作用，提供战略意见和建议。三是发挥管理层和大股东之间的制衡作用，这是因为每个董事（包括独立董事）在董事会上都有投票权，所以能起到制衡作用。

独立董事另一个重要作用是协调大股东之间的关系。在股权分散时代，上市公司将面临越来越多的股权纷争，需要“身在其中，同时能置身其外”的独立董事扮演重要的调停角色。但并非所有的投资者都一心为企业着想，投资者有时也有各种各样的、相互矛盾或相互冲突的诉求，需要一个相对独立的第三方来协调、弱化股东之间的矛盾和冲突。因此，协调股东之间的矛盾也是独立董事的重要作用。这一作用在以往的文献中并没有受到足够的重视。很多独立董事都是“花瓶董事”，“独立董事并不懂事”的现象在实践中并不罕见，也在媒体上被频频曝光。其中很多独立董事都是大股东安排的，但也有一些独立董事发挥了重大作用，如刘姝威是中央财经大学会计系的一名老师，她担任独立董事期间，因成功揭露了多起上市公司舞弊案件而广为人知，切实发挥了代表股东监督管理层的作用。2001 年，刘姝威在《金融内参》上刊登了一篇 600 字的文章，称彼时的蓝田股份财务状况糟糕，并建议银行停止对其发放贷款。此后不久，蓝田股份终止上市，公司高管也被一撸到底。蓝田一战让刘姝威成了孤勇者，并在 2003 年初被央视评为“2002年经济年度人物”和“感动中国2002年度人物”。在时隔将近12年后的2015年，刘姝威发表了题为《严格控制上市公司实际控制人减持套现》的文章，直指三天内减持套现约25亿元的乐视网实际控制人贾跃亭，并表示乐视的“烧钱”模式无法持续。此观点一出，刘姝威在网络上遭到了几乎一边倒的攻击，后来故事的演变也再次印证了她的判断，再次证明刘姝威确实是一个能够代表股东利益监督管理层的独立董事。

这在市场上会形成逆向选择，很多企业认为敢找刘姝威担任独立董事，就说明企业经得起考验。刘姝威凭借市场上建立的权威形象，使很多企业趋之若鹜，这能让公众认为企业没有弄虚作假，经得起市场的考验。但刘姝威这样的独立董事在市场上并不多见。

## 二、如何选拔独立董事?

并非任何人都能担任独立董事。独立董事需要提供有效的监督和建议，具有一定的行业经验和业务经验，要懂行业、懂业务，这样才能进行有效的监督。如果一窍不通，什么都不懂，就无法提出建议。独立董事需要比执行董事和经营管理层懂得多，登高才能望远，才能看得比较明白，才能为企业提出有效的建议。所以，行业经验、管理经验都是必不可少的。那些拥有丰富的金融市场和法规知识的会计师、律师等专业人士，也是选任独立董事的绝佳人选。此外，独立董事应该愿意参加决策，能力比较强，社会声誉比较好，具有负责、诚实等优良品格，这些都是最基本的要求。另外，在选择独立董事的时候，需要考虑独立董事的多元化、具有资源和知识方面的互补性。独立董事应当更具多样性，如拥有不同的知识结构，能够帮助企业提供不同方面的建议和意见；年龄上也应适中，中青年是最好的选择。

独立董事应拥有丰富的行业经验，熟悉公司业务，拥有管理类似规模公司的丰富经历。企业应根据被选任人在公司业务相关领域的经验、诚信和绩效选拔。陆瑶等人（2018）的数据发现，企业如果选择同行业的退休 CEO 担任独立董事，他们在同行业担任 CEO 的经验确实能帮助企业提高绩效，特别是能够对企业的战略发展起到促进作用。①

客观上看，真正出来举牌或吹哨，起到监督作用的独立董事其实特别少。现实中独立董事更多的是发挥建议作用。这种状况之所以会发生，有以下原因：一是政府及媒体对董事会监督的功能并没有给予足够的重视。二是很多独立董事都是老板的朋友，不会监督老板，但是好朋友往往乐于提出建议，有什么想法都会说出来，有些资源也会提供给企业，可以真正帮助企业。因此，独立董事更多是从建议渠道来帮助企业，实际上现实中独立董事在企业发挥监察职能非常有限甚至罕见。

“忙碌董事”也值得探讨。很多这种知名人士，特别是知名教授在市场上颇受追捧，受到很多公司邀请担任独立董事。现在证监会要求 1 个人同期只能担任 3 家公司的独立董事。

学术界有大量研究发现，“忙碌董事”同时担任好几家公司的董事，最后把这些公司信息串联到一起，互相复制信息，在连锁董事之间流传。很多会计或财务方面的研究也发现了这一点。例如，在一家财务舞弊的公司担任独立董事，同时在另外一家公司也担任独董，后者也容易进行财务舞弊。一名独董在一家公司进行税务筹划、偷逃税，那么他担任独董的另外一家公司过两年也会出现偷税、逃税现象。很多这方面的研究发现，独立董事既会传播一些好的行为，也会传播一些不好的行为，这一现象值得关注。但是这类现象通过单个企业无法观测，必须考察整个市场，依靠大样本的实证分析才能发现。这些独立董事也并非故意传播，而是在有意无意间传播此类信息。

① KANG S, KIM E H, LU Y. Does Independent directors' CEO experience matter[J]. Review of Finance, 2018, 22(3): 905-949.

## 三、数智经济时代独立董事招聘的新趋势

### （一）加强财务监管

美国在“安然”“世通”等一系列财务丑闻后，颁布了《萨班斯-奥克斯利法案》。该法案规定，企业的首席执行官和财务总监必须对呈报给美国证券交易委员会（SEC）的财务报告予以保证，以确保其完全符合《证券交易法》，在所有重大方面公允地反映财务状况和经营成果。该法案还规定，上市公司的财务报告必须包括一份内控报告，并明确规定公司管理层对建立和维护财务报告的内部控制体系及相应控制流程负有完全责任；此外，财务报告中必须附有其内控体系和相应流程有效性的年度评估。《萨班斯-奥克斯利法案》对违规企业的高管作出了轻则罚款、重则刑事处罚的规定。它的出台意味着在美国上市的公司不仅要保证其财务报表数据的准确，还要保证内控系统能通过相关审计。从2004年《萨班斯-奥克斯利法案》实施后，多个国家进行了公司治理改革，全球很多国家采取了类似的举措，包括中国的公司治理改革。作者曾经做过相关研究，考察全世界42个国家的公司治理情况，2000年左右有28个国家都进行了与《萨班斯-奥克斯利法案》非常类似的公司治理改革。大多数国家都强调财务的监督，强调引入独立董事，特别是引入懂财务的专业人士担任独立董事，因此独立董事的市场需求非常巨大。

这一研究反映了安然事件后，各国公司治理都非常重视财务监管，很多国家在法律上要求董事会中必须有具有财务背景的董事。中国要求独立董事中必须有一名懂财务的成员，董事会的审计委员会中要求必须有财务背景的专业人员。由此可见，在公司治理的发展趋势中，将越来越强调财务监管。

## （二）加强技术监管

未来公司治理发展的另一个趋势是会日益加强技术监管、监督和建议。未来经济乃至整个社会的发展将由科技驱动，技术的发展和创新是企业发展的动力和灵魂。技术的发展和创新是高科技企业永恒的主题，没有技术的发展和创新就没有高科技企业的生命力。技术的发展和创新是一个持续不断的过程，企业凭借具有核心竞争力的技术可以迅速占领市场。科技与经济深度融合的激烈竞争在全球展开，世界各国都在调整自己的社会经济发展战略，都把企业技术的发展和创新放在极为重要的战略地位。一个企业的技术发展和创新，不仅能为企业自身带来可观的利润，而且会带动相关企业，从而形成众多企业相互竞争的发展和创新浪潮，推动整个社会生产力水平的不断提高。因此，企业技术的发展和创新不仅是企业发展的活力源泉，而且是推动整个现代社会经济技术发展的重要动力。

未来将产生越来越多的新技术，新兴商业模式也将不断涌现。很多企业特别是采用新商业模式的新兴企业，要想清楚如何对其估值，就需要懂技术，才能够真正了解公司的业务逻辑及其背后的估值逻辑。除了监督，企业的发展更需要提出有效的发展建议和策略，因为从财务角度提出的建议主要帮助企业合规化经营和管理，而企业发展更需要技术拉动。因此，未来的董事会将会更多在技术层面发挥作用，需要聘请一些懂技术的本行业专家、IT 专家等，从技术的层面加强公司治理和监管。

2020 年，科创板否决了一家公司的上市申请，是因为专利有问题，而不是因为财务造假。通过这一案例可以看到，财务信息依然重要，但已经变得相对不那么重要了。而且科创板允许非盈利企业上市，企业就没必要通过粉饰报表甚至弄虚作假来吸引股东，而是可以用企业的技术实力和未来前景吸引投资，让投资者认为企业的技术值得投资、未来可期。可见，未来技术的创新和发展将成为一个举足轻重的考量因素。因此，企业在技术监管、IT 治理以及技术发展战略方面的专业建议需求将持续增长，董事会成员中专业技术出身的人员比例将增加，独立董事的选拔更偏向有技术背景的专家，这将成为一个非常重要的发展趋势。因此，招聘更多拥有技术和 IT 经验的董事将成为董事招聘的新趋势。

对董事的资质要求通常呈波浪式变化出现，数字时代，技术对企业战略的重要性不断提升，而董事会需要成为值得信赖的顾问，发挥至关重要的作用。这意味着董事会需要不断参与技术趋势以及技术组合的讨论，并提升董事的专业知识，加强 IT 治理。

## 四、如何给独立董事确定薪酬?

如何激发独立董事的积极性也值得讨论。这一激励薪酬不像高管的激励薪酬一样与公司绩效绑定，因为这样绑定会使独立董事丧失独立性，甚至可能同大股东、高管合谋，参与财务舞弊，可以通过将独立董事的工作态度与浮动董事费绑定的方式进行激励。企业通常希望独立董事有良好的工作态度，因此可以采用差异化董事费机制，如支付一笔基础董事费，再根据独立董事的出勤次数和工作量进行浮动调整。另外也可以通过差旅费、调研费等与独立董事的工作表现挂钩，而不是与公司绩效绑定对独立董事进行激励。但在实际中，这方面做得并不理想，很多公司对独立董事薪酬采用一刀切的方式支付，企业不想得罪任何人，基本支付了同样的费用。在中国，约 95%的公司对独立董事薪酬采用同质化支付，并没有太多差异。

独立董事实际上是一份兼职，而不是全职工作，这意味着他们可以从多家公司获取薪酬，个人收入的差异化取决于市场需求的差异化。如果一个特别优秀、有真知灼见且具备“火眼金睛”的独立董事在市场上建立了特别高的声望和美誉度，就会受到很多公司的邀请。但如果其在某家公司表现不佳，导致公司治理水平下降，就可能在市场上失去机会。如果某个公司最近出现财务舞弊、财务造假事件，其独立董事短期内可能难以再获聘，收入就会缩减。因此，市场可以对独立董事形成约束，通过竞争优化选择。

## 五、董事责任保险

康美药业诉讼中判决独立董事承担连带责任，为不尽责的董事敲响了警钟。2021 年 11 月 17 日，广州中院对全国首例证券集体诉讼案件做出一审判决，责令康美药业因虚假陈述侵权赔偿证券投资者损失 24.59 亿元，相关责任人员按过错程度或者承担全部或部分连带赔偿责任。本案是 2020 年 3 月我国新《证券法》颁布实施后代表人诉讼制度的首案。康美药业从 2016 年至 2018 年连续 3 年有预谋、有组织、系统性实施财务造假约 300 亿元。在康美药业的诉讼案中，5 名因未勤勉尽责、存在过失的独立董事将承担 5%～10%的连带赔偿责任。这意味着，每位独董将承担过亿元的赔偿数额，乃至于一些网友发出昔日“每年只需工作几天就能获得几十万元报酬，而今上市公司独立董事或成高危低薪兼职工作”的感慨。

可以通过董事与高级职员责任保险（D&O Insurance）来化解董事风险。董事责任保险是指由公司或者公司与董事、高级管理人员共同出资购买，对被保险董事及高级管理人员在履行公司管理职责过程中，因被指控工作疏忽或行为不当（其中不包括恶意、违背忠诚义务、信息披露中故意的虚假或误导性陈述、违反法律的行为）而被追究其个人赔偿责任时，由保险人负责赔偿该董事或高级管理人员进行责任抗辩所支出的有关法律费用并代为偿付其应当承担的民事赔偿责任的保险。

广义的董事责任保险，保险公司除了承担上述保险责任，还应当负责赔偿公司根据董事责任和费用补偿制度对有关董事给予的补偿。

目前大约只有 5%的 A 股上市企业购买了董责险。而美国市场有 97%的投保率，加拿大市场投保率亦高达 86%。当然，保费与公司的财务风险相关，如果一家公司资产负债率相对较高，则保费相对较高，反之则相对较低。董责险可以给公司带来以下好处。

第一，董责险可以激励管理层为了公司和股东的利益而更好地工作。尽管公司付出了投保的保费，但管理层由此为公司创造的价值将远远超过保费，公司和股东在总体上是获益的。第二，董责险能够起到“外部监督”的作用，相当于请保险公司监督管理层，促使管理层避免犯下可能需要保险公司赔偿的错误。第三，有利于吸引高素质人才到上市公司工作。第四，有利于董监高的赔偿实际到位。第五，有利于降低董监高的诉讼风险和诉讼成本。

董责险可以让公司的管理层在工作上没有后顾之忧，更为积极地为公司、股东的利益而开展工作。但这种放心大胆的状态也有可能给公司带来风险。国外的研究表明，投保董责险会使管理层更加激进，比如进行更多的短贷长投或并购，这些都会给公司带来更大的风险。甚至有些公司的管理层会推动非相关业务的并购，以便从中获取私利。另外，董责险部分削弱了民事索赔诉讼对董监高违法违规的威慑作用，管理层对法律法规的敬畏程度可能会降低。有些大股东也可能会因此与管理层合谋侵占上市公司利益或操纵公司股价，从而损害投资者利益。

可见，董责险有利有弊，但总体上利大于弊。而且，其弊端大部分可以通过制度设计来缓解，如对于侵占上市公司利益和操纵股价等故意违法违规行为，保险公司会将其排除在承保范围之外，可以做到兴利除弊。

本部分主要对独立董事的职能、选拔以及委托代理问题进行了探讨。可以采用激励机制来解决独立董事的委托代理问题，但不能通过将独立董事的收入与企业绩效挂钩的方式实现；正确的做法是从微观公司层面，将独立董事的收入与其工作态度（如出勤率等）绑定，或者从宏观市场层面，通过市场优胜劣汰法则激励独立董事，从而解决委托代理问题。

## 第三节　如何提高董事会的运作效率

董事会通过会议的方式运作，需要找到将会议召开得更有效率的方式方法。首先要解决董事会由谁发起的问题。董事会可以由董事、执行董事或者某些独立董事发起。董事会既有日常召开的会议，也有临时召开的会议，如企业面临兼并收购等重大事件时，可以召开临时董事会。如果想提高董事会会议效率，就需要记录出席率。

要想提高董事会出席率和董事会效率，首先，董事会召开不能过于频繁，美国证监会建议，未来线上线下融合也将成为一种趋势。其次，要提前安排好会议的内容，且每次会议内容不应雷同。召开会议既不是朋友聚会，也不是请客吃饭，要讨论一些实际问题。另外，会议的气氛应尽量和谐，尽量不要在会议上争来争去，尽量做到很多事情提前沟通好，而不是在会议上突然放猛料，这样，会议就会召开得比较顺利。此外，对于部分董事，特别是独立董事的意见或建议，要根据实际情况及时采纳。最后，要避免一些董事、大股东或者 CEO 有意控制会议（如操纵会议时间、控制董事每次发言时间）等容易引起董事反感的现象。

例如，首钢股份公司一年召开 7 次董事会。集团公司一年召开 4 次董事会，会议提前 10 天通知，并提前一周向各位发放董事会议材料。会议议题投票一人一票现场统计，会议决议由董事长签发，现场速记记录全部董事签字，以上所有材料存档。

另外，CEO 和董事会主席之间的关系有时也很微妙，通常有三种关系。一是董事长是前任 CEO；二是董事长和 CEO 各不相干，各自独立；三是董事长和 CEO 为同一人。有学者对这三种关系进行学术研究，基于大样本的数据分析发现，最不利于公司治理的是前任 CEO 担任董事长的模式。在这种模式下，董事长发挥了主要作用，而 CEO 完全发挥不了经营管理作用，因此产生很多矛盾。而在董事长也是 CEO 的情形下，虽然会产生集权问题，但是如果企业遇到这类非常有能力、有才华的人，他们就会在企业中发挥明显的积极作用。特别是对于突发事件，对于重大决策，很多时候集权能够降低协调成本，提高工作决策效率。如果董事长是前任 CEO，一方面会产生矛盾，另一方面协调沟通成本往往会制约企业发展。因此，美国证监会强烈建议由独立董事担任公司的董事长。

## 第四节　董事会控制权的争夺与分配

### 一、大股东是否一定可以控制董事会?

大股东是否一定可以控制董事会？答案是不一定。如果想要获得控制权，很多时候需要控制董事会，否则就很难控制企业，但大股东并非一定能够控制董事会。首先，每个股东都有私心，各自有自己的小算盘，而且很多股东会委派股东董事。股东董事，无论是股东 A 推荐的，还是股东 B 推荐的，原则上被推荐后应当真正发挥董事的作用，能够从公司整体利益出发，为公司服务，而不仅仅是从单个股东立场出发，维护单个股东的利益。这正如美国大选，民主党和共和党都会推荐自己的候选人竞选总统，但无论是民主党的候选人还是共和党的候选人，当选总统后都要为美国人民服务，不能仅为民主党或共和党服务。同样的道理，虽然基本原则是董事由某一股东推荐，但一经股东会表决通过后，这些董事就应该对全体股东负责，而不是只对推荐其成为董事的股东负责。任何一个股东推选的人担任董事后，都应该为整个公司利益服务，对所有股东负责。但这在现实中往往无法实现，股东的利益诉求是真实而具体的，而且在不同股东之间往往会出现严重的利益冲突。董事意见的分歧通常来自推荐董事的股东之间的利益分歧。例如，2016 年 6 月 7 日，围绕深圳地铁重组预案的万科董事会表决中，11 名董事会成员投票结果为 7 票同意，1 票回避，3 票反对。其中 3 票反对均来自华润委派的 3 名董事。股东们也各有私心，因此，很多时候股东会产生超额委派的动机，即“多多益善”，尽可能多地把自己的人推上去担任董事，这样自己在公司就会享有更多的话语权。

## 二、如何对抗大股东?

### （一）防止超额委派

超额委派的案例并不罕见，如在宝万之争时，万科引入了深圳地铁。引入后，其持股 29%，不到 1/3，但它在董事会委派了三名内部董事，占据了内部董事 50%的席位。董事会中，真正主导决策的还是内部董事，独立董事的决策能力非常有限。深圳地铁以不到 30%的持股比例，占据内部董事一半的比例，实际上是超额委派现象。

有以下几种常见方法可防止大股东超额委派董事操纵董事会。其一，根据第一大股东持股比例设置其提名董事的名额上限。其二，完善累积投票制，使更多代表中小股东利益诉求的董事在选举中胜出。其三，提高独立董事比例，促使不同利益诉求方形成有效的公司治理制衡。

### （二）累积投票制

累积投票制是一种旨在抵消“资本多数决”弊端的重要机制，指在公司选举中，每位股东按其有表决权的股份数与被选人数的乘积计算其投票权，选举者可以选择集中或分散使用这些投票权。例如，某公司要选 5 名董事，共有 1 000 股股份，VC 持有 600 股，即拥有公司 60%股份；企业家持有 400 股，合计拥有 40%股份。如果该公司董事选举的投票机制设计为直接投票制度，即一股一票，则控股60%的VC能使自己推选的5名董事全部当选。而如果采用累积投票制，总表决权数为5 000票（1 000股×5席），VC拥有3 000票，企业家拥有2 000票。从理论上来说，企业家可以使自己的2名董事当选，VC最多选上3名。累积投票制见表9.2。

表9.2 累积投票制 （单位：票）

| VC候选人 | 得票 | 企业家候选人 | 得票 |
| --- | --- | --- | --- |
| 甲 | 1 000 | A | 1 000 |
| 乙 | 1 000 | B | 1 000 |
| 丙 | 1 000 | C | — |
| 丁 | — | D | — |
| 戊 | — | E | — |

实际投票中可能更复杂。假设甲、乙、丙对A、B、C三个候选董事，有如下的偏好排序：甲（A>B>C）、乙（B>C>A）、丙（C>A>B）。

可考虑以下三种投票顺序：

顺序一 第一轮投票：B、C对决，B胜；第二轮投票：A、B对决，A胜。

顺序二 第一轮投票：A、B对决，A胜；第二轮投票：A、C对决，C胜。

顺序三 第一轮投票：A、C对决，C胜；第二轮投票：B、C对决，B胜。

可见，不同的投票顺序会产生不同的投票结果。

## 三、精妙设计董事会

实际控制人或大股东还可以通过对董事会进行精巧的设计实现对

公司控制权的掌控。例如，马云对阿里巴巴董事会进行精妙设计、实现对它的实际控制。马云对阿里巴巴董事会的精妙设计体现在以下几个方面。

一是董事提名规则。董事的提名权归阿里合伙人、大股东软银和提名及公司治理委员会等三个主体。阿里合伙人有权提名过半数董事，并使这些董事尽可能分布在任职时间期限不同的各组董事中。阿里合伙人属于公司管理层群体，只能提名执行董事和普通非执行董事。软银持有阿里巴巴股份不少于15%时，拥有提名1位董事的权利。孙正义是软银提名的董事，被给予特别的董事会知情权。余下的董事由公司治理委员会提名。这样，中小股东只能通过公司治理委员会提名董事。

二是董事任命与解聘规则。首先，阿里股东虽然可以在股东会上拒绝任命某一方提名的某一具体董事人选，但是不能阻止该方按其自身意志安排其他人选接替其实际出任董事，直至下一次股东会。这在一定程度上解决了“合伙人提名，股东会拒绝，合伙人再提名，股东会再拒绝”的僵局难解问题。其次，阿里合伙人提名或任命的董事只能由阿里合伙人解聘，软银提名或任命的董事只能由软银解聘，公司董事会提名与公司治理委员会提名或任命的董事会以多数票同意方式解聘。

三是独特治理的可持续性。阿里合伙人制度包含全体合伙人大会和合伙人委员会两层决策结构，决策按一人一票规则进行，即每年选举新的合伙人，最后由全体合伙人以超过75%的赞成票选举产生新的合伙人。合伙人委员会由五位成员组成，目前成员是马云、蔡崇信、邵晓锋、吴泳铭和蒋凡。合伙人委员会成员任期三年，可以连任多个任期。合伙人委员会成员每三年选举一次，每次选举的候选人由合伙人委员会提出。只有马云与蔡崇信为永久合伙人。章程中有关阿里合伙人董事提名权的相关条款修改需要出席年度股东会的股东所持投票权 95%以上赞同。阿里合伙人制度的合伙人可以动态调整，从而包含更大的管理层群体。

阿里并不是通过发行 AB 股，而是通过合伙人委员会来实现创始人对公司的掌控。阿里巴巴的“合伙人制度”旨在让核心管理层（如马云、蔡崇信等）在持股比例较低的情况下，也能通过提名多数董事的权利，保持对公司的战略控制。这种制度需要“同股不同权”的架构支持，但当时香港联合交易所不允许双重股权结构（直至 2018 年改革后才放开），而美国市场（如纽交所、纳斯达克）对此持开放态度。因此，阿里巴巴最终选择在美国上市。

截至 2020 年 7 月，马云持股降至 4.8%，但实际上，4.8%的持股比例并不会影响他的控制权。因为马云并非通过股权投资，而是通过合伙人委员会来实现控制。阿里巴巴的机制设计一直很明确，投资者可以投资，但是不能享有控制权，这也是当时其引入软银时达成的协议。虽然软银是阿里巴巴的大股东，但软银仅是一个财务投资者，并没有控制权。可见，阿里巴巴通过合伙人委员会机制来保护创始人的控制权。

在蚂蚁集团 IPO 暂停，反垄断呼声日益高涨后，到 2023 年 1 月中旬，在国务院新闻办公室举行的 2022 年金融统计数据新闻发布会上，中国人民银行金融市场司负责人表示，金融管理部门指导督促的 14 家大型平台企业整改已基本完成。这 14 家企业中，包括蚂蚁集团。在此之前，根据蚂蚁集团发布的《蚂蚁集团关于持续完善公司治理的公告》，马云在蚂蚁集团的表决权已从 53%降至约 6%。调整之后，蚂蚁集团的所有重大决策只能由现在的 10 位自然人高管按股权比例共同商议。

可见，股东也有私心，这体现在股东推荐的人选获任后，并不期望他为所有股东服务，而是仅为自己的权益服务，所以股东通常有动机超额委派董事，并希望通过一些手段来控制董事会。对策是赋予中小股东一些话语权，通过累积投票制和其他投票机制的设计，使大股东最后一定能控制董事会，例如，在阿里巴巴合伙人委员会机制下，大股东完全控制不了董事会，创始人可以通过机制设计控制董事会。不过，当这种安排触及国家金融安全底线时，将会被政府强力改变。

## 第五节　董事会未来发展趋势

数字时代的董事会正站在历史转型的十字路口。技术革命带来的颠覆性力量与传统治理模式之间的张力，迫使董事会重新定义自身的角色、职能与价值坐标。这场变革不再局限于工具层面的效率提升或组织结构的微调，而是触及了治理哲学的深层重构——当数据流动速度超越人类决策惯性，当算法开始替代直觉判断，当利益相关者的诉求在数字空间无限延展，董事会必须突破传统边界，在技术理性与人文价值的碰撞中寻找新的平衡点。这种转型不仅是组织形态的迭代，更是集体认知范式的跃迁，其核心在于构建一个能够理解并驾驭复杂性的自适应系统。

### 一、董事会将引入更多 IT 和其他技术人才

技术渗透带来的显著变化是董事会决策逻辑的根本性转变。传统治理模式中，技术往往被视为执行层面的工具，董事会关注的是技术投入的财务回报而非技术演进的战略方向。但在数字时代，技术已从辅助性变量跃升为定义企业存在本质的核心参数。人工智能、区块链、量子计算等技术不再是需要被管理的风险因素，而是重塑商业逻辑的基础力量。董事会必须从被动接受技术成果转向主动参与技术叙事，不仅要理解技术原理，更要预判技术扩散对社会结构、产业生态乃至伦理秩序的长期影响。这种转变要求董事成员突破传统财务与法律的背景局限，将技术思维融入战略对话的基因。当讨论企业战略时，技

术可行性与伦理包容性开始占据与财务指标同等重要的权重，董事会会议室中的对话语言逐渐从资本回报率转向技术代际差与数字韧性指数。

因此，在网络和科技时代，董事会监管机制未来发展的一个新趋势是：不仅强调财务的监管监督，更会强调 IT 和其他技术上的监管监督，这就需要董事会引入更多具有 IT 和其他技术背景的专家。这些专家引进后，能够从技术上为企业提供长远发展的理念，并引导企业背后的股东或潜在投资者意识到企业不仅仅是赚钱牟利的工具，在占有大量社会资源的同时，也应承担相应的对股东、债权人、员工、消费者、政府，甚至整个社会所有利益相关方的责任，勇敢肩负起发展技术、促进整个社会发展进步、实现人们美好幸福生活愿景的时代担当，最终实现企业的高质量可持续发展。

## 二、建立 ESG 委员会

当前董事会建设的另一个趋势是建立 ESG 委员会，或者利用其他相关委员会，以面对气候变化、公共卫生与健康安全等复杂多变的挑战。搭建适宜的 ESG 治理架构，推动 ESG 监督、管理职责成为公司治理的重要组成部分。很多公司都很重视这一点，将董事会与管理层的个人绩效考核同企业可持续发展成绩挂钩，这也是未来公司治理的重点关注领域，甚至很多公司都取消了传统的公司治理委员会，而用 ESG 委员会来代替。

社会责任与商业价值的融合重构了董事会的价值坐标系。在数字技术消弭物理边界的语境下，企业的社会影响呈指数级放大，单一维度的股东利益最大化原则遭遇根本性质疑。董事会的议程表中，原本处于边缘位置的 ESG 议题开始占据核心位置，但这并非简单的合规性调整，而是价值创造逻辑的重构。当消费者通过社交媒体即时反馈产品伦理表现，当员工在数字平台公开质疑企业的数据使用政策，董事会必须将社会责任内化为战略竞争力。这种转型意味着企业需要重新定义成功标准：碳足迹管理不再属于公共关系范畴，而是技术创新的驱动力；数据隐私保护不再是需要控制的合规成本，而是产品差异化的设计基石。董事会需要构建新的价值评估体系，将社会资本、信任资产等无形要素纳入战略考量，这既是对技术垄断风险的主动防御，也是在碎片化信任环境中重建商业合法性的必然选择。

## 三、开放式治理趋势

组织边界的消融推动董事会走向开放式治理。数字技术创造的虚拟协作空间，使得董事会的物理边界与成员构成发生根本性松动。远程办公技术消除了地理限制，使得跨地域、跨时区的董事参与成为常态，但真正颠覆性的是知识边界的突破。企业开始引入外部技术极客、社区意见领袖甚至人工智能作为观察员，这种多元主体的介入彻底改变了董事会的决策生态。传统基于行业经验与资本实力的权威结构，正在被技术洞察力与道德领导力构成的新权威体系替代。当区块链社区的节点代表获得列席权，算法审计师参与战略质询，董事会开始演变为连接企业内部智慧与外部生态的神经中枢。这种开放性不仅体现在成员构成，更反映在决策过程的透明化改造——战略讨论的完整记录向利益相关者开放，关键决策的推理过程通过智能合约实现可追溯。

## 四、技术赋权与人文回归并重的发展趋势

治理模式的数字化转型正在解构传统的权力架构。物理世界的集中式决策机制在数字空间遭遇根本性质疑，实时数据流形成的分布式感知网络使得任何延迟决策都可能错失战略机遇。董事会开始构建混合式治理架构，在保留人类判断力的同时，引入算法辅助决策系统。这种系统并非简单的决策支持工具，而是具备动态学习能力的智能模块，能够实时分析海量非结构化数据，为董事会提供多维度的情景推

演。但算法的介入并未削弱人类判断的核心地位，反而强化了董事会的元治理职能，即设计算法的伦理约束框架，建立人机协同的决策问责机制，确保技术服务于战略目标而非主导价值判断。这种新型治理模式要求董事会成员具备双重能力：既要保持人类特有的战略直觉与道德敏感，又要掌握与智能系统对话的技术语言。

技术赋权与人文回归构成双重变奏，一方面，智能系统将董事从繁重的数据处理中解放，使其专注于战略性对话；另一方面，人类判断的价值在算法黑箱面前反而更加凸显。集中控制与分布式自治形成动态平衡，既需要强化战略聚焦能力，又必须保留应对不确定性的组织柔性。效率追求与意义建构不再是非此即彼的选择，而是共同构成持续创新的双引擎。这种矛盾的统一性恰恰体现了数字时代治理智慧的本质——在混沌边缘寻找秩序，在失控风险中孕育机遇。

面向未来，董事会的进化将呈现四个深层趋势。一是 IT 和其他技术人才治理趋势。认知架构的重构要求董事成员培养“双重思维”模式，既能驾驭技术演进的线性逻辑，又能感知非线性变革的涌现特征。这本质上是对数字时代复杂性的战略回应——既要遵循技术演进的确定性规律，又要应对系统突变的不确定性挑战。构建这种思维框架的灵感，来自技术进步从“逐步改进”向“涌现式重构”的范式转变。这一转变要求决策者同时拥有两种看似对立却相互补充的认知能力。凭借对数字技术的深刻理解和理工科背景赋予的严谨逻辑思维，IT 和其他技术领域的专家在应对数字时代的变革中拥有固有的优势。因此，他们需要被更多地吸纳进董事会。二是数字技术进步与 ESG 责任深度融合趋势。这是技术演化、市场压力、制度约束与人类文明转型共同作用的结果，本质上是技术发展逻辑与社会价值诉求在数字时代的一次系统性重构。数字时代下，社会对企业有着越来越多的价值诉求，最终表达为环境、社会、企业和谐发展，因此，董事会内部建立 ESG 委员会成为未来必然的发展趋势。三是开放式治理趋势。随着权力关系的流动化发展，决策权威不再固着于特定职位，而是在人机协同网络中动态流动，多元主体的介入促进董事会呈现更多的开放性特征，以吸纳更多利益相关者诉求和建议。四是技术赋权与人文回归并重发展趋势。当董事会开始用数字原住民的语言与技术对话，用人文主义者的同理心回应社会期待，用哲学家的批判性审视技术轨迹，这种多维度的能力融合将塑造出真正具有数字文明领导力的新型治理主体。这种进化不是终局，而是人类集体智慧应对技术奇点的适应性尝试，在不确定性的浪潮中，董事会正在成为定义数字时代文明形态的关键锚点。

# 第十章　外部治理机制

公司治理框架不仅包括内部治理机制，还包括外部治理机制。“大雪压青松，青松挺且直”，外部治理机制也会发挥很重要的促进作用。在科技成为经济增长主要动力、外部竞争愈演愈烈的信息化时代，外部公司治理机制的强大监督作用，将是未来公司治理机制的发展方向。这是因为外部治理机制的优势在于引入的外部监督不会带来内耗；与之相反，内部治理机制，特别是内部的互相监督，其优点在于权力制衡，缺点是会降低效率。

很多时候，公司通过权力制衡进行决策。这种决策方式的优点是不可能让某一个人大包大揽、独断专行，但其缺点是有时候会增加沟通成本和时间成本，从而产生很多内耗，这些内耗既不利于公司快速发展，也不利于公司处理紧急重大事件。这时就需要外部治理机制的干预，因为它能够为公司提供外部监督，又不会带来公司内耗，这对公司而言非常重要。

外部治理机制包括资本市场效率、产品市场竞争、银行贷款、政府监管、高管劳动力市场、媒体与舆论以及控制权市场等多个方面。这些机制在学术文献和业界讨论中受到广泛关注，但现实中可能还远不止上述机制。接下来将一一介绍这些机制，重点分析这些机制如何帮助企业解决委托代理问题。

## 第一节　有效资本市场倒逼企业提升治理水平

有效资本市场可以倒逼企业提升治理水平。要使资本市场有效，就需要不断推进资本市场改革，促进资本市场发展。

如何衡量资本市场有效？金融学原理阐述了资本市场最基本的假设——有效资本市场假说，即有效的资本市场可以快速、准确地将公司的业绩信息反映在股票价值中，使公司业绩与股票价格密切相关。这样，证券市场的投资功能使投资者有权选择投资对象，从而迫使经理人改善和提高公司治理水平；证券市场的定价功能可以帮助投资者了解公司经营信息，进而降低股东对经理人的监控成本和公司治理的成本；而证券市场的资本配置功能有助于纠正公司治理的低效率。

有效资本市场假说的作用机制是，有效资本市场可以通过提高企业的经营者与股东之间利益的一致性来改善企业的公司治理水平。如果公司业绩与股票价格是相分离的，那就意味着股价无法帮助投资者判断投资标的的质量。如果资本市场非常有效率，能够真实反映公司的基本面，就会倒逼企业必须提高自己的治理水平，提高自己的绩效。这样，企业才能在资本市场上筹集到资金。

有效资本市场是一种重要的外部治理机制，原因在于通过有效资本市场，投资者可以从外部更好地监督企业。如果资本市场非常有效，经理人就可以更好地进行融资，他所持的公司股票也可以更好地变现，特别是在公司效益好的时候。在这种情况下，经理人的个人利益和企业的利益会高度绑定。反之，如果一个国家资本市场是低效的，股价可以被随意操纵，根本不能反映公司的基本面，经理人自然就不会好好经营管理公司，提高公司业绩。如果经理人持有股权，想要行权的时候就可以操纵市场，通过做假账等手段进行公司盈余管理，股价上涨后，赶紧抛售股票。这样，经理人就没有动机真正做好公司的基本面，提高公司治理水平。所以有效资本市场非常重要，因为它可以真正提高价值挖掘的功能，真正从外部使投资者更好地监督企业。

资本市场的定价不仅通过股票简单的买卖来决定，还可以通过一些金融衍生品和买空、卖空等更加复杂的交易决定。如果公司股票只允许买卖，股价变动幅度就会很有限，但是如果允许买空或者卖空，那么股市就会对利好消息和利空消息的影响更大。如果不看好公司发展，可以提前卖空，卖空会导致股价下跌得更厉害，损失就会更大。这就是2020年瑞幸咖啡财务造假事件后，很多中国概念股被卖空的原因。可见，有了卖空交易后，股票交易价格在不利信息的影响下，负面影响会进一步放大。美国曾经采取了卖空试点政策，让一部分股票进行卖空试点。研究发现，进入卖空试点政策的这些公司，盈余管理水平降低了。可见，有卖空压力的情况下，企业在财务信息上会更加保守，更加审慎，因为担心买空卖空后，负面消息的影响会进一步扩大。

## 第二节　数字技术作为外部治理机制的双重影响

数字化转型影响了外部投资人和公司之间的信息不对称。数字化转型的技术变革以互联网、移动互联网为代表的很多新技术的不断和快速推出为显著特征。由于出现了很多以往没有的信息传播新渠道，这些新技术的推出可以降低信息不对称。在新技术变革的时代下，新技术和新渠道使信息更广泛、更快速地传播，如很多公司更多选择互联网渠道来披露公司信息。他们主动通过社交媒体、微信、公众号、雪球网、股吧等平台分享信息，使外部投资者可以更容易、更便捷地获得公司的信息。标准化生产使得企业信息更透明，企业可操纵空间更小。另外，外部投资者获取企业信息的能力增强。通过社交媒体，信息在投资者之间传播的速度更快，投资者可以掌握很多信息，投资人之间也可以交换获取很多信息。

在数智经济时代，大数据极大改善了资本市场的信息披露环境，各参与主体信息获取成本显著下降。在资本市场，公司交易信息公开透明，股东、债权人能够有效监督公司及其管理者，公司治理环境得到改善。机构投资者、分析师等市场中介能够更精准地对管理者施加约束，深刻影响公司治理实践。普及大众的社交媒体进一步扩大了信息传播的时空范围，提高了网络关注的信息含量，对公司治理的外部压力大大提高，对治理改进的及时性提出了更高要求。证监会等监管机构也能有效利用大数据及计算机技术加强网络监管，精准识别企业的财务舞弊和造假现象。

以分析师、审计师为代表的市场服务机构也对公司治理产生积极的促进作用。从独立于公司的外部市场分析师视角看，他们能基于大量信息收集和实地调研工作，积极发挥信息中介职能：一方面提高预测精度，增加公司透明度；另一方面切实履行外部监督职能，有效制约管理层对股东利益的侵占行为，降低委托代理成本。公司治理分析师通过收集、处理、分析并最终对外报告公司治理质量，能有效促进企业提高治理水平，以此吸引更多投资类分析师的关注，进而推动企业获得更广泛投资者的认可，为其额外创造流动性价值。而外部审计师受公司股东和董事会委托，通过审计企业财务体系及财务报告质量，能够有效约束内部管理层的盈余管理、财务违规及财务造假行为，遏制管理层在职期间侵占公司利益，切实保护股东价值。

然而，问题具有两面性。数字化经济转型、技术革新虽降低了一些信息不对称，使投资者更易获取公司财务信息，但也增加了信息流程。当技术变革加速时，企业商业模式的专业化程度显著提高且更复杂，技术迭代周期随之缩短。因此，投资者可能更难理解企业具体的经营模式或业务细节。当这些外部投资者难以理解企业的业务时，对其行为的监督效能必然下降，这又形成了另一种信息不对称。

总体上，数字技术增加了资本市场的信息透明度，提升了外部治理效率，但新经济模式下衍生出的信息不对称问题仍需加以关注。

## 第三节　产品市场竞争：更依赖信息、技术和人才

产品市场竞争即外部市场竞争这一外部公司治理机制也非常重要，这关系到如何连接产品市场与资本市场。产品市场竞争通过提供破产或退出市场的外部威胁来减少委托代理问题。这种外部威胁可被视为一种重要的外部治理机制。

### 一、产品市场对经理人约束的影响

产品市场的竞争结果既是对经理人最直观的评价，也是最直接的约束，更是检验公司治理效率的标准。

在竞争激烈的产品市场上，企业若不做大做强就无法生存，面临破产风险。对于任何一个经理人而言，如果公司破产或退市，对其个人声誉必然会产生严重的不良影响。如果经理人曾经经营管理的公司最终破产或倒闭，这无疑是经理人职业生涯的一个污点，将来在劳动力市场上的竞争力度肯定会大打折扣。产品市场竞争实际上是对经理人施加的外部监督，这种外部压力迫使其必须努力工作。这种约束并不是通过股权实现的，而是通过将经理人的个人职业发展前景、声誉等与企业经营绩效绑定来实现的。这就说明产品市场竞争非常重要。

### 二、企业发展依赖于信息和技术创新

数字化转型背景下，产品市场竞争的加剧会使企业的行为决策越来越依赖于信息和技术。由于企业的经营和业务模式变得愈加复杂，专业化程度不断提高，市场环境及技术革新的节奏越来越快，因此只

有获取更多的信息和技术，才有可能做出最优决策，才能使企业产品更具市场竞争力。在数智经济转型与技术革新的时代背景下，资本的稀缺性是下降的，技术的稀缺性是上升的。

在数智经济时代，技术创新、产品创新成为企业提升自身价值的最主要推动力。外部产品市场竞争程度的变化往往会对创新投资这一企业投资决策的重要内容产生重大影响。与资本投资或并购投资等其他投资形式相比，创新投资的重要特点在于其正外部性很强。创新投资面临的“跟随效应”使得企业往往不会过多披露与创新活动相关的信息，由此引发的信息不对称很容易造成投资者对企业创新投资价值的低估，并导致创新资源配置的扭曲，这对提升企业创新效率具有负面影响。产品市场竞争则可以通过提高信息透明度缓解创新资源错配问题，减少企业创新投资过程中的资源摩擦成本，为提升创新效率创造条件。但潜在的问题在于，有关企业创新活动的信息透明度提高是否会导致比较严重的模仿行为，进而抑制企业管理层推动创新效率的动机。目前，中国市场竞争程度还没有达到较高水平，不同地区市场化因素发育程度还很不均衡，因此，市场竞争程度提高引发的创新成果外溢更多地表现为由技术交流推动的区域创新效率提高，因模仿行为而产生的创新抑制效应并不是主要因素。

产品及技术创新过程中也要注意维护好、利用好消费者及其沉淀下来的用户数据等企业宝贵的无形资产，这些数据能够有效帮助企业树立并巩固行业竞争优势，是企业重要的市场营销及客户关系维护方向，并深度影响企业的行为决策和价值方向。提高产品市场份额和行业竞争优势的重要途径即重视消费者及潜在用户群体的产品需求和使用反馈。一方面，用户消费评价常常蕴含关乎公司基本面的独特异质性信息，具有额外信息含量，有助于提高市场定价效率；另一方面，用户需求有助于发挥信息优势，辅助企业生产决策及研发创新，帮助企业牢固树立竞争优势，避免在行业洗牌中被淘汰。在数字化转型浪潮下，市场风向瞬息万变，创业企业应高度重视产品竞争市场对企业生死存亡的重大影响，运用信息科技手段广泛收集用户的个人特征、消费偏好、使用体验等消费端数据，打造自己的客户资源和信息资产，以用户需求为导向推动产品创新和业务创新，优化资源配置，提高治理水平。

## 三、数智经济下企业对企业家的依赖加重

激烈的产品市场竞争增加了企业对精英企业家的倚重。产品市场竞争作为公司治理的重要外部工具，具有企业内部治理不可替代的作用。外部市场竞争对企业内部决策的影响主要是借助其与公司内部治理机制的互动来实现的。在数字化经济转型和技术革新的背景下，产品市场的竞争愈加激烈，越来越多的新企业进入行业竞争。环境对企业产生的一个很重要的影响是刺激企业的研发需求，同时企业拓展新业务的需求也不断提升。企业家需要更稳定的经营、业务开发与研发环境来面对更加激烈的市场竞争，这就需要为企业家创造一个更稳定的环境，使他们能沉下心来，更加专注于真正运用知识技能来经营企业，创造财富，应对产品市场上的竞争。一个典型例子就是乔布斯，虽然他是一个很成功的企业家，但由于企业控制权的争夺，乔布斯有段时间被踢出了苹果公司。后来苹果公司遇到了很多经营上的问题，又请回了乔布斯。通过乔布斯的案例，可以看到产品市场的竞争要求企业大力投入研发，加速商业模式的创新发展。因此，需要给企业家营造一个更有利的环境。当前，整个外部治理环境如政府的监管力度也在不断增加，精英企业家的稀缺性上升，其权威性随之提高，但是资本的需求下降，而外部治理逐渐增强。在这样的环境下，投资人就可以更放心地把企业的经营交给企业家；要想经营好一个企业，也应该更加信任企业家。

## 四、数智经济下产品竞争市场的新变化

数智经济既重塑了产品竞争市场的运行逻辑，也悄然改变了外部治理机制对公司治理的作用方式。当实时数据流动替代传统市场调研，消费者通过社交平台直接参与产品设计，算法驱动的动态定价压缩信息不对称空间时，企业决策的敏捷性成为生存底线。这种环境下，公司治理不再局限于内部权力制衡，而是被迫与外部市场的动态响应实现深度耦合。

产品竞争市场的即时反馈机制倒逼公司治理结构向扁平化演进。传统科层制中董事会与高管层的决策时滞，在算法预警与用户画像实时更新的压力下显得滞后。管理层必须将战略决策权下沉至具备数据解读能力的业务单元，这催生了跨部门协作的虚拟治理网络。当市场通过点击率、用户留存率等指标直接评判企业价值时，董事会的监督重点从财务合规转向技术创新能力评估，开始将人工智能伦理、数据主权等新兴领域的知识纳入独立董事的选任标准。

市场竞争焦点的转移重构了企业激励机制的设计逻辑。在数智经济时代，用户黏性替代市场份额成为核心竞争指标，这促使股权激励方案从短期业绩导向转为长期价值创造导向。管理层薪酬开始与用户满意度指数、生态伙伴协同效率等非财务指标挂钩，平衡计分卡逐渐被实时动态评分系统取代。当产品迭代周期缩短至每周级别时，职业经理人的职业风险不再源于年度财报，而取决于能否在技术路线竞争中预判市场拐点。

外部治理的颗粒度细化倒逼企业建立弹性治理架构。社交媒体形成的口碑市场实现了全天候监督，迫使企业将合规管理前置到产品开发环节。用户生成内容形成的分布式监督网络，使内部审计需要覆盖算法训练数据的伦理审查。当竞争对手通过开源社区实现技术突破时，企业知识管理体系必须打破部门壁垒，在治理层面构建跨组织的协同

创新机制。

这场变革的本质是市场权力向消费者的让渡催生新型治理契约。公司治理不再是对内部代理问题的管控，而是演变为平衡多方利益相关者诉求的动态协调机制。当产品评论区的负面评价能瞬间蒸发企业市值时，治理目标已从股东利益最大化转向生态系统存续能力培育。这种转变正在重新定义公司治理的价值尺度，将技术包容性、数据伦理、社会价值创造等要素纳入战略决策的核心坐标系。

## 第四节　银行贷款的外部监督作用

银行贷款也是重要的公司外部治理机制。银行贷款可以从施加还本付息压力和贷后管理两个方面对公司治理起到促进作用。影响银行对公司治理作用的因素则包括资本市场的发展程度和银行与公司之间的交叉持股水平。在我国，银行贷款的外部治理作用受到影子银行、债转股、政府政策以及法律制度等多种因素的影响。

### 一、银行贷款发挥外部治理作用的机制

#### （一）还本付息的压力机制

企业向银行融资，立刻面临还本付息的压力，而还本付息涉及现金流的流出。如果企业不能按时还本付息，就有可能陷入财务危机，甚至可能面临破产。这就使经理人不得不好好工作，提高公司治理水平，其作用机理与产品市场竞争的外部治理机理是一样的。若企业借钱后不好好经营，最终无法还本付息，就会遭遇财务危机，出现流动性风险，甚至会破产。企业破产之后，经理人就会失业，这对其职业发展会是很大的一个污点，因此，银行贷款通过外部施加压力促使经理人将自身职业前景和企业绩效绑定，从而推动企业改善公司治理。

### （二）贷后管理机制

企业向银行贷款后，特别是大额贷款时，银行会进行贷后管理，跟踪并监督企业的经营管理情况。通过信息挖掘，银行可以降低信息不对称，成为积极挖掘企业信息的外部金融机构。由此可见，银行贷款是一种重要的外部治理机制。

### （三）银行治理与证券市场

银行治理与证券市场有异曲同工之处，二者皆为企业获取融资的渠道，以北京首钢股份有限公司 2009—2017 年长期借款和短期借款数据为例，在公司常年微利甚至亏损的状况下，借款数额常年较低，倒逼公司进行改革，改善治理机制，实现新的发展。2014 年后，随着银行借款增加，公司的业绩一路上涨。

由于证券市场的发达程度和银企交叉持股水平的差异，银行贷款可能通过直接和间接两种方式发挥治理作用。由于美国、英国资本市场更为发达，因此更多采取间接的方式，即通过贷款对公司施加外部压力。而在银企交叉持股水平较高的日本、德国，银行往往通过更加直接的方式参与公司治理，因为银行不仅是公司的债权人，还是控股股东，能以债权人和股东的双重身份直接关注企业，挖掘公司信息并参与公司治理。可见，在不同国家，银行发挥的外部治理作用不尽一致。

## 二、我国银行贷款发挥外部治理作用的影响因素

我国银行贷款发挥外部治理作用受政府政策、法律制度、影子银行及债转股等多种因素的影响。

### （一）我国债务作为外部公司治理机制的作用非常弱

中国债权人的权利相当弱，出于稳定经济发展、保障就业以及维

持社会稳定的考虑，各级政府往往会干预公司（尤其是大公司和国有企业）的破产，并提供救助。实际上政府的隐性担保是银行愿意贷款给大公司和国有企业的原因。作为中国公司主要债权人的银行，同样缺乏对公司的监督。即便在公司控股股东存在“掏空”行为时，银行仍会贷款给这些公司。

### （二）影子银行的外部治理作用

影子银行是金融创新和发展的产物，在功能上承担着金融中介（特别是信用中介）的职能，其依托载体以金融监管边界以外的非银行金融机构为主，在开展形式上高度依赖具有复合化和结构化特点的创新金融工具。影子银行本身是常规银行体系的补充，但由于缺乏必要的监管，很容易成为系统性风险的重大隐患。

根据中国银保监会课题组发布的《中国影子银行报告》，中国影子银行在2008年后迅速发展，随着金融业务范围的拓展和跨行业、跨市场综合经营的扩张，影子银行每年以超过20%的速度增长。

**1. 企业通过影子银行融资兼具银行信贷和非正规金融的治理效应**

影子银行融资作为一种债务融资，能够像银行贷款等其他债务一样起到约束企业行为的作用，包括：还本付息所形成的现金流约束；约定偿还期限所形成的期限约束；债务契约约定的其他限制及破产机制等。而从影子银行融资的非正规金融属性上看，影子银行债权人拥有银行借贷所不具备的信息优势，能够优化融资契约，形成个性化的特殊履约机制，有助于降低融资企业的代理成本。企业从影子银行融资后，影子银行资金所要求的短期限、高利率，将给经理人造成更大的流动性、再融资压力以及盈利压力，激励他们选择更为合理的投资项目以期产生足够的现金流来偿还本息。因此，影子银行融资能够抑制企业的过度投资行为，但影子银行融资也可能导致投资不足。这是因为企业的投资项目对于经理人来说是有成本的，如投入大量精力考察，甚至需要学习新知识或新技术等。在资金来源受限且面临还款压力的情况下，投资项目的选择尤其需要经理人付出更大的成本。基于这种考虑，当投资项目需要经理人付出过高的成本时，他们可能会放弃部分净现值为正的投资项目，引起投资不足。而投资不足会使企业丧失获利机会，意味着企业从影子银行融资未能发挥外部治理机制效应。

**2. 企业从影子银行融入资金带来的治理效应强弱是内外因素共同作用的结果**

从外部因素来看，市场化程度高低会影响企业信贷获得水平，也会影响影子银行资金供给：市场化程度越高，其信息渠道建设、政策法规越完善，因而公司受到的制度约束往往越强，使得公司的代理问题相对较轻，并且市场化程度高能赋予市场更多信息，缓解信息不对称，进而促进许多企业开展影子银行业务。① 此时的影子银行业务则更接近正规金融，失去了非正规金融所具有的相对信息优势的特点，因此削弱了影子银行债权的治理效应。

从内部因素来看，融资约束和公司治理水平则是主要的影响因素，融资约束是企业通过影子银行融资的主要原因，而公司治理水平高低直接影响债权人对资金安全的判断。对于融资约束而言，企业面临的融资约束越高，越关心盈利问题而非公司治理，因此影子银行资金起到的治理作用越有限。与此同时，公司治理水平能够强化这种债务治理效应，说明公司内部治理与影子银行资金的治理作用能够相互促进。公司治理越好，越能吸引影子银行资金，弥补自身治理不足，从而强化影子银行资金的治理效应。

目前，在我国企业参与影子银行的活动中，不容忽视的是，具有

① 颜恩点，谢佳佳．供应链关系、信息优势与影子银行业务：基于上市非金融企业的经验证据［J］．管理评论，2021，33（1）：292.

市场优势和政府背景的国有企业、上市公司拥有大量闲置资金，逐渐偏离主业进军金融市场以赚取高额利润，无法发挥影子银行贷款的外部治理效应。与此同时，具有创新活力和创造就业机会的中小企业依然面临融资难、融资贵的问题，经济发展出现“脱实向虚”和“融资结构矛盾”双重问题。企业参与影子银行业务虽然在一定程度上弥补了当前信贷市场的融资供给不足，缓解了相关企业的融资约束问题，但也进一步加剧了经济金融化趋势，其风险不容忽视。

### （三）“债转股”对公司治理的影响

债务对于企业而言是一种硬约束：资不抵债将面临法律诉讼和破产清算；而股东权益则属于软约束：除非董事会做出承诺，否则发放股利并非公司的法定义务。

“债转股”意味着将硬约束转变为软约束，虽然可以缓解短期的财务危机，但并没有解决企业经营的根本问题。这种做法非但不能改善公司治理，反而会削弱外部公司治理机制的作用，可能使委托代理问题更加严重。

# 第五节　政府法规监管

## 一、政府法规监管的作用机理

政府法规是重要且最直接的外部公司治理机制。

首先，政府会出台各种各样的法律、政策对公司治理制度进行规范，如公司法、证券法等管理公司治理的典型法律，这些都是政府进行监管的主要渠道。政府通过颁布各项法律法规，并要求企业执行，以实现监管目标。

其次，政府是最重要、具有最强约束力的外部监管机构，政府监管可以帮助企业降低信息不对称。例如，政府会要求企业披露更多的企业财务信息，使投资者能够获取更充分的信息，对企业各方面情况了解得更加详细和全面。这实际上是政府从外部加强对企业的监管，通过要求企业加强信息披露，从而降低投资者与经营管理层之间的信息不对称。美国大法官路易斯·布兰代斯（Louis D. Brandeis）1914 年在其著作《别人的钱：投资银行家的贪婪真相》中提到："公开应当被推荐为消除社会和工业弊病的补救方法。阳光是最好的消毒剂，灯光是最有效的警察。"① 在证券市场中，信息这一无形要素无时无刻不在发挥着巨大作用：发行人依靠其让社会公众了解自己，投资者依靠其做出理性投资选择。倘若这些信息未被真实、准确、完整、及时地公开，投资者就无法获取和利用它们，证券市场就会变得混乱无序，后果不堪设想。因此，各国证券法律大多规定了上市公司强制性信息披露制度，要求上市公司必须对公司上市及交易各个环节，包括公司概况及主营业务信息、基本财务信息、重大关联交易信息、审计意见、股东及董事人员信息等内容按照法律法规进行披露，并保证所披露信息的真实性、准确性、完整性和及时性。虽然披露的信息主要是企业相关信息，但实际是由企业高管或经理人负责披露，他们对企业违法违规披露行为需承担连带责任，其义务和责任与企业是绑定在一起的。

最后，政府法规监管要发挥外部治理作用，需要惩罚机制的保障。如果法律仅有义务规定，而缺乏相应的民事赔偿、行政处罚乃至刑事处罚等法律责任保障，法律只会沦为一纸空文，无法真正对义务主体起到约束作用。政府法规能否对企业及经理人形成强有力的外部治理效应，取决于法律责任体系是否完备以及能否真正在实践中得到执行，

---

① 布兰代斯．别人的钱：投资银行家的贪婪真相［M］．胡凌斌，译．北京：法律出版社，2009：53.

进而对违法者起到惩戒作用，对其他人起到预防作用。例如，美国除了通过《证券法》（IPO 前）和《证券交易法》（IPO 后）对上市企业及相关义务人的信息披露义务进行详尽规定，还对违规行为施以严厉惩处。一旦信息披露被认定失实，信息披露人（主要是企业及经理人）会受到严厉的处罚，甚至可能导致企业破产。最具威慑作用的是对证券欺诈的集体诉讼制度，该制度的“默示同意”规则规定，证券案件涉及的集体诉讼成员经有效通知后，如果保持沉默，则法律视为他选择留在集体内部，集体诉讼判决将约束该集体成员。若成员在规定时间内明确表示不参加该诉讼的，不受该集体诉讼结果约束并可在诉讼时效期间内就此纠纷自行提起诉讼。该制度能够快速聚合小额多数主体的诉求，集中行使、集中处理，具有强大的聚合当事人功能。原告一旦胜诉，被告将面临天价赔偿，这无疑对企业及其经理人具有强大的震慑作用。只有将强有力的监管和处罚制度结合，促使经理人为自身及企业利益合规经营，才能使资本市场更加公开透明，保障大多数人的利益。

我国证券法律体系对证券违法违规行为进行了相应的民事赔偿、行政处罚乃至刑事责任的规定。2019 年 12 月修订的《中华人民共和国证券法》第九十五条确立了区别于境外证券集体诉讼的具有中国特色的混合式证券集体诉讼制度，与后续出台的《最高人民法院关于证券纠纷代表人诉讼若干问题的规定》（法释〔2020〕5 号）以及证监会发布的《关于做好投资者保护机构参加证券纠纷特别代表人诉讼相关工作的通知》、中证中小投资者服务中心发布的《中证中小投资者服务中心特别代表人诉讼业务规则（试行）》等配套规定，共同构成了证券集体诉讼的“中国方案”。作为证券集体诉讼首例案件的“中国实践”，康美药业案于 2021 年 11 月审结，被称为资本市场法治建设的里程碑，实现了政治效果、法律效果、社会效果的有机统一。2023 年 12 月 26 日，上海金融法院审理的投资者诉泽达易盛及其实控人、高管、中介机构等12名被告的证券虚假陈述责任纠纷案以调解方式结案生效。根据调解协议，中证中小投资者服务中心代表9 195名适格投资者获得2.8亿余元全额赔偿，其中单个投资者最高获赔500余万元。但总体而言，无论在立法还是执法中，我国证券法上的惩罚力度远远不够，无法达到“过罚相当”的效果，不痛不痒的处罚只会使经理人更加肆无忌惮，这就要求立法者加大惩罚力度，尤其是加大对高管连带责任的惩处，这样才能在企业和经理人之间形成强有力的绑定，从而对证券违法行为形成实质性的震慑力，使政府法规能够发挥外部治理作用。

## 二、国际公司治理制度改革

近年来，许多国家进行了公司治理改革，例如，美国《萨班斯-奥克斯利法案》和澳大利亚《2004年审计改革和公司信息披露法案》，中国于2003年推出的独立董事制度。这些公司治理改革通常包括：董事会结构、独立董事的比例、财务信息的披露、绩效与激励计划、股东会投票权以及控制权市场的改革，对财务舞弊和犯罪行为的稽查及处罚。因为如果查出财务舞弊行为但没有相应严厉的惩处措施，将无法起到惩罚、威慑以及预防作用。可见各国都是通过对公司的各个方面加强监管来提高公司的治理水平。而且基本上各个国家在那段时间出台的公司治理改革内容是非常相近的，都是以《OECD公司治理准则》为基本版本，再根据各个国家实际情况，因地制宜进行调整后颁布的。例如，《OECD公司治理准则》规定，要提高独立董事比例，美国要求上市公司必须有50%以上的独立董事，中国在2003年也发布了同样的规定，要求上市公司中独立董事应当不低于董事会所有成员的三分之一。每个国家都是根据自己的情况，发布了相应的公司治理改革方案。我国实际上也有很多相关的规定，这些规定不仅体现在《中华人民共和国公司法》《中华人民共和国证券法》中，还体现在内控制度中，如2010年我国财政部等五部委联合发布《企业内部控制配套指引》，对企业组织机构、发展战略、人力资源、资金活动、资产管理、财务报告等公司治理各个方面的内控措施做出指引性规定，而且这些年也在不断修订，不断推出新版本。

## 第六节　劳动力市场的外部激励

### 一、高管劳动力市场

高管劳动力市场是重要的公司治理机制。经理人市场对经营者的激励约束作用主要表现在以下两个方面：一是激励现任经理努力工作，避免因经营不善被辞退；二是经理人人力资本价值往往与公司业绩挂钩，激励其不断创新并为公司创造价值。

此外，活跃有效的高管劳动力市场为高管提供激励，在活跃有效的高管劳动力市场中，良好的企业绩效可以引起其他企业的关注，从而使其有更多的工作机会。反之，在活跃有效的高管劳动力市场中，表现不佳的高管很容易被公司替换。这样就将经理人个人的声誉、收入和企业的工作绩效进行了绑定，使得经理人既有动机做好目前工作，也有动力提升工作能力。相反，如果劳动力市场非常僵化，流动性很差，就不利于企业的长期发展。

因此，要不断打造流动性好的高管劳动力市场，将个人绩效和个人所得进行高度绑定，这样就会使公司的用人效率更高，员工也会更加珍惜自己目前的工作，因为将来的公司会根据其目前的工作业绩来判定是否雇用。高管劳动力市场的有效性也是一个外部的治理机制。整个市场的劳动力流动性的好坏，并不取决于某一个公司，而是取决于整个市场。如果市场流动性非常好，不仅会促进每个公司的劳动力更加努力工作，还会有助于解决每个公司的治理问题。因此，高管劳动力市场是非常重要的外部治理机制。

### 二、普通劳动力市场

不仅高管的劳动力市场和流动性会影响公司治理水平，普通劳动力市场的流动性也会影响公司治理水平。普通劳动力市场的流动性对公司治理水平的影响主要通过以下两条渠道实现。

一是被动渠道。如果大家都很认可某个公司，就都愿意去应聘，这个公司就会招揽到很多精英人才，人才是企业发展的关键。企业只有发展得好才能吸引人才；如果企业发展得不好，甚至存在很多违规行为，员工不一定会去揭发或举报，更有可能用脚投票，主动离职。企业发展得不好，不仅无法招到精英人才，更会造成现有人才的流失，企业就会越来越差。当然，员工用脚投票需要劳动力市场具有很强的流动性。如果市场缺乏流动性，离职后很难找到工作，员工就不会轻易离职，这一被动渠道就会被堵死。

二是外部治理渠道。如果某个公司有很多员工离职，就会吸引外部关注，很多不好的事情就会进一步被挖掘出来，所以这也是一种外部的治理机制。总体逻辑是，内部人举报揭示公司有问题，举报后的代价是会导致离职，如果离职后不担心找不到新工作，就可以放心大胆举报。在美国等西方国家，普通劳动力市场流动性非常强，所以普通员工的流动可以起到一定的外部监督作用。

## 第七节　媒体舆论的监督

信息渠道的拓宽，一方面使人们获取信息的渠道变多了，另一方面使信息的传播速度变得更快了，坏事一经曝光马上就会成为热点，这些都有助于降低信息不对称。

## 一、新闻媒体监督

媒体舆论的监督也是重要的外部治理机制。媒体可谓是一个“编外纪委”，专门曝光一些公司的财务造假、资金链断裂、业绩爆雷等公众关注的事件。如果一个国家有非常完善的媒体系统，媒体和记者通过新闻挖掘，信息挖掘能相对自由地发声，就能起到一定的外部监督作用，同时也通过披露更多的企业信息，帮助投资者获取信息，从而降低信息不对称。

在很多国家，包括在中国，有一些重要的财务舞弊案件，并不是由证券监管机构发现的，也不是投资者发现的，而是由媒体曝光的。如中国的“银广厦事件”在《财经》杂志记者曝光后，才引起公众和监管机构的关注，并受到应有的惩处。

## 二、社会舆论监督

### （一）社会舆论监督的积极作用

媒体和舆论很重要的一点就是能影响对企业的最终惩罚程度。如果公众对企业的某件事情评价非常低，企业就会受到严厉谴责，公司股票价格就会猛跌。由于市场“追涨杀跌”的效应，导致没人愿意买公司的股票，这将对公司造成毁灭性打击。反之，如果违规行为被查出后，媒体舆论并没有对公司进行严厉谴责，整个公众、社会反应平淡、无所谓，企业就不会受到太多的舆论谴责，社会舆论也就起不到监督作用。因此，舆论实际上是基于社会上所有人的价值观。很多企业，尤其是一些民营企业，非常重视价值观的树立。他们通过民间“反腐败联盟”组织，搭建企业反腐败经验交流平台，积极推进资源共享、信息共享，共同创建廉洁的商业环境。很多上市公司被曝光的负面新闻，都与商业腐败等问题高度相关，因此，这些企业组建的民间“反腐败联盟”，通过高调宣传杜绝商业腐败、杜绝不平等竞争等，实际上旨在树立企业的商业威信，提高企业的社会声誉。

### 1. 重塑公司治理的底层逻辑

新闻媒体与自媒体的联动传播使得信息生态发生剧变，并从多个维度重构公司治理的底层逻辑。当短视频平台上的单一员工吐槽演变为全网热议的“职场黑幕”，当微博热搜的片面指控在 24 小时内引发股价震荡，企业传统的危机应对机制面临前所未有的失效风险。这种信息裂变速度迫使公司治理从被动应对转向主动预防，从封闭决策转向透明治理。

信息传播边界的消融倒逼企业建立实时监测体系。传统公关部门按周处理的舆情监测，需要被自媒体环境下分钟级的声誉风险评估取代。董事会开始要求管理层提供实时的舆情热力图，甚至将社交媒体声量纳入战略会议议题。当用户差评能在三小时内触发基金赎回时，首席财务官不得不将舆情风险折算进资产负债表，这直接改变了风险管理的评估框架。

### 2. 重塑企业决策的约束机制

公众监督权的扩张重塑了企业决策的约束机制。自媒体赋权消费者、员工成为微型监管机构，企业决策不再局限于内部闭门会议。产品发布会的某个技术参数争议可能在股吧引发估值模型重构，员工在社交平台曝光的福利调整会同步激活工会与监管机构的双重审查。这种全民监督压力迫使企业将治理合规性从法律底线延伸至道德共识，董事会的决策清单中开始纳入 ESG 议题的舆情适配度评估。

危机管理范式从“灭火式”转向“防火型”的重构。传统公关依赖的“统一口径”策略，在自媒体碎片化传播中屡屡失效。企业开始建立分布式的响应网络，要求每个业务单元具备自主澄清能力，甚至授权一线员工在合规框架内进行即时互动。这种治理层级的下沉，实质是将舆情应对能力嵌入组织的毛细血管，倒逼管理权限的重新配置。

更深层的冲击在于企业声誉资本的价值评估体系发生偏移。当负面舆情能瞬时蒸发数亿市值，企业开始将声誉管理纳入投资决策模型。风险投资机构将舆情韧性作为投前尽职调查指标，供应商在合同条款中加入声誉连带责任，这种市场机制的传导迫使公司治理将声誉视为与现金流同等重要的战略资产。

这场变革的本质是市场监督权从机构向个体的让渡，公司治理正从封闭的代理关系管理转向开放的生态系统共治。当每个用户都可能成为企业声誉的“微型做空者”时，治理目标已从防范内部人控制，转向构建适应新型权力结构的动态平衡机制。

### （二）社会舆论监督的负面影响

社会舆论监督作为现代社会治理的重要工具，虽然在推动企业透明度和责任意识方面具有积极作用，但也放大了企业负面信息的破坏力，其对公司治理的负面影响不容忽视。

**1. 短期主义倾向加剧**

社会舆论的即时性和情绪化特征可能促使公司管理层过度关注短期利益，牺牲长期战略。为平息负面舆情，企业可能仓促削减研发投入、裁员或暂停长期项目，以快速改善财务报表或公众形象。资本市场对舆论高度敏感，企业可能被迫优先追求短期股价稳定，而非结构性改革，如忽视环保技术升级。

**2. 干扰正常决策机制**

舆论压力可能削弱公司独立决策能力，导致治理失衡。企业可能基于道德绑架而被迫妥协，如在舆论压力下被迫投资非核心公益项目，影响财务健康。管理层可能因舆论压力放弃符合法规但不受公众支持的业务，从而偏离专业判断，损害创新潜力。

**3. 信息失真与信任危机**

舆论场的信息碎片化可能扭曲企业真实情况。企业为维护形象可能夸大正面信息，如虚报碳中和进度，掩盖深层问题，反而加剧信任崩塌。片面报道或误读可能导致公众断章取义，引发误解风险，如将正常业务调整视为“剥削员工”，引发股价暴跌或客户流失。

**4. 法律与合规风险上升**

舆论的压力有时会驱使企业触及法律边缘。例如，为了应对公众质疑，企业可能在缺乏确凿证据的情况下解雇被指控员工。这种过度合规行为通常会引发劳动诉讼。舆论有时会对司法公正造成干扰，公众情绪亦可能左右案件的审理过程。例如，在涉及高管贪腐案件中，民愤极大的情绪可能损害审判的客观性，从而对司法正义造成影响。

**5. 内部管理效率下降**

持续的负面舆论可能削弱员工的归属感，打击团队士气，导致关键人才的流失。同时，高层管理团队忙于应对舆论危机，可能分散注意力，从而忽视战略规划和日常运营。

**6. 恶意舆论攻击的滥用**

竞争对手通过散布虚假信息或夸大局部问题等不当行为，如捏造产品质量丑闻，可能导致市场份额急剧下降。在舆论的常态化“审判”下，企业可能不得不投入大量资源应对不实指控，而不是专注于业务改进。

针对社会舆论监督的上述负面影响，企业应采取策略平衡监督与自主性治理。首先，建立舆情预警机制，通过大数据监测识别风险，制定理性回应策略。其次，强化信息披露规范性，以透明、持续的信息公开减少误解空间，如定期发布详细的 ESG 行动报告。再次，完善治理架构，设立独立委员会评估舆论诉求的合理性与可行性，避免决策情绪化。最后，通过法律手段维权，对恶意诽谤或商业诋毁行为依法追责，维护企业合法权益。

社会舆论监督是一把“双刃剑”，尽管其倒逼企业改善社会责任履行，但过度反应可能导致公司治理偏离市场化、法治化轨道。企业需在回应公众关切与坚守核心战略间寻求平衡，监管部门亦应引导舆论理性表达，避免以舆情替代治理的倾向。

## 第八节　从资本控制权到技术控制权

控制权市场是重要的外部公司治理机制，也称为并购（Mergers and Acquisitions）市场。传统控制权市场交易的是公司股权控制权。

### 一、从资本控制权转向技术控制权

通过公司控制权市场上的接管和兼并方式，控制权市场成为外部治理力量，对经理人行为进行约束，从而起到优化公司治理的作用。具体而言，当公司的外部股东对公司的经营状况不满意时，他们可以通过卖出股票的方式表达不满，这会导致股价下跌。如果股价下跌到一定程度，就可能引发公司控制权市场的动荡，如敌意接管者可能会趁机收购公司股票，从而获得公司的控制权。在这种情况下，经理人可能会面临被替换或重组的风险，因此他们可能会采取更符合股东利益的行为，从而改善公司治理。因此，控制权市场可以作为一种外部治理机制，通过市场压力和竞争来促进公司治理的改善。

在数智经济时代，控制权市场逐渐从资本控制权转向技术控制权。创始人及其业务团队在数字企业中的地位得到大幅提升，管理者能够充分利用大数据资源做出更优决策，提高生产效率和绩效表现，降低资源浪费和控制权私利行为。数智经济下的大数据驱动重构产生的商业模式创新催生了控制权市场治理的新业态，使顾客群体、资金群体变得大众化，拥有技术即拥有更多的话语权。由于缺乏专业知识和相关分析技能，外部分散投资者的总体重要程度下降，技术革新导致企业发展高度依赖创始人和核心业务团队等专业骨干。

这些专业骨干具有的智力资本是创业企业保持稳定发展的核心力

量，控制权市场的权力配置结构发生转变。在公司治理结构实践中，曾饱受质疑和批评的双重股权结构正是由于迎合了数智经济时代对创新导向企业控制权配置的内在需要，重新获得理论界和实务界的认同。2018 年 1 月，新加坡股票交易所率先宣布允许“同股不同权”架构上市。同年 4 月，港交所完成了号称“25 年以来最具颠覆性的上市制度改革”，宣布允许“同股不同权”架构公司赴港上市。2019 年 7 月，上交所科创板开板，在试水注册制改革的同时允许发行“同股不同权”架构股票上市。近年来，资本市场上不断涌现出 AB 股双重股权结构、ABC 股三重股权结构、合伙人制度、有限合伙协议架构等多种创新性的控制权实现模式。

具有企业家特质和企业家精神的企业创始人作为企业的灵魂与先驱，对于企业的长远发展具有不可替代、不可或缺的作用；他们往往掌握着企业发展的关键资源，一旦创始人失去对其企业的控制权，企业便失去了继续发展的核心能力。在此背景下，如何保护初创者的控制权对于企业的长期可持续发展意义重大。然而也要注意到，对管理团队控制权稳定的过度保护可能会导致公司代理成本随时间推移而增加。例如，很多创新企业采用的双层股权结构使公司控制权牢牢掌握在创始人手中，他们可能滥用控制权寻求私人收益，这增加了公司的代理成本。

## 二、如何制约技术控制权

双层股权结构公司的代理成本很有可能随时间推移递增。一旦以创始人为核心的创业团队开始利用控制权结构优越性滥用权力，企业将极易陷入权力失衡的经营风险中，强势的企业家做派及其狭隘的个人经验主义可能带领企业走向灾难。例如，乐视网的贾跃亭缔造了乐视早期的成功，但是上市后，他作为大股东，通过各种关联交易和股权质押等手段攫取公司利益，此即创始人的道德风险。而在此时的控制权合约设计下，传统有效的市场治理机制（如接管威胁、卖空机制）可能无法施以有效制衡。因此，探索以日落条款为代表的新型外部公司治理机制必要且迫切。① 日落条款可以分为时间型日落条款和事件型日落条款。时间型日落条款是指公司上市后经过一定的期限，双层股权结构即自动转为单一股权结构。事件型日落条款是指当法定或约定的事件发生时，创始人持有的特别表决权股转换为“一股一票”的普通股。

时间型日落条款中，由于公司转为单一股权结构的期限是固定的，当接近该期限时，创始人谋取私利的动机就会上升。这具体表现为：可以通过关联交易转移公司有价值的资产，从而“掏空”公司；消极参与公司经营管理，降低经营业绩；拉低公司股价，以便低价购入公司股份或将公司资产低价转让给第三人。这些行为在期限届满前更容易引发控制权争夺，干扰公司的长远稳定发展。②

事件型日落条款关注的不是双层股权结构的期限，而是影响创始人人力资本对公司贡献的客观事件，如创始人的持股比例、是否担任公司董事、经营管理公司的能力等。双层股权结构的合理性基础在于创始人稀缺的人力资本对公司的特殊贡献，事件型日落条款把握住了这个关键，当创始人人力资本对公司而言已经不再重要时，投资人便无须继续为此支付“对价”，双层股权结构即终止。③

在一个有效的市场上，是否采用日落条款及采用何种类型的日落条款，取决于市场上资本与人才的稀缺性。若市场上优秀的创业人才稀缺，则创始人处于谈判优势，其可以要求减少日落条款对其权利的限制，甚至取消日落条款。若市场上资本稀缺，则投资人处于谈判优

---

① 陈德球，胡晴．数智经济时代下的公司治理研究：范式创新与实践前沿［J］．管理世界，2022，38（6）：226.

② 沈朝晖．双层股权结构的“日落条款”［J］．环球法律评论，2020，42（3）：80.

③ 高菲．双层股权结构“日落条款”：反思与变革［J］．社会科学家，2023（2）：105.

势，他可以要求公司采用更多有利于投资人的日落条款，对创始人进行更多的限制。资本稀缺性下降，技术稀缺性上升，正是数智经济时代的显著特征。此时，创始人基于技术的优势，自然不愿意屈服于资本，因而自愿选择适用日落条款的意愿较低，这就需要立法或监管机构基于其资本市场有效性状况决定是否对适用日落条款提出强制性要求。近年来，中国等亚洲新兴资本市场在上市规则中规定了强制性的日落条款，这主要是由于新兴资本市场的投资者大多是缺乏知识和经验的散户，机构投资者的比例较低，且缺乏集体诉讼等事后救济措施决定的。而在美国等发达资本市场，由于资本市场较为成熟，监管严格，且基于集体诉讼制度产生的违法成本非常高，虽然一直有呼声要求强制性适用“日落条款”，但各证券市场对此并未做出回应。

日落条款在维护创业团队控制权稳定性的同时，也有效约束了创始人团队滥用表决权或者通过转让 A 股损害其他外部投资者的利益，加强外部投资者对企业的监督。除此之外，企业还可以通过在公司章程中设置其他旨在保护外部投资者的特殊条款，防止企业外部投资者的利益受到内部人侵害，如规定对 A 股持有者在企业合并、分立决策以及重大关联交易等重大事项中的投票权进行限制。

对数字企业公司章程、制度合约的高度重视和科学规划将有效弥补传统外部市场治理机制的失效，规范约束管理层行为，引导权力在正确的轨道上合理行使，巩固科学的公司治理体系。为防止创始人谋取控制权私利，降低公司代理成本，优化公司治理，有必要通过日落条款限制双层股权结构的永续性。

制约权力的不是更大的权力，而是一套完善的机制，这是公司治理的本质所在。创始人在股权融资中如何保护自己的控制权，需要根据公司的发展阶段、战略目标、业务特点等因素来制定合适的股权结构和保护机制。同时，创始人也应该接受一定程度的治理监督，以防止自身的道德风险和能力下降对公司造成不利影响。虽然我们希望创始人有足够的智慧在意识到自身能力或者知识已经与企业的发展不匹配时，能为企业引入更优秀的管理者和投资者，自己“事了拂衣去，深藏身与名”，实现企业和个人的共赢。但毕竟这种智者世间罕有，我们更需要的是制度性的约束，上述“日落条款”就是一种新型的创始人控制权约束机制。

数智经济时代，资本稀缺性下降，技术稀缺性上升，产品市场竞争越发激烈，而数智经济转型、技术变革正双向改写资本市场信息格局。大数据与区块链技术通过实时数据穿透与不可篡改特性，压缩了财务造假空间；算法交易系统使市场信息消化效率呈指数级提升，客观上强化了信息对称性。但技术赋权同时制造新的认知断层：高频交易机构独占算法通道形成信息垄断，量化模型对非结构化数据的解码能力构建起动态壁垒，深度学习重构的估值逻辑使传统财务信息与股价关联趋于模糊。这种技术裂变催生“显性信息透明化”与“深层认知不对称”并存的悖论，市场参与者的技术代际差正在重塑信息权力的分配形态。在这种情况下，不仅仅资本会雇用劳动（技术），劳动（技术）也会雇用资本。股东要想使自己的财富不断地保值增值，就要转变思想，从管理企业到管理资本，股东和企业家要形成一种合作共赢的模式。股东要认识到代代传承的是自己的资本，而不是企业或者业务；企业要不断进行技术升级与转型，才能始终屹立于不败之地。还要加强外部的治理和监管以及外部环境施压，倒逼企业内部一致团结，面对外部的市场竞争压力，提高企业的决策效率。

总之，外部公司治理机制所起的作用，无论是从产品市场、控制权市场，还是政府监管角度，基本上都是通过两个渠道实现的：一是降低信息不对称，二是从不同角度将经理人的一些利益诉求和企业绩效相绑定。例如，将经理人的社会声誉、未来的职业发展和目前的公司绩效进行绑定，这种绑定不一定通过股权来实现。思路拓宽后就会发现绑定可以是多元化的，只要某种绑定形式可以解决委托代理问题，就可以采用。而且外部公司治理机制的一个好处是，它完全是源于外部监督，而不是依赖公司内部监督。股东之间的制衡，董事之间的互相监督、互相制衡等内部监督的好处是能确保公司决策不会形成“一言堂”。但是内部监管所产生的沟通成本以及内耗也会给公司带来不利后果，特别是在面临突发紧急事件、需要进行危机公关时，往往一个人或一个机构说了算的效率会更高。

外部监督机制下，所有的压力都来自外部，反而会产生一致对外的效果。当遇到外部压力时，内部人就会团结起来，一致对外；如果全是内部机制起作用，不仅会产生内耗，降低效率，而且由于内部制衡过多，很难形成一致意见，在应对重大紧急事件时，就显得心有余而力不足。特别是在当前技术飞速发展的时代背景下，企业更需要依靠外部力量，也会面临更多外部压力，因此需要集中全部内部力量一致对外。例如，当外部的产品市场竞争特别激烈时，内部就不能争执不休，此时的目标就是集中力量提升企业产品竞争力来应对外部的市场竞争压力。

当前，数字技术成为企业发展和经济增长的核心动力，信息网络时代的到来使得信息的传递越来越便捷，信息不再为少数人所专有，市场提供了越来越多公平竞争的机会，企业面临的外部竞争越来越激烈。企业要更好地发挥外部治理机制的监督作用，方能实现企业的可持续发展。凭借主体覆盖更广泛、信息来源更多样、独立特征更突出的监督优势，外部利益相关者能有效弥补内部治理在机制设计上的缺失和在执行力度上的不足，与内部治理结构相互配合、共同提高企业整体的公司治理水平。

# 第十一章　从“制度治理”到“软性治理”

内部治理机制和外部治理机制都表现出制度性治理机制的形式。如公司的内部治理机制、股权或薪酬的激励机制等，都是具体可执行的制度性治理机制；政府的外部监管也是一种比较典型的制度性设置。但还有很多润物细无声的治理机制，被称为软性治理机制。

软性治理机制是非制度性机制，不会体现在任何文件中，既不会体现在国家的政策文件中，也不会体现在企业的章程上，而是通过潜移默化的方式，在公司内部发挥重要作用，影响着企业的治理水平。软性治理机制主要包括高管的社交网络关系以及企业文化两大方面：前者主要通过影响监督与信息不对称对公司治理产生正向或负向影响；而好的企业文化往往对公司治理产生积极影响，不好的企业文化则产生消极影响。与制度性治理机制相比，软性治理机制是一种灵活的、非正式的治理机制，其与制度治理机制一样，目的都在于促进公司的长期发展和稳定运营。“制度治理”与“软性治理”相互补充和支持，形成完整的框架，帮助公司实现长期发展和稳定运营。

# 第一节 高管的社交网络关系

## 一、多样化的社交网络关系

### （一）校友关系

校友关系是重要渠道之一。西方社会很重视校友关系，所以美国资本市场上关于软性公司治理的研究，很多涉及校友关系，如哈佛校友、斯坦福校友、MIT 校友、常春藤校友。如谷歌创始人拉里·佩奇和谢尔盖·布林均为斯坦福大学计算机系的研究生。1998 年，布林从另一位斯坦福校友安迪·贝克托尔斯海姆（Andy Bechtolsheim）那里顺利地拿到了第一笔 10 万美元投资。但在中国，校友关系的重视程度较低，这是因为中国的高等教育在“文革”之后才陆续恢复，而 MBA 或职业培训发展的时间更短。不过校友关系在中国正变得越来越重要，各高校都建立了校友会管理机构，校友之间的联络也越来越密切。与校友关系相比，中国可能更重视“同学关系”和“战友关系”，而“同学关系”其实也属于校友关系，且是更为亲密的校友关系。与之相关的是朋友之间的关系，朋友关系在国内外都很普遍，这一渠道会产生一系列的社交网络关系。

### （二）同乡关系

社交网络关系产生的渠道多种多样。同乡关系在中国是非常重要的社交关系来源渠道，有着各种各样的同乡会。

但同乡关系在美国等西方国家并不重要，美国人并不会因为同样来自俄亥俄州或密歇根州，就有一种同源的感觉，这是因为美国是一个移民国家，历史文化积淀较浅，即便来自同一个地方，其祖先很早以前都是从其他国家移民过来的，所以美国没有特别强的同乡观念。另外，在西方国家，虽然有非裔、亚裔、拉丁裔之分，但人们往往并不看重这些，因为很多外国移民都希望融入白人社会。但是在北京，有很多来自外地的北漂，但他们未必一定要融入老北京的世界。由此可见，中国的社会同乡关系特别重要，是一个重要的社交网络关系来源。

### （三）前同事关系

在国外，大公司中的同事关系非常重要，但这在中国表现得不是特别明显，因为中国很多创业的企业家此前没有在大公司工作过，如马云、刘强东等非常成功的民营企业家。但在西方，同事关系很重要，因为很多时候创始人是从大公司出来创业，然后把之前的团队带过来，这也是中国和国外的一个区别。

不过随着中国互联网行业发展已十余年，该行业涌现出大量优秀的企业，同时也培养了大量人才。这些人才在离开原公司后，往往会形成一定的老同事圈子，如新浪的“老浪人”、百度的“百老汇”等。这些由“前同事”组成的朋友圈具有独特的凝聚力，其原因之一是共同的经历令他们更容易互相信任，同时原公司的企业文化也熏陶了他们，使他们在职业性、价值观上更易互相认同。当然，更主要的原因在于，大家虽然离职但多数仍在互联网行业工作，有的甚至在新的公司重新成为同事。大家在新的平台和新的环境中仍会继续交流、合作。

离职员工社群起到了延续友情、扩展人脉的作用，因此逐渐成为互联网业界的流行圈子模式。同时由于离职社群能够传扬原雇主企业文化和品牌影响力，它们越来越受到各大互联网公司的关注和支持。“南极圈”就是这些前同事社群中最有名的“品牌”之一，它是由腾讯公司离职员工自发组织的社群圈子。最早从“老企鹅”（腾讯离职员工自称）潘国华建立 QQ 群“永远一家人”开始，逐步发展为覆盖全国各地、成员数以千计的“前同事”社交圈。由于腾讯公司在中国互联网行业具有领先地位，腾讯的离职员工群体也逐渐成为该领域的重要力量。不仅有大量人才跻身各大互联网公司中高层，也有数以百计的“老企鹅”投身互联网创业潮。这些老企鹅不仅继续引领行业发展，其团结互助、离职不散交情的抱团精神也广受业界称道。

### （四）聘任、提拔关系

另一个重要的人际关系形成渠道是基于聘任或提拔产生的关系，这种现象在中国和西方国家普遍存在。聘任和提拔是公司内部常见的组织变动，这些变动可能会对公司社交网络产生深远影响。首先，聘任和提拔会导致公司社交网络中的关系建立和断裂。当一个人被聘任或提拔时，他们可能与新的同事建立关系，同时断开与旧同事的关系。这种变化可能对公司内部的社交网络结构产生影响。其次，聘任和提拔可能会对信息的传递和流动产生影响。当一个人被聘任或被提拔到一个新的职位时，他们可能会与其他更多的人建立关系，带来更多的信息流通。最后，聘任和提拔可能会影响公司内部的小团体和派系。当一个人从一个部门被提拔到另一个部门时或从一个企业跳槽到另一个企业时，他们可能会与新的同事建立关系，同时断开与旧同事的关系。这种变化可能会导致小团体和派系的形成，从而影响公司的社交网络结构。例如，律师事务所之间律师流动较为频繁，从一家律所过来的律师之间往往更容易打成一片，形成派系。

## 二、社交网络关系对公司治理能够产生影响的原因

有两个原因使人们在企业内部非常重视社交网络关系。当双方之间形成很强的社交网络关系，双方就会存在思想上的绑定，这种绑定会产生两个影响。首先，无论你做什么样的事情，别人都会更加支持你，这又会产生两个影响。一是会提高做事的效率，因为很快就可以得到别人的跟从，工作很快就能得到执行。二是不会受到监督，也不会有人提反对意见，不会受到质疑、制衡或牵制。其次，社交网络关

系会降低协调成本，提高工作效率。中国的上市公司，特别是一些民营企业，都非常看重同乡关系，有些企业甚至整个高管团队或董事会都是同乡，文化上有很强的认同感，在思想上也非常一致。社交网络关系会从各个方面发挥作用，共同的理念、文化、处事方式，会降低人与人之间的互相质疑，会促进合作，降低协调成本，这是社交网络关系的核心。因此，高管的社交网络关系是一种重要的软性治理机制。

## 三、社交网络关系的对内对外影响

### （一）内部社交网络关系

#### 1. 内部关系使经理人地位凸显

社交网络关系可分为对内和对外两种。在一个企业里，董事长、经理人和其他高管之间的社交网络关系属于对内的社交网络关系，这种对内社交网络关系，对公司治理的水平会产生非常大的影响。例如，如果经理人和高管团队之间有很强的社交网络关系，他们之间的思想意识就会更加一致。形成更加一致的思想意识，一方面可以帮助 CEO 扩大权力、提升执行力，因为大家思想一致，经理人的想法更容易获得认同，很快就能得到执行。不过，这种社交网络关系虽然可以提升经理人的权力和执行力，但也会降低企业内部监督能力。而企业内部人员的互相监督，是一个很重要的监督渠道。

卡纳等人用美国上市公司数据进行研究，发现在现任经理人任职期间提拔的高管越多时，上市公司违规的可能性越大，违规后被稽查的可能性越低，且被稽查后对经理人的处罚越低，经理人离职的可能性越低，且违规涉及高管数量越多。①

---

① KHANNA V, KIM E H, LU Y. CEO connectedness and corporate fraud[J]. The Journal of Finance, 2015, 70(3): 1203-1252.

陆瑶和胡江燕利用我国上市公司数据进行研究，发现经理人与董事间的“同乡”关系对企业风险水平有显著正影响。“同乡”关系对非国有控股企业影响比对国有控股企业更强。相比其他地区，东北地区企业中“同乡”关系的影响更强。存在较强“同乡”关系的公司更倾向于采取积极的兼并行为，并且公司的综合财务风险也更高。①

**2. 提高经理人对股东的议价能力，挑战股东权威**

如果经理人在公司的社交网络关系非常强，他对股东的议价能力也会相应增强。如果股东想换掉经理人，后者就可能带走整个团队，相当于掏空整个公司的管理团队，正如格力电器的董明珠对管理团队的影响和控制。很多时候，在某个公司或单位，一名高管的离职不仅仅是他一个人的离职，更可能是一个组织、一个团队的离职，因此，拥有强势社交网络关系的经理人在公司会对股东形成更强的议价能力，让股东不能也不会轻易对其进行替换，因为替换的成本太大——经理人可能把公司的整个核心团队带走，特别是对一些高科技公司来说，很难承受核心技术人员被掏空的代价。

**3. 弱化公司内部监督**

软性治理机制中的社交网络关系形成渠道，如同乡、同学、前同事等方式产生的社交网络关系，其中，前同事社交网络关系的作用最强，但这些关系远不如提拔、雇佣渠道产生的社交网络关系强大。作者的一项研究发现，在一个公司中，由雇佣、提拔关系产生的社交网络关系会增加公司财务舞弊的概率，原因如下。第一，内部的社交网络关系会使经理人的命令有更强的执行力，但同时也会降低内部人举报的概率，削弱稽查和揭发的效果，尤其会弱化自下而上的监督。第二，即便公司被查出存在财务舞弊行为，对经理人的处罚也会比较轻。

---

① 陆瑶，胡江燕．CEO 与董事间“老乡”关系对公司违规行为的影响研究［J］．南开管理评论，2016，19（2）：52-62.

如果经理人的财务舞弊行为触犯刑法，就会被定罪量刑，甚至送进监狱。除最严重的刑法处罚外，企业对经理人最大的处罚就是解聘。但研究表明，在社交网络关系很强的公司，即便发生财务舞弊，也不太可能解聘经理人。原因很简单，一旦解聘经理人，他可能会带走整个团队，对企业造成巨大损失，因此企业往往会权衡利弊。另外一个研究发现，社交网络关系越强的企业一旦涉及违规操作或财务舞弊，牵涉的高管人员往往越多。原因在于，经理人若要进行财务舞弊，通常需要首席财务官的支持，因此双方会高度绑定，最终一同受到牵连。上述结论是基于美国数据的研究得出的。

作者基于中国的资本市场，针对同乡社交网络关系展开研究，发现在中国的上市公司中，如果同乡关系特别密集，公司更倾向于开展高风险投资行为，如大额兼并收购等。原因也很简单，如果有很多同乡关系，公司管理层就会紧密抱团，企业进行高风险投资决策时内部质疑相对较少，公司内部的制衡内控就会较弱，所以高风险投资行为就会更容易实施。①

作者还与其他学者合作进行了一项研究，发表在国际管理学顶级期刊《管理科学》上，研究发现了一个特别有意思的现象。② 企业会面临政府政策性的管理。很多时候，上有政策，下有对策。对于这些制度性的管理政策，企业可以通过软性治理机制去弱化制度性的要求。该研究基于美国上市公司的数据进行。美国上市公司的《萨班斯-奥克斯利法案》要求公司加强公司治理，引入独立董事。因此，这些上市公司必须遵循法案的制度要求，引入独立董事。尽管基于制度要求，企业不能直接与政府对抗，但可以采取一些软性方式，让政府政策的

① 陆瑶，胡江燕．CEO 与董事间的“老乡”关系对我国上市公司风险水平的影响［J］．管理世界，2014（3）：131-138.

② KIM E H, LU Y. Executive suite independence: is it related to board independence? [J]. Management Science, 2018, 64(3): 1015-1033.

硬性要求如同“铁拳砸到软棉花”上，起不到应有的效果。研究发现，公司受到政策影响之后，对经理人、董事会的控制力更差了。经理人会把高管团队打造成一块铁板，尽快把自己人提拔上来，使高管团队成为社交网络关系非常紧密的一个团队。虽然董事会中外部人更多了，但经理人的自己人、内部人也更多了，从而，高管团队的社交网络关系变得更加强大，互相关系变得更加紧密。这样实际上弱化了《萨班斯-奥克斯利法案》中50%独立董事的要求。

董事会拥有监督和建议的职责，特别是监督职责非常重要。但董事会要发挥监督作用需要满足一个前提条件：董事会需要获得充分的信息才能进行监督，这些信息需要由公司内部披露并提供给董事会，以便董事会了解情况后进行监督。因此，经理人只要把内部高管团队打造得特别紧密，就会将重大信息全部封锁在团队内部，外部人没有渠道获得信息，所得到的信息都是经过高管团队筛选过的。通过这样的操作，经理人可以弱化董事会的监督作用。

也有学者对企业通过什么渠道来弱化董事会的监督展开研究。经理人会把有关投资项目的文件做得特别复杂，通过把信息复杂化，或者提供非常少的信息等方式。虽然独立董事想监督，但是如果不能掌握任何信息，就无从监督。当政府出台一些制度性要求后，企业往往采用软性机制来对抗，因为软性机制不可能写在政策文件上，这就不会留下证据来判定企业违规。

**4. 提高经理人对决策的影响力和执行效率**

内部社交网络关系也会产生正面效果。作者与其他学者在2019年采用美国的上市公司数据做了一个研究，发现内部的社交网络关系，尤其是雇佣、提拔产生的社交网络关系，非常有利于企业面对快速的产品市场竞争做出迅速反应。当企业尤其是高科技企业面临快速产品市场竞争时，这种社交网络关系可以帮助其尽快研发，推出一些新产品。特别是在一些行业，企业面临的市场变化是极其动态化的，在这种情况下，如果企业的团队非常团结、意见一致，就会运作得更好、更具效率。原因在于一个紧密联结、意见统一的团队能够很有效地降低内部沟通成本，时间就是效率，沟通成本越低，效率自然越高。①

上述都是社交网络关系对公司内部的影响。软性治理机制不能一概而论，既有不好的一面，如会加剧委托代理问题，也有好的一面，如帮助企业提高效率，因此对软性治理机制还应具体情况具体分析。

### （二）外部社交网络关系

外部社交网络关系指的是经理人与外界的广泛社交。经理人在公司外可能拥有很多社交网络关系，如他认识很多政府官员，还可能拥有很多社会上的其他资源。另外，董事也有个人的外部社交网络关系，如一些公司的董事在其他的公司兼任董事，通过这种连锁董事，就会将公司与其他公司联系在一起。

如果经理人对外社交特别广泛，就会给企业带来正负两方面影响。正面影响是可以给企业带来很多资源。如与银行、政府，甚至与一些上下游公司关系比较好，能带来很多贷款、项目、产销方面的资源。负面影响是经理人能量很大，会对股东有很强的议价能力，因为他对于公司非常重要，很难轻易被替代。这正是马云等人要打造自己的企业家精神的原因，把自己推出去后就增加了其作为经理人对股东的议价能力，使企业不能轻易替换他，因为一旦替换，企业就会失去目前在市场上的声誉。

与此同时，如果董事对外的交往特别广泛，如担任很多公司的董事，可能会在公司之间传递许多信息，导致很多公司的行为呈现或多

① LI M, LU Y, PHILLIPS G M. CEOs and the product market: when are powerful CEOs beneficial? [J]. Journal of Financial and Quantitative Analysis, 2019, 54(6): 2295-2326.

或少的趋同性。在会计、财务领域，学术界有很多这方面的研究，如某人担任某个公司的独立董事后，该公司出现很多财务舞弊行为，其担任独立董事的其他公司也会出现很多财务舞弊行为。此外，很多研究企业战略的学者也做了相关研究，发现某人在某个公司做独立董事，这个公司进行了很多并购，后来又进行了很多分拆，他到另外一家公司也会不停地建议并购与分拆，这也是一种趋同现象。总之，董事的对外联系或外部社交网络关系会使很多公司的行为趋同，也会导致公司的很多信息在整个市场上传播，产生这样的效应。

高管的社交网络关系对公司治理会产生相当大的影响，既有正向也有负向，可能会扩大信息不对称，也可能会减少沟通成本。无论正向影响还是负向影响，都表明高管的社交网络关系确实会很大程度上影响公司治理状况。

## 第二节　企业文化的力量

企业文化是指企业在实践中逐步形成的，为全体员工所认同、遵守、带有本企业特色的价值观念、企业精神、发展目标、企业形象和企业团体意识的总称。它是增强企业员工凝聚力、向心力和持久力的意识形态的总和。企业文化是企业的灵魂，是推动企业发展的内在不竭动力。

企业文化是企业员工在从事商品生产与经营过程中共同塑造的文化形态，是企业长期形成的某种文化观念和历史传统，能把众多人的兴趣、目的、需要以及由此产生的行为统一起来。它是企业领导倡导、培植、身体力行并通过各种方式灌输到全体员工的日常行为中去，日积月累逐步形成的。企业文化一旦形成，就会反过来对企业经营管理发挥巨大的影响和制约作用，即使企业领导人更换，也会代代相传。企业文化是文化体系中的一个重要组成部分，它是民族文化和现代意识在企业的综合反映，是在民族文化和现代意识影响下形成的具有企业特点的群体意识，它渗透在企业的一切活动之中，是企业的美德所在。

## 一、契约精神是企业文化的核心

所有商业活动都是以合同为基础的。企业本质上是多种契约关系的集合，经理与股东之间也存在委托代理的契约关系。具有契约精神的企业文化会约束企业家行为，提高公司治理水平。因此，管理者应该遵循契约精神，按照契约行事，通过合规的行为和市场机制来维护和发展自己。反之，管理者言行不一会给企业文化带来负面影响。如果管理者的言行不一致，企业员工就不会相信管理者，企业也就不会形成诚信合规的企业文化。

高盛集团（Goldman Sachs）前副总裁格雷格·史密斯（Greg Smith）在一篇极具争议的《纽约时报》（*New York Times*）评论文章中写道："文化始终是高盛成功的重要组成部分。它围绕着团队合作，正直，谦逊的精神，始终做正确的事情这种文化是一种神秘的调味汁，它使这个地方变得伟大，使我们赢得了客户 143 年的信任。"可见，对诚信守规的认同非常重要，好的企业文化会悄无声息地使企业往好的方向发展。

产品市场如此，股票市场也如此。如果对这个企业不了解，肯定不会愿意去投资这个企业，不会去买这个企业的股票。企业的文化之所以非常重要，是因为它会影响企业的可持续发展。

很多研究也发现，企业文化对企业的影响确实非常大。一些国外的学者发现，在一个文化氛围较好、注重诚信及自我约束的地区组建的公司，经理人获得超额回报、超额薪酬的可能性通常比较低。尽管经理人可以自行决定薪酬，但这些薪酬对股东而言都是劳动力成本。在一个比较具有诚信文化的地区，高管挥霍企业资源的行为实际上可以得到控制，因为高管在一个诚信社会中会面临更大的舆论压力。

芝加哥大学的金融系教授路易吉·津加莱斯等人的研究发现，实际上这些软性治理机制——文化，比任何一种制度性治理机制的作用都重要，一旦文化得到控制，制度便显得无关紧要，所以文化治理比制度治理更加重要。①

## 二、诚信守规的文化传统

文化传统是指贯穿于民族和国家各个历史阶段的各类文化的核心精神。每个民族和每个国家的文化既因时因地而异，又具有一定的稳固性和延续性，这正是文化传统所起的作用。文化传统也是一个非常重要的软性公司治理机制。文化传统实际上是一个公司的 DNA（脱氧核糖核酸）。每个人都有自己独特的 DNA，DNA 存在于人体内，虽然看不见摸不着，但它影响着每一个细胞，通过潜移默化的方式，在一个集体、组织或系统中发挥着巨大的作用。文化传统是基于国家或地区长期历史发展逐渐形成的。其中包含一种核心精神，这种核心精神会直接影响人们的价值观、行为以及员工的表现，而员工的表现最终决定了企业的表现。任何一个人做任何事情都是理性的，都会权衡收益和成本，但收益和成本并不完全用金钱来衡量，而是用个人的效用函数来衡量。正如经济学中抽象的效用函数概念所分析的，这种效用并不仅限于金钱上的收益，而会综合考虑各种利害关系。人的效用越高，就越愿意做某件事情；效用越低，就越不愿意做某件事情。效用有时与人的价值观相关：当一个人认为某件事情是对的，做了就会很高兴，就会更愿意去做；有些事情虽然并不会带来金钱效益，但是做了会带来幸福感，这实际上提高了效用。这种效用主要源于文化传统，

① GUISO L, SAPIENZA P, ZINGALESS L. The value of corporate culture[J]. Journal of Financial Economics, 2015, 117(1): 60-76.

这也是文化传统特别重要的原因。文化传统会提高或降低一个人的效用，最终影响决策过程。

文化传统对公司治理的影响是不确定的，完全取决于是哪种文化。良好的文化会提升公司治理水平，而不良的文化则会降低公司治理水平。何为好的文化？诚信和守规这样的文化是积极的，有助于企业提高公司治理水平。

诚信守规的文化可以促进公司经理人与外部股东之间经营目标的趋同，使双方都能产生自我约束的动机；它还可以为高管提供“精神上的激励”；可以增强公司内部人员的彼此监督，从而减少信息不对称；可以提高社会规范，使得违规人一旦被发现将面临更大的声誉损失和经济损失；同时还有助于企业吸引具有相同理念的员工。

试想一下，如果一个企业坚持诚信守规，每个员工都诚信守规，一旦有不诚信守规的行为就很容易被发现，这就增加了企业内部的互相监督，帮助外部人员更好地获取信息，外部人就会对企业更放心一些。相反，如果企业文化不是诚信守规的，每个人都不诚信守规，那么任何人做坏事也不容易被察觉。大家同流合污，谁也不会监督谁，因为只有做对的人才有资格批评做错的人；大家都做得不对，谁也没有权利或资格批评别人，反而会因为担心暴露自己的不端行为而选择沉默。这实际上削弱了企业内部的互相监督，为企业进行不良行为、降低公司治理水平提供了机会，从而影响公司的治理水平。

文化具有多元性，中国传统文化尤其如此。除了诚信守规这种文化，还有很多其他的文化。中国有着忠实、忠诚的文化传统，这些文化有时也会影响公司治理。例如山水水泥案例中，其实际控制人对企业的贡献非常大，一手把曾经濒临破产的山东老水泥厂改造成一个香港上市公司。然而，经理人后来也做了很多不好的事情，如上市掏空股东，甚至将员工持股会的话语权和股权占为己有。但是，作为孔子故里的山东是一个比较传统的地区，员工对老板极为忠诚；老板当年也确实是在水泥厂濒临破产之际力挽狂澜，将其转变为上市公司，加上很多员工都是老员工，唯老板马首是瞻，对老板很忠诚。在这种情况下，即便知道老板做了很多不好的事情，员工也不会去揭发或及时指出来。由此可见，这种忠诚文化有时也会对治理水平产生负面影响。

陈冬华等人（2023）从历史分析的视角，提出了一种新的公司治理观点——中国社会关系结构下的隐性契约解释，并探讨了隐性契约在中国社会中形成的文化及伦理起源，阐释了构筑于隐性契约之上的中国公司治理的分析框架模式。① 隐性契约是指与显性契约相对应，交易双方（或多方）自愿就某一交易（或一组交易的集合）的未来不确定性所引致的包括投入、收益及风险等方面的分配所达成的、未言明的、内心体认的一致。中国社会的关系之中所包含的伦理内涵，并非超验的、宗教式的、康德的绝对道德律令，而是与所有人生活的利益总和相关的情之所在。在儒家道德哲学基础上形成的中国社会之关系结构，是隐性契约的实施保障。风俗、惯例和社会规范中，存在着的内容越多，就意味着双方的契约中有越多的隐性成分。这些风俗、惯例和社会规范本身并非双方交易的直接契约内容，而是在契约上的投射，从而构成了隐性契约。中国社会独特的、富有伦理特征的关系结构，是契约实施的重要保障，是成本沉没的开放式治理机制，是一个社会的最重要的基础设施之一；同样，也正是在这一约束条件下，契约的内容、形式和实施才得以实现“俯瞰式”的一体展开；并且，不仅俯瞰某一交易，更是俯瞰关系结构中双方的连续交易，以及对双方在网络内与其他所有各方连续交易。可见，在英美已知的知识和经验以外，分析和研究基于隐性契约的中国公司治理问题

① 陈冬华，范从来，徐巍．公司治理新论（下）：一个中国社会关系结构的视角［J］．会计与经济研究，2023，37（2）：12.

特别重要，否则难以描摹中国公司治理的全貌，也难以对公司治理的政策和实践做出正确的指导，进而影响对中国经济增长微观机制的精准认识。

在经济学理论中，企业被视作个人通过合同来谋求合作的一种组织形式，即企业的合同束（nexus of contract）理论。公司作为商业组织的一种，也可以被看作一系列被反复遵循和履行的合同，除了出资人签署的出资协议、公司章程等明示条款，公司法和其他类型的商事组织法实质是一系列当事人自由同意并选择的默示合同条款。公司法等商事组织法提供的公司治理结构的很多制度可以降低代理成本，故而把这些制度看作当事人的自由选择：公司的股东和经理人事先看到了代理成本的问题，公司治理结构则是双方主动选择的最小化代理成本的结果。而除了公司股东、经理人之间的明示契约条款以及以公司法律法规等法律制度形式表现的默示契约条款，以传统文化和伦理为基础的隐性契约可以视为对公司治理的非制度性补充，是一种重要的软性治理机制。当然，历经旧民主主义革命和新民主主义革命的影响、马克思主义思潮的洗礼、十年“文革”的冲击以及改革开放后西方后现代主义、新自由主义以及所谓民主社会主义思潮的涌入后，中国传统的社会结构发生了很大的改变，绝不能单纯以在中国传统社会中形成的文化及伦理基础上形成的隐性契约，来诠释中国公司治理的文化基石，而应结合当下的经济、社会发展特征，充分评判传统文化和伦理在现代社会的新发展，来探讨社会结构与公司治理的关系。

不可否认的是，文化传统能够对公司治理产生极为重要的作用，起到的作用是正向还是负向的，取决于是哪种文化。中国传统文化中的优良部分，如仁爱互助、包容和谐、诚信守规等内容，会提高公司治理水平，增加内部监督、规范每个人的行为。而文化中的糟粕部分，如封建等级观念，会导致权力滥用；过于强调权威、顺从的儒家伦理束缚往往会限制个人发展和自由，阻碍创新，这些糟粕部分不利于公司治理的改善，甚至导致公司治理恶化。此外，还有一些文化，如忠诚文化也会变相地影响治理水平。这种影响有时是正向的，如对公司尽到忠实义务、保守公司秘密等；有时则是负向的，如单纯甚至毫无原则地对老板忠诚，反而会导致不能及时发现公司存在的问题，影响公司的治理水平。总之，文化传统是一种非常重要的软性治理机制。

## 三、如何建立好的企业文化

企业文化建设的内容很广泛，既不能泛泛而谈，也不能千篇一律。企业要根据自身的特点，结合自身的实际情况，通过企业文化的表现形式，在企业的物态文化、制度文化、行为文化、心态文化中挖掘、提炼、提升、弘扬，使之成为企业长期建设的内容。

### （一）培养企业精神

一个企业有自己的历史和优良传统，在成长过程中会经历风雨、遇到坎坷。能走到今天，一定有可歌可泣的故事。企业领导者要注重在企业中渲染这些可歌可泣的精神，培养企业的艰苦创业、勇于战胜困难、追求卓越的奋斗精神，并使之成为全体员工的共同意识。企业精神是什么？是企业的灵魂。无论是IBM“尊重个人、追求卓越、服务顾客”的企业精神宣示，还是同仁堂“炮制虽繁必不敢省人工，品位虽贵必不敢减物力”的传统古训，都体现了企业的核心文化精神。在渲染企业文化时，口号、标语、各种方法的宣传是最直接的鼓动形式，有时一句口号会成为一个企业的航标，影响一代又一代人。但是，如果企业只是贴标语喊口号，而不去树立真正的精神标杆激励员工，企业精神便只是一句空话。

### （二）注意打造企业产品文化

产品文化属于物质文化的范畴。企业向社会提供产品和服务。产品不仅具有物质性，更应具有文化性。生产什么产品、向社会提供什么服务、起什么作用、达到什么目的；怎样生产、采取什么工艺流程、达到怎样的质量效果，都是产品文化孕育的过程。不同的企业生产不同的产品，所以拥有不同的产品文化。例如，武汉探矿机械厂生产矿石加工设备，与矿石文化密不可分。赋予产品文化性，消费者在使用过程中就有饱尝文化滋味之感，员工也感到产品的生产过程是一种文化享受，销售人员在销售产品时会感到自己既是在销售产品，也是在传播一种文化，即所谓“儒商”之感。

### （三）加强企业制度文化建设

制度文化建设是企业文化建设的重要组成部分。没有制度就没有规范，也就不能自律与律人。企业应根据自身特点建立一套有效且切合实际的规章制度，使员工明白什么该做，什么不该做。通过长期的自律，逐渐形成习惯。一部优秀的企业规章制度应随企业发展而传承下去，即使领导变换，制度也保持不变。制度的人性化、规范化、有效化以及不断完善，构成了制度文化建设的过程。

### （四）管理中突出以人为本的理念

以人为本，注重人在生产、管理过程中的主导地位，围绕调动人的主动性、积极性和创造性来开展一切管理活动，以符合时代的要求。企业要为职工发挥主观能动性提供广阔空间，注意构建企业与职工共同发展的双赢平台，使职工感到企业不仅为他们提供了物质生存空间，还是他们实现个人价值、寻求集体归属感的理想场所。在精神得到满足的基础上员工会努力工作。同时，还要让职工懂得只有企业发展壮大，他们才有更大的发展空间，使职工与企业成为利益共享、风险同担、荣辱与共的命运共同体，从而更加努力地工作以回报企业。企业还要善于发现和合理使用人才，为职工规划职业生涯，提高其职业兴趣，发挥人的潜能。

### （五）企业家是企业文化建设的关键

从某种意义上讲，企业文化可视为企业家文化。企业家的思想境界和追求是企业文化的天然基因，企业家精神是企业精神基因编码的首席“操盘手”。企业家深厚的文化修养、广博的知识品位、高尚的道德情操以及丰富的想象力，直接影响并决定企业文化的形成及传承。没有高尚情操和精神境界的企业家，不可能带领企业员工共同创造优秀的企业文化。2021 年，一些知名企业陷入困局、破产重组，一些有实力的企业妄图搞垄断、“悄悄上市”，引起全社会的警惕并广受抨击，一些著名企业家被人质疑、光环褪色，实际上已经为中国的企业文化建设敲响了警钟。

在企业文化的培育和建设中，首先，要意识到管理者对普通员工具有重要的示范作用。其次，要平等对待管理者和普通员工，虽“人生而不同”，但“人人平等”。最后，要注意公司与员工之间的双向沟通。公司需要向员工解释规则；公司应对遵循规则的员工给予鼓励与表扬；也要对不遵循规则的员工进行批评与惩罚。例如，阿里巴巴每年通过绩效考核和价值观评估，选拔“价值观标杆员工”。再如，2020 年，一名客服员工因在疫情期间主动帮助湖北商家解决物流问题（体现“客户第一”），获得公司公开表彰、晋升机会及股票奖励。这类员工的事迹会通过内部平台、年会等渠道宣传，成为全员学习的榜样。2016 年的“月饼事件”则体现了对不遵循规则员工的批评与惩罚。技术部门五名员工编写脚本抢购公司内部月饼福利，尽管未造成损失，但因违反《诚信行为守则》被直接解雇。阿里巴巴强调，无论员工能力多强，违背“诚信”原则必须严惩，以此警示全员规则不可逾越。

而 WeWork（众创空间）的企业文化与创始人的行为则成为反面案例。WeWork 宣传的企业文化与其实际所作所为并不一致，甚至截然相反。表 11.1 为 WeWork 的企业文化与创始人行为的对比情况。

表 11.1 WeWork 的企业文化与创始人行为的对比情况

| 企业文化 | 创始人以及公司真正的行为 |
|---|---|
| 做正确的事 | 酗酒和吸毒；亚当被指控定期食用大麻 |
| 同舟共济 | 首次公开募股失败前，亚当个人收入超过 7 亿美元。亚当离开 WeWork 后，他的员工面临裁员和毫无价值的股票期权 |
| 创业精神 | 亚当根据个人偏好投资，如 WeGrow（昂贵的小学，每年花费 4.2 万美元）和 Wavegarden（冲浪池公司） |
| 感恩 | 对女性员工性别歧视 |
| 做好人 | 对员工的贬损性评论。据报道，亚当在背后批评一些员工是“B 级球员” |

可见，WeWork 企业及创始人的种种不良甚至荒诞行径与其所宣称的相去甚远。

当 WeWork 的招股书一经公布，其巨额亏损及管理无序等问题便暴露无遗，引起各界哗然。独角兽的光环破灭之后，WeWork 的估值瞬间遭到腰斩。连遭变故的 WeWork 在终止 IPO 之后一直在破产边缘徘徊，WeWork 的员工心中充满绝望。但与此同时，WeWork 创始人亚当·诺依曼却在这场博弈中赚得盆满钵满，这引起了多年来跟随 WeWork 出生入死的员工的愤怒。

企业家的个人品行及形象往往会对企业文化产生重大影响。雷军塑造了小米文化的核心基因：以“和用户交朋友”为理念，将“感动人心、价格厚道”融入产品哲学。他坚持“技术为本”，推动每年百亿元的研发投入，以工程师思维驱动创新；倡导“快速迭代”，要求团队直面用户反馈，MIUI 每周更新成为用户共创的标杆。其“厚道”

价值观渗透至供应链管理、生态链合作，强调效率与透明，形成扁平化、去官僚化的组织风格。雷军的务实与使命感，让小米在商业与价值观间找到平衡，成为“互联网+制造”的文化符号。

与之相反，Uber创始人特拉维斯·卡兰尼克（Travis Kalanick）的激进管理风格曾严重破坏企业文化。他纵容“兄弟会”式职场文化，默认性骚扰与歧视行为，公开宣扬“踩踏对手”的竞争逻辑，导致内部士气涣散、法律纠纷频发。其“狼性文化”演变为员工高压与道德失序的温床，最终引发大规模罢工与董事会干预，卡兰尼克被迫卸任，公司耗费数年重建价值观。

# 第十二章　ESG 与公司治理

传统股东保护主义不能保证企业未来能够长期可持续发展，从而使公司治理陷入困境。公司治理困境超出了股东利益至上和资本多数决原则所能解决的范围，要实现长期可持续发展，需要企业所有利益相关者都能支持企业的发展，因此，公司治理需要对所有利益相关者负责。ESG 提倡的相关利益者理论在一定程度上对上述治理困境作出了回应，正如 2022 财新夏季峰会发布 ESG2. 0 倡议所指出的，ESG 理念可以从以下三个方面致力于回应相关利益者的需求：其一，构建一套市场驱动的从股东中心向利益相关者经济转型的理论和行动框架，使 ESG 从更多回应外部需求真正成为企业实现长期价值的内在驱动力，使利益相关者经济更具发展潜力。其二，探索一套更有效的与利益相关者沟通 ESG 信息的方式，使 ESG 信息更可得、可信、可读、可用。其三，开发一套可指导企业践行利益相关者经济的管理和分析工具，使企业更便利地在企业经营管理中以利益相关者经济视角审视自身，调整战略、管理和业务。

只有将 ESG 理念同企业长期价值的发展结合，与此同时，企业采取各种实实在在的对相关利益者负责的策略，相关利益者才能支持企业的发展。也只有与相关利益者形成良性互动，企业才能实现高质量的可持续发展。

## 第一节　ESG 理念：从企业社会责任到绿色治理

ESG 理念的兴起，是一个复杂而深远的过程，它源于对企业社会责任和绿色发展的深刻认识。

### 一、企业社会责任

随着现代企业制度的不断发展，股东、债权人、雇员、消费者、供应商、政府、社区居民等利益相关者的权益逐渐受到公司经营者的关注，公司治理由传统的股东至上的“单边治理”模式演化为利益相关者“共同治理”模式，企业的责任也相应地由单一的经济责任转变为关注利益相关者的社会责任。企业社会责任强调资本的社会性与伦理性，不仅要求企业取得财富的过程符合法律和商业伦理规范，而且要求企业使用与处置财富的过程也要符合法律和商业伦理规范。

企业的社会责任可分为经济责任、法律责任、道德责任和慈善责任四方面，这四项社会责任是一个整体。经济责任是指企业要为社会创造财富，提供物质产品和工作机会，并促进经济增长，它是所有责任的根基，是企业社会责任的最基本要求。从股东至上理论出发，履行社会责任可能为企业创造更多市场和更高声誉，有助于提升企业价值。法律责任是指企业的生产经营必须遵守法律法规，法律责任是企业社会责任的底线，如果触碰这一底线，企业将会遭遇重创。道德责任是指企业对其经营行为可能影响的社会和环境变化承担责任，企业有义务尽量避免或者最低限度地伤害利益相关者。慈善责任是指企业要致力于做优秀的企业公民，更大范围地承担促进社会进步的其他无形责任，向社会贡献资源，提升人们的生活质量。道德责任和慈善责任是企业从利益相关者理论出发，履行其对社区、公众、消费者、员工等利益相关者的责任，并实现他们利益的重要方式。

近年来，我国多家老牌民族企业在自身面临困境的情况下，不忘捐赠灾区，履行社会责任，广受消费者追捧。

2021 年 7 月 21 日，在河南郑州遭遇特大暴雨后，鸿星尔克心系灾区，捐赠了价值 5 000 万元的救灾物资。而上述举动也将鸿星尔克这一良心企业拉入大众视野。有不少网友直言，以为鸿星尔克快“倒闭”了，结果却在紧要关头驰援河南灾区。随后，800 多万人冲进鸿星尔克的直播间开启购物模式，一直不太受关注的直播间当晚销量暴涨 52 倍，多件单品被卖到脱销，鸿星尔克老板在直播间呼吁网友理性消费。

2021 年 8 月，鸿星尔克再度低调捐款。据河南博物院发布的微博，鸿星尔克向河南博物院捐赠 100 万元，用于支持灾后重建工作。文中提到，鸿星尔克表示“我淋过雨，所以也想给别人撑把伞”。

鸿星尔克事件的背后有三方：灾区、网民、品牌。将他们串联在一起的便是共情，共情是鸿星尔克成功出圈的最底层逻辑。所谓共情，是人同此心，心同此理。首先是网民与灾区之间的共情，其次是品牌与灾区之间的共情，最后是网民与品牌之间的共情。品牌的表现引发了民众的关注。鸿星尔克、白象、汇源等品牌都在面临经营困境甚至生死危机的情况下，给予了灾区极大的支援。这种强烈的社会责任感引发了民众的共鸣。

可见，对于鸿星尔克这样的企业，其公益光芒背后体现的社会责任就是最好的企业公关和品牌广告，通过电商直播唤起了亿万网友的热爱。

## 二、绿色治理

绿色治理是以建设生态文明、实现绿色可持续发展为目标，治理主体参与、治理手段实施和治理机制协同的“公共事务性活动”。治理主体包括形式、结构和成员各不相同的企业、政府、社会组织以及公众。应秉承“多元化治理”的秩序观，从系统观和全球观的角度出发，识别治理系统中各主体的关联性，综合考虑各方利益和诉求，建立多元治理主体协同的治理机制。

作为生态环境问题的主要和直接制造者，公司（尤其是上市公司）并未形成绿色发展的内在驱动力，更多是消极应对环保监管要求等外部压力，“浅绿化”甚至“洗绿”问题普遍存在。要真正解决这一问题，必须从单纯对公司行为的环境法规制，转向对更为根本的公司绿色治理的重点规范，即从公司治理这一根本层面入手，深刻改变公司价值目标和发展理念，实行绿色治理。

以绿色治理理念指导企业 ESG 实践，首先是逐步培育绿色文化。将绿色治理理念纳入企业愿景、使命和章程中。以绿色标准、指南或行为准则为基础，对绿色治理行为进行有效的指导。以可持续发展为目标，建立绿色发展的长效机制。

其次是要基于绿色治理理念完善公司治理架构和管理体系。形成“董事会负责，管理层执行，其他部门协调配合”的多层次治理体系，确保绿色治理制度的科学性及其实施和更新。成立专门绿色工作领导小组和日常工作机构，定期召开绿色治理专题工作会议，负责指导和监督企业日常的绿色生产经营活动，并建立、完善沟通渠道，保证在突发情况下能够迅速响应。

再次是要对企业生产经营的各个环节进行绿色管理。在供应链、采购和生产等多方面推行绿色理念，优先选择环境影响最小化的产品和服务，采用更严格的环境标准以及能效和节能技术，提供环境友好型产品和服务。另外，还应推行绿色考核，把环保指标纳入考核体系，加强项目建设中的环境评估和环境保护，鼓励环保行为。

企业在 ESG 报告中要清晰、准确、充分地披露其决策和活动对社会和环境的已知和潜在的影响，使利益相关方能够准确地评估组织的决策和活动对他们利益的影响。定期在 ESG 报告中披露企业的能源效率状况、环境治理等环境信息，应公开披露所使用和排放的相关有害材料的数量和类型，及其在正常运行和意外泄露情况下对人类健康和环境的可能风险。为防止意外或不可预见的消极影响而采取必要的风险防控措施，应基于风险防控和可持续发展的理念推进战略实施，合理评估并适当缓解自身活动所引致的环境风险和消极影响，建立应急管理制度，设置应急反应程序，配备应急处置物资，以缓解对环境和人类财产安全的影响，及时向主管当局和当地社区通报环境事故信息。

企业还应建立旨在提高环境治理能力的内部控制机制，逐步探讨实施环境会计，为内部控制提供有价值的会计信息。如在采购、生产、销售等环节建立有利于环境治理能力提升的内部控制机制，逐步探讨环境治理事项的会计确认、计量和核算，尝试编制环境会计资产负债表和利润表等财务报表，为企业环境治理的内部控制提供客观、真实、可靠的会计信息。

## 第二节　ESG 的含义及其与公司的关系

ESG 强调企业在追求经济效益的同时，也要积极履行环境保护、社会责任和公司治理等方面的义务，以实现可持续发展。

### 一、 ESG 的含义

ESG 是指在投资和企业经营决策中考虑环境、社会和治理因素的一种方法，这些因素被视为评估企业长期可持续性和影响力的关键因素。ESG 是一种关注企业环境、社会、治理绩效而非财务绩效的投资理念和企业评价标准。

ESG 因素被越来越多地视为投资和商业决策的重要考量，因为它们可以帮助评估企业的风险管理、长期可持续性以及社会责任。越来越多的投资者和企业认识到考虑 ESG 因素对业绩、声誉和社会影响的重要性。

ESG 在环境、治理及社会方面都包含了丰富的内容。环境方面主要包括资源利用、排放、技术变革；社会方面主要包括劳动力、人权、社区、产品责任；治理方面主要包括管理层、股东、企业社会责任战略。

近年来，学者、业者、民间倡议组织，乃至联合国、OECD 等跨政府组织都对 ESG 的概念进行了界定。ESG 包含环境（E）、社会（S）和公司治理（G）三个范畴，各方对此看法比较一致。但对三个范畴下，分别涵盖哪些主题和议题，及其相对重要性的看法，则相当不一致。比较这些界定后会发现，各方对 E 的共识最高，其次为 S，最不明确的是 G，其中涵盖的议题包括股东权益保护，商业伦理相关的反垄断、反贪污、反欺诈等。

在具体界定上，ESG 常以三级方式界定，第一级是 E、S、G 这三个维度，第二级是主题，第三级是议题。为便于理解，以明晟（MSCI）的 ESG 评级框架来说明。① 三个维度下有 10 个主题，分别是：E 维度下的气候变化、自然资源、污染与废弃物和环境治理机遇，S 维度下的人力资本、产品责任、利益相关者反对意见和社会机遇，以及 G 维度下的公司治理和企业行为，第三级有 37 个议题。具体细节见表 12.1。

表 12.1 中的各 ESG 议题可对应于明确的利益相关方。例如，生物多样性和土地使用议题直接对应的利益相关方是生态环境，但他们也会间接影响其他利益相关方。产品安全和质量议题对应的利益相关方是顾客，员工健康与安全议题对应的利益相关方是员工，供应链劳动力标准议题明显对应的是供应商；董事会议题包括董事会组成、独立性、多样性等特性，反映它代表股东监督职业经理人管理效能的质量，主要对应的利益相关方是股东。

---

① 明晟是全球领先的金融指数编制机构。

表 12.1　从 MSCI 的 ESG 评级框架看 ESG 议题

| 3 个维度 | 10 个主题 | 37 个 ESG 关键议题 |
| --- | --- | --- |
| 环境 | 气候变化 | 碳排放 环境影响力融资 能源效率 气候变化脆弱性 产品碳足迹 |
| | 自然资源 | 水资源短缺 原材料采购 生物多样性和土地利用 |
| | 污染与废弃物 | 有毒物质排放与废弃物 电子废弃物 包装材料废弃物 |
| | 环境治理机遇 | 提高清洁技术的可能性 再生能源机遇 |
| 社会 | 人力资本 | 人力资源管理 人力资源发展 员工健康与安全 供应链劳动力标准 |
| | 产品责任 | 产品安全与质量 隐私与数据安全 化学物质安全 尽职调查 金融产品安全 健康与人口增长风险 |
| | 利益相关者反对意见 | 有争议的物资采购 |
| | 社会机遇 | 社会沟通的途径 医疗可得性 融资途径 员工医疗保健机会 |
| 治理 | 公司治理 | 董事会 股东 工资、股利、福利等 审计与会计 |
| | 公司行为 | 商业道德 腐败与不稳定性 反竞争行为 金融系统不稳定性 纳税透明度 |

MSCI 对 ESG 的界定只是现有的众多界定之一，但略微思考，我们会发现其中涉及很多问题。例如企业实践 ESG 背后的动机是什么？ESG 实践的成果如何度量？如何披露？这 37 个议题是否存在跨国差异性？是否存在行业差异性？甚至是否存在个别组织差异性？当企业资源有限时，应该把资源集中在 37 个议题中的哪几个？企业实践 ESG 能为其创造价值吗？另外，企业和其特定的利益相关方，共同实现 ESG 时受益者是单方还是双方？这些问题都值得深入研究。

## 二、　ESG 和公司：我们知道什么?

在市场特点和 ESG 关系方面，我们通常从 ESG 和公司财务业绩、市场特征、行业变化三个方面来考察。

## （一） ESG和公司财务业绩

马戈利斯等人在文章《做好有好处吗？对企业社会和财务绩效之间关系的元分析和重定向研究》对ESG和公司财务业绩之间的关系进行了研究。① 吉兰等人总结和探讨了公司财务中的ESG和企业社会责任。②

针对ESG是否与公司业绩或投资回报存在正相关这一看似简单的问题，过去十余年来全球众多研究人员发表了数千份研究报告，试图给出个明确的答案。其中被引用较多的报告由德国汉堡大学及美国纽约大学分别于2015年和2021年发布。

汉堡大学冈纳·弗里德团队的报告汇总分析了2015年以前数十年间发表的E、S、G三个指标与绩效相关的2 200份论文的研究结果。该研究的分析结果是：大约90%的论文显示ESG与绩效不存在负相关，其中47.9%单独研究报告及62.6%的元分析报告显示ESG与绩效存在正相关，这些研究结果的加权相关系数为0.15。③

弗里德团队侧重于统计分析，报告本身对ESG如何导致正向的财务绩效并未做充分的说明。2019年宾夕法尼亚大学沃顿商学院赫尼什团队对此进行了补充阐述。④ 赫尼什团队认定在ESG与正向绩效间存

---

① MARGOLIS J D, ELFENBEIN H A, WALSH J P. Does it pay to be good? A Meta-analysis and redirection of research on the relationship between corporate social and Financial Performance[R]. Unpublished working paper, 2007.

② GILLAN L S, KOCH A, STARKS T L. Firms and social responsibility: a review of ESG and CSR research in corporate finance[J]. Journal of Corporate Finance, 2021(66): 101889.

③ FRIEDE G, BUSCH T, BASSEN A. ESG and financial performance: aggregated evidence from more than 2000 empirical studies[J]. Journal of Sustainable Finance & Investment, 2015, 5(4): 210-233.

④ HENISZ W, KOLLER T, NUTTALL R. Five ways that ESG creates value[EB/OL]. (2025-07-25)[2019-11]. https//www.mckinsey.com/capabilities/strategy-and-corporate-finance/our-insights/five-ways-that-esg-creates-value.

在的五个中介变量：营收增长空间扩大、运营成本降低、政策因素、效率提升及投资优化。

2021 年纽约大学斯特恩商学院惠兰教授领衔的研究团队发布了最新的 ESG 与绩效相关性的元分析报告。这个报告对 2015—2020 年 1 000 多篇论述该议题的研究结果进行了汇总。与汉堡大学团队 2015 年的元分析相比，惠兰教授团队对 1 000 多篇论文进行了进一步细分，确立三个子课题：ESG 与公司业绩（参数为资产及股权回报率）、ESG 与投资回报（参数为 Alpha 或夏普比率）以及低碳策略与财务绩效的相关性。①

纽约大学与汉堡大学分析的结论基本相似：ESG 与绩效的确存在正相关。该报告显示：1 000 多份研究报告中 58%表明 ESG 与公司业绩呈正相关；59%的报告表明 ESG 投资回报率高于或至少等于传统投资回报率；关于低碳与绩效关系的课题，57%~65%的报告显示出奉行低碳战略的企业比坚持传统经营模式的公司取得了更优或者持平的业绩。

除了发布上述定量分析结果外，纽约大学在报告中也分享了一些定性的分析结果：（1）由 ESG 导致的正向绩效在较长的时段更为显著；（2）将 ESG 融入运营战略的公司比仅仅是采取负面筛选的公司业绩似乎更佳；（3）ESG 投资抗社会及经济风险能力更强；（4）创新、风险管理水平的提升很可能是导致更好绩效的中介变量；（5）若要取得良好绩效，公司必须采取实质性行动，仅仅靠披露 ESG 信息远远不够。

尽管上述元分析及数千份研究报告均表明 ESG 与财务绩效存在正

---

① WHELAN T, ATZ U, VAN HOLT T, et al. Uncovering the relationship by aggregating evidence from 1 000 Plus studies published between 2015-2020[EB/OL]. (2025-07-25) [2021-02-10]. https//www. stern. nyu. edu/sites/default/files/assets/documents/NYU-RAM_ ESG-Paper_ 2021%20Rev_ 0. pdf.

相关，但对这个结论还不能做简单化的理解。虽然 ESG 发展迅猛并呈现主流化的势头，但毕竟还是个新生事物，是整个全球经济有机整体的一个部分。虽然 ESG 与传统投资模式相比抵抗风险能力更强，但这并不意味着 ESG 可以完全规避社会及经济风险。

### （二） ESG 和市场特征

在跨国研究样本中，会将一国企业的 ESG 表现同该国的经济发展水平、法律体系特征及政治制度、政治文化特征等相关联进行考察。通过对一个国家的经济发展如人均收入；一个国家的法律体系如是否存在法律鼓励竞争，是否存在强大的公民自由和政治权利以及一个国家的文化如和谐自主性程度等因素的研究，发现国家特征对企业 ESG 影响更重大。有学者认为，不同国家的特性差异比公司特征更重要。①

对于国际公司而言，上述学者认为，对于跨国公司或交叉上市的公司，公司的国家属性似乎不那么重要。与之相关但与此不同的是，布巴克里等人发现，交叉上市行为本身会驱使企业寻求更高的 ESG 声誉。② 国内市场特征的差异也很重要。迪吉利和科斯托维奇认为，在美国的州一级，公司总部所在州的政治倾向影响了公司的 KLD 分数。③ 在美国的县一级，杰哈和考克斯发现，一家公司的 KLD 分数与其总部所在地区的社会资本有关。④ 社会资本是通过基于以下因素所得到的

---

① YE CAI, CARRIE H. PAN, MEIR STATMAN. Why do countries matter so much in corporate social performance? [J]. Journal of Corporate Finance, 2016(41): 591-609.

② BOUBAKR N, EL GHOUL S, WANG H, et al. Cross-listing and corporate social responsibility[J]. Journal of Corporate Finance, 2016(41): 123-138.

③ DI GIULI A, KOSTOVETSKY L. Are red or blue companies more likely to go green? Politics and corporate social responsibility[J]. Journal of Financial Economics, 2014, 111(1): 158-180.

④ JHA A., COX J. Corporate social responsibility and social capital[J]. Journal of Banking Finance, 2015(60), 252-270.

指数来衡量的：人口普查邮件回复率总统选举中的投票结果，以及每10 000人中协会和非营利组织的数量。跨国研究得出的结论是，企业本地市场特征对决定ESG活动非常重要。

### （三）行业变化

博尔盖西等人使用六个KLD类别（忽略公司治理类别）研究发现，一些行业，如消费品和计算机硬件，得分高于平均水平；其他行业，如飞机、石油和天然气，得分低于平均水平。① 事实上，尽管一些评级机构依据数据供应商提供的通用公司信息进行评分，但也有其他评级机构选择采用行业标杆数据作为评估公司ESG实践的标准。

罗素清和何流基于2010—2021年沪深两市A股上市公司的数据研究发现，上市企业的ESG行为存在显著的行业同群效应，目标企业的ESG行为受到同行其他企业ESG行为的显著正向影响。企业ESG行为的同群效应主要源自维持竞争动机和信息学习动机的共同作用，具体表现为：在激烈的市场竞争和外部不确定性较高的环境中，企业ESG行为的行业同群效应更为显著；具有相似规模、年龄和市值的企业间的同群效应比差异较大的企业间的同群效应更为明显。②

## 第三节　ESG和公司治理结构特征的关联

从20世纪90年代开始，公司治理的界定从狭义演变为广义，广义的公司治理有一个很重要的概念就是利益相关者，公司不仅为股东

---

① BORGHESI R, HOUSTON J F, NARANJO A. Corporate socially responsible investments: CEO altruism, Reputation and shareholder interests[J]. Journal of Corporate Finance, 2014(26): 164-181.

② 罗素清，何流．企业ESG行为的行业同群效应及其内在机制研究［J］．金融经济，2023（10）：38.

负责，还要为广泛的利益相关者负责，这个广泛的利益相关者其实就是企业的社会责任，而社会责任包括环境保护。在某种程度上，广义的公司治理包含了 ESG 的所有内容。因此，ESG 的落脚点应当是公司治理。

国务院在 2020 年发布《关于进一步提高上市公司质量的意见》，其实就包括 ESG 中公司治理的所有内容。该意见第一条就是公司治理，要求完善公司治理制度规则，明确控股股东、实际控制人、董事、监事和高级管理人员的职责界限和法律责任。控股股东、实际控制人要履行诚信义务，维护上市公司独立性，切实保障上市公司和投资者的合法权益。股东会、董事会、监事会、经理层要依法合规运作，董事、监事和高级管理人员要忠实勤勉履职，充分发挥独立董事、监事会的作用。建立董事会与投资者的良好沟通机制，健全机构投资者参与公司治理的渠道和方式。科学界定国有控股上市公司治理相关方的权责，健全具有中国特色的国有控股上市公司治理机制。该意见的其他各个条目中都包括公司治理的内容，比如信息披露、隐形股东和欺诈等。

## 一、 ESG 表现和董事会、高管及其薪酬特征

大量文献研究表明，公司治理结构（尤其是董事会、高管及其薪酬等方面）的特征与企业 ESG 活动的环境和社会方面之间存在一定的关系。

经理人性别、婚姻状况及经理人子女性别也会影响 ESG 水平。博尔盖西等人发现，有女性担任企业领导或董事会成员的美国公司的 ESG 得分显著提高。① 赫格德和米什拉发现，拥有已婚经理人的公司

① BORGHESI, R., HOUSTON J. F., NARANJO, A. Corporate socially responsible investments: CEO altruism, reputation, and shareholder interests[J]. Journal of Corporate Finance, 2014 (6): 164-181.

的ESG总得分明显更高，这主要是由多样性和员工关系子得分而不是其他子类别（产品、社区、环境和人权）驱动的。研究发现有女儿的高管受雇的公司的ESG得分比评级中位数高约9.1%，其幅度约为公司经理人为女性的影响的四分之一。①

企业ESG表现还与经理人性别、年龄及信心水平、企业领导人的政治立场、经理人薪酬等因素相关。戴克等人研究了41个国家的公司发现，有女性的董事会不仅改善了环境绩效，而且与他们研究的其他公司和董事会特征相比有相对较大的影响。性别效应在女性董事会代表的法定要求这一准外源性冲击的背景下持续存在，这导致作者得出结论，性别效应与环境绩效具有因果关系。②

博尔盖西等人研究发现，年轻的经理人更有可能领导ESG分数更高的公司。③ 麦卡锡等人研究发现，经理人信心与公司ESG绩效之间呈负相关关系，这一结果可归因于公司的ESG评分具有对冲成分，而过度自信的经理人进行对冲的可能性较小。④

关于企业领导人的政治立场对ESG分数的影响，存在不同的结论，迪吉利和科斯托维奇认为，拥有经理人、董事和创始人向民主党（而不是共和党）候选人提供大量捐款的美国公司的ESG分数更高。⑤

---

① HEGDE S P, MISHRA D R. Married CEOs and corporate social responsibility[J]. Journal of Corporate Finance, 2019(58): 226-246.

② DYCK A, LINS K V, ROTH L, et al. Renewable governance: good for the environment? [R]. Unpublished Working Paper, 2020.

③ BORGHESI R, HOUSTON, J F, NARANJO A. Corporate socially responsible investments: CEO altruism, reputation, and shareholder interests[J]. Journal of Corporate Finance, 2014(26): 164-181.

④ MCCARTHY S., OLIVER B., SONG S. Corporate social responsibility and CEO confidence [J]. Journal of Banking Finance, 2017(75): 280-291.

⑤ DI GIULI A, KOSTOVETSKY L. Are red or blue companies more likely to go green? Politics and corporate social responsibility[J]. Journal of Financial Economics, 2014, 111(1): 158-180.

博尔盖西等人认为，在控制同时向民主党人和共和党人捐款的经理人后，向民主党人捐款的经理人与他们公司的 ESG 分数之间的关系是微不足道的。结果上的差异可能由以下原因产生：样本包含了非经理人还是仅限于经理人；样本周期存在差异，博尔盖西等人的数据涵盖 1992—2006 年，迪吉利和科斯托维奇的数据涵盖 2003—2009 年；样本公司的差异，KLD 样本公司在这一时期大幅增加。

代理成本观点认为，经理人从用于 ESG 活动的企业支出中获得非金钱利益，而这是以牺牲股东的利益为代价。然而，如果董事会相应降低经理人的薪酬，对 ESG 活动的支出可能与最佳的合同或良好的治理相一致，而不是代理问题的表现。吉兰等人发现，ESG 表现较高的公司的经理人的薪酬较低。① 这表明，即使 ESG 支出表明经理人寻求租金，它们也是经理人薪酬的替代品，而非补充。有学者发现，CSR 分数和经理人薪酬之间呈负相关关系。ESG 投资水平“正常”时，经理人会获得奖励，但当 ESG 投资超过预期金额时，就会受到惩罚。② 费雷尔等人发现，经理人薪酬过多与 ESG 得分呈负相关关系。③ 高薪酬经理人与绩效无关，在 ESG 活动上的投资较少，这支持了良好的治理观点。一家公司的绩效薪酬敏感性与其 ESG 得分之间存在显著的正相关联系。

博尔盖西等人发现，经理人总薪酬与 ESG 投资的员工子类别之间存在负相关关系，没有证据表明经理人总薪酬与公司的 ESG 总得分之

---

① GILLAN S, HARTZELL J C, KOCH A, et al. Firms' environmental, social and governance ESG choices, performance and managerial motivation [R]. Unpublished Working Paper, 2010.

② JIAN M, LEE K W. Ceo compensation and corporate social responsibility[J]. Journal of Multinational Financial Management, 2015(29): 46-65.

③ FERRELL A, LIANG H, RENNEBOOG L. Socially responsible firms[J]. Journal of Financial Economics, 2016, 122(3): 585-606.

间存在联系。[①] 马苏利斯和雷扎使用 ESG 的不同衡量标准，发现没有证据表明提供大型慈善捐款的公司的经理人薪酬较低。[②]

伊克拉姆等人检查了标普 500 指数成分股公司的委托书，得出的报告称，超过 40%的人声明 ESG 目标包含在执行合同中。其中，健康和安全方面的考虑占主导地位，而客户满意度紧随其后。相对较少的样本公司将薪酬与可持续性或企业责任挂钩。[③]

## 二、 ESG 和所有权特征

公司的 ESG 活动与所有权特征之间存在密切关联。有可能是股东促使公司改变其 ESG 政策，也有可能是公司的某些 ESG 政策吸引某些类型的股东。

### （一） ESG 与机构投资者

对公司来讲，绿色治理本身需要长远的战略布局，但管理层较多关注短期利益，这会挫伤公司绿色治理的积极性，需要其他主体来弥补和监督。企业在经营过程中受到利益相关者的压制是其履行绿色治理行为的重要驱动因素，尤其是政府的管制和公众的监督。对政府来讲，基于外部治理主体和信息不对称理论，政府部门很难及时掌握企业内部的各种信息，其监管手段主要通过政策出台、监管处罚等，都具有一定滞后性，不能及时地呈现治理效果，且需支付监管成本。

对社会公众来讲，在绿色意识逐渐觉醒的当下，公众用拒绝“购

---

① BORGHESI R, HOUSTON J F, NARANJO A. Corporate socially responsible investments: CEO altruism, reputation and shareholder interests[J]. Journal of Corporate Finance, 2014(26): 164-181.

② MASULIS R W, REZA S W. Agency problems of corporate philanthropy[J]. The Review of Financial Studies, 2015, 28(2): 592-636.

③ IKRAM A, LI Z C, MINOR D. CSR-contingent executive compensation contracts[J]. Journal of Banking Finance, 2023(151): 105655.

买”产品或服务等方式抵制非绿色行为，在方式和途径上均影响有限。然而，机构投资者可利用股东身份行使投票权甚至通过“用脚投票”来威胁管理层，从而形成监督压力。同时，机构投资者具备更专业的投资知识，拥有更多的市场信息，从而给公司带来更多社会监督压力，引导公司绿色治理行为。机构投资者可把各个治理主体打通，弥补单个治理主体的不足与缺陷，在投资和治理的实践中扮演承上启下的中间角色。

**1. 机构投资者的绿色治理参与动机**

近些年，监管机构不断出台相关政策。目前，关于 ESG 的信息披露、标准分析以及投资行为仍处于初级发展阶段。而我国的机构投资者正在从支持公司“价值发现”到“价值创造”的过渡阶段。在前一阶段，投资者按照相关标准筛选出符合标准的公司进行投资；而后一阶段，机构投资者开始关注投资理念，通过积极的治理方式提升公司治理水平，获取相应的价值溢价。机构投资者有经济型动机和社会型动机参与企业绿色治理。

（1）经济型动机

委托代理理论下的机构投资者作为外部治理的重要力量。社会责任绩效和公司财务绩效之间的关系是促使机构投资者促进公司承担社会责任的主要原因，促进公司在环境、社会责任等方面的投资，有利于公司改善社会环境，实现财务绩效，获得超额收益。

（2）社会型动机

利益相关者理论的发展和完善使其成为社会责任行为的理论基础，有学者发现社会责任因素是机构投资者选择投资对象时重要的考虑因素，尤其对持有长期投资理念的机构投资者，该因素甚至超过了股票流动性因素。在成熟的组织中，投资者会去尽量迎合各方利益相关者的诉求，从而形成一定程度趋同的现象，我国机构投资者也一样，尤其相关规范出台后，受各方利益相关者的压力，参与公司绿色治理的社会型治理动机逐渐显现。机构投资者会受社会规范的约束而减少对社会责任不佳的公司投资，例如尽量避免投资类似于博彩、烟酒、污染等行业。社会偏好和社会期望对投资者的社会责任投资决策有影响，具有社会偏好的投资者愿意以财务回报换取社会价值观的相符，这也为社会型治理动机提供了支撑。

**2. 机构投资者与企业社会责任**

随着监管政策的完善和绿色治理理念的发展，机构投资者也越来越重视被投资企业的社会责任问题。作为社会责任行为的载体，企业 ESG 报告的研究方向有信息可靠性、披露动机和经济后果等，也有学者发现战略投资的机构投资者相对其他股东更关注企业的可持续发展能力和长远发展前景。在绿色治理理念下，机构投资者作为投资者中的主要角色，具有充分治理动机、肩负多层社会责任，因此有理由相信，机构投资者倾向于支持企业承担企业社会责任的战略决策。

基于社会网络理论，我们发现多个机构投资者联合会影响机构持股和公司的社会责任行为。当两家处于不同行业的公司被同一机构投资者重仓持有时，他们之间会产生联结，此时机构投资者就是他们之间的桥梁。董事网络中“羊群效应”会促进公司慈善事业，董事兼任而构成的公司网络也对社会责任履行有促进作用。同理，机构投资者网络中的信任、压力、信息等机制同样也会使企业社会责任绩效提升。如国内专注绿色影响力投资的私募股权基金的绿动资本，在管规模超过 150 亿元人民币，重点关注绿色技术与数字技术驱动的清洁能源、新材料、绿色先进制造、绿色低碳交通、节能环保等领域优秀的成长型企业的股权投资。

## （二） ESG 与公司的国家所有权

**1. ESG 与国家所有权的相关研究**

有观点认为，环境或社会问题应该由政府而不是由公司来管理，因为政府有优越的能力来处理这些问题。

许博炫等人研究发现，在45个国家拥有多数政府所有权的上市公司中，国有企业更多地关注环境和社会问题，集中于能源企业和新兴经济体的企业。① 在2009年《哥本哈根协议》之后，国有企业比其他企业更能改善环境问题。

布巴克里等人使用Assets4数据库对41个国家的国有公司改制私有化公司进行考察发现，这些公司在私有化之前，环境和社会方面的总得分高于其他公众上市公司。②

《中央企业上市公司环境、社会及治理（ESG）蓝皮书（2022）》回收312份央企上市公司ESG治理调查问卷，采集426家央企上市公司的4万余条ESG信息，开展央企上市公司ESG评级。

该蓝皮书指出，2022年，近三分之一央企上市公司在董事会设立ESG领导机构，比2021年增加16个百分点；超六成央企上市公司明确ESG战略规划相关要求；六成央企上市公司明确ESG主管部门，较2021年增加近10个百分点；超六成央企上市公司制定ESG相关制度；超八成央企上市公司参与或自行组织ESG培训，较2021年提升近20个百分点；70.4%央企上市公司发布独立的社会责任或ESG报告，比全国平均水平高出41个百分点。

**2. 国有企业建立ESG管理情况**

国有企业在加强生态文明建设、达成双碳“3060目标”、引领我国经济转型、实现经济高质量发展等方面发挥着支柱作用。党的十八大以来，我国国有企业体制机制改革取得重大突破，国有企业活力动力和国有资本配置效率显著增强，但在一些重要指标如绿色资产投入、

---

① HSU P H, LIANG H, MATOS P. Leviathan inc. and corporate environmental engagement [J]. Management Science, 2023, 69(12): 7151-7882.

② BOUBAKRI N, GUEDHAMI O, KWOK C C, et al. Is privatization a socially responsible reform? [J]. Journal of Corporate Finance, 2019(56): 129-151.

净资产收益率以及构建先进的企业管理体系等方面与世界一流企业仍有一定的差距。将 ESG 发展理念纳入深化国有企业改革进程中，有利于建立更加科学有效的现代国企管理体系，有利于提升核心竞争力，有利于更好地引领我国经济社会发展转型。总体来看，国有企业 ESG 管理体系总体处在不断探索和深化过程中。在国家政策的大力引导下，ESG 披露数量快速增加。根据万得的统计，我国 A 股上市公司发布 ESG 报告（含社会责任报告）数量从 2011 年的 518 份增长到 2021 年的约 1 400 份，披露数量持续快速增加。2021 年有超过 600 家 A 股国有上市公司披露 ESG 报告，报告披露率约为 48%，较 A 股上市公司平均披露率超出了 18%，较 2020 年国有上市公司披露率的 44%也有较大提升。根据中证 ESG 数据统计，截至 2022 年 4 月底，在中证全指的 404 家央企控股上市公司中，248 家披露了单独编制的 ESG 报告，披露率达 61.39%，相较上一年度增长了 5.36%，国有企业特别是中央企业在 ESG 管理和信息披露方面走在了前列。

2016 年国务院国资委印发了《关于国有企业更好履行社会责任的指导意见》，我国国有企业履行社会责任主要聚焦在经济责任、环境责任和狭义的社会责任三大主题，其中经济责任主要包括维护股东、投资者与合伙伙伴利益等，环境责任主要包括节约资源、保护环境、发展循环经济等，狭义社会责任主要指国有企业保障安全生产，保护员工合法权益，热心投身社会公益事业等。2020 年以来，我国国有企业特别是上市公司在履行社会责任的基础上，借鉴发达国家经验并根据交易所关于 ESG 管理框架，更加突出强调践行 ESG 理念和相关指标。在环境维度上，更加突出资源利用、气候变化、污废管理、生态保护；在社会维度上，更加突出员工发展、合作伙伴共赢、产品质量安全和社会贡献；在治理维度上，更加突出股东治理、董监高治理、风险管理和信息披露的及时准确性等。

总体来看，我国部分国有资产监管机构和国有企业已逐步认识到建立 ESG 管理体系的重要性，也进行了有益的探索和尝试，但整体上还处在从社会责任管理向 ESG 管理转型的阶段。目前，我国国有企业对 ESG 的重视程度仍然不够，部分国有企业仍然认为开展 ESG 管理会影响企业的经营利润，对建立 ESG 管理体系的意愿也不足；同时，我国仍然尚未建立统一的国有企业 ESG 评价指标体系和评价标准，尚未建立完备的国有企业 ESG 披露制度，已披露的信息也存在质量参差不齐等问题。

我国正处在经济转型的关键时期，ESG 的环境责任、社会责任、公司治理是我国经济高质量发展中不可忽视的因素。基于国有企业股东的特殊性，要求国有企业肩负着社会的公益性和企业的商业性双重责任。作为国家意志体现的国有企业，在推进我国 ESG 体系建设中，应抓住公司治理这个关键。在评价国有企业的经济效益时，要处理好政府与市场的关系，平衡好经济效益与环境效益、社会效益的关系，将经济价值融入公司治理，正确对待短期效益与长期效益的关系，为推进我国特色的 ESG 体系建设，促进我国经济高质量发展起到表率作用。

### （三）ESG 与公司的家族所有权

企业积极地履行社会责任能够为企业树立一个良好形象，相对于非家族企业，家族企业的形象与企业有着更为密切的关系。

**1. 家族的涉入程度与企业 ESG 评级表现呈正比**

根据社会情感财富理论，家族可以被视为一个拥有不完全理性人特征的社会系统，家族企业履行社会责任的动机之一就在于其是否能够增加家族的社会资本和声誉。家族涉入程度越高，说明家族的荣辱与企业的兴盛联系越紧密，那么家族成员对企业的认同感与情感依赖程度越大，家族越倾向于将企业的声誉当作整个家族的声誉，将社会大众对企业的看法作为家族自身的评价，若社会责任履行不到位，则会对家族企业以及家族成员造成一定的负面影响，因此家族企业会更加关注提升企业社会责任绩效。贝罗内等人研究发现，家族企业为了维护家族的声誉形象，与同类非家族企业相比会尽量减少对环境的污染物排放，即便这样的行为不会为企业带来任何经济回报。之后，国内学者也发现家族企业会在企业中投入更多的资源和情感，看重家族企业的可持续发展，更加积极地履行社会责任。①

家族涉入程度越高，家族成员与企业之间的认同感与归属感就会越强烈，越倾向于通过履行社会责任、环境责任等行为去维持企业的社会情感财富。但如果企业中家族成员的控制权力较低，那么其他股东可能更倾向于关注企业短期的财务绩效，承担社会责任的意愿并不强烈，家族成员也缺少足够的权力带领企业履行社会环境责任。因此，家族成员持有的控制权越大，家族对企业战略决策的影响力越大，越有能力和意愿履行社会责任以减少企业声誉受损对家族自身的负面影响。根据社会情感财富理论，家族企业更倾向于通过履行社会环境责任，来为企业和家族塑造一个良好的形象，与此同时，也能够帮助企业获得更多其他利益相关者的关注，促进家族企业的延续与可持续发展。因此本文认为，从家族企业维持社会情感财富的动机来看，家族涉入程度越高的企业，越积极地履行社会环境责任，企业的 ESG 评级表现也越好。家族涉入程度与企业 ESG 评级表现成正比。

**2. 家族二代涉入管理会抑制 ESG 表现之间的正向关系**

目前，我国的大部分家族企业正面临着代际传承的问题，二代逐渐开始进入企业承担管理工作。但二代涉入管理是一个动态且充满不确定性的过程，可能会引起企业结构、文化制度等的根本性改变，从

---

① BERRONE P, CRUZ C, GOMEZ-MEJIA L, et al. Socioemotional wealth and corporate responses to institutional pressures: do family-controlled firms pollute less[J]. Administrative Science Quarterly, 2010(1): 82-113.

而影响公司绩效、战略变革等。从社会情感财富理论的视角来看，存在二代涉入的家族企业对于社会情感财富的重视程度不及只有一代成员的企业。相对于一代创始人，二代继任者没有经历企业初创时期的艰难困苦，他们对企业没有和上一代创始者同样深厚的情感，这种归属感的减弱导致二代涉入管理后会更加重视企业财务绩效，并减少对社会情感财富的关注。克雷茨兹等人的研究指出，二代参与管理抑制了家族企业风险承担与产品组合创新之间的正向关系，因为一代作为家族企业的创始人，与企业之间有强烈的情感归属认同，他们将家族企业传承作为自己的使命，通过不断积累的社会情感财富打造一家可持续高质量发展的企业；而二代作为一个相对独立的个体，对企业的归属感相对较少，使得其维护企业社会情感财富的积极性不高，并且二代在传承阶段会为尽快取得企业的信任而采取一些短视行为，从而忽视了能够使企业长期稳定发展的投资机会。①

处于代际传承阶段的家族企业通常已经创立了很长时间，在行业中建立了一定的声誉及较为完善的社会网络关系，而二代的涉入不仅传达了企业希望长期生存的愿望，同时也是家族想要进一步控制企业，防止企业资源落入外人手中的表现。由于家族企业代际传承并非根据实际工作能力选择接班人，二代涉入管理可能是因为特殊的家庭关系，二代管理者的能力与岗位不匹配无疑会对家族企业的发展造成一定的影响。因此在传承期间，二代涉入管理会在一定程度上抑制企业对延伸型社会情感财富的保护意愿，相较于一代管理者会更加注重企业现阶段的盈利能力，而忽视适合于企业长期可持续发展的绿色环保投资理念。

---

① KRAICZY N D, HACK A, KELLERMANNS F W. What makes a family firm innovative? CEO risk taking propensity and the organizational context of family firms[J]. Journal of Product Innovation Managemen, 2015(3): 334-348.

### 3. 市场化与 ESG 评级表现呈正比

一般来说，经济发达国家的企业社会责任表现要比经济欠发达国家的表现要好。同样地，从我国内部的经济发展体系来分析，经济发达地区的企业与经济落后地区的企业相比，企业履行社会责任的意愿更强烈，也就是说一个地区的市场化程度越高，制度越完善，该地区企业的社会责任履行情况越好。从资源依赖理论来看，在一个制度完善、市场发达的地区中，要素资源的配置更加健全，企业通过积极履行社会责任树立一个良好的企业形象并建立企业声誉，那么企业会更容易从市场中获得与生产经营相关的要素资源。

对家族企业来说，履行社会责任最关键的目的是增加企业的社会情感财富，以达到企业的传承与可持续发展，那么在市场制度薄弱的地区，家族企业的发展会受到一定的限制，对家族的传承也有一定的影响。在此条件下，家族企业可能会更加注重眼前利益，对于家族社会情感财富的维护意愿没有那么强烈，不乐于参加社会责任等类似无经济收入的活动。但如果在市场发达地区，良好的制度环境更能够保障家族利益，企业发展可利用的资源更加充沛，通过积极地履行社会责任，树立企业良好形象，企业能够获得更多的生产经营所需资源，不断积累家族财富，从而促进家族企业的发展壮大。因此，家族企业所处地区的市场化进程越高，家族成员越会倾向于通过履行社会责任来增加企业社会情感财富，那么企业也会有越高的 ESG 评级。

## 第四节　ESG 与企业内外部、软性治理机制

ESG 理念成为全球经济政策发展趋势，将有效引导企业关注长期可持续发展战略目标，践行有序协调发展价值观，实现经济的高质量和全面可持续发展。本节从企业内外部、软性治理机制角度出发，讨论公司治理机制系统与企业 ESG 的互动关系，致力于二者之间实现良

性互动，从而促进并实现新经济时代下企业的长期高质量可持续发展。

## 一、企业 ESG 与内部治理机制

企业内部治理机制，即通过加强制度化的建设，使得“从股东到管理者再到员工”的管理链条清晰有效。通过企业内部治理机制来达到提高公司治理绩效的途径，通常又被称为“用手投票”机制。

### （一）股东的 ESG 理念

在任何时代，股东始终是企业组织的基石。“优质股东”是“优质公司治理的基础”。因此，股东是否具备 ESG 理念，对公司能否应对数智经济转型时期的各种风险，能否实现可持续增长非常重要。

一家公司往往会吸引同类型的人成为其股东。若公司注重的是短期成果或是股价的波动，则具有这种特色的投资人便会自动上门成为其股东；若公司注重 ESG 理念，自然会吸引到那些秉承同样理念，关注公司长期发展的投资者。这种现象适用于国有股、法人股、个体投资者、机构投资者以及员工股东等各种类型的投资者。

在全社会日益关注各类社会问题和环境问题的背景下，信息社会的特性使得企业的负面事件能够迅速曝光并广泛传播。因此，各类投资者，尤其是对资本市场影响力不断增强的机构投资者，自然更倾向于选择那些在 ESG 方面表现优异的公司进行投资。可以说，机构投资者（包括资产所有者和资产管理者）在支持有效公司治理、推动实体经济可持续发展，以及实现碳中和目标等问题上具有相当影响力。全球范围内，金融和经济活动与它们所依赖的环境与社会系统相互依存。因此，人们越来越关注机构投资者在解决系统性 ESG 挑战中的作用，投资者也在积极回应这些期望。

总的来看，ESG 可能会使公司局部的、短期的利益受损，但把握得好，它一定符合公司整体的、长期的利益，也即符合股东的长远利益。道理其实不复杂。举个简单的例子，合法生意与非法生意（比如贩毒）哪个利润率更高？显然是非法生意利润率更高，但能说做非法生意更符合股东利益吗？显然不是，因为非法生意不但会被追究法律责任，被社会所不齿，单从经济利益上讲，它也可能会血本无归，至少是无法持续。ESG也一样，做得不好的，比如在环境保护上出问题被处罚、被索赔，比如在员工关系上处理不好、员工积极性不高、发生劳资纠纷，都会损害股东利益。做得好的，企业社会形象好，口碑好，业务更好做；员工积极性高，劳动生产率高，会为企业创造更大的价值；企业经营风险小，可持续发展能力强，这些会使股东利益更大。

纵观古今中外成功的企业和企业家，无不有自己的道德哲学。明清时期山西老票号的财东和经理的关系与现代公司治理中股东、董事会与总经理的关系极为相似，其普遍实行的“顶身股”就是重视员工作用和员工福利的一种制度。[①] 李嘉诚在谈他的成功之道时说：“有钱大家赚，利润大家分享，这样才有人愿意合作。假如拿10%的股份是公正的，拿11%也可以，但是如果只拿9%的股份，就会财源滚滚来。”华为的成功，与任正非将公司绝大部分股份给了员工有直接关系。日本松下电器创始人松下幸之助曾将松下公司的成功归结为公司尊崇的七条“松下精神”，他认为企业的形体远远没有企业的精神重要，企业的使命就是消除世界贫困。

反面的例子就更多了，2021年2月，美国得克萨斯州极寒天气引发的能源危机，暴露了传统能源巨头应对气候风险的虚伪性。极寒导致发电设备瘫痪，数百万家庭断电停水，零售电价暴涨200倍。埃克

---

① 所谓顶身股就是在企业的股份构成中，除出资人的银股外，还有掌柜阶层和资深职员持有的人身股。顶身股实际上并不出一文资金，而是凭自己的劳动，因此，有的地方也称其为劳力股。

森美孚、马拉松石油等企业一边标榜低碳转型，一边游说政府放宽油气开采限制，拒绝投资防冻设施改造。这场灾难造成246人死亡，经济损失超1 950亿美元，却未见企业承担实质性责任。

2023年，澳大利亚力拓集团在皮尔巴拉铁矿的扩建项目，再度引发原住民权益争议。该公司使用推土机强拆华安杰瑞人神圣墓地，尽管联合国报告指出其违反《原住民土地权法案》，但力拓仍获政府采矿许可。当地原住民领袖控诉这是“文化种族灭绝”，而企业ESG报告中却宣称“社区关系和谐”。此类系统性漠视弱势群体权益的行为，暴露出ESG评级体系在人权保护环节的严重失效。

由此可见，当企业将ESG简化为合规任务或公关话术时，不仅会触发监管反弹，更可能引发消费者抵制与长期价值缩水。真正的ESG转型必须直面利益冲突，在环境正义、气候韧性和社会包容之间做出抉择。

当然，企业承担社会责任，是要做一些慈善活动，但决不是要把企业做成慈善组织。如果一家公司抛开股东利益而将社会责任作为首要任务，注定是“乌托邦”，注定要把公司做死，而这正与社会对企业的需要背道而驰。

### （二）投资者关系管理与ESG理念的传递

投资者关系是资本市场走向成熟的标志。上市企业做ESG方面的努力，包括有效地与投资者进行沟通，可帮助公司传递很多方面信息，还可带来更高的估值和价值，并能加大投资吸引力，从而有更大的业务范围，还能增强公司总体形象和吸引力。

**1. 注册制下强化企业ESG信息披露将成为识别好企业的重要指标**

全面实行股票注册制，是我国资本市场发展的必然趋势，而注册制无疑对信息披露提出更高要求，随着“注册制”的不断深化，一个愿意披露ESG的企业将助力企业品质加码，以构建更全面的投资者关系助力企业市值管理。投资者关系管理核心是要破解企业和投资人之间的信息不对称，信息不对称的程度在一定水平上反映了投资的风险，在披露财务表现外增加对ESG品质的披露，无疑进一步降低了信息的不对称。事实上，在实行注册制的发达资本市场，ESG信息披露已具备成熟的应用场景。G20成员中的绝大多数已制定ESG信息披露义务相关政策规则，如澳大利亚规定所有上市企业须披露（若不披露需解释说明）重大的经济、环境及社会可持续发展的风险；德国根据欧盟《非财务报告指南》（Non-financial Reporting Directive）修订了《企业社会责任指令执行法》（CSR Directive Implementation Act），强制500人以上的大型企业披露ESG信息。这一方面得益于ESG与企业绩效表现的相关性，如疫情期间，高员工满意度的公司更能够承受住冲击，其股价表现更好。其中，知识型产业和金融科技发达的企业在此方面敏感度更高。事实上，在面对"黑天鹅"事件（如新冠疫情）导致的金融风险时，ESG投资能够借助自身软性指标筛选投资主体，稳定价值投资的长期累积能力，有效规避外在环境及突发事件的关联性金融风险。

**2. 投资者结构优化对企业ESG信息披露提出更高要求**

从发达资本市场的投资者结构来看，机构投资者占据主导位置对资本市场的健康发展将起到更好的推动作用。机构投资者通常更偏好长期价值投资，不再仅聚焦于财务表现，尤其未来"3060"目标下，绿色发展能力将成为价值评价的关键性影响因素之一，ESG也将在一定程度上成为企业的刚性约束。随着投资者结构的优化与水平的提升，投资者自主判断力将持续增强，投资预期和诉求均不断加强。在英美日的三家大型养老金机构2021年联合发布的《携手共建可持续的资本市场》（Our Partnership for Sustainable Capital Markets）中，倡导资产所有者、资产管理者和被投公司关注长期价值，重视ESG因素，以创造可持续的经济价值。

### 3. 我国企业投资者关系管理中对 ESG 理念的推进

对于企业而言（表 12.2），要将 ESG 理念逐步融入公司发展战略。我国经济从高速发展向高质量转变，这是企业发展的时代背景。注重 ESG 能力建设，是时代背景下的必然趋势。企业要尽早将 ESG 与企业自身战略、业务相结合，使 ESG 理念贯穿企业的发展，覆盖企业的运营管理。

表 12.2　上市公司投资者关系管理的实际工作内容

| 内部 | 外部 |
|---|---|
| 1. 定期回复投资者提问 | |
| 2. 定期整理收集股东名录 | |
| 3. 定期收集舆情 | |
| 4. 定期内部沟通 | 1. 定期与分析师沟通 |
| 5. 定期分析股东持仓情况变化 | 2. 定期召开投资者电话会 |
| 6. 定期整理汇总投资者热点问题 | 3. 定期与持仓发生变化的股东定向沟通 |
| 7. 定期学习行业宏观形势 | 4. 定期举办投资者面对面路演 |
| 8. 参加信息披露或 IRM 类培训 | 5. 定期安排与媒体会面 |
| 9. 定期收集券商研报 | |
| 10. 自媒体渠道开展 IRM 工作（包括网站、微博、微信等） | |

对于投资者而言，要更充分地发挥机构投资者的引领作用。我国资本市场正在经历从散户向机构化转变的过程，机构投资者占比不断提高。机构投资者往往投资经验更为丰富，投资理念较为成熟。目前，我国也已有越来越多的机构投资者关注企业 ESG 信息披露。但相较于国际发达资本市场来看仍较为滞后。下一步将倡议更多机构投资者建立 ESG 投资策略体系，将 ESG 纳入投资决策考量中，筛选可创造长期价值的企业。以机构投资者引领个人投资者践行价值投资，同时倒逼上市公司更加关注 ESG 信息披露。

对于监管部门而言，在以注册制为核心的资本市场改革中要逐步形成适用于我国的 ESG 信息披露框架。为此，应着力于构建我国标准化ESG评价体系的重要意义，尤其是对生态环保部门、资本市场监管部门等各政府部门要求信息的整合之上形成符合我国国情的ESG指引体系尤为关键。此外，提高ESG信息披露的违法成本对于推动企业开展合格的ESG能力建设也有重要意义。

### （三）ESG表现与高管激励机制

ESG治理是一项自上而下的工作，企业需要进一步聚焦高管的"驱动作用"；以"挂钩薪酬"的考核和激励方式来促使治理层与管理层主动提升ESG绩效则是企业实现上述目标的一种新策略。

标普全球（S&P Global）企业可持续发展评估（CSA）认为，高管薪酬应当与明确界定的实质性议题相关联，并且与其处理这些重大议题的表现挂钩，而不是与一般的社会责任政策或环境绩效挂钩。这些挂钩的因素还应当是独立的，不应与一般财务指标相关联。MSCI在其评级体系中则希望企业不仅仅为高管设置额外的薪酬奖励，还要设置"因环境绩效的下降而减少高管薪酬"的相关制度。

在资本市场的关注下，企业自身也愈益关注"挂钩"这一课题。例如，苹果公司在2022年ESG报告中披露了其如何将ESG相关因素纳入管理层的年度薪酬激励考核制度之中；而大众汽车、星巴克、英特尔等企业也通过类似的方式将ESG绩效指标与高管激励计划相结合。一项最近的研究表明，在富时100指数成分公司中，已有45%的公司为管理层薪酬订立了ESG指标。

当ESG表现与管理层自身利益绑定时，其主观能动性会得到更好的发挥。ESG工作的落地执行与监管需要形成自上而下的问责机制，将高层薪酬融入ESG评价影响机制可以一定程度上提高管理者对ESG管理的重视，这对于塑造可持续的企业形象是至关重要的。

早在2008年，我国国务院国资委就针对企业安全生产提出了关于《中央企业安全生产监督管理暂行办法》，该办法要求国有企业董事会应将安全生产工作纳入经理层人员年度经营业绩考核，与绩效薪金挂钩，并比照本办法的安全生产业绩考核规定执行。

随着社会各界越来越重视企业 ESG 表现，企业制定自己的高管薪酬与 ESG 绩效挂钩制度，并展开持续的披露工作，将成为一种发展趋势。

### （四）企业需要搭建适宜的 ESG 治理架构

正如良好的变革需要来自顶层的驱动力，有效的 ESG 要求企业具备整合 ESG 要素的强大领导力。因而，搭建适宜的 ESG 治理架构，推动 ESG 监督、管理职责成为公司治理的重要组成部分。

罗盛咨询（Russell Reynolds Associates）面向来自世界各地各行各业领先企业的 147 位提名和治理委员会主席的调查显示，74%的主席将 ESG 监督职责视为公司治理排名前三重要的职责。

**1. 搭建 ESG 治理架构**

搭建 ESG 治理架构并不意味着放弃传统的公司治理架构。事实上，ESG 治理架构是传统公司治理架构的有益补充，甚至是重要组成。将 ESG 事项提升至公司治理的重要位置，建立覆盖决策层、监督层、执行层各个层级，且分工负责、权责清晰的 ESG 治理架构，保障 ESG 事项融入不同层级的履责过程中，有助于提升公司综合治理水平。

ESG 治理架构没有唯一正确的答案。在中国，企业 ESG 治理起步较晚，真正建立 ESG 治理架构的企业还不多，但建立并完善 ESG 治理架构已然成为大势所趋。联合国负责任投资原则组织（UN PRI）面向境内外 40 家机构投资者的调查显示，由于接触不到 ESG 对口部门或人员、投资者关系人员不懂 ESG 等原因，机构投资者与中资上市公司沟通 ESG 问题时存在较严重的障碍，可能导致上市公司吸引投资的能力受到影响。

每家企业可以结合公司治理现状、营业规模、业务的社会影响等实际情况，进行综合考虑，选择适合自己的 ESG 治理架构。现实中，ESG 治理架构通常包括以下几种形式：

（1）改变原有的公司治理架构

由董事会负责 ESG 事项审议、决策，并在董事会下设 ESG 委员会，或者在董事会专业委员会下设置 ESG 委员会，负责企业 ESG 相关事项的监督、指导，下设 ESG 工作小组负责具体 ESG 工作的推进执行（图 12.1）。

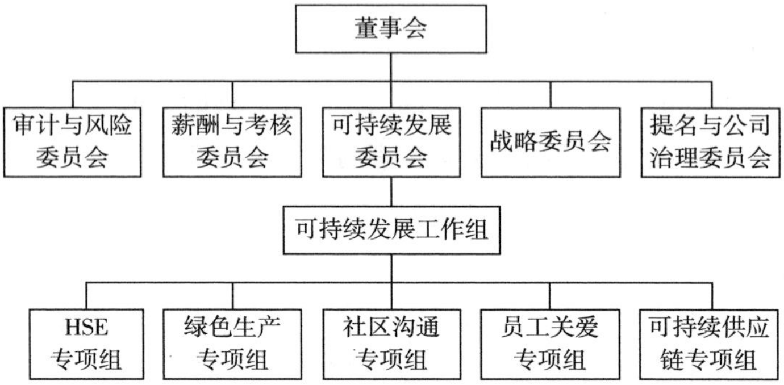


**图 12.1　中化国际 ESG 治理架构**

资料来源：中化国际《2021 年可持续发展报告》。

（2）不改变公司治理架构，但对企业 ESG 治理具有监督管理作用

在集团层面设立独立于董事会和专业委员会的 ESG 委员会，委员会下设秘书处或工作小组，推动集团内部各个单位开展 ESG 实践。

（3）"虚设"功能性 ESG 治理架构

不在董事会设立专门的 ESG 委员会，也没有专业的 ESG 委员会，但有专门的程序或机制将 ESG 因素纳入企业决策和活动中。该模式适用于董事人数有限的小型企业，可能会减少因常设 ESG 治理架构而增加的运营成本，但存在对 ESG 事项缺乏持续的关注和考量等问题。

**2. 以董事会为 ESG 治理核心**

在 ESG 治理架构中，董事会应该直接参与 ESG 治理，发挥其对 ESG 事项的决策、监督作用，引领 ESG 理念、战略的落实。

（1）董事会需要在企业决策沟通中，充分发挥 ESG 领导力

董事会发挥 ESG 领导力是开展 ESG 治理的重要保障。一方面，董事会 ESG 领导力逐步发挥，使得 ESG 决策更符合业务发展需要；另一方面，董事会逐步加强与合作伙伴、供应商、客户等的密切沟通，并将其诉求纳入董事会决策考虑中，推动做出兼顾业务发展和社会环境效益的科学决策。

（2）董事会应推动制定与业务运营高度融合的 ESG 重大战略

董事会应该积极参与、审议企业 ESG 战略的制定，推动在战略规划过程中关注 ESG 事项，或者制定一个独立的 ESG 战略。但这两种形式的 ESG 战略影响力不够，更重要的是推动 ESG 事项全面融入企业战略的各个方面。

（3）董事会应重视 ESG 风险与机遇，推动 ESG 目标的达成全面覆盖等方面

董事会参与 ESG 治理是长期妥善处理 ESG 风险，把握 ESG 发展机遇的关键。董事会应该审议确定重要的 ESG 风险与机遇，推动管理层制定有助于降低风险、发现长期价值的 ESG 计划与目标，并监督目标达成情况。

**3. 提升董事会决策专业性**

首先，可以设置 ESG 专业委员会来弥补董事会决策专业不足的问题。ESG 专业委员会在董事会决策中发挥重要的“参谋”作用，为改善 ESG 治理水平，专业委员会需要承担 ESG 相关监督指导职责。可以通过将 ESG 治理职责融入现有专业委员会，或成立专门的 ESG 专业委员会等方式来实现。第一种方式下，专业委员会容易因重视或擅长履行原来的职责，使得 ESG 治理职责的履行流于形式。鉴于 ESG 治理的复杂性，最好采取第二种方式——建立 ESG 专业委员会，让董事会 ESG 治理功能更好地运转起来，提升董事会 ESG 事项决策的专业性、系统性。

其次，结合 ESG 治理实际需求，进一步明确 ESG 专业委员会职

能，如监督企业ESG愿景、目标、策略、政策等制定，检查ESG相关的政策、法规、标准、趋势及利益相关方诉求等。当然，ESG专业委员会的职责并非千篇一律，企业需要考虑自身实际需要，做到分工明确、责任清晰、任务到人。

再次，通过优化选聘和激励机制，提升ESG治理的专业化程度。事实上，目前很多企业董事、高管等普遍面临缺乏ESG专业知识的困境。第一，ESG涵盖环境、社会、治理等跨学科领域，其复杂性和动态性远超传统管理知识体系，多数管理者缺乏系统性认知框架。第二，ESG议题与战略决策深度融合的实践路径尚未明晰，管理者难以将减排目标、供应链伦理等抽象概念转化为可执行方案。第三，利益相关方诉求日益多元化，投资者、消费者对ESG信息披露的要求持续升级，管理层在平衡短期业绩与长期价值创造时缺乏专业工具支撑。这种知识鸿沟导致企业易陷入"漂绿"风险，错失绿色技术创新机遇，难以构建真正可持续的商业模式。企业应该将ESG专业知识和经验作为招聘ESG治理架构成员的重要因素。

对于很多企业而言，ESG治理尚属新的内容，但也是越来越重要的内容。迈出第一步建立适合的ESG治理架构势在必行，需要尽快行动起来，明确相应的ESG治理职责，促进董事会、管理层等的深度参与、高效协同，为提升企业ESG治理水平筑牢组织保障。

## 二、企业ESG与外部治理机制

### （一）资本市场对于ESG的关注程度不断提高

PRI为广大投资机构建立了ESG投资的基本原则与框架，截至2022年，国内投资机构中加入PRI的机构增长至74家。

在PRI的推动下，ESG投资与责任投资的理念开始在全球资产管理行业快速发展。从国际ESG投资的资产规模看，2021年12月，全球 ESG 基金总资产已达到 2.74 万亿美元，较 2020 年增长 66%。全球投资界，包括美国和欧洲管理资产规模最大的贝莱德和东方汇理，都已在积极布局 ESG 投资。从国内资本市场看，自 2016 年以来中国证券投资基金业协会积极推广 ESG 理念，发起并开展了 ESG 专项研究。国资委于 2022 年发布《提高央企控股上市公司质量工作方案》，要求中央企业集团公司要统筹推动控股上市公司进一步完善 ESG 工作机制并提升 ESG 绩效，力争到 2023 年央企控股上市公司实现 ESG 报告披露“全覆盖”，在资本市场中发挥带头示范作用。同时，由于摩根士丹利资本国际公司将对所有纳入 MSCI 指数的上市公司进行 ESG 研究并定期公布 ESG 评级结果，自 2022 年 A 股正式被纳入指数后，MSCI 的 ESG 评级也将引导国内市场进一步完善 ESG 信息披露，提升资本市场各参与方对 ESG 要素的理解和认知。

可见，随着资本市场对 ESG 的关注和重视，企业也会顺应资本的需求，不断扩大企业 ESG 活动并在资本市场上进行披露，以此寻求更多的资本关注。企业需要思考如何通过 ESG 报告与资本市场沟通。当然，由于我国 ESG 的发展尚在初期阶段，相关的数据可能并不“漂亮”，但作为企业还是要以真实的数据呈现才最有益。当投资者看到多个时间段的数据是逐渐进步的、是与公司战略相契合的，企业自然会赢得市场的信任。

一些研究机构也推出 ESG 相关指数，以期引起企业对 ESG 的重视。中国公司治理研究院与深圳市公司治理研究会以沪深两市多年全样本的上市公司治理指数和上市公司绿色治理指数为数据支撑，参考国内外现有 ESG 评价方法和指标设计，充分考虑当前治理规则和上市公司实践发展的需求，专门为深交所上市公司设计开发了绿色治理指数（代码：980058），是 ESG 指数的升级版（表 12.3）。与已有 ESG 评价体系相比，该指数的特点在于理念统领、指标综合和权重约束更加贴近中国现行公司治理实际情况。

表 12.3　公司治理研究院绿色治理指数编制方案

| 指数名称 | 公司治理研究院绿色治理指数 |
|---|---|
| 指数简称 | 绿色治理 |
| 英文名称 | CACG Green Governance Index |
| 指数代码 | 980058 |
| 基日与基点 | 基日为 2017 年 12 月 29 日，基点为 1 000 点 |
| 选样空间 | 在深圳证券交易所上市交易且满足下列条件的股票：（1）非 ST、*ST 股票；（2）有一定上市交易日期，一般为 6 个月；（3）公司最近一年无重大违规、财务报告无重大问题；（4）公司最近一年经营无异常、无重大亏损；（5）考察期内股价无异常波动。 |
| 选样方法 | 首先根据南开大学中国公司治理研究院绿色治理评价体系，从公司治理和绿色治理两个方面，根据 10 个维度、31 个要素对样本空间内股票进行评价，得出绿色治理评分；然后按照绿色治理评分由高到低排序，选择样本空间内前 100 名股票作为样本股。 |
| 样本股调整及权重设置 | 指数样本股每一年定期调整一次，每次调整数量不超过样本总数的 10%；单只样本股在每次定期调整时的权重不超过 10%。 |

资料来源：国证指数官网。

自 2020 年 9 月 28 日正式上线以来，绿色治理指数实现三年期年化收益率 8.53%，年化收益率超过同期沪深 300 的增长水平（3.89%）。这说明投资者为绿色治理水平较高的公司支付了溢价。可见，上市公司不仅能够通过产品市场技术创新，为企业带来价值，也可以通过治理创新为投资者带来回报。

### （二）ESG 与产品竞争市场

产品市场竞争优势指企业相对于竞争对手而言所拥有的优势，其作用是企业获得超额利润或不断增长的市场份额。产品市场竞争优势是一种价值优势，企业可以利用科学研发、精进工艺等方式予以改善，也可以通过建立绿色友好、负责向善的形象进行提升。经济外部性理论认为生态资源作为一种产权不清晰的公共物品，可能因企业环保不达标造成负外部性，也可因企业技术创新成果的外溢带来正外部性。

较高的负外部性可能形成损人利己的企业形象，因此履行 ESG 责任将会帮助企业改善因负外部性带来的观点投射，而能兼顾外部性与自身利益的企业发展前景更好。

穆哈迈德等人考察了产品市场竞争是否与 ESG 相关，以及公司治理是否会调节产品市场竞争对 ESG 的影响。① 通过对来自 37 个国家的 22 897 家公司年度观察结果的分析表明，产品竞争程度较高的公司 ESG 水平较低，而公司治理水平较高的公司 ESG 水平较高。研究结果还显示了公司治理的调节作用，公司治理水平越高，产品市场竞争与 ESG 之间的负相关关系越小。在使用产品市场竞争和公司治理的替代措施进行额外分析时，结果仍然稳健。研究结果支持产品市场竞争和公司治理在决定 ESG 公司绩效方面的共同作用。研究结果反映了影响 ESG 实践的各种压力，以及公司治理强度如何在确保战略 ESG 被用于公司可持续绩效方面发挥至关重要的作用。这些发现对那些希望将 ESG 纳入其计划的公司具有重要意义。

在数字化转型浪潮下，市场风向瞬息万变，创业企业应高度重视产品竞争市场对企业生死存亡的重大意义，运用信息科技手段广泛收集用户的个人特征、消费偏好、使用体验等消费端数据，打造自己的客户资源和信息资产，以用户需求为导向推动产品创新和业务创新，尤其是在产品和业务创新中优化资源配置，增加绿色环保理念，运用先进科技，打造出广受客户欢迎的绿色产品。

### （三） ESG 与银行贷款

作为金融领域重要的组成部分，银行在 ESG 及可持续发展中举足

① MUHMAD S N, ARIFF A M, MAJID N A, et al. Product market competition, corporate governance and ESG[J]. Asian Academy of Management Journal of Accounting and Finance, 2021, 17(1): 63-91.

轻重。尤其在中国，银行履行了更多的具有中国特色的社会责任，例如在绿色转型、双碳、普惠金融、振兴乡村等领域，政府都要求银行尤其是国有银行承担相应的社会责任。在政策及市场的双重推动下，银行业更多地考量 ESG 对自身及金融生态的影响。

2021 年 4 月由中国人民银行、国家发展改革委、证监会联合发布的《绿色债券支持项目目录（2021 年版）》，在 2015 年发布的版本基础之上，提出进一步促进规范绿色债券市场。

从银行业来看，绿色信贷无疑是当前国内绿色金融市场中规模最大的品种。2021 年末，我国绿色贷款余额 15.9 万亿元，同比增长 33%，存量规模居全球第一。从绿色贷款的投放方面来看，主要方向是基础设施、绿色交通、环保、水资源处理、风电项目、生态环境、清洁能源等绿色产业金融需求。在加大绿色信贷投入的同时，部分商业银行也持续降低“棕色”资产的投资规模，对钢铁、煤炭、有色金属等产能过剩行业实施“有保、有控、有压”的差异化信贷政策，“两高一剩”行业贷款余额占比逐年下降。[①]

2022 年 6 月中国银保监会印发的《银行业保险业绿色金融指引》中首次明确要求，“银行保险机构应当有效识别、监测、防控业务活动中的环境、社会和治理风险，重点关注客户（融资方）及其主要承包商、供应商因公司治理缺陷和管理不到位而在建设、生产、经营活动中可能给环境、社会带来的危害及引发的风险，将环境、社会、治理要求纳入管理流程和全面风险管理体系，强化信息披露和与利益相关者的交流互动，完善相关政策制度和流程管理”。银行信贷投放转向绿色行业无疑向企业释放了强烈的信号，引导企业注重 ESG 发展策略，加大绿色产业的投入，以期获得银行贷款的青睐。

可见，在数字时代，随着国内绿色金融发展理念的持续推进和不

① “两高一剩”行业指高能耗、高污染、产能过剩的行业。

断实践，践行以ESG为发展理念的投融资逐渐受到了企业和金融机构的重视。ESG是比较系统科学的可持续发展的评价体系，对于银行加强非财务风险的管理具有重要的价值，也有利于提高信贷资产的社会效益。ESG指标从侧面反映的就是企业的健康发展程度，对银行而言，则是判断一家企业发展前景的重要指标，因而银行倾向于向ESG表现良好的企业发放贷款，这也能够促进企业提升ESG水平。

### （四）ESG与政府监管

政府监管是驱动全球ESG迅猛发展的主要力量。截至2021年8月，全球已有86个市场迎来政府机构、行业团体或国际组织出台的强制或自愿的ESG法规和指南。2022年11月28日，欧盟理事会（Council of the EU）正式通过《企业可持续发展报告指令》（Corporate Sustainability Reporting Directive，CSRD），成为欧盟ESG信息披露的核心法规，正式取代欧盟于2014年10月发布的《非财务报告指令》（Non-Financial Reporting Directive，NFRD）。CSRD在发布20天后即2022年12月18日正式生效，并于2024—2029年分阶段实施。CSRD将可持续发展报告的披露主体扩大到欧盟的所有大型企业和监管市场的上市公司，对企业披露的ESG信息提出具体和标准化的要求，要求对可持续发展报告进行认证，并在企业管理报告中进行披露。CSRD旨在加强企业可持续发展报告的强制披露。CSRD获批实施后，欧盟有望成为全球首个采用统一标准披露ESG报告的发达经济体，并将在ESG信息披露方面进一步引领全球。2024年，欧盟发布《企业可持续发展尽职调查指令》（CSDDD），要求大型企业识别并解决自身及供应链中的环境、人权风险（如强迫劳动、森林砍伐），适用范围将分阶段扩大：2027年覆盖员工超5 000人且营收15亿欧元的企业，2028年扩展至员工超3 000人且营收9亿欧元的企业。未履行责任的企业可能面临罚款（最高达全球营收5%）或诉讼。中国也初步建立ESG监管框架，自2021年以来，中国人民银行、证监会、国资委、生态环境部先后出台多项与ESG相关政策，推动企业尤其是国有企业、上市企业的ESG实践和披露。

通常认为，政府是ESG投资的助推者，负有协助建设和维护ESG投资生态体系中的基础设施的职责，例如对企业提出ESG信息披露要求、制定ESG相关的标准与规则等。政府也往往会强制企业在某些领域（如环境保护、员工安全与福利、消费者权益保护等）达到最低监管标准。政府监管还能在一定程度上解决ESG实践中的市场失灵问题。例如，小微企业贷款难、贷款贵在中国已经成为普遍现象，针对这一典型的市场失灵问题，国家推出了普惠小微贷款政策，要求商业银行增加普惠小微贷款，实际上是要求银行履行社会责任，这与银行的股东责任往往是冲突的。如有的地方财政对当地法人银行支持小微企业贷款，也就是“支小再贷款”给予贴息，中国人民银行有专门的支小再贷款和相应的贷款贴息；财政部会同有关金融机构设立国家融资担保基金，以融资再担保为主业，适当开展股权投资业务，并可对省级担保基金注入资本金。这些措施对银行增加普惠小微贷款起到了一定支持作用，但仍是相当碎片化的，需要大力改进。

### （五）ESG与高管劳动力市场

在“双碳”目标提出之后，ESG已经成为企业落实可持续发展目标的重要手段，也成为评估企业管理水平和综合价值的关键指标。作为一种很重要的公司外部治理机制，高管劳动力市场无疑也会对公司的ESG战略产生重大影响。

在高管薪酬与报酬挂钩的趋势下，ESG表现好的公司会吸引更多的具有ESG理念的高管加入，这将进一步推动公司ESG战略的制定与实施，从而促进公司的高质量可持续发展。高管劳动力市场带来了高管ESG人才的流动，从而使ESG理念、战略及具体措施在各企业之间得到交流，这将提升全社会企业 ESG 水平。

国内的企业对于 ESG 的理念认识和人才培养都存在认知度和重视度不足的问题，也相对缺少专业的 ESG 人才的评估和培育能力，这就产生了对高管劳动力市场 ESG 人才的迫切需求。对 ESG 人才能力的要求首先体现在对于相关政策的解读和分析能力上；其次才是“数据科学在 ESG 中的运用”“非财务分析和整合财务分析”“ESG 基础知识”“对机构和资产的 ESG 专业分析”“信息披露和 ESG 报告”“ESG 产品设计”“内部治理和监督”等技能的需求。这也比较符合国内 ESG 的发展阶段特点，即市场仍处于初级阶段，政策是 ESG 发展的主要驱动力，市场主体首先需要的是对政策的把握和理解。因此，ESG 的人才首先需要能够掌握 ESG 政策原理和现状，熟悉各类相关政策对于市场主体的要求。但是，真正全面的 ESG 人才能力需求，不可能永远停留在政策解读水平上。目前，比较受认可的 ESG 人才能力评估和培养，一般包含理论思维能力、政策理解能力、市场洞察能力、评估分析能力、议题通晓能力五个方面。

随着国家和社会整体对 ESG 发展战略的重视，企业也增加了对高管 ESG 人才的需求，在需求的引导下，高管 ESG 劳动力市场将快速发展，进而促进企业 ESG 的发展，二者形成良性循环。

### （六）ESG 与新闻媒体

新闻媒体是另一不可或缺的外部公司治理渠道。一方面，社交媒体信息的传播监督和舆论“倒逼”机制有助于规范企业行为，优化公司治理，新闻媒体不断向企业、社会大众传递政府、金融管理机构、投资机构乃至社会对 ESG 政策的制定、评级关注方面的信息，都会给企业带来构建 ESG 管理机制及合规方面的压力，促使企业紧跟时代发展潮流，制定企业 ESG 发展战略。另一方面，也可能导致企业及其管理者迫于潜在的舆论压力不敢承担风险，放任企业丧失发展机会，在当今对自媒体监管不严的环境下，甚至出现对企业不利的虚假信息，网络上以讹传讹，快速发酵，企业不得不腾出精力处置负面信息。因此，应当辩证思考社交媒体监督对公司 ESG 战略的影响，规范社交媒体行业环境。

### （七） ESG 与控制权市场

高度活跃的控制权争夺市场直接关系到企业控制权的配置格局，因此，并购接管市场是外部公司治理的有效机制。为了防止控制权转移旁落，以大股东和管理层为代表的内部控制人将更有动机激励优化对企业的经营管理。

当创始人及其团队对公司的战略决策、经营管理和财务分配等方面具有超强的影响力和话语权时，他们往往也会对公司的 ESG 战略产生重大影响。

在“E”方面，全球性的能源危机和生态环境问题是人类发展不可能回避的问题，与更看重投资回报的外部投资人相比，致力于科技创新的新经济企业家们更富于绿色发展理念，当他们更多掌握企业控制权时，由于资本控制权对他们的威胁并不大，在坚持绿色发展战略上，可能比那些时刻受到外部控制权市场威胁的传统企业家更加坚定。

在“S”方面，当前企业普遍面临的工作条件、员工关系等突出问题，其核心在于劳资关系。那些备受资本追捧的科技创新企业，无疑能为员工提供丰厚的薪酬和福利，这对于高新技术人才来说，具有极大的吸引力。因此，许多杰出人才纷纷投奔微软、谷歌、Meta 等科技巨头。然而，当企业由创始人掌控时，员工政策往往会带有强烈的创始人个人色彩。以埃隆·马斯克为例，他领导下的特斯拉，无论是近期的企业行为，还是各大 ESG 评级机构提供的数据，抑或是媒体的报道，都显示出特斯拉的 ESG 策略明显偏向环境（E）维度，而在社会（S）和公司治理（G）方面表现则不尽如人意。

在“G”方面，创始人及其业务团队在数字企业的地位被极大提升，管理者能够充分利用大数据资源做出更优决策，提高生产效率和绩效表现，降低资源浪费。新经济时代，科技创新型的数字企业往往伴随着经营模式和经营理念的创新和发展。开放、共享及柔性的商业模式，以及各种新兴技术的应用，使数智经济通过提高企业信息透明度和降低管理者决策行为的非理性程度，从而实现了公司治理水平的提升。因此，数智经济下的技术变革正在深刻影响公司治理机制的动态性变化。

## 三、 ESG 与软性治理机制

### （一） ESG 与高管社交网络的关系

企业高管之间形成的内部社交网络关系，一方面有可能凸显经理人在企业中的作用，使经理人的权力更高，执行力更强，但另一方面也会降低企业内部监督能力。具体到企业的 ESG 政策的制定和执行方面，一个强大的经理人对于 ESG 理念的好恶将会左右企业的 ESG 表现。

当强势的经理人意识到 ESG 的发展趋势及 ESG 有利于企业可持续发展时，将在企业强力推行 ESG 策略，由于企业内部的社交网络关系，该策略往往会在企业得到顺利执行。基于企业 ESG 活动与利益相关者之间的信息不对称水平较高，这为企业经理人选择“言行不一”的 ESG 策略提供了滋生的土壤。常见的企业 ESG 披露与绩效之间“言行不一”的情况有以下三种：一是歪曲或夸大企业实际 ESG 活动误导公众。例如，英国石油公司发言人声称公司将在 2005—2015 年在可再生能源技术上投资 80 亿美元。而绿色和平组织称，2008 年英国石油公司投资基金的 93%用于化石燃料相关，仅有 1.3%用于太阳能技术。二是在披露活动中使用印象管理策略，通过一些象征性的表面工作向外界展示企业形象，如通过报道“正能量事件”或者提出空虚承诺、堆砌 ESG 报告，以呈现正面的公共形象。三是选择性地披露，企业仅选择披露有益或相对无害的 ESG 信息，对负面信息避之不谈。这样进行 ESG 披露活动，企业能够规避真实投入 ESG 活动所需承担的巨大成本，从而有利于企业实现利益最大化目标。这种策略在经理人处于强势地位的企业表现更为明显。

在公司治理方面，通过董事会社交网络，企业可以获取诸如管理制度和策略信息等多种形式的资源。在非财务绩效方面，网络内通过董事连接的企业，在 ESG 活动表现上倾向于一致。位于董事会社交网络中心位置的企业，借助其信息和资源优势来应对更大的合法性压力时，更倾向于进行慈善捐赠以及提高 ESG 活动等方面的绩效。

### （二） ESG 与企业文化

在数智经济转型的当下，将 ESG 理念融入企业文化，成为促进企业价值的关键。近年来，多份来自金融领域的研究证明，ESG 投入对于企业的长期增长具有正向价值。从短中期视角来看，ESG 的落地需要公司投入一部分资源，但从中长期视角来看，在风险评估中可以帮助公司提前预判找出其中潜在的机遇，对于提升利益相关者对公司的认同、公司整体美誉度和在资本市场的信誉度都是正向的。

2022 年 8 月，《哈佛商业评论》中文版与贝恩公司联合发布了《放眼长远，激发价值——中国企业 ESG 战略与实践白皮书》。其中公布的调研数据显示，100%的企业都将 ESG 作为公司未来 5 年的战略议题之一，其比重甚至超过了数字化转型（95%）。而为了推动 ESG 战略，全部被访企业预计都将对业务模式进行调整，其中 10%的企业甚至预计会对业务模式进行重大或颠覆性的调整。

虽然企业文化在公司长期发展战略中起着举足轻重的作用，但实际上很少有公司将企业文化融入公司治理中。不过，2019 年全球范围内已经把企业文化提升到了新的高度，如美国鼓励企业披露企业文化相关信息，防止再次发生企业文化和领导力方面的失败案例；英国则认为董事会所扮演的监督企业文化的角色在不断增强，并指出董事会有责任建立健康的企业文化。随着全球投资者对企业文化监督和文化风险的重视，上市公司必然会重新审视企业文化的重要性，董事们不仅要重视并理解企业文化，更重要的是将公司的战略决策尤其是 ESG 战略与企业文化联系起来。

从 ESG 理念出发，将 ESG 融入企业文化，通过治理手段来实现社会和环境的相关目标，为消费者、客户、供应商、员工、社区乃至国家贡献价值，是企业高质量发展的重要途径。“既做得好，又做好事”不再是难以企及的目标，而是 ESG 发展的必然结果。

## 第五节　ESG 对企业融资的影响

融资通常可以分为内源融资方式和外源融资方式两种。内源融资方式是企业在生产经营过程中从其内部融通资金的融资方式，外源融资方式是企业通过外部渠道筹集资金，具体包括银行借款、融资租赁、股权融资与债券融资等方式。企业 ESG 水平对公司融资在不同程度上都会产生影响。

### 一、 ESG 对公司资本成本的相关研究

国外通过构建资本成本的理论模型，研究了 ESG 对公司资本成本的影响。大多数理论模型得出结论，绿色公司将拥有更低的资本成本。

#### （一） ESG 对股权融资成本的影响

有研究发现，结果与实践经验一致，即较高的 ESG 表现通过改变

投资者基础降低了股权资本成本。① 海因克尔等人研究发现，经济中道德（或绿色）投资者的份额对公司资本成本产生影响。负面筛查导致存在污染的公司被更少的投资者持有，进而导致这些公司的股价下跌和资本成本上升。更高的资本成本可能会导致污染公司变得更加愿意承担社会责任。这种现象发生的程度取决于绿色投资者在经济中所占的比例。②

帕斯特等人采用了另一种建模方法，并假设对绿色和棕色股票的偏好明确地体现在投资者的效用函数中。使用一般均衡模型，作者分析了由这些偏好产生的财务和实际影响，并发现绿色公司有更低的资本成本。③

佩德森等人明确假设投资者在效用功能中具有 ESG 偏好，并采用不同的方法假设在经济中存在三种类型的投资者：想要绿色股票的投资者，想要棕色股票的投资者，以及不知道股票是绿色或棕色的投资者。结果发现绿色股票的资本成本取决于那些不知情的投资者的财富。④

贝克等人认为在绿色公司中必须存在降低资本成本的特殊条件，否则一些投资者想要对冲高污染状态，这将提高他们对污染公司的兴趣，以之作为对冲手段，从而降低污染公司的资本成本。他们指出，可以减轻这些影响的特殊条件要么是投资者在绿色公司投资策略上的

---

① HONG H, KACPERCZYK M. The price of sin: the effects of social norms on markets [J]. Journal of Financial Economics, 2009, 93(1): 15-36; EL GHOUL S, GUEDHAMI O, KWOK C Y, et al. Does corporate social responsibility affect the cost of capital? [J]. Journal of Bank of Finance. 2011, 35(9): 2388-2406.

② HEINKEL R, KRAUS A, ZECHNER J. The effect of green investment on corporate behavior [J]. Journal of Financial and Quantitative Analysis, 2001, 36(4): 431-449.

③ PASTOR L, STAMBAUGH R, TAYLOR A L. Sustainable investing in equilibrium [J]. Journal of Financial Economics, 2021, 142(2): 550-571.

④ PEDERSEN L, FITZGIBBONS S, POMORSKI L. Responsible investing: the ESG-efficient frontier[J]. Journal of Financial Economics, 2021, 142(2): 572-597.

协调，要么是存在对投资污染公司期待产生非经济负效用的投资者。①

从理论上看，企业ESG表现主要通过以下渠道影响企业融资成本。一是从可持续发展理论来看，企业的融资成本与估值取决于长期经营的健康程度，而这与企业的ESG表现密切相关。尽管从短期看，企业ESG支出会带来一定成本，但却能通过节约其他渠道支出促进企业经营效率。一方面，ESG表现较好意味着企业能够有效降低能耗并节省资源；另一方面，更高ESG水平的企业可以吸引到更多高素质的员工，增加企业的劳动生产率。二是从利益相关者理论来看，企业的发展离不开各方利益相关者的投入和参与，企业应该追求利益相关者的整体利益，而不仅仅是股东利益最大化。因此影响企业经营和管理的因素不仅包括企业的股东与债权人，也包括雇员及上下游客户。企业对环境的污染、社会责任的缺失以及公司治理的不健全都将损害员工、所在社区甚至整个社会的利益，给社会带来负面影响，而这又会降低社会对企业的估值，影响长期效益。这使得越来越多的投资人在公司经济绩效维度之外，更加关注社会责任、环境影响和公司治理等。三是从信号理论出发理解ESG与企业融资成本之间的关系。企业的社会责任表现和公司治理水平会影响企业融资成本，但受到信息披露质量的影响。作为重要的信号传递行为，公开ESG信息能够减少由信息不对称带来的委托代理问题。但与此同时，ESG表现较差的企业可能将公布ESG报告作为提升社会认知能力的方式，为自身前期较差的ESG表现“洗白”。四是市场环境对企业提高ESG表现提供了激励。例如，美国证券交易委员会在1993年颁布的《92财务告示》中规定：“上市公司应及时准确地披露现存或潜在环境责任，对于不按照要求披露或者披露信息严重虚假的公司将处以50万美元以上的罚款并且通过

① BAKER S D, BURTON H, EMILIO O. Asset prices and portfolios with externalities [R]. Unpublished Working Paper, 2020.

新闻媒体对其违法行为进行曝光。”欧盟于2001年生效的《奥尔胡斯公约》中也明确指出，为了解决环境污染与破坏问题，保护人类的环境健康权，有必要将民众获得环保相关情报、参与行政决定过程与司法等措施制度化。

### （二）ESG对债券融资成本的影响

研究绿色债券对公司债务成本的影响的研究有不同的结果。戈斯和罗伯茨审视了对ESG的关注程度，发现更关注ESG的公司向银行支付更高的贷款利率。① 泽尔比布研究发现，绿色债券的发行溢价为负，这意味着发行旨在资助具有环境效益的项目的债券可以降低这些项目的资本成本。② 弗拉默尔研究发现，一家公司的绿色债券和其他债券之间的收益率没有差异，这表明绿色项目的资本成本没有降低。③

在一定程度上，绿色债券可助力发行者降低综合发行成本，投资者规避信用风险，中介机构拓展业务范围，国家和监管机构在实现可持续发展中获益。绿色债券可能从以下两个渠道获得的融资优势：第一，从绿色激励角度来看，绿色债券可获得更多绿色政策支持。首先，各国在绿色债券发行端和投资端都给予了政策优惠，中国监管机构对绿色债券审核开启了“绿色通道”，多数绿色债券项目已收到各级政府的税收补贴、贴息、奖励等多种方式的支持，由此带来的监管红利将有利于增强投资者对资金回笼的信心。④ 其次，绿色债券募集的资

---

① GOSS A, ROBERTS G. The impact of corporate social responsibility on the cost of bank loans [J]. Journal of Bank of Finance, 2011, 35(7): 1794-1810.

② ZERBIB O D. The effect of pro-environmental preferences on bond prices: evidence from green bonds[J]. Journal of Bank of Finance, 2019(98): 39-60.

③ FLAMMER C. Corporate green bonds[J]. Journal of Financial Economics, 2021(142): 499-516.

④ 巴曙松，李羽翔，张搏．地方政府债券发行定价影响因素研究——基于银政关系的视角［J］．国际金融研究，2019（7）：76-86.

金主要投向环境友好型和资源节约型项目，助力企业获得“绿色声誉”战略优势和经营竞争优势。① 投资者环保意识的提高有助于增加对绿色债券的需求和超额认购，使环保项目能够以更便宜的方式融资。② 第二，从信息不对称角度来看，绿色债券可降低监督成本。首先，绿色债券的信息传递更充分，有助于市场投资者加深对其“绿色”的认可和信赖，降低风险溢价补偿预期。③ 其次，绿色债券信息披露更充分，从审批流程到监督使用的每个环节都更加严谨和科学。④ 如设立地方绿色企业债券担保基金为绿色企业债提供担保、采取“债贷组合”等，这有助于降低发行企业的信用风险、业务风险、法律风险和违约风险等⑤，从而吸引投资者增加对绿色产品和服务的投资。⑥ 最后，债券第三方评级机制不完善，国际评级机构普遍采取的是“发行人付费”的方式，使评级结果倾向于债券发行人。⑦ 中国债券市场存在“以级定价”和“以价定级”的现象，且缺乏国际认可的评级机构⑧，可能导致绿色债券发行方借助不完善评级制度，隐藏公司的其他负面信息，产生“漂绿”行为。基于绿色激励和信息不对称视角，

---

① FLAMMER C. Corporate green bonds[J]. Journal of Financial Economics, 2021(142): 499-516.

② EHLERS T, PACKER F. Green bond finance and certification[J]. Bank International Settlements Quarterly Review, 2017, 9(1): 89-104.

③ 祁怀锦，刘斯琴．中国债券市场存在绿色溢价吗［J］．会计研究，2021（11）：131-148.

④ 詹小颖．我国绿色金融发展的实践与制度创新［J］．宏观经济管理，2018（1）：41-48.

⑤ 王苹果，黄子龙，和军．绿色 PPP 融资的模式创新与策略选择［J］．西南金融，2019（2）：49-55 页．

⑥ FLAMMER C. Corporate green bonds[J]. Journal of Financial Economics, 2021(142): 499-516.

⑦ STROBL G, XIA H. The issuer-pays rating model and ratings inflation: evidence from corporate credit ratings[R]. SSRN Working Paper, 2012.

⑧ 寇宗来，盘宇章，刘学悦．中国的信用评级真的影响发债成本吗？［J］．金融研究，2015（10）：81-98.

绿色债券具有较强的政策扶持力度、投资方信息监督渠道广，绿色债券融资成本一般比非绿色债券低。

随着社会对可持续发展的关注日益增加，ESG 因素在投资决策中的重要性逐渐上升。投资者开始关注公司的 ESG 表现，并认为这是评估公司风险和收益的重要指标。这种关注度的上升会使企业的融资成本受到了影响。

ESG 与企业融资成本之间的关系是复杂而多维的。环境因素方面，公司的环境表现可能影响其融资成本。例如，对环境影响较大的公司可能会面临更高的监管风险和诉讼风险，这可能导致更高的融资成本。此外，公司对环境的承诺和行动也可能影响其声誉和客户关系，从而影响其融资能力。社会因素方面，公司的社会表现可能影响其融资成本。例如，对员工、客户和社区产生积极影响的公司可能会获得更好的声誉，这可能降低其融资成本。反之，如果公司面临社会问题，如人权问题、劳工问题等，可能会增加其融资成本。治理因素方面，公司的治理结构可能会影响其融资成本。例如，具有良好治理结构（如透明度、问责制、董事会组成等）的公司可能会获得更高的信用评级，从而降低其融资成本。反之，如果公司的治理结构存在问题，可能会导致更高的融资成本。

可见，通过关注 ESG 因素并采取相应的措施，企业可以降低 ESG 风险，从而降低其融资成本。这不仅可以提高企业的经济效益，也有助于实现可持续发展目标。因此，将 ESG 因素纳入企业战略和日常运营中是降低企业融资成本的重要途径之一。

### （三）ESG 表现对企业融资的影响有所差异

在逐利和谋发展两种动机之下，ESG 表现对企业融资的影响可能有所差异。一方面，出于逐利动机，企业良好的 ESG 表现将带来融资水平的提升。具体而言，信号传递理论表明管理者与投资者之间存在信息不对称现象，现行 ESG 信息披露标准不统一、法律保障体系不健全等漏洞为管理者获得大量投资资金提供了可能，导致作为信息优势方的管理者以良好的表现掩盖企业伪善、政治寻租等不道德行为，进而获得大量资金注入与资源便利，最终依靠配置金融资产实现短期内企业经营绩效的提升。然而，出于谋求长期发展价值的动机，ESG 表现对企业融资的影响更多表现为抑制效应，主要体现在两个方面：在道德意识层面，企业合法性理论认为在一个由法律、法规、价值和公约组成的社会体系中，与社会目标保持一致的企业行为被认为是恰当和可接受的，即较多承担责任的企业会更加注重与利益相关者的关系，影响管理层做出有利于长期价值提升的行为。在实践经营层面，出于企业价值最大化主义，管理者往往会从长远发展的角度制定投资决策，同时资源有限理论表明，管理者将尽可能地将有限的资金投至采购、研发、生产、内控、售后等与企业发展切身相关的主营业务上，这会大大降低利用金融市场进行短期套利的可能性。由上述分析可知，在经济高质量发展背景下，上市公司会较为注重承担 ESG 责任的战略意义。

## 二、 ESG 对我国企业融资影响

从我国现实来看，市场环境也对企业 ESG 表现提出了更高要求。第一，企业提升 ESG 表现面临来自监管和政策的压力。例如，2015 年开始实施的新《环境保护法》中新增了“按日计罚”制度，并规定了行政拘留处罚的新措施。这进一步提高了企业与环境相关的税费支出，并对利润和财务成本产生负面影响。第二，以商业银行为代表的金融机构也对企业提出了更高的绿色投融资要求。自 2007 年以来，银监会陆续出台《节能减排授信工作指导意见》(2007)、《绿色信贷指引》(2012)、《能效信贷指引》(2015) 等指导性文件，目前已基本建立以《绿色信贷指引》为核心的绿色信贷制度框架。与此相对应，国内各主要商业银行和金融机构已经建立了绿色信贷和绿色授信政策，对高污染、高排放的行业执行了严格的准入制度（工商银行绿色金融课题组，2016）。第三，投资人对 ESG 信息披露的标准也在逐渐增强。环保部在 2008 年 2 月发布的《关于加强上市公司环境保护监督管理工作的指导意见》以及上交所 2008 年 5 月发布的《上市公司环境信息披露指引》中，明确提出上市公司只要发生与环境保护有关的同时对股票价格产生影响的事件，应当及时披露 ESG 信息的要求。此后，环保部在 2010 年 9 月发布的《上市公司环境信息披露指南》中，更是首次将突发环境事件纳入上市公司环境信息披露范围，并列示了上市公司年度环境报告编写参考提纲。2015 年《生态文明体制改革总体方案》要求建立上市公司强制环境信息披露机制。2018 年 9 月 30 日，中国证监会正式发布新版《上市公司治理准则》，明确指出上市公司应当贯彻落实创新、协调、绿色、开发、共享的发展理念，弘扬优秀企业家精神，积极履行社会责任，并对上市公司在环境、社会责任和公司治理方面提出了最新规定。

邱牧远和殷红（2019）以我国非金融类 A 股上市公司为对象，研究了企业 ESG 表现同融资成本之间的关系。[①] 通过静态面板的固定效应、随机效应和动态面板下的系统广义矩估计（GMM），发现企业增强自身在环境、社会责任和公司治理方面的表现不仅能够降低融资成本，而且会提高市场估值。在传导机制上，ESG 对企业融资成本的降低作用可能是生态文明建设背景下监管政策、金融机构和投资人偏好共同作用的结果。一方面，环境和社会立法、执法体系的日益健全给企业带来了更多约束。保护环境、建立适应可持续发展的公司治理体系日益成为企业经营必须考虑的因素。另一方面，近年来气候环境变

① 邱牧远，殷红．生态文明建设背景下企业 ESG 表现与融资成本［J］．数量经济技术经济研究，2019（3）：108-123.

化、生产安全等领域爆发出的问题不仅对公司持续经营产生了巨大的风险，也使全社会感同身受。环保意识和可持续发展理念正在成为投资人决策不可忽视的重要因素。因此，加速我国 ESG 信息披露的制度建设，推动 ESG 评级体系标准的完善，应成为下一阶段中国生态文明和绿色金融发展的重点工作。对于企业而言，应转变以往认为在环境、社会责任和公司治理投入单纯增加成本的片面看法。特别是在监管和政策逐步趋严的大背景下，环境风险已经成为影响金融机构和投资者决策的重要因素，提升 ESG 表现不仅符合社会可持续发展的要求，同时也是降低融资成本、提高经营收益的有效手段。

从间接融资渠道看，监管部门应鼓励并引导商业银行支持 ESG 表现优良的企业和项目。例如，一方面，可以把 ESG 评级达标的绿色信贷资产纳入中央银行货币政策操作合格抵押品的范围，为银行投放绿色信贷提供激励；另一方面，可以对投向 ESG 优秀企业的绿色信贷资产定向下调资本金标准，以减少银行资本占用；同时，基于绿色评级结果，建立相应的负面清单和标准，以引导商业银行减少对 ESG 表现较差的企业贷款。

从直接融资渠道看，我国进一步健全与环境、社会责任相关的强制披露制度。2025 年 3 月 28 日，中国证监会发布《上市公司信息披露管理办法》（以下简称“《信披办法》”），同步修订《公开发行证券的公司信息披露内容与格式准则第 2 号——年度报告的内容与格式》和《公开发行证券的公司信息披露内容与格式准则第 3 号——半年度报告的内容与格式》。三份文件均自 2025 年 7 月 1 日起施行。《信披办法》第六十五条明确要求“上市公司按照证券交易所的规定发布可持续发展报告”。此次修订是证监会首次从部门规章层面将可持续发展报告（含 ESG 信息披露）纳入上市公司强制披露框架。此举标志着 ESG 披露从企业履行社会责任、交易所自律监管升级为监管部门规章层面的硬性要求，具有里程碑意义。

《信披办法》中提及的证券交易所关于可持续发展报告的规定，即2024年4月上海证券交易所、深圳证券交易所和北京证券交易所印发的《上市公司自律监管指引——可持续发展报告（试行）》（以下简称"《指引》"），以及2025年1月发布的配套支持性文件《上市公司自律监管指南——可持续发展报告编制》。

依据《指引》，上证180指数、科创50指数样本公司、深证100、创业板指数样本公司，以及境内外同时上市的总计450余家公司属于强制披露《上市公司可持续发展报告》或者《上市公司环境、社会和公司治理报告》（以下统称"《可持续发展报告》"）的披露主体，最晚应在2026年4月30日前首次披露2025年度的《可持续发展报告》。三大交易所鼓励其他上市公司自愿披露《可持续发展报告》，以提升企业ESG水平及市场竞争力。

从市场环境建设看，尽管近些年来围绕环境、社会责任和公司治理的信息披露需求不断增加，但投资人和金融机构在评价企业ESG表现时仍然面临一定困难。一方面，企业披露ESG信息缺乏统一实施细则。环境、社会责任和公司治理信息披露标准不统一造成了横向、纵向比较的困难。另一方面，ESG评价缺乏可靠的数据来源。二者对投资人和金融机构通过企业的ESG表现发掘投资价值以及企业提升ESG信息披露意愿均造成了一定阻碍。未来应以提高企业环境意识为重点，稳步推进监管政策和市场环境的改善。环保部门和相关职能部门要加强企业环境信息相关数据的共享与应用，同时可以鼓励第三方机构积极参与绿色环境信息的采集和发布。

本章以公司治理的边界应拓展到更多的利益相关者为前提，介绍了ESG的发展历程、定义和涵盖的主要内容，探讨了公司治理与ESG的关系，并逐一讨论了企业内外部、软性治理机制与ESG的互动关系以及企业ESG对企业融资的影响。

# 第十三章　数智经济下的公司治理

数智经济时代，以云计算和大数据、人工智能和机器学习、物联网技术、区块链技术以及虚拟现实和增强现实技术等为代表的数智技术的发展和应用，为经济发展和创新提供了支持和推动力。这为企业植入数智技术治理理念，采取现代治理模式，提供了条件。

## 第一节　数智技术对公司治理的影响

传统的公司治理制度是基于委托代理问题而采取的解决方案。产生委托代理问题主要有两个因素，一是所有权和经营权分离，二是信息不对称。

在数智经济转型、技术变革的时代背景下，所有权和控制权的相互关系发生了改变。得益于发达的互联网技术和社交网络，传统的信息不对称有所缓解，但又产生了信息爆炸时代的信息甄别问题。可见，数智经济对现代企业的公司治理产生了重大影响，企业需要适应外部经济形势的变化，调整公司治理系统，使公司治理更好地适应时代的发展，从而提升企业价值，提高企业绩效。

数智经济是数字文明时代人类创造财富的新模式。如同蒸汽时代、电气时代与信息时代强有力地摧毁旧财富、创造新财富，数字化和智能化作为新时代价值重构的强大力量，无疑正在塑造财富的全新版图。

数据作为与土地、资本、人力同等重要的生产要素，将成为人类社会新的财富创造、财富管理、财富传承与财富运用的财富全生命周期之涌流源泉与治理逻辑。数智经济时代的到来，是建立在各种先进技术基础之上的，数据在这一时代成为企业运行和发展需要依赖的重要因素。而数智经济时代的发展，也为企业的改革发展提供了更加明确的方向：可持续发展，即通过科技进步使人类社会获得发展的同时，自然环境也能得到保护和发展。

## （一）数智技术改变了传统公司治理的两大基石

传统公司治理研究逻辑主要依托两大基石：（1）金融资本具有稀缺性，融资市场竞争激烈；股东手握资源，其行为决策对公司发展的重要性不言而喻。因此，在所有权与经营权分离的基本事实下，公司治理的主要目标是以股东为中心，缓解代理冲突，降低委托代理成本。（2）两权分离下，信息不对称为各方参与者攫取私利、损害治理效率提供了绝佳温床，如何通过制度安排与机制设计降低内外信息不对称，进而提升治理水平成为公司治理研究的当务之急。然而，这两大研究脉络却在数智经济时代受到严峻挑战。

**1. 资本稀缺性让位于技术稀缺性**

在数智化革命下，大数据与普惠金融技术以高速的迭代效率极大拓展了融资渠道，降低融资门槛，使得资本稀缺性降低，资金投放更为精准且信贷违约率降低。[①] 在此资本社会化趋势下，融资不再是制约企业发展的主要因素，股东的地位和话语权显著削弱，企业发展越

---

① HUA X, HUANG Y. Understanding China's Fin Tech Sector: development, impacts and risks [J]. European Journal of Finance, 2021, 27(4-5): 321-333；黄益平，邱晗．大科技信贷：一个新的信用风险管理框架［J］．管理世界，2021，37（2）：12-21；龚强，班铭媛，张一林．区块链、企业数字化与供应链金融创新［J］．管理世界，2021，37（2）：22-34.

来越依赖于掌握核心技术和关键资源的企业家及其创业团队，他们让渡股权的同时强势保留控制权，权力配置更加趋于专业化。同时，企业家需要更稳定的经营环境、业务开发环境以及研发环境来应对更加激烈的外部市场竞争，企业家的控制权变得越发重要。由此可见，传统以股东为中心的研究范式已明显不适应实践发展的新需求，亟须理论界予以回应。①

**2. 数智经济改变信息不对称模式**

在数智经济时代，数字化孕育出大数据，大数据极大改善了资本市场的信息披露环境，广泛推动各参与主体信息获取成本的显著下降。（1）从资本市场来说，公司交易信息公开透明，股东、债权人能够有效监督公司及其管理者，公司治理环境改善。② 机构投资者、分析师等市场中介能够更精准地对管理者施加约束，深刻影响公司治理实践。③ 以社交网站、微信、微博为代表的社交媒体进一步扩大了信息传播的时空范围，提高了网络关注的信息含量，对公司治理的外部压力大大提高，对治理改进的及时性提出了更高要求。④ 证监会等监管机构也能有效利用大数据及计算机技术加强网络监管，精准识别出企业的财务舞弊和造假现象。（2）从产品竞争市场来说，新经济下商业

---

① JENSEN M C, MECKLING W H. Theory of the firm: managerial behavior agency costs and ownership structure[J]. Journal of Financial Economics, 1976(3): 305-360； LA PORTA R, LOPEZ-DE-SILANES F, SHLEIFER A. Corporate ownership around the world[J]. The Journal of Finance, 1999, 54(2): 471-517； GORDON J N, ROE M J. Convergence and persistence in corporate governance[M]. Cambridge: Cambridge University Press, 2004.

② YERMACK D. Corporate governance and blockchains [J]. Review of Finance, 2017, 21(1): 7-31； GOLDSTEIN I, SPATT C S, YE M. Big data in finance[J]. Review of Financial Studies, 2021, 34(7): 3213-3225.

③ ZHU C. Big data as a governance mechanism[J]. Review of Financial Studies, 2019, 32(5): 2021-2061.

④ GU C, KUROV A. Informational role of social media: evidence from twitter sentiment [J]. Journal of Banking and Finance, 2020(121): 1059-1069.

模式日趋多元，业务模式迭代更新加快，产品市场竞争加剧，客户反馈及评价信息积累沉淀为企业独一无二、不可复制的无形资产，夯实了企业的产品创新及市场竞争优势。① （3）从控制权市场来说，创始人及其业务团队在数字企业的地位被极大提升，管理者能够充分利用大数据资源做出更优决策，提高生产效率和绩效表现，降低资源浪费和控制权私利行为。② 因此，数智经济下的技术变革正在深刻影响公司治理机制的动态性变化。

进一步地，数智化的经济转型及技术革新对传统信息不对称下的委托代理成本具有双重效应。一方面，数智经济降低了信息不对称，进而减少了委托代理问题。从生产经营视角看，人工智能、机器人等技术的使用将替代大量低技能劳动者，生产过程标准化，企业信息更加透明，企业可操纵空间更小，外部监管成本降低，委托代理问题得以缓解。从生产效率视角看，新技术使得投资行为更有效率，决策过程更加精准，企业越来越愿意从事创新性的经营实验，在扩大企业规模的同时增强业绩表现。③ 公司绩效的提高使得管理层更有激励通过提高绩效以获得合理薪酬回报，进而减少其享受控制权私利和浪费企业资源的行为，降低委托代理成本。从外部信息环境来看，大数据及数智技术极大拓展了信息的获取源头和流通渠道。④

---

① HUANG J. The customer knows best: the investment value of consumer opinions[J]. Journal of Financial Economics, 2018, 128(1): 164-182.

② MCAFEE A, BRYNJOLFSSON E. Big data: the management revolution[J]. Harvard Business Review, 2012, 90(10): 60-68； FARBOODI M, MIHET R, PHILIPPON T, et al. Big data and firm dynamics[J]. AEA Papers and Proceedings, 2019(109): 38-42； SIMSEK Z, VAARA E, PARUCHURI S, et al. New ways of seeing big data[J]. Academy of Management Journal, 2019, 62(4): 971-978.

③ FARBOODI M, MIHET R, PHILIPPON T, et al. Big data and firm dynamics[J]. AEA Papers and Proceedings, 2019(109): 38-42.

④ GOLDSTEIN I, SPATT C S, YE M. Big data in finance[J]. Review of Financial Studies, 2021, 34(7): 3213-3225.

另一方面，数智经济催生出新型信息不对称：数智经济模式下，新兴产业发展速度加快，知识更新速度提高，技术偏向性更强。商业模式和业务模式更加复杂化、专业化，盈利模式更难理解，传统的财务报表信息远远不能满足外部投资者的需求，资本市场对企业的估值定位更加困难。除此之外，海量、高维、高频、形态多样的外部大数据无形中助推了新型信息不对称，各市场主体受制于自身对数据的敏感度以及收集和处理能力，即使身处相同的外部信息环境，普通投资者与专业投资者间对信息资源的利用差距也在悄然拉大。①

综上所述，传统的公司治理以最大化物质资本投资效益为目标，创业者的管理才能只是在委托代理理论分析框架下的影响因素，并没有被真正纳入公司治理范式的核心范畴；而数智经济时代的公司治理实践，需要充分激励创始人，推动其对持续创新保持执着追求。创新资本作为无形资本依附于创始人的创意投入，不能被物质资本替代。股东与管理层之间形成“合作共赢模式”，由掌握公司核心竞争力的企业家向全体利益相关者共同负责。对创新导向的企业组织架构的设计理念和对企业家精神的重视为我们重新审视以股东为中心的传统公司治理范式提供了契机：以创新资本雇用物质资本成为数智经济时代下公司治理范式的核心；公司治理的主要矛盾从防止经理人代理问题转化为保护创始团队控制权、激励其长期投入。因此，伴随数智经济时代的发展，围绕业务模式创新的信息不对称迫切需要资本市场出现另一种创新导向的组织构架，以鼓励和保护创业团队的人力资本投资，同时向资本市场发出明确的对业务模式创新自信的信号。

---

① ZHU C. Big data as a governance mechanism[J]. Review of Financial Studies, 2019, 32(5): 2021-2061; OBWEGESER N, YOKOI T, WADE M, et al. 7 key principles to govern digital initiatives[J]. MIT Sloan Management Review, 2020, 61(3): 1-9.

## （二）数智经济化通过降低信息不对称程度提升公司治理水平

OECD公司治理委员会认为，透明的信息披露是影响管理者和大股东行为、保护中小投资者利益的强大武器，但从披露的成本和收益角度，也要考虑到投资者利益，信息披露相关法规不能使公司承担过高的信息披露成本。中国证监会要求上市公司信息披露真实、准确和完整，同时鼓励上市公司进行强制披露规定以外的自愿披露，这种自愿披露如果具有预测性质，还需要提示投资者可能出现的不确定性。可见，无论是信息披露原则还是准则，都是对信息披露底线的要求，在此基础上，为了提高信息披露程度，管理层需要在披露成本、披露准确性与披露收益之间权衡。而企业数智经济化可以从提高信息披露能力和信息披露动机方面提高信息透明度、降低披露成本和不确定性、降低信息不对称程度，最终发挥改善公司治理的作用。

**1. 数智经济化过程让企业有能力降低信息不对称程度**

在企业信息收集过程中，数智经济相关技术（包括互联网、物联网、大数据、人工智能等）拓宽了企业获取信息的深度和广度，这有助于企业对消费者群体进行用户画像和精准定位，提高预测准确性。企业还可以通过物联网设备如传感器、RFID（射频识别）以及GPS等获取关于物质生产资料空间位置和时间流动轨迹的信息，实现对物资的识别、定位、跟踪以及监控。在农产品种植、食品生产和中药加工等对食品药品安全要求较高的行业，物联网可以保障其流通中的监控和可追溯。数智经济化推动的产业融合，模糊了企业与企业、产业与产业之间的界线，协作共享信念下企业还能获取其他企业和行业的信息用于自身决策。这些巨量信息作为企业重要的经营资源要素，投入生产过程后，能够提高企业及社会经济的全要素生产率。

在信息加工与分析过程中，利用海量数据资源为经营决策服务，涉及企业的数据分析与整合能力。随着大数据、人工智能和云计算等技术日趋成熟，企业可以较低的成本购买数据加工及深入分析服务，如工业互联网平台、电商平台等提供的复杂网络体系分析、复杂管理系统分析以及运营效率分析等，且由于信息通信基础设施的完善，这类分析还可以与物联网及大数据结合，做到动态实时处理。数智经济化还能使企业的数据分析从过去的简单抽样变为总体分析，从因果关系转向相关分析，报表统计转向数据挖掘和智能分析，从而提取出的更有价值的信息，提升企业对数据资产的利用能力。

信息应用过程不仅指管理层以及操作人员根据信息分析成果做出决策，而且包括决策施加于客体后的结果及反馈过程。数智经济技术的应用使结果与预期相符程度更高，敏捷的运营流程和通信设施也使反馈更迅速，如企业利用物联网进行库存管理、利用舆情监控及人工智能等技术提高企业对公共危机的反应能力等。信息应用的执行结果成为数据资产的重要部分进入下一循环流程。数智经济不仅是经济结果，而且是企业重要的战略生产资料。

与此同时，数智经济化过程还优化了上述信息收集、信息加工与分析以及信息应用过程之间的耦合。基于大数据和物联网的实时数据更新、动态分析和工业互联网平台的智能控制，使数智经济技术的应用具有显著的乘数效应。在这样的经营环境中，业务流程的每一个场景对一线操作员工和各级管理者都日趋透明，信息使用者根据决策需要选择不同维度的数据，企业经营过程中的混沌节点也尽可能在减少。总之，当需要向外部信息使用者披露相关信息时，管理者具备充分的能力使信息不确定性和不对称程度更低，信息透明度更高。

**2. 数智经济化建设让企业有动机降低信息不对称程度**

为了推进数智经济化建设，企业会主动降低信息不对称程度。一方面，数智经济化过程需要较长的实施周期，本身存在较大的不确定性。作为上市公司，涉及中长期的变革更需要得到投资者支持，以维持较低的融资成本。根据信号理论，管理层此时会更有动力通过提高信息透明度以传递其对数智经济化变革的信心。另一方面，“互联网+”的基本特征也要求企业以开放的姿态融入数智经济浪潮中。企业要向员工、客户、供应商甚至竞争者开放自己的经营过程，这提高了企业的学习能力、纠错能力和适应性。基于此，主动发展数智经济、进行数智经济化转型的上市公司也有充分意愿和动机提高其信息透明度。

### （三）数智经济化通过降低管理层决策行为的非理性程度提升公司治理水平

中国证监会公布的《上市公司治理准则》要求上市公司管理层忠实、勤勉、谨慎地履行职责。《OECD公司治理原则》也认为，适当的管理控制系统、有效的外部监督机制能够提高公司治理水平。而数智经济化过程对企业的另一个重要影响，就是不仅直接降低了管理者决策行为的非理性程度、提高了决策水平，而且通过提高外部监督能力降低了管理者决策行为的非理性程度，提高了决策水平，最终改善了公司治理。

**1. 数智经济直接降低了管理者决策行为的非理性程度**

虽然马歇尔在其《经济学原理》一书中将“企业家才能”列为生产四要素之一，但管理者基于经验和直觉的决策不可避免地存在一定局限性，管理者决策时的非理性是产生公司治理中一类代理问题的根源之一。在当前复杂多变的外部环境下，企业的内部经营、对外投资和融资策略等急需数智经济相关技术的支持。利用当前广泛应用的物联网及互联网等技术，管理者可获得关于生产经营过程的海量数据，数据挖掘系统（DM）、决策支持系统（DSS）等能帮助管理者发现事物之间的关联性，降低其决策时对经验和直觉的依赖性。同时，数智经济化过程还改善了企业内部控制制度的订立、修订、执行、监督与反馈过程，帮助管理者及时发现问题、降低经营风险，缓解“认识有限”和“决策无限”之间的矛盾。

2. **数智经济间接降低了管理者决策行为的非理性程度**

利用数智经济技术，结合企业已有的数智经济化相关信息，审计师可以提高审计效率与审计质量。如大数据技术可以使审计人员从多个维度透视企业、关联方以及行业网络等，发现单体审计无法发现的深层次问题；自然语言处理技术帮助审计人员对文本信息进行充分利用，使审计过程脱离简单的“核数师”工作；大数据和互联网技术使传统审计中经常使用的抽样程序有变为总体检查的可能。审计质量和效率的提高，对管理层的决策非理性行为会产生明显的制约，从而增强公司的外部治理能力。

上市公司被新闻报道得越多、投资者关注度越高，市场对其股价要求的收益率越低，即融资成本也越低。在推进企业数智经济化的过程中，投资者可获得企业更多相关信息和更多监督上市公司的渠道。以企业社会责任信息披露为例，在社交媒体上持续的、实时的披露与在规定的社会责任信息报告中的披露的信息含量完全不同，前者具有持续性和广泛性，后者则囿于上市公司信息披露准则规定的披露内容和披露频率要求对融资成本产生的影响相对较低。新兴技术场景下，管理者做决策必须更充分地考虑外部信息使用者的反应，降低自身行为的非理性程度。可见，数智经济化过程提高了外部信息使用者如审计师和投资者等外部监督的能力，间接降低了管理者决策行为的非理性程度，进而发挥了更好的公司治理作用。

综上所述，由于数智经济具有跨界融合、创新驱动、重塑结构和连接一切的特征，企业数智经济化过程会改变商业模式和管理模式，这种改变会降低信息不对称程度，降低管理者决策行为的非理性程度，提高其决策水平，最终提高公司治理水平。

## 第二节　数智经济时代的公司治理变革

近十年以来，全球范围内科技创新蓬勃发展，推动数智经济异军突起，迅速成长为稳定经济增长的新动能和新引擎。在互联网和信息技术迅速发展的今天，“数智”“信息”“创新”这些关键词频繁地出现在日常生活中，数智化已经在悄然改变各行各业的生产、经营、治理模式。经过农业经济、工业经济的变革，现在我们已进入一个全新的时代——数智经济时代。数智经济重塑了整个社会形态，培育了一系列如人工智能、区块链、云计算、大数据等新兴产业，数智化促使传统产业的转型升级，数智经济已然成为经济增长的新动力。

### 一、从“资本雇用劳动”到“劳动雇用资本”

在传统的公司治理模式下，资本控制劳动力，是投资人雇用了企业家进行生产经营，创造财富。企业家创造出的财富，是为资本服务的。传统的公司治理的概念和理念是要保护投资人的利益，让经理人能够为投资人创造财富。但是在数字化经济转型、技术革新背景下，这种传统的理念不一定适合现代的时代背景。在现在的时代背景下，公司治理的主要目标由最大化股东的物质资本回报转向充分挖掘企业家的管理才能和创意投入，激发企业持续发展赖以生存的技术资本。不仅资本可以雇用劳动，同样劳动也可以雇用资本，在股东与经理人之间形成一个合作共赢的新兴控制权模式，股东从管理企业转变到管理资本，不是由利益相关者分享控制权，而是由掌握公司核心技术竞争力的企业家向全体利益相关者共同负责，同时要对企业家加强外部监督，并实施与其利益绑定的激励机制。公司治理的范式由“股东中心”范式向“企业家中心”转变，这是新公司治理模式的一个变革趋势。

这种股东与经理人之间形成合作共赢的新兴控制权模式，在数智经济转型时代具有一定的合理性。

首先，数智经济转型技术飞速变革的时代背景对企业家的专业性要求非常高，而且外部投资者总体的经营参与度逐渐下降，因此不得不真正依靠管理团队即企业家团队。其次，股权变得越来越分散，单个股东的能力有限，而且很多股东可能更看重自己财富投资的增加。再次，外部公司治理机制日益增强，产品市场竞争加剧，融资渠道日益多元化，融资门槛越来越低，作为一种非常重要的外部经济治理机制的控制权市场也更加活跃。此外，媒体社交网络等也在不断发展，这些都可以增加外部的监督。企业家团队在产品市场发展非常迅速、技术革新非常快速的市场环境下，也需要一个稳定的环境来专注地进行公司的生产经营以及研发活动。阿里巴巴和投资人软银的案例正是数智经济转型技术飞速变革发展时代的产物。阿里巴巴上市时，孙正义控股的软银是第一大股东，但是阿里巴巴的合伙人团队才是阿里的实际控制人。软银把控制权拱手相让给马云及管理团队，正是为了减少公司的内耗。公司内部应该团结一致，一致对外，共同面对技术转型和市场竞争的挑战，并通过外部激励监督所施加的压力获得企业的高质量可持续发展。这才是我们希望的公司治理体系未来的发展模式。整个体系的合理性在于未来信息会变得越来越复杂，越来越不透明，所以投资人更应该相信和依靠真正懂技术的企业家来经营企业，为企业发展做出最科学的决策。与此同时，监管、监督都应该来自外部，这样内部形成一致对外、团结合作的氛围，这一点非常重要。很多时候，如果内部不团结，监督来自内部，就会产生很多内耗，如果内耗很严重，企业将很难面对外部的市场竞争，也很难集中精力进行技术创新。

欧美证券市场一直都允许发行双重投票权的证券，也是为了对创始人能够有所保护，给予懂技术、懂业务的创始人更多的话语权。为了能够更好地保护创始人的权益，更好地利用他们的知识，就允许他们享有不同的投票权，如创始人可以一股 10 票甚至一股 20 票，但普通投资者只能一股一票。美国等一些国家和地区由于允许发行双层股权结构股票，成为百度、搜房、优酷等中国知名企业选择上市的目标市场。京东加入谷歌、Meta 等众多企业行列，选择发行具有不平等投票的双层股权结构股票来实现创业团队对公司的实际控制，演绎了互联网使得“劳动雇用资本”的新神话。我国科创板的一大突破是允许在中国的资本市场上发行双重投票机制的股票。2019 年 12 月中国证监会第一次批准了一家公司发行这样的股票。

数智经济时代的公司治理创新体系是通过一套正式或非正式的、内部或外部的制度或机制来协调公司与所有利益相关者之间的利益关系，以保证公司决策的科学化，从而最终维护公司各方面利益。这一体系的核心思想是，不仅资本可以雇用劳动，劳动同样可以雇用资本；从传统的股东利益保护转变为保护所有的利益相关者；股东从管理企业转变为管理资本，以达到股东与企业家双赢的局面。

## 二、平台经济下的公司治理

第四次工业革命塑造了全新的经济业态与商业模式，平台日益成为新的产业经济生产模式，其中基于大数据互联网平台的平台经济模式催生了新的市场微观主体类型，人类经济社会正经历着一场平台革命，平台经济模式对于企业生产与运营理念、企业战略产生了深刻而又全局性的影响。实际上，“互联网+”背景下的平台经济是通过打造网络交易空间，最大程度地集聚买卖双方数量，从而形成跨区域、跨时空的资源配置模式，获得显著的规模经济与范围经济效应。

当前平台经济发展特点有四个：一是业态日益丰富，平台经济的网络效应与外部效应进一步提升；二是平台企业运营对技术人才需求相对于资金需求而言，更为旺盛；三是主体更为多元，平台运行规则的公共品属性日益突出；四是数据价值凸显，围绕数据的价值创造与增值正形成全新的数据价值链理论，并不断应用深化。平台经济在经济社会发展全局中的地位和作用日益凸显。平台起到提高全社会资源配置效率，促进价值链各环节的集约化管理的作用，也推动着技术和产业变革，使经济社会朝着信息化、数字化、智能化方向加速演进。可以说，数智技术催生了平台经济，平台经济很大程度上集中体现了数智经济的主要特征。平台经济的涌现以及对人类社会的全面占领引发了人们对平台治理问题的担忧。

### （一）平台经济治理的新问题

平台经济对社会经济的影响仍是一把“双刃剑”。第一，规模经济和范围经济与网络效应相结合，促成了在线平台的普遍连接，这也可能导致赢者通吃的市场。赢者通吃意味着“平台大亨”可能会滥用其主导地位。第二，平台积累和货币化用户数据的能力可能会给用户的数据隐私带来风险。此外，数据挖掘通常由人工智能驱动，而人工智能的滥用可归咎于许多其他平台弊病，譬如不公平的歧视、自动价格勾结、压制言论自由。第三，许多服务共享平台也引发了劳动保护问题。一方面，它们通常仅充当供需匹配者，从而逃避传统雇主对其雇员的义务，如广受诟病的外卖服务从业者的劳动保护问题。另一方面，通过使用一些信息通信技术和大数据分析技术工具，平台企业能够对员工施加不亚于甚至远超于传统雇主的严厉监视和控制，例如，经过大数据的精确计算，外卖员的配送时间被严格控制，而没有考虑到实际工作场景中的各种复杂情形，导致外卖员交通违规现象频发。第四，某些平台弊病具有更广泛的社会影响，如社交媒体平台上的虚假信息和仇恨言论以即时分享的方式迅速抵达公众，造成社会恐慌。

这些问题都不再仅仅是传统的以股东利益为中心的公司治理所能

解决的，平台企业既然提供了能够广泛影响社会公众利益的公共产品服务，就需要承担相应的社会责任，也就是社会责任治理。企业成为平台企业之后，兼具了企业和平台两种属性。这两种属性可能有重合的地方，但是企业更倾向于营利组织，而平台更倾向于社会组织。即作为一个平台企业，需要担任平台和企业两种角色。平台企业的管理层不完全是企业家的角色，实际上他们充当了社会的组织者、管理者以及仲裁者的角色。

### （二）平台企业的公司治理

从平台企业的公司治理来看，平台企业由于对技术和人才的需求远甚于对资金的需求，企业内部治理的重点在于通过有效的股权设计保证核心管理团队对于整个企业的控制权，从而确保企业在激烈的产品、服务、技术、知识竞争中能够生存和发展。同时，平台企业的外部治理机制，主要着力于创造条件吸引行业高端创新技术人才，使企业在技术和产品创新方面取得行业竞争优势。当然，传统的政府监督、媒体舆论监督仍能起到外部治理的作用。

企业的目标是股东的利益最大化（当然现在也考虑相关利益者）。所以公司治理的核心是在处理委托代理问题，包括职业经理人和股东之间、中小股东和控股股东之间的代理问题，而与此不同，社会组织更强调的是秩序。所以平台治理的核心是社会责任以及公平正义。公司治理和平台治理在很多时候是相容的，比如，谷歌不断改进搜索的质量，改进谷歌地图，维护内容纯度，推进资源系统的开源，从各个维度改善用户的体验，在这个过程中，平台帮助知识的传播扩散和再创造，这一过程也得到了社会认可，其估值和规模不断创出新高，让所有的股东从中受益。这是公司治理和平台治理实现“双赢”的例子。

百度的竞价排名就是负面的典型。从公司治理的角度是站得住脚的，管理层追求利润，股东利益最大化。但是，这种公司治理很明显地违背了平台治理的正义性原则和社会责任。作为一家平台企业，百度选择了公司治理目标，而忽视了平台治理目标。

长远来看，公司治理和平台治理的目标之间应该是相容的，社会责任感越强，一个平台所组建的社区，它的内部秩序越好。这样的平台一定会吸引和集聚更多的资源、人员、技术、服务，形成一个长期和良性的交互，演化出好的生态，最终创造出更大的企业价值，股东的利益同样会最大化。但长远和短期在现实操作中经常是矛盾的。因为从长期来看，自然人股东作为个体（法人股东背后也是自然人），其生命的终点都是死亡，即使他们也会考虑财富的传承和企业的可持续发展问题，但归根结底，他们所追求的是短期利益和个人（家族）的特定利益。所以平台治理目标和企业短期利润目标发生冲突的时候，很多平台企业选择了短期利益，尤其是很多平台企业还处于有退出期限的风险投资阶段。风投的退出需要利润或者流量的支持，这时股东和平台用户之间的利益就会出现矛盾，这种矛盾就是公司治理和平台治理矛盾的根源所在。技术进步为平台赋能，平台变得越来越强大，平台也让整个社会关系变得更加紧密，但是也更加脆弱。平台越强大，平台治理的问题就会越来越突出，这可能不仅仅是未来企业，也是未来社会将要面临的最大挑战。

### （三）平台治理

平台组织作为一种有机开放式的价值网络生态系统，已经超越了传统单一企业公司治理的界限。平台范式本身所蕴含的开放共享、共赢思维与平台思维，都意味着平台企业为平台与平台之间、平台内买方与卖方、平台与买卖方搭建开放与协作的机制。在开放、共享、共赢的平台范式下，企业越来越重视与企业利益相关方的互利合作关系，并依托平台型社会价值创造网络解决平台内各组织与要素间的价值创造冲突。与此同时，不同成员在平台界面中的节点大小、联结密度有所差异，因而其价值贡献大小也不同。通过与利益相关方的多方合作并广泛参与其运营过程，从而打造一个以价值共创、价值共享为运营模式的可持续性的商业经济生态圈。总之，平台化的治理范式基于整合社会的优势资源与力量，基于企业利益相关的多方社会主体的分工与合作，搭建网络化治理平台，超越公司治理的边界。

一般认为，平台治理模式包含自我治理和公共治理。自我治理依赖于平台公司自愿在其平台中实施良好的治理原则。例如，即使没有任何政府干预，亚马逊、阿里巴巴、京东等在线市场通过使用消费者评级和评论系统来约束在平台上运营的卖家。相比之下，公共治理模式诉诸政府干预来解决平台弊病。譬如，德国通过了一项规定，要求平台在收到投诉后 24 小时内消除或阻止明显非法、仇恨犯罪和某些其他非法内容的假新闻，规定以可能的制裁威胁作为平台治理的补充。然而，自我治理和公共治理都不是理想的治理模式。一方面，平台弊病的盛行表明，平台企业的利益并不总是与平台用户和公众的利益保持一致，很多时候，甚至会出现剧烈的利益冲突。另一方面，全面的公共治理可能带来更大的危害。具体而言，政府流程本质上存在官僚主义和信息匮乏的问题。具体业务范围和商业模式塑造了平台弊病的多样性，同样会使立法者和执法者难以理解这些详细的业务信息，在试图理解并尝试管控过程中往往产生巨额的信息成本，这更会带来寻租空间。最重要的是，平台演进的速度之快和深度的不可预测性带来了平台经济的颠覆性，这是因为平台企业的商业实践往往领先于包括法律规则在内的各种既有规则，这种领先性意味着创新性。政府对平台企业可能采取事前预防或事后惩罚的措施，都有可能以扼杀平台创新为代价。

以企业为中心的个体治理模式，必须依赖其自身社会责任制度构建的主动性与完善性，但并非所有企业都主动认知到需要构筑社会责任制度，并将社会责任融入企业运营与管理过程中。因而，单纯依靠企业“个体自治”模式不能彻底解决社会责任缺失行为与伪社会责任行为。而以政府为主导的治理模式，依赖于政府部门公权力的边界限度与制度约束，任何公权力处理不当的行为，如社会责任权力过度干预、干预方式不得当、执行信息不公开等，都可能无法彻底解决企业社会责任缺失、寻租等行为。因此，寻求他者力量以实现合力成为一种理性选择。多中心网络治理模式基于企业与社会性利益相关方的网络结构，整合企业个体自我治理的企业中心论与政府治理的公共权力主导论两种企业社会责任的治理模式，各个多元治理主体之间通过共享公共权力的良性互动形成社会责任治理网络。与此同时，企业社会责任治理过程中的多元参与主体通过资源的相互依赖与互动，培育出共同治理价值观，形成一套解决社会责任缺失行为、伪社会责任行为以及社会责任寻租行为的方式。

在多中心网络治理模式中，政府监管机构、平台企业、新闻媒体、社会组织等治理主体有机结合，形成协同治理的战略合作伙伴关系，进而搭建出全方位的治理网络。政府作为外部治理的主导力量，为平台企业社会责任的长效治理和可持续发展奠定制度基础；平台企业作为治理的主体和“治理受体”，做好内部企业责任管理制度自治工作；作为第三方治理主体力量的社会性利益相关方，如社会公众、新闻媒体、公共协会组织等，以一般性交流互惠与选择性监督为准则构建网络化沟通关系，通过构建信任机制促进企业协调与沟通，有利于保证企业履责的真实性、一致性与科学性。在治理的过程中，要允许不同利益的代表参与企业运营与决策的沟通、交流、协商以及谈判，充分表达各自的意见。而新闻媒体在促进企业对社会责任的认知、扩大对社会责任的宣传、引导各类企业关注自身社会责任的过程中，发挥社会舆论对于企业社会责任行为的正面引导，并引起公众对各类平台企业社会责任的关注与评价。与此同时，公共协会组织作为评价社会责任绩效的第三方机构，定期开展各行业各类平台企业的社会责任履责绩效评价，并公开发布社会责任评价操作流程与相关指标数据，形成社会责任评价操作报告，推动和引导企业重视社会责任制度建设以及社会责任履行实践。通过上述三方的协同合作治理，构建出完整的企业社会责任的多中心治理模式。

“互联网+”催生了以平台为基础的新的经济形态，平台企业除通过公司治理实现股东利益最大化，顺应ESG发展潮流，实现与相关利益者利益平衡外，还基于平台企业提供的产品、服务越来越具有公共性，因而强化其承担与其平台背景相适应的以维护平台健康为目的的社会责任。平台化履责成为一种新的社会责任履责范式。无论是企业单边推进社会责任的“企业自治理”，还是以政府为推进社会责任的“政府他治理”，都有不可避免的缺陷，寻求平台、政府与社会的合力，才是平台治理的最终走向。

## 三、数智经济赋能公司治理的实现路径

数智经济和实体经济的融合，新旧产业间的转换催生出新产业、新业态和新模式，同时也对治理提出了新的要求。传统的公司治理模式治理体系不再适用于数智经济背景下新的外部环境、组织方式、商业模式，在当前社会的应用中逐渐显现出局限性：首先，无法保证企业决策的科学性，因为股东不一定懂技术，股东不一定掌握科学决策所需要的信息，这将无法实现新经济时代企业对所有利益相关者负责的目标。其次，无法保证企业决策的效率性，传统治理体系中强调企业内部权力制衡与监督不利于快速一致行动，因此无法满足目前科技创新与应对重大公共危机的需求。

### （一）多举措改革公司内部治理机制

#### 1. 股东从“管企业”到“管资本”，实现股东与经理人的“合作共赢模式”

当前，高科技企业的成长速度与发展质量逐渐递增，其公司治理

的创新实践为理论界探索公司治理范式转变提供了良好的制度背景。因此，对创新导向的组织构架的设计理念和对企业家精神的重视为我们重新审视以股东为中心的传统公司治理范式提供了契机：以创新资本雇用物质资本成为数智经济时代下公司治理范式的核心；公司治理的主要矛盾从防止经理人代理问题转化为保护创始团队控制权、激励其长期投入。因此，伴随数智经济时代的发展，围绕业务模式创新的信息不对称迫切需要资本市场出现另一种创新导向的企业组织构架，以鼓励和保护创业团队的人力资本投资，同时向资本市场发出明确的对业务模式创新自信的信号。这是新经济时代所有企业都面临的现状，在这一背景下，如何转变内部治理理念，实现股东与经理人的“合作共赢”治理模式成为企业迫切需要考虑的问题。

面对高速发展的市场竞争环境，包括国有企业在内的所有企业都希望通过创新公司治理体系，实现财富保值增值。这就需要股东从管理企业思维转到管理资本思维。无论是家族企业还是国有企业，都必须接受技术的升级、业务的转型，不断更新业务内容和技术水平，只有这样才能够真正传承下去。企业的传承，要考虑的不是传承业务，不是传承企业，而是传承财富，要接受技术升级和业务转型。这是解决公司治理问题的基本思路。

**2. 加强对企业科创属性信息的沟通，引导投资者进行长期价值投资**

（1）科创企业与数智经济深刻的共生关系

科创企业与数智经济之间存在深层次的共生关系，两者通过技术、数据和产业生态的融合，共同推动现代经济体系的变革。科创企业作为技术创新的主力军，不断突破数智技术的边界，而数智经济则为其提供广阔的应用场景与市场空间，这种双向互动不仅加速了技术商业化进程，更重构了全球价值链的竞争格局。

从技术维度看，科创企业的研发突破是数智经济演进的核心动力。

人工智能、区块链、云计算等底层技术的迭代，均源自科创企业的持续探索。反过来，数智经济对效率提升、成本优化的需求，也倒逼科创企业聚焦技术实用性。如电商平台对实时数据分析的要求，推动了边缘计算技术的成熟；金融科技对安全性的高需求，催生了零知识证明等隐私计算技术的突破。这种“技术供给—场景反馈”的闭环，使创新始终围绕真实市场需求展开。

数据要素的流通与增值，则构成两者协同的另一关键纽带。科创企业通过算法模型将原始数据转化为生产要素，蚂蚁集团的智能风控系统、字节跳动的推荐算法都是典型案例。而数智经济催生的数据交易市场、算力网络等新型基础设施，又为科创企业提供了数据资源整合的平台。值得关注的是，隐私计算、区块链存证等技术既保障了数据安全流通，又创造了数据要素市场的新商业模式，这种“技术解难题—市场拓空间”的循环，正在重塑数智经济的运行规则。

在产业层面，科创企业扮演着传统经济数智化转型的“催化剂”。智能制造领域的数字孪生技术、农业领域的遥感监测系统、医疗行业的 AI 辅助诊断工具，均通过数字化改造提升了产业效能。同时，数智经济孕育的新业态如元宇宙、Web3. 0 等，又为科创企业开辟了增量市场。腾讯、Meta 等企业布局虚拟现实生态，本质上是在构建下一代互联网的基础设施。这种“产业需求牵引—技术供给创造”的动态平衡，使创新始终与经济发展同频共振。

（2）投资者需要关注科创企业的长期价值

长期价值对科创企业的核心重要性源于其创新生态的独特性。与传统企业依赖成熟技术和稳定市场不同，科创企业的生存逻辑在于突破技术边界，这要求其必须超越短期盈利的局限。首先，技术研发周期长且不确定性高，例如量子计算或基因编辑领域，可能需要十年以上的持续投入才能实现商业化，其间需要资本市场的耐心支持。其次，颠覆性创新往往需要重构产业生态，如新能源汽车企业不仅要攻克电池技术，还需推动充电网络、智能电网等配套体系的建设，这本质上是长周期的系统性工程。再次，科创企业的竞争壁垒建立在持续创新能力上，若为短期财务指标削减研发投入（如半导体企业降低制程研发强度），将直接导致技术代际差距被拉开。更重要的是，科创企业的价值评估维度已从传统资产转向“未来现金流折现+技术期权价值”，这意味着市场更关注其技术路线的前瞻性而非当期利润。特斯拉连续亏损16年后才实现稳定盈利，但在这期间资本市场始终基于自动驾驶、能源生态等长期叙事给予高估值，正体现了这一逻辑。因此，专注长期价值不仅是科创企业的生存策略，更是其突破“死亡谷曲线”、实现非线性增长的核心密码。

（3）引导投资者进行长期价值投资

长期价值投资是一种重视企业本身价值的投资理念，强调投资者应该通过对公司基本面分析和长期发展前景的评估，选择那些具有良好运营管理、稳定盈利能力和产业竞争力的企业进行投资。而服务实体经济发展是指为实体经济提供金融支持和服务，促进实体经济的发展和壮大。这就需要培育市场的长期价值投资文化。《上市公司投资者关系管理指引》第六条对投资文化进行了说明，指出“倡导投资者坚持理性投资、价值投资和长期投资的理念，形成理性成熟的投资文化”，与当下逐步兴起的可持续的长期投资观念相一致。该指引第七条也对上市公司与投资者沟通的内容进行了补充，新增的“公司的环境保护、社会责任和公司治理信息”是一项重大创新。未来的投资理念必然是引导投资者进行长期价值投资，只有建立了这样的投资文化，企业个体、资本市场整体及社会经济才能实现长期可持续发展。

新经济时代，越是掌握创新技术的企业，越能获得投资者的青睐。中国顺应时代要求，推出科创板，目的是促进中国的技术发展，希望通过科创板帮助技术更好地找到资本，也希望帮助资本更好地找到技术。因为资本投资也需要优化配置，要想保值增值，资本投资一定要投资到真正有前景有未来的资产上。希望通过科创板这一更好的平台，让资本和技术进行有效的对接。

科创板摒弃了传统 IPO 制度的盈利门槛要求，强化科创属性为导向的上市指引更有利于创新型、成长型企业的 IPO 制度安排的包容性，更加适合新技术、新产业、新业态、新模式的科技创新企业上市，有利于“硬科技”与资本市场高效对接，推动创新型科创资本市场体系形成。从科创板 IPO 实践来看，企业只要有较为完善的法人治理、运作规范，并且研发投入占营收比重较高，专利技术优势明显，成长性突出，凸显科创属性特征，在盈利门槛、股权结构等诸多方面则更多地体现出包容性，即可获得资本市场制度安排，获得社会资本的投资风险分担，从而有效解决了新兴产业发展中的两大难题：金融资本的风险变现和科创企业的持续融资。可见，在科创板上市是向投资者表明其科创属性的有效方式。

在日常投资者关系管理中，企业应当注重多元化沟通渠道建设与完善，多渠道、多平台、多方式地开展投资者关系管理。渠道方面，除了传统沟通渠道外，应当强化网络沟通渠道，加强对自媒体的建设和运维管理，对投资者咨询、投诉和建议等诉求明确答复，进一步拓宽上市公司与投资者沟通渠道。在沟通方式方面，可以采用股东会、投资者说明会、路演、分析师会议、接待来访、座谈交流等方式加强与投资者的沟通。此外，应建立与投资者重大事件沟通机制，以保障高效的沟通模式。总之，企业可以通过富有科技含量的渠道、平台、方式，加强对企业科创属性信息的沟通。

投资者关系管理是公司治理体系中的内部治理机制的重要部分，最核心内容在于强调投资者和公司之间进行双向信息沟通，降低公司和投资者之间的信息不对称，达到提升企业价值的目的。投资者关系管理的未来发展将会更加注重企业的科技属性，技术上会更多依靠多元化的互联网渠道，也会越来越注意培育投资者长期价值投资理念。

### 3. 增强精神鼓励、发展式激励与人文关怀

（1）精神鼓励

随着人们物质生活水平的极大提升，未来的激励机制不能仅仅依靠金钱来激励，还需要用物质以外的信念和理想加以激励，更多采用精神激励方式。如华为非常注重荣誉奖励对员工的激励作用，公司甚至为此专门成立了一个荣誉部，负责对员工的考核与评奖。无论员工在工作的哪一方面有进步，都可以得到荣誉部门给予的奖励。华为的荣誉奖涉及的方面与人员既广又多，许多员工在毫不知情的情况下被荣誉部告知由于员工的进步或者特殊贡献而得到了公司的某种奖励。此外，如果员工得到了荣誉奖，那么一定少不了相应的物质奖励。通过精神与物质相结合的奖励，一方面使员工感受到公司对其努力成果的肯定，另一方面会激发其工作动力，使其向更高的台阶迈进。

此外，职权的激励在华为的激励制度中起到了非常重要的作用，主要表现在为华为留住人才这一方面。华为的员工很大一部分都是高素质、高学历的员工。这些员工在期望获得高薪的同时还非常注重实现自身价值，并强烈地期望得到公司或社会的认同与尊重。所以，华为对优秀员工进行充分的授权，并赋予相应的职称，以此彰显对他们的信任与尊重。华为用这种激励方式使得员工得到了精神与物质的双重收获，因而更愿意贡献自己的力量与才智，从而对公司事务有了更强的参与感和更多的自主性。

（2）发展式激励

如企业对员工进行科学的职业生涯规划即是一种典型的发展式激励。发展式激励可以使员工更好地把握自己的事业目标，激励员工不断地朝着正确的方向前进。如为新员工提供富有挑战性的任务，以帮助他们迅速进入良好的工作状态，并最大限度地激发他们的斗志与激情。对于工作一定年限以上的员工，可以提供培训激励，如派研发人员出国深造等，还可以通过晋升制度，优化工作环境与设施，促使员

工更好地进行创新工作。

（3）人文关怀

公司要牢固树立以人为本的理念。人文关怀，一般认为发端于西方的人文主义传统，其核心在于肯定人性和人的价值。要求人的个性解放和自由平等，尊重人的理性思考，关怀人的精神生活，等等。在工作中，企业对员工进行人文关怀，要尊重他们的主体地位和个性差异，关心其丰富多样的个体需求，激发主动性、积极性、创造性，促进员工自由全面发展。

**4. 增加科技背景独董比例**

独立董事的选拔一是要“独立”，数据显示我国上市公司独立董事的席位占比略高于30%，这是监管的要求；二是要“懂事”，独立董事要有能力监督管理层和大股东。由于学术背景能够带来一定的声誉激励机制和履职能力保障，我国资本市场的现状为独立董事大多具有学术背景。根据职业背景区分，财务和法律背景独立董事占很大比重（不排除多重背景交叉），从上市公司角度而言，既有出于监管合规要求的考虑，也有信赖财务和法律背景独立董事专业能力的考量。部分企业还聘请了具有政治和金融背景的独立董事，为改善企业风险管理和资源约束发挥了重要作用，但缺乏商业实践经验而不够“懂事”的学者型独立董事也不在少数。独立董事不仅要与管理层和实际控制人等其他利益主体之间保持相对独立，又要有能力、靠得住。

在新经济时代，企业的发展越来越依赖于科技创新因素。因而，具有科技背景的独立董事需求量日益增长，他们的科研能力和创造力更强，在判断投资项目的技术可行性方面能力也更强；同时，科研人员更加实事求是，不易被实际控制人和管理层控制或者施加影响，更有可能兼顾“独立”和“能力”。

现实中，独立董事在治理环节面临诸多复杂性，常常沦为实际控制人和管理层的“提线木偶”，尽管很少缺席董事会会议，但也鲜有发表独立且客观的异议，未来应更加重视对独立董事履职能力的审查，从独立董事教育经历、专业背景和实践经验等多层面保障独立董事“独立”且“懂事”，对内部人行为发挥有效的监督治理效应，更多引入具有科技和IT背景的独立董事不失为一个有效的解决方式。

### （二）加强外部监管与监督

加强外部治理、外部监督，是促使企业家能够努力工作的一个很重要的保障。

**1. 通过法律监管、媒体舆论监督等渠道，加强外部治理机制的监督作用**

失真、造假、欺诈等，对于曾经的中国资本市场，这些词语并不陌生，其根本原因在于，曾经证券市场监管者对于造假的处罚太过“温柔”。按照旧《证券法》，“发行人、上市公司或者其他信息披露义务人未按照规定披露信息，或者所披露的信息有虚假记载、误导性陈述或者重大遗漏的，责令改正，给予警告，并处以三十万元以上六十万元以下的罚款”。最高不到百万元人民币的惩罚，对于动则圈钱上亿的上市公司就是九牛一毛。惩罚过于“卑微”加上集体诉讼制度的缺失，导致造假在A股市场屡禁不止。

新《证券法》和《刑法修正案（十一）》将资本市场违法犯罪中起关键作用的主体全面纳入法律责任主体范围，在此基础上大幅提高欺诈发行、信息披露造假、市场操纵等资本市场违法犯罪的成本，从根本上扭转了证券违法违规成本过低的立法状况。在大幅提高行政和刑事责任的背景下，亟待落实民事责任优先的基本原则，实行“先赔后罚”，即违法行为人的财产优先用于赔偿投资者损失，如有剩余再缴纳罚款。康美药业的一审结果背后，创造了中国证券民事赔偿诉讼历史上的诸多纪录：最多原告人数（超52 000人）、最大民事赔偿金额（24.59亿元），康美药业原董事长被判有期徒刑12年，足以对标当年美国安然事件，堪称中国资本市场注册制推进过程中一项具有里程碑意义的事件。资本市场持续释放“零容忍”信号，标示着A股“重责时代”来临。

2. **加强外部监督**

通过产品市场竞争，控制权市场等外部的监督来向企业家施加压力，同时，经理人劳动力市场效率将经理人个人财富与企业绩效紧密相连，提高家族股东与经理人目标的一致性，让企业家在内部能够安安定定地去帮助企业拓宽业务、技术升级。这是民营、家族企业面对外部市场竞争需要打造的外部治理体系。

3. **借助外部消费者治理力量提升公司治理水平**

数智时代让个性化定制成为企业生产的主要方式，关注消费者消费诉求是企业价值创造的源头，满足消费者个性化需求是获得企业价值的重要手段。企业需要及时高效地对消费者喜好的变化采取措施，因此公司在治理决策时必须能够融入外部消费者的意见，这需要提高企业和消费者之间交流沟通的能力。建立员工和消费者面对面对接模式，详细了解消费者的要求和反馈意见。此外，充分利用外界各种社交平台上消费者偏好信息，将市场中碎片化的信息转变为公司治理过程中的“大数据”，通过数据挖掘、数据分析、用户需求画像等信息化手段深入了解用户需求，以用户的需求为目标进行公司的治理创新和管理创新，使得传统的公司治理更加精准化和高效化。

4. **利用社会公众完善治理过程**

利用社会公众完善公司治理，一方面需要利用媒体舆论信息作为信息的非官方披露渠道。市场并非完全有效，媒体信息尤其是财经媒体关于资本市场的信息具有增量效应能够增加公司透明度，是对公司信息披露的一种有效补充。同时，向社会公众树立良好的企业形象，公众是公司治理的一种强有力的外界监督，把公司治理过程曝光于公众视线当中，可给予治理者压力。另一方面，应提高投行、会计师事务所等专业机构对公司治理的参与程度。相较于企业，这些金融机构的行为受到监督并且更容易被市场关注，中介机构的参与可以为外界投资者提供投资信息，同时能够监督上市公司的行为，为公司日常决策、经营活动以及投资融资提供判断依据。

### （三）企业文化中重视创新精神

企业文化是一个企业最为重要的软性治理机制。顺应科技创新和可持续发展潮流，企业文化的建设应强调创新精神。

企业要发展，需要不断创新，而创新型知识人才则是一个企业中最宝贵的财富。因此，公司治理过程中需要充分重视人力资本的地位，摆正创新型知识人才在治理链条中的位置，激发人的创新和创造力，确保创新人才思维价值的自由转化和流动，保障知识人才的权利。重视对知识人才的激励，给予他们控制权，保证人才利益和公司利益的一致性，让他们在公司决策、资源配置、利润分配等方面拥有绝对的控制权。只有这样才能明确“智力资本”在公司资本运营中的重要地位，体现对人的重视程度。引入合伙人制度是目前大多数互联网企业采用的公司治理模式，是在数智经济时代权衡公司治理力量中物质和智力关系的一种创新。通过在股东会、董事会、监事会以外引入企业合伙人，形成股东会、董事会、管理层及知识员工分权决策的公司治理结构开放、高效、科学的决策体制，既能激励合伙人将自己创新的思维和想法积极地投入公司的运作当中，提高公司在行业中的竞争力，又不稀释资本投入者的股权，资金拥有者依旧享有收益权。此外，人才不仅仅处于管理层，加大对基层员工的物质激励，增加员工工作的自主性，激发基层员工在工作中的创造力，知识不是向上灌输而是从下收集来的，通过所有员工的集思广益，才能实现公司治理格局时代变化中快速成长和转变。

重视创新的企业文化，在实现商业成功的同时，也能履行社会责任，实现二者的有益平衡。这不仅有助于提升企业价值、吸引消费者和投资者，还可以为企业带来创新、员工满意度提升以及积极的社会影响。

本节主要讨论了数智经济下的公司治理。数智经济的发展为企业植入了IT技术治理理念，并推动了现代治理模式的采用。企业需要摒弃传统的股东利益观选择考虑更多利益相关者的治理观念，相关利益保护理论将成为数智经济转型时代公司治理实践发展的理论基础。

数智经济时代，金融资本的稀缺性让位于人力尤其是技术人才的稀缺性，数字网络技术的发达降低了信息不对称，传统公司治理制度所致力解决的委托代理问题显得不那么重要，更主要的是应解决资本控制权让渡给技术控制权后所带来的企业家、技术专家权力约束问题，信息大爆炸时代大型平台机构、技术专家等信息优势主体与普通公众之间越来越大的信息差距以及随之而来的经济、社会地位差距日益扩大等问题。这些问题会带来更多的、更深刻的、更难逆转的不公平乃至阶层差距问题，如果不能及时解决这些问题，将有可能引发社会群体性事件甚至社会动荡。

数智经济虽给企业带来了新的治理挑战，但毋庸置疑，数智化、信息化是未来经济社会发展的主要趋势，这对企业来说是机遇，同样也是挑战。数智时代，ESG理念成为企业发展的主导，使公司治理的边界从股东拓展至更多的利益相关者。企业发展对技术和人才的需求更甚于对资金的需求，拥有核心技术的企业家团队需要掌握企业控制权，公司治理越来越倚重IT和网络技术，相应公司治理结构逐渐趋于扁平化、网络化和虚拟化，治理主体也呈现多元化趋势，公司治理需要强调对知识人才的激励和利益保障。公司治理的这些变革在平台经济中体现得更为明显。在数智经济时代快速进步和发展的社会经济环境中，企业需要分析数智经济为公司未来发展带来的影响和挑战，积极地改变公司治理结构中的不合理之处，让数智、信息、创新融入公司内部治理结构中，实现新经济时代企业的数智化转型，让企业在时代更替中实现可持续发展，并承担时代所赋予的社会责任。

## 第三节　AI 技术与公司治理

AI 技术的演进正在重塑公司治理的底层逻辑，这种变革本质上是技术供给能力与组织治理需求之间的动态适配过程。当算法开始替代人类决策，当数据流重构管理信息网络，传统治理框架面临系统性解构与重建。AI 技术通过改变技术供给形态，激发组织治理需求升级，进而形成新的治理均衡。这种双向作用不仅涉及管理工具的迭代，更触及组织存在的本质形态，需要重新定义权力配置、价值创造与风险控制的边界。

### 一、 AI 技术供给与治理需求的动态适配

#### （一） AI 技术供给驱动下的治理需求升级

AI 技术集群的突破性发展形成了独特的供给能力。机器学习算法通过非线性建模能力，突破人类认知的线性局限；自然语言处理技术将隐性知识转化为可计算要素；神经网络架构具备动态适应复杂系统的特性。这种技术供给改变了公司治理的要素禀赋结构，催生出更高阶的治理需求。传统治理体系依赖有限理性假设下的经验决策，而 AI 技术供给创造了接近完全信息的可能性，倒逼组织重构决策标准与流程。

**1. 信息供给能力提升的影响**

在信息维度，技术供给实现了从数据采集到知识发现的跃迁。分布式传感器网络构成全天候监测体系，深度学习算法完成非结构化数据的价值提取。这种供给能力使公司治理从被动响应转向主动预测，需求端开始要求建立动态感知—反馈机制。管理层不再满足于周期性

报告，转而寻求实时决策支持系统，由此推动治理周期从年度规划向持续优化演进。

权力配置格局因技术供给发生根本性改变。算法系统通过持续学习获得决策权威，传统科层制中的职位权威被技术权威稀释。这种供给冲击引发治理需求的结构调整：决策权需要重新分配为人类监督权、算法执行权与系统修正权。企业开始构建包含技术伦理委员会的新型治理架构，其核心功能在于平衡技术创新冲动与组织价值底线。

风险图谱的扩展催生新型治理需求。AI 技术既带来算法偏差、数据污染等技术风险，又产生新的委托代理关系复杂性。技术供给在提升风控能力的同时，也制造出更隐蔽的风险传导渠道。这种矛盾状态迫使企业建立双重防御体系：既要运用 AI 技术强化风险识别，又需构建技术免疫机制防范失控风险。治理需求从单一风险管控转向系统性韧性建设。

**2. 治理需求牵引的技术供给适配**

组织治理的动态需求构成技术演进方向标。传统治理面临的信息不对称难题催生智能监测系统开发需求，层级僵化倒逼人机协同平台建设，战略柔性不足激发自适应决策系统研发。这些需求牵引着 AI 技术供给的定向进化，形成技术与治理协同创新机制。当企业开始追求生态化治理时，技术供给相应发展出跨组织智能协作框架。

在决策领域，人类认知局限与决策效率需求构成根本矛盾。传统决策模式受制于管理层注意力稀缺，而 AI 系统通过并行处理能力突破决策带宽限制。这种供需矛盾推动决策权配置向“人类定方向、算法找路径”的模式转变。智能决策系统不仅提供备选方案，更通过沙盘推演预判方案后果，使决策过程从经验判断转向仿真优化。

激励机制设计需求倒逼技术供给创新。传统绩效考核体系难以捕捉知识型员工的隐性贡献，而行为传感技术与情感计算的发展，使多维激励模型成为可能。技术供给创造了个性化激励方案的实施条件，但同时也面临评估维度选择的伦理争议。这种供需张力推动企业建立动态调整的激励算法，使其既能捕捉行为信号，又避免过度监控损害组织活力。

组织形态演化需求重塑技术供给边界。当企业向平台化组织转型时，需要技术系统支持动态边界管理；当创新速度成为竞争关键，技术供给必须具备快速迭代的能力。这种互动关系催生出技术与组织共生演进模式，其本质是治理需求牵引技术供给向组织基因层面渗透，形成内生性技术能力。

**3. 供需动态平衡中的治理范式转换**

技术供给与治理需求的适配过程呈现阶段性特征。初期阶段，技术供给主导治理变革，企业被动适应新技术带来的管理冲击；中期阶段，形成双向调试机制，技术迭代与治理创新形成共振；成熟阶段，则表现为技术供给内化为治理有机组成部分，二者边界趋于模糊。这种动态适配过程推动公司治理从机械式控制向有机式进化转变。

在权力结构层面，技术供给创造了分布式决策的可能，但治理需求要求保持价值导向的一致性。智能系统获得的局部决策权需要与人类决策者的全局视角形成制衡，这种平衡艺术构成新型治理的核心命题。技术供给的客观性优势与人类决策的价值判断功能，在动态博弈中形成特有的权力分配格局。

信息治理呈现双向净化特征。技术供给通过区块链等技术实现信息溯源，治理需求则要求信息处理符合伦理规范。这种相互作用催生出“技术过滤—人类校验”的双层信息治理机制，既保证数据处理效率，又维护信息伦理底线。信息透明度与信息安全的矛盾，在技术供给与治理需求的互动中寻求动态平衡。

风险治理形成双重防御体系。技术供给提供风险预警与应急响应工具，治理需求则要求建立风险文化与容错机制。这种互补结构使企业既能利用技术优势管控已知风险，又具备应对技术失控的免疫能力。风险管理的重心从结果防范转向过程免疫，形成韧性治理新模式。

#### 4. 技术嵌入引发的治理形态嬗变

AI 技术深度嵌入组织基因，催生出新型治理主体，即人工智能体。具备自主学习能力的算法系统开始承担部分治理职能，其决策逻辑既遵循技术规则，又受组织目标约束。这种混合治理主体的出现，要求重构责任认定框架，建立人机协同的责任追溯机制。技术供给创造的“数字法人”概念，正在改写传统法律主体理论。

组织边界在技术供给驱动下呈现量子化特征。智能系统使跨组织协作突破物理边界，而治理需求又要求维持核心价值边界。这种矛盾推动企业构建智能边界管理系统，通过动态权限配置实现“可控开放”。技术赋能的虚拟治理单元开始替代部分实体机构，形成虚实共生的治理网络。

时间维度上的治理节奏发生根本改变。技术供给使实时治理成为可能，但治理需求仍需保持战略定力。这种时空张力催生出“脉冲式治理”模式，在持续监测与间歇干预之间形成节奏控制。时间管理从线性规划转向非线性调节，决策时效性与稳定性获得新的平衡点。

价值创造逻辑因技术供给发生范式转移。当算法开始创造新型价值时，治理需求必须回应价值分配难题。技术供给创造的剩余价值分割机制，要求建立包含数据要素参与者的新型分配框架。这种价值重构不仅涉及经济利益分配，更触及组织存在的意义系统更新。

### （二） AI 技术供给的治理潜能释放

#### 1. 人工智能技术对科层制组织固有缺陷的突破性修正

罗纳德·科斯（1937）在《企业的性质》中揭示的交易成本理

论，为理解这种变革提供了经典范式。传统公司治理解决的主要是信息不对称导致的代理成本问题。深度学习算法通过多维数据融合，将企业内外部信息转化为可计算的决策参数，实质上重构了科斯的企业与市场边界。AI 技术正深度重构公司治理模式，通过数据智能释放治理效能。在决策层面，AI 驱动的智能分析系统可实时整合财务数据、市场动态与舆情信息，为董事会提供多维度的决策支持，缩短战略响应周期。风险控制领域，机器学习模型能持续扫描供应链、合规流程中的异常信号，大幅提升欺诈检测准确率，并构建动态风险预警体系。在股东关系管理方面，自然语言处理技术赋能智能问答系统，自动化处理大部分投资者咨询，同时捕捉市场情绪变化。区块链与 AI 的融合更构建了不可篡改的治理留痕系统，提升股权变更、决议执行等关键流程透明度。

### 2. 技术应用需平衡算法伦理与人工干预

建立人机协同的治理新范式，才能真正释放数字化治理的长期价值。技术供给的迭代速度远超制度适应能力，形成独特的创新扩散悖论。当监督学习系统开始替代独立董事进行关联交易审查时，现行的公司治理准则尚未建立算法决策的合法性框架。人类对概率性决策的认知偏差，恰是 AI 技术介入的价值空间。这种技术赋能呈现非对称特征：在风险识别维度，AI 技术对财务舞弊的识别及预警准确率远超人类审计师；但在战略创新层面，AI 尚不能替代人类董事的创造性思维，这种能力梯度决定了人机协同的治理模式必然性。

技术供给的治理效能受制于社会技术系统的适配程度。当决策权向 AI 系统迁移时，需要同步重构组织控制结构。典型例证是区块链智能合约对治理程序的重塑：当以太坊的 DAO 实现完全代码化治理时，传统公司法中的股东会—董事会—管理层三级架构被压缩为算法驱动的自动执行机制。这种制度实验虽遭遇 The DAO 事件的技术挫败①，却揭示了技术供给对治理形态的颠覆潜力。

## （三）公司治理的全方位演化

在古典企业理论框架下，治理集中于解决委托代理矛盾。但数字时代的企业面临三重叠加的治理挑战：技术加速迭代引发的认知过载、利益相关者多元化导致的诉求冲突、全球价值链延伸产生的合规压力。人类决策者的信息处理能力提升速度远不能跟上大型公司集团和跨国企业的治理决策复杂度的增长，这种供需缺口倒逼治理技术的范式创新，进而促进公司治理全方位演化。

### 1. AI 技术优化利益相关者参与机制

人工智能技术通过多维度的智能化改造，显著优化了利益相关者参与机制的效率与深度。在信息处理层面，AI 能够快速整合来自不同渠道的复杂数据，自动识别利益相关者的核心诉求与潜在矛盾，并通过动态建模预测不同决策可能引发的连锁反应，为管理者提供更为精准的平衡方案。在沟通交互方面，智能客服与虚拟助手等工具实现了全天候、多语言的无缝对接，不仅缩短了信息反馈周期，还能通过语义分析捕捉对话中的情绪倾向，为后续策略调整提供隐性线索。针对不同群体的个性化需求，AI 驱动的算法可定制差异化的参与路径，例

① The DAO 事件是区块链历史上一起具有重大影响的安全事件。“The DAO” 是基于以太坊区块链创建的一个去中心化风险投资基金项目。它允许投资者通过购买 DAO 代币来参与项目并获得投票权，以决定资金的投资方向，是当时以太坊社区最大的众筹项目。2016 年 6 月，黑客利用 The DAO 智能合约中的一个漏洞，从 The DAO 合约中转移了约 360 万个以太币（当时价值约 5 000 万美元）。由于智能合约的特性，一旦资金被转移，在没有干预的情况下很难追回。该事件为区块链行业敲响了警钟，让开发者和投资者更加重视智能合约的安全性，引发了全球监管机构对区块链项目和智能合约的关注，促使监管部门加强对加密货币和区块链领域的监管，推动了区块链安全技术和审计标准的发展。

如为企业股东生成可视化财务报告，为社区用户推送简明政策解读，从而提升各方参与意愿。在决策透明性上，区块链与AI结合的技术架构能够完整记录参与流程中的每个环节，确保规则执行的可追溯性，同时通过智能合约自动触发预设的权益分配机制，减少人为干预风险。这种技术赋能让利益相关者从被动响应转向主动共建，推动参与机制向更智能、更包容的方向演进。

**2. 人工智能技术的快速发展促使董事会职能加速转型**

人工智能技术的快速发展对传统公司治理模式形成深刻挑战，促使董事会职能向更动态化、专业化的方向转型。面对算法决策与人工干预的边界模糊问题，董事会需重构战略决策机制，从单纯听取管理层汇报转向深度介入技术应用场景评估，建立AI系统可解释性审查流程，确保核心技术路线与企业价值观的匹配度。在风险控制维度，董事会须突破财务合规的传统框架，构建涵盖数据安全、算法伦理、技术失控的前瞻性风控体系，通过设立专项委员会对模型训练、数据采集等环节实施穿透式监督。在人才结构方面，具有技术背景的独立董事比例显著提升，既需要精通AI原理的专家参与重大决策，也要求全体董事掌握基础技术认知能力，以有效判断技术应用的商业价值与社会风险。组织运作模式随之演变，部分企业开始试点数字化治理平台，通过实时监测算法运行指标、利益相关方反馈数据，形成动态治理闭环。这种转型本质上反映出技术变革倒逼治理体系升级的客观规律，董事会正在从战略指导者转型为价值平衡者，既要推动技术创新释放生产力，又要防范技术异化带来的系统性风险。

**3. AI技术使公司治理从对人的监督转向对AI模型的监督**

人工智能技术的深入应用正在推动公司治理模式发生根本性变革，这种变革的核心在于监督对象从传统的人力资源体系向智能算法模型的系统性转移。这种转变不是简单的技术替代，而是重构了企业权力运行的基本逻辑，形成了以算法为核心的新型治理生态。

首先，决策机制层面的转变带来监督对象的转变。人工智能通过建立数据驱动的决策模型，正在改变企业权力的分配格局。传统的层级审批制度正在被算法模型取代，原本由中高层管理人员掌握的决策权被编码为可复制的算法规则。这种转变使得企业决策从依赖个人经验判断转向依靠模型输出的数据结论。采购审批、风险控制、市场策略等关键环节的决策权逐渐转移到算法系统，管理者需要建立对模型决策逻辑的监督机制，包括持续监测特征变量的权重分布、验证决策路径的合理性、评估预测结果的准确性等。这种监督方式的转变要求企业建立算法审计体系，形成对模型决策过程的逆向验证能力。

其次，风险管理体系的重构体现了监督对象转移的深层逻辑。传统风险控制依赖人工设置的流程节点和人员监督，而AI模型通过实时数据流构建的动态风险评估网络，将风险识别从离散的检查点转化为连续的计算过程。这种转变使得风险监督的重点转向模型的数据处理能力，需要持续监控特征工程的有效性、数据分布的稳定性以及预测阈值的适应性。当模型自主进行市场波动预测或客户信用评估时，监督者必须关注模型对长尾数据的处理能力，防范因数据偏移导致的系统性误判。这种监督方式的转变本质上是对算法认知能力的持续校准。

再次，监督对象的转变还深刻影响着企业透明度建设。传统的公司治理透明度主要指向管理行为的可追溯性，而AI时代则要求算法逻辑的可解释性成为透明度的新维度。当招聘决策由简历筛选模型完成，投资决策依赖量化交易算法时，治理重点转向确保模型决策逻辑符合商业伦理和法律规范。这需要建立算法透明度评估机制，包括特征变量的伦理审查、决策路径的逻辑验证、结果输出的偏差检测等。监督者必须能够穿透算法黑箱，确保模型决策不固化历史偏见，不产生歧视性结果。

最后，组织权力结构的重构。AI 模型的自主决策能力改变了传统金字塔型的管理架构，算法系统逐渐成为连接战略层与执行层的中枢神经系统。这种转变使得监督重点从人员行为规范转向模型运行效能，需要建立算法效能评估体系，包括决策时效性、资源优化度、目标契合度等维度。当供应链调度由优化算法实时控制、客户服务由对话模型直接处理时，管理者必须确保算法目标函数与企业战略保持动态对齐，防止模型陷入局部最优解而偏离整体目标。

传统公司治理的法律责任主要指向具体行为主体，而 AI 模型的自主决策特性催生出算法责任的新范畴。这种转变要求企业建立算法合规管理体系，包括数据源头的合法性审查、模型训练的合规嵌入、决策输出的法律校验等环节。监督者需要确保算法模型在隐私保护、公平竞争、消费者权益等方面的决策符合法律精神，这种合规监督已超越传统的人力资源管理范畴，形成专门化的算法治理领域。这种治理范式的转变催生出新型的人机协同机制。监督重点从规范人员行为转向优化人机协作界面，需要建立算法决策与人类判断的衔接规则。当 AI 模型承担更多常规决策时，人类监督者的角色转变为异常处理专家和伦理审查者，重点监督模型在边界场景中的表现，处理算法无法应对的复杂情形。这种分工转变要求重新定义岗位职责，构建人机能力互补的新型治理结构。

AI 引发的公司治理变革正在形成自我强化的演进循环。模型持续学习机制使得治理体系必须具备动态适应能力，监督者需要建立模型迭代的评估标准，监控知识更新的方向性，防止算法在自主进化中偏离既定轨道。这种持续监督构成了新型治理体系的核心能力，确保企业在享受 AI 技术红利的同时，维持可控的发展方向。这种转变本质上是在数字文明背景下重构企业组织的生命形态，将算法模型提升为具有治理主体地位的新型存在。

## 二、 AI 技术应用于公司治理带来的挑战

### （一）制度框架的适应性危机

现行公司治理制度建立在有限理性假设之上，而 AI 技术供给正在突破这个理论预设。有限理性理论认为，人类决策受信息处理能力限制。但具备多模态感知能力的通用人工智能，正在突破这个认知边界。随着人工智能、大数据、云计算等新一代信息技术跃迁，深度应用于生产生活，人工智能体开始广泛分布于社会领域。特别是 ChatGPT 的开发公司 Open AI 于 2023 年 11 月发布 GPTs，并推出制作工具 GPT Builder，进一步引爆“智能体中心”（agent-centric）的多模态大模型发展模式。一个人人均可拥有专属智能体的时代正在到来。① 数智时代，人工智能尤其生成式人工智能开始广泛应用，构造出人、人工智能体等非人行动者组成的智能技术交易系统，交易行为结构呈现鲜明的数字化、虚拟化、智慧化特征，加剧了缔约的复杂性、非线性及混沌态，导致基于人工智能工具论的算法合同效力认定、法律责任归属等陷入困境。对此，有必要转换思路，赋予人工智能体有限法律人格，将其厘定为当事人的代理人。依据代理制度，对于人工智能体缔约，采取法律推定拟制方法，基于人设置利用智能体的行为，认定两者之间的代理关系。一旦人工智能体超越预期，原则上由本人承担相应风险责任，除非超越程度过巨，导致双方利益严重失衡或显失公平。在算法合同效力判定基准中，本人行为能力、真意的作用弱化，意思表示以外观为主。效力瑕疵涉及人工智能体背后之人、相对人、第三人，以及合

① 2024 年，比尔 · 盖茨提出，人工智能体将在 5 年内普及，每个用户均有专属智能体。参见 Bill Gates, “AI Is about to Completely Change How You Use Computers and Upend the Software Industry” (2023 - 11 - 09), https: //www. gatesnotes. com/AI - agents, accessed by May. 19, 2025.

同当事人的人工智能体、第三方人工智能体等非人行动者，这是因为不同行动者的瑕疵事由对合同效力的影响存在显著差异。这在人工智能体应用于公司治理领域体现得尤为明显。当强化学习系统展现出超越人类董事的决策质量时，人工智能体能否适用“商业判断规则”（BJR）这一避风港进行免责成为值得讨论的问题。一般认为，人工智能体无法直接适用商业判断规则，因其缺乏法律主体资格，且责任最终由人类或企业承担。企业可通过合规使用 AI（如保留人类干预、完善治理框架）间接降低高管责任风险，但 AI 自身无法成为 BJR 的免责主体。未来法律若调整 AI 地位，或可能部分纳入 BJR，但需以明确责任划分为前提。

责任认定机制的制度裂变加速治理危机。传统公司治理中的有限责任制度，建立在决策主体可归责的基础上。但深度强化学习的决策过程具有本质的不透明性，导致责任链条在算法黑箱处断裂。试图通过技术溯源与制度追责的复合机制弥合裂缝，但其理论建构尚落后于技术实践。这种制度真空在自动驾驶汽车事故责任认定中已有显现，预示公司治理领域即将面临更复杂的法律挑战。

监管范式的代际冲突凸显制度重构紧迫性。欧盟《人工智能法案》创设的“治理系统”分类标准，将企业 AI 治理系统纳入高风险监管范畴，东亚国家倾向于建立政府主导的 AI 治理认证体系，而英美法系国家更多依赖市场驱动的技术标准。这种制度分野正在重塑全球公司治理的权力格局。

### （二）伦理秩序的重构挑战

AI 技术供给引发的治理革命，本质是价值排序的重新定义。当算法开始决定高管薪酬方案时，传统的“效率优先”治理伦理遭遇公平性质疑。权力集中的技术逻辑冲击治理民主化进程。当企业决策权向云端智能体迁移时，传统治理中的“参与式民主”机制面临解构风险。技术赋能与伦理约束的动态博弈塑造治理边界。AI 治理的伦理风险源自其能力—责任不对称性。当生成式AI系统能够自主设计股权激励方案时，如何防止算法歧视成为制度创新焦点。IEEE（电气电子工程师学会）制定的《人工智能伦理设计准则》中有“可解释性强制”这一要求，它意味着人工智能系统的决策和行为过程需要能够被合理地解释，让使用者、监管者等理解其运行逻辑和做出决策的依据。

而商业秘密保护制度旨在保护企业等主体拥有的不为公众所知悉、具有商业价值并经权利人采取相应保密措施的技术信息、经营信息等商业秘密。企业往往会将人工智能算法等关键技术作为商业秘密来保护，以维持自身的竞争优势。

“可解释性强制”要求人工智能系统公开一定的运行原理和决策依据，这就可能会触及企业视为商业秘密的核心技术内容。一旦公开这些内容，企业的商业秘密就可能面临泄漏风险，进而损害企业的经济利益和市场竞争力。所以这两者之间产生了剧烈冲突。

这种制度之间的矛盾和紧张关系（制度张力）会给立法工作带来挑战。立法者需要在保障人工智能的可解释性以满足伦理和监管需求，与保护企业商业秘密以鼓励创新和经济发展之间找到平衡，这将持续考验立法者的智慧和能力，促使他们制定出更加完善、合理的法律法规。

人类在智能体治理时代的角色重构具有文明史意义。当公司治理从“人类中心主义”转向“人机共生主义”，传统的“企业家精神”概念需要注入技术伦理维度。成功转型企业的高管团队，其技术认知能力与伦理敏感度的协方差较传统企业更高①，这预示着新一代商业

---

① 协方差cov（X，Y）是统计学与概率论中的一个重要概念，用于衡量两个随机变量之间的总体误差，反映的是两个变量的总体变化趋势。当协方差为正值时，表明随机变量X和Y倾向于同时偏离其平均值，呈正相关关系；反之，若协方差为负值，则表明一个变量高于平均值时，另一个倾向于低于平均值，呈负相关关系。如果协方差为零，这意味着两个变量之间没有线性关系。协方差在金融、数据分析、机器学习等领域有广泛应用。例如在数据分析中，协方差可用于特征选择，判断不同特征之间的相关性。

领袖的培养范式正在形成。人工智能引发的治理革命，本质是人类制度基因与技术基因的重组进化。当技术供给曲线持续向右上方延伸时，治理需求曲线也在制度压力下发生非线性跃迁。这种动态博弈既非单纯的技术决定论产物，也非制度保守主义的被动回应，而是人类能动性与技术可能性在制度实验室中的协同进化。未来的智能体治理范式，将在算法问责与人类监督、技术创新与制度稳定、效率追求与伦理约束的三重张力中，探索具有文明韧性的进化路径。

站在文明演化的十字路口，公司治理革命折射出更深层的现代性命题：当技术能力突破生物演化极限时，人类需要重构制度框架来安放技术理性。这不仅是治理规则的文字修订，更是文明价值体系的重新锚定。在硅基智能与碳基智慧的对话中，人类或许终将发现，真正的治理革命不在于技术替代的程度，而在于我们能否在算法洪流中守护人性光辉。

## 三、对策：构建“负责任的人工智能”治理框架与实现路径

“负责任的人工智能”作为一种使人工智能技术的设计、实施和应用符合伦理和社会规范的综合治理框架，契合时代发展需要，得到各国国家政策的大力支持，但也面临着企业成本与收益不匹配、组织架构不健全等问题，需要构建全生命周期的多层治理框架，在此基础上，不同类型的企业基于自身需求探索适合自身特色的治理路径。

### （一）“负责任的人工智能”治理框架

以国际组织发布的共识性规范文件、中国相关政策文件为依托，以实现企业自身发展与增进人类福祉为目标，企业“负责任的人工智能”治理框架可从以下 3 个层次进行设计：

第一，构建 AI+ESG 的企业治理原则及标准。在 AI 治理中融合环

境保护、社会责任及公司治理理念，将 AI 系统的透明度、可解释性和稳定性等指标纳入环境、社会及公司治理评价体系中，建立“负责任的人工智能”客观衡量标准，借助 ESG 对企业绩效和投资的正面影响，更好地建立用户信任，增强对“负责任的人工智能”的认同感，推动企业可持续发展。

第二，覆盖 AI 全生命周期的内部治理。由企业活动产生的责任原则、责任主体的分工协作、责任环节、预防机制及救济措施等负责任要素共同构成治理的共识性框架。根据管理、研发、供应和使用 4 类主要活动，表现为绿色化的基础设施、负责任的数据处理、负责任的模型设计、负责任的开发部署、负责任的审查评估以及问责制等。

第三，形成四方协同治理网络。企业 AI 治理涉及开发商、采购方、用户、研究机构、政策制定者、国际组织和投资方等多利益相关方，推动形成“政府监管—行业服务—企业自律—公众参与”的协同治理网络，以完善相关政策法规、搭建利益相关方协作平台等方式创建 AI 发展的良好生态。

### （二）不同企业的 AI 治理路径

在中国《新一代人工智能治理原则发展负责任的人工智能》的指导下，企业践行“负责任的人工智能”既存在普适性、共识性，也可能受业务类型、规模大小、资源能力、技术成熟度和风险敏感度等因素影响，应采取不同的治理路径，承担共同但有区别的责任。例如，根据所处 AI 产业链环节的不同，可将企业分为基础层企业、研发层企业和应用层企业。基础层企业注重数据收集处理、计算基础设施应用等方面的伦理治理。研发层企业重点关注算法模型设计、基础数据集构建和研发模型部署等环节。应用层企业的业务同时聚焦产品研发和市场化两个阶段，除关注研发端治理外，还注重向用户提供必要的使用指导，包括可能的个人信息收集、数据存储安全和风险防控措施等方面的内容。因此，在治理模式、治理形式、治理工具和归责程序上，不同能力的企业应基于自身需求，探索适合自身特色的实践路径。

**1. 渐进式治理模式与重构式治理模式**

渐进式治理模式是指将 AI 开发和使用的伦理框架嵌入企业现有的制度和程序中，积极将伦理原则纳入商业伦理制度和日常运营中。可参考现有良好经验做法，明确内部人员的相应职责，由政府、行业协会等协助进行伦理培训、评估项目伦理风险等。

重构式治理模式强调，企业应构建一套完整的负责任治理战略和组织架构，形成跨部门的协作和跨职能团队的广泛沟通，对 AI 项目做出负责任的评估。进一步将供应商、客户和其他合作伙伴纳入负责任的生态系统中，提升公众信任度。

**2. 集中指导与分散执行的治理形式**

企业高层自上而下指导 AI 伦理原则和伦理治理指南的实施，保证指导方法的一致性，分享最佳实践案例并明确各部门协作机制。各部门在分析现有工作结构和流程的基础上提出对 AI 治理的个性化需求和建议，以完善治理体系，提高治理效率。

**3. 恰当的治理技术工具和问责程序**

依据自身资源和能力，企业可选择购买适合的技术工具，或根据企业需求定制技术工具，还可以由企业自行研发可识别、监测、诊断系统稳健性、公平性、隐私保护等相关工具。在问责程序上，企业可设定最终的负责人，例如，开发人员或批准发布应用程序或模型的人员；或是采取正式的审查流程，设定所涉及的利益相关方的责任范围，使问责流程透明化、公开化。

由于 AI 技术具有技术属性和社会属性高度融合的特征，企业在设计、研发、部署 AI 等环节开展业务时易产生新的伦理问题，需要创新治理理念、细化治理路径和践行企业社会责任。企业“负责任的人工智能”治理理念融合 ESG 标准，作为一种 AI 治理的系统性方法和实践，以可持续发展、包容共享和敏捷治理为核心，从而实现 AI 发展中环境利益、社会不同群体利益以及企业自身发展利益的平衡。

鉴于当前企业 AI 治理存在的一系列挑战，“负责任的人工智能”治理理念要求政府、行业、企业和公众形成四方协同治理网络，与企业内部治理形成联动效应，塑造 AI 发展良好生态。多方主体将结合自身发展，运用政策法规、伦理规范和技术标准手段等多种方式，对 AI 进行积极引导、风险控制和源头治理。随着 AI 技术的不断发展，企业对“负责任的人工智能”治理理念认识的不断深化，领军企业的良好实践经验也将带动其他缺乏治理体系和治理能力的企业探索形成“负责任的人工智能”治理体系，推动 AI 伦理治理理念在社会经济活动中落地生根、枝繁叶茂、开花结果。

AI 技术供给与治理需求的长期互动，正在孕育新型组织文明形态。技术深度嵌入使组织获得类生命特征，既能自主进化又保持目标导向。这种智能体组织形态突破传统治理范式，形成自我修正、自我完善的治理生态。人类管理者从具体决策者转型为文明架构师，负责设定技术演化的价值轨道。在这个演化过程中，技术供给持续突破治理边界，而治理需求不断设定进化路标。二者的辩证运动推动公司治理从机械系统向生态系统演进，从封闭架构向开放网络转变。最终形成的智能治理范式，既包含技术理性对效率的极致追求，又保持人类文明对价值的永恒追问。

# 后记

数智经济时代背景下，数字技术正以前所未有的速度和广度渗透至社会经济的各个领域，公司的边界不断拓展，公司治理作为现代企业管理的核心环节，正经历着深刻的变革。数字技术不仅提升了企业运营效率，还极大地增强了公司治理的智能化、精准化水平，为企业可持续发展奠定了坚实基础。数字技术正以难以置信的方式重塑着公司治理的各个方面，为公司带来无限发展机遇。公司应积极拥抱数字技术，不断探索和创新，以推动治理效能的全面提升，实现公司长期可持续发展。

随着数字技术的飞速发展，人类经济及社会全球化程度日益加深，公司作为经济活动的承担主体，它们之间的跨行业、跨区域、跨国联系纵横交错、日益紧密，任何一家公司都不可能脱离整体人类社会、经济乃至自然环境而独自发展，反而，公司尤其是大型跨国公司的生产经营活动更可能牵一发而动全身，影响整体社会经济及自然环境发展。涸泽而渔的发展模式造成自然资源匮乏、环境污染、极端气候频发等环境问题以及贪污腐败、贫富差距、社会不公、食品卫生、毒品犯罪等社会问题。这些问题很大程度上是因公司作为优势主体对自然、社会等资源的几乎绝对占有，以及仅仅关注个体利益而引发的，又引起反噬，使公司、社会经济及自然经济均无法可持续发展。因此，公司利益关注点不能继续单纯强调关注公司内部人利益，而应转向关注人类社会与包括人类、动植物及其他生物在内的整个自然环境之间的和谐相处与可持续发展。

基于对数字技术对公司治理的影响、人类社会与自然环境可持续发展的长期关注和持续思考，本书深入讨论了在数智经济转型的时代背景下，如何变革传统公司治理模式，在关注各方面利益的同时，通过“治理”赋能企业高质量可持续发展。公司治理有内部机制、外部机制和软性机制。狭义上，公司治理是为了保护股东的利益，让资本市场有效地运转起来。但这一个狭义的概念不一定符合未来时代发展的需求。未来时代发展的需求是数智经济转型、技术快速发展，企业资产需要保值增值，家族财富需要传承。实现的途径就是转变思想，使股东与企业家能够实现合作共赢，各方面的利益都能够得到保障，最终目的是使企业的决策科学有效，这是未来企业需要打造的公司治理机制。内部加强企业股东与管理层的凝聚力，加强专业化治理，引导股东长期价值投资，降低内耗，提高企业科学决策效率，在企业内部构建一种股东与企业家合作共赢、一致同心协力的体系。外部加强监管和监督，加大市场化改革力度与政策监督，既在物资上激励员工又对员工充满人文关怀，并且重视润物细无声的软性治理体系。最终完整融合内外体系形成一整套对所有利益相关者负责、促进企业高质量发展的公司治理体系，使企业能够有效地、积极地面对未来的技术发展时代的变革，让所有的社会财富不断实现保值增值。这将是公司治理真正能够为企业实现的作用。

在历时两年有余的成书过程中，作者查阅了大量的公司制度、资本市场以及经济发展相关史料，试图厘清公司治理的历史发展脉络。通过田野调查、访谈、文献查阅等多种方式掌握了大量公司治理发展现状的理论和实践材料，形成本书的基本研究思路，即考察制度发展历史，总结演进规律，探讨形成动因，在此基础上，分析现状，希冀启发未来制度发展。

成书后期，作者特别邀请龙登高、周建波等专家召开“公司治理与资本市场：前世、今生与未来”专题研讨会，受到他们关于公司治理的启发，结合作者近年对公司治理发展历史、现状及未来趋势的思考，提出构建一整套关注各方利益的公司治理体系，通过公司治理内部、外部及软性治理机制的重塑，赋能企业长期可持续发展。在此，对他们表示诚挚的感谢。

本书从选题、写作框架搭建到各章节内容写作，几易其稿，反复修改，数度打磨，终于完稿出版。在本书写作过程中，得到李维安、龙登高等教授的帮助，多位同侪提供了宝贵的建议，于此，一并致谢。我要感谢中信出版集团吴素萍老师对本书出版付出的努力。另外，特别感谢我的博士生导师美国密歇根大学商学院金融系的 E. Han Kim 教授对我在该领域的培养。E. Han Kim 教授是国际上公司治理研究领域著名的学者，在国际顶级期刊发表了多篇具有重要影响力的相关学术文章。最后，我要向一直关心、支持我的家人致以深深的谢意。当然，本书错误、疏漏之处全部归咎于作者本人。